중국의 다도 茶道

金 明 培 譯著

明文堂

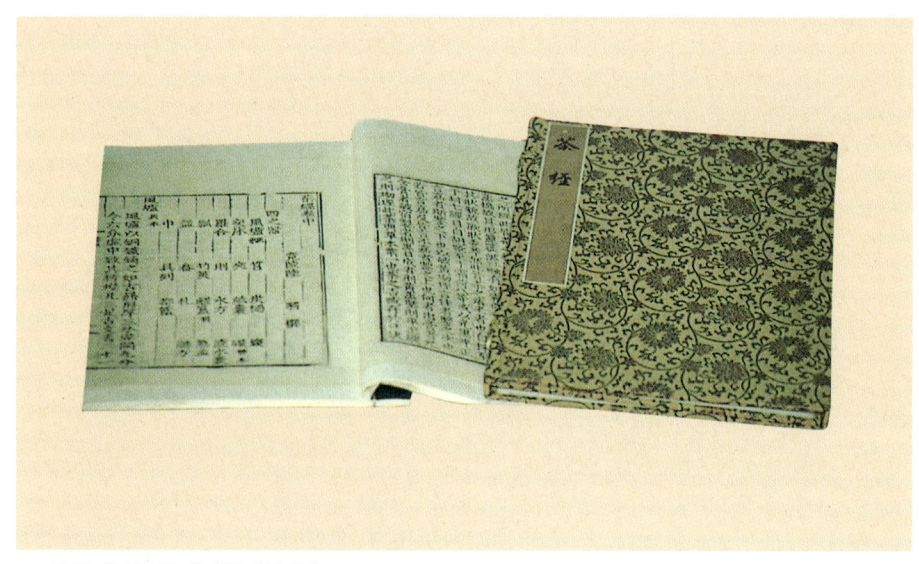

▲ 육우(陸羽)의 《다경(茶經)》

▼ 육우각상(陸羽刻像)

▼ 흰 차(白茶)

떡차시대(餠茶時代)

◀ 노동이 차를 달이는 그림(盧同烹茶圖)
송나라 전선(錢選)

연고차시대(研膏茶時代)

▲ 검정 유약을 입힌 나뭇잎 무늬의 천목
찻주발(黑釉木葉天目茶碗) 남송(南宋)
길주요(吉州窯) 제작

▼ 명원도시도(茗園賭市圖) 송나라 유송
년(劉松年)

▲ 요변 천목 찻주발(曜變天目茶碗) 남송 건요(建窯) 제작

▲ 차를 품평하는 그림(品茶圖) 송나라 전선(대판시립미술관 소장)

▼ 연다도(撚茶圖) 송나라 유송년

▼ 마노로 만든 차맷돌(瑪瑙磨具)

▼ 유리홍 파초무늬 물따르개(釉裏紅芭蕉紋水注) 원나라 경덕진요(景德鎭窯) 제작

▲ 자줏빛 모래로 만든 수선화 모양의 다관(紫砂水仙花形急須) 의흥요(宜興窯) 제작

◀ 흰 옥돌 찻병(白玉茶壺) 청 나라

◀ 다섯 광채의 연꽃과 해오라 기무늬의 찻주발(五彩蓮鷺 紋茶碗) 명나라 경덕진요 제 작

▼ 차 달이는 그림(煮茶圖) 명 나라 왕문(王問)

▶ 바다거북무늬의 천목 찻
주발(玳瑁紋天目茶碗) 남
송 길주요 제작

▶ 연음도(宴飮圖) 하남성 우
현 백사진 1호묘 벽돌 조각
의 벽화

잎차시대(葉茶時代)

▲ 취옥의 뚜껑 달린 찻주발
(翠玉蓋盌)

▶ 차를 품평하는 그림(品茶
圖) 명나라 문징명(文徵
明)

▲ 원나라의 진다도(進茶圖)　산서성(山西省) 문수북곡구 벽화묘(文水北峪口 壁畵墓)

◀ 차겨루기 그림(鬪茶圖)
　원나라 조맹부(趙孟頫)

▼ 원나라 벽화 부분도(部分圖) 산서성 대동시(大同市)

서 문(序文)

한국 다도의 특징에는 중국의 차 문화를 모방하거나 재구성한 것과 독창적인 차 문화가 있다. 그런데 이러한 특징은 우리가 차 문화를 받아들인 중국과 전해준 일본의 차 문화와 한국 차 문화와의 비교 연구에 의해서만 밝혀지는 것이다. 이러한 관점에서 출발한 역자의 한국 다도사 연구는 순서상 중국과 일본 다도의 연구부터 착수하게 되었다.

이중에서 일본 다도사의 연구는 차치하고 연구상의 어려움은 있었으나, 중국 다도사를 연구함으로써 비교하는 안목을 넓힐 수가 있어서 한국 다도사의 연구에 많은 도움을 받게 되었다.

이처럼 중국 다도사의 연구에서 얻어진 지식으로 한국 다도사의 연구에 기여한 실례를 들어보면 다음과 같다.

● 차 문화 형태의 변천

당나라 때에는 떡차(餠茶), 송나라 때에는 연고차(硏膏茶), 명나라 때에는 잎차(葉茶)를 마시던 풍습은 한반도 및 일본 열도와 연동(連動)되었다.

● 차 이름(茶名)

고려시대의 용단승설차와 조선시대의 작설차를 비롯한 대부분의 차 이름은 중국의 차 이름을 습용(襲用)한 것이다.

● 각(角)이라는 계량단위

문일평(文一平, 1888~1939)은《차의 옛 일(茶故事)》에서 아유가이(鮎貝房之進, 1864~1946)가《차의 이야기(茶の話)》에서 뇌원차

(腦原茶)의 계량단위인 각(角)은 조각(片)이라고 주장한 데 대하여 아유가이의 주장은 탁월한 견해라고 말한 바가 있었다.

그러나 송나라 서긍(徐兢, 1091~1153)의 《선화봉사고려도경(宣和奉使高麗圖經)》에 따르면 고려와 송나라의 도량형법(度量衡法)은 같고, 송나라 조여려의 《북원별록(北苑別錄)》에는 '가린 싹은 40덩이를 1각, 소용단은 20덩이를 1각, 대용봉은 8덩이를 1각으로 한다'고 하였으므로 이것이 준칙이 되는 것이다.

● 물 전하기(水遞)

《통도사 사리 가사 사적약록(通度寺舍利袈裟事蹟略錄)》에 따르면 고려 때 언양(彦陽)에 있던 평교다소(坪郊茶所)에서는 차·차 아궁이·물을 통도사에 바쳤다. 그리고 고려의 이숭인(李崇仁, 1347~1392)은 정도전(鄭道傳, ?~1398)에게 차와 샘물을 보낸 일이 이숭인이 읊은 〈차 한 봉지와 안화사의 샘물 한 병을 삼봉에게 드리다〉라는 찻시에 보인다. 그런데 이것은 명나라 전예형의 《자천소품》과 도융의 《다전》에도 보이는 당·송대에 성행되었던 물 전하기의 풍습이었던 것이다.

● 차 겨루기(鬪茶·茗戰)

고려 공민왕 때에 감찰대부를 지낸 이연종(李衍宗)이 읊은 〈차를 준 박치암에게 사례하다〉라는 시에는 명전(茗戰)이라는 말이 나온다.

소년으로 영남 절간의 손님 되어
세속 초월한 놀이 따라 차 겨루기(茗戰)를 자주 하였네.

이것은 송나라 채양의 《다록》과 휘종의 《대관다론》 등에 보이는 차 겨루기로서 그 정의는 풍지의 《운선잡기》에 적혀 있다.

● 청천백석차(淸泉白石茶)

조선의 초의선사(艸衣禪師, 1786~1866)가 읊은 〈금공의 방에서 유숙하다(留宿錦公房)〉라는 시에 맹물과 흰 돌을 달이는 시구가 보인다.

창밖에서 작은 사미승이
섶나무를 불태워 흰 돌을 달이네.

그런데 이것은 전예형의 《자천소품》에 나오는 청천백석탕과 같은 것이다. 그리고 영조 42년(1766)에 유중림(柳重臨)이 지은 《증보 산림경제(增補 山林經濟)》와 순조 27년(1827)에 서유구(徐有榘, 1764~1845)가 지은 《임원십륙지(林園十六志)》 등에도 청천백석차가 보인다.

그런데 이것은 명나라 고원경(顧元慶)의 《운림유사(雲林遺事)》에서 인용된 것이다.

● 흰 흙 달이기

전남의 해남에서는 흰 흙을 섞어서 차를 달이던 풍습이 있었다. 그런데 이러한 방법은 송나라의 소식(蘇軾, 1036~1101)이 읊은 〈장기가 부친 차에 화답하다〉라는 찻시와 명나라 전예형의 《자천소품》에서 찾아볼 수 있다.

● 다관(茶罐)

조선시대에 사용된 옥돌찻종(玉茶鍾)과 청나라 때에 사용된 취옥개완(翠玉蓋盌)·건륭내진법랑서번련개완(乾隆內塡琺瑯西番蓮蓋盌)이 같으므로 조선에도 충다법(冲茶法)이 있었다는 것을 알 수 있다.

● 수다설(漱茶說)

조선의 안정복(安鼎福, 1712~1791)이 지은 《잡동산이(雜同散異)》에 있는 수다설은 명나라 전춘년의 《제다신보》에 인용된 송나라 소식의 글이다.

● 와전된 차책의 복원

글자가 빠지기도 하고, 보태지기도 하고, 잘못된 채로 전해온 초의선사의 《동다송(東茶頌)》과 《다신전(茶神傳)》에 인용된 중국의 차책을 찾아내고 원형대로 복원하였다(졸역 《한국의 다서[서울 : 탐구당, 1983]》 참조). 그리하여 한국 다도사 연구의 학문적인 축적을 위해서는 중국의 차책에 대한 보다 넓고 깊은 연구가 요청되는 것이다. 따라서 전통다도의 원형을 밝혀내기 위한 방편으로서의 중국 차책에 대한 이해는 확산될수록 좋을 것이라 믿어지는 것이다.

역자는 중국의 차책을 연구목적에만 활용하여 왔으나, 지금은 없어진 《다원(茶苑)》지에 다음과 같은 차책을 번역 연재한 일이 있다.

소　이, 《십륙탕품》 (1983년 6월)

장우신, 《전다수기》 (1983년 7월)

구양수, 《대명수기》 (1983년 8월)

구양수, 《부차산수기》 (1983년 8월)

모문석, 《다보》 (1983년 11월)

그러나 《중국의 다도》에 수록된 몇 가지의 차책은 이미 다음과 같이 역간된 것도 있다.

도융, 《다전》(權德周, 《考槃餘事》 [서울 : 乙酉文化社, 1972])

휘종, 《대관다론》(崔凡述, 《韓國의 茶道》 [서울 : 寶蓮閣, 1975])

소이, 《십륙탕품》(金鳳皓, 《艸衣選集》 [서울 : 文星堂, 1977])

허차서, 《다소》(崔圭用, 《茶疏》 [부산 : 第一文化社, 1982])

휘종, 《대관다론》(李圭正, 《茶經》 [서울 : 白羊出版社, 1982])

그러나 위의 역서에서는 원문이 없거나, 중국의 회화체 언어인 백화문(白話文)이거나, 주석이 빈약하거나, 일본어 번역문의 직역문이거

나, 이해를 달리하는 번역문도 없지 않아서 이러한 미비점을 보완할
수 있는 새로운 번역서의 발행을 시도하게 된 것이다.

이 책에 수록된 중국의 차책을 번역함에 있어서 다음과 같은 일본
어 번역서를 참조하였다.

蘇廙, 十六湯品·張又新, 煎茶水記·顧元慶, 茶譜 大內白月,
《茶經》(東京 : 三笠書房, 1935)

徽宗, 大觀茶論 佐伯太註解,《茶道全集》卷十二 文獻篇(大阪 :
創元社, 1936)

徽宗, 大觀茶論·蔡襄, 茶錄 布目潮渢,《茶道古典全集》卷 1(京
都 : 淡交社, 1956)

中田勇次郎,《文房淸玩》(東京 : 二玄社, 1961)

靑木正兒,《中華茶書》(東京 : 春秋社, 1962)

福田宗位,《中國の茶書》(東京 : 東京堂出版, 1974)

布目潮渢·中村 喬,《中國の茶書》(東京 : 平凡社, 1976)

그러나 일본어 번역서에도 불합리한 부분이 발견되었는데, 예컨대
전예형의 《자천소품》에 보이는 '석두성 밑의 거짓'에 대해서는 역자가
각주에서 아예 모른다고 밝히고 있다.

역자의 역문이나 각주에도 미흡한 부분이 발견될 경우에는 수정 보
완할 생각이다. 끝으로 이 책을 펴내 주신 명문당(明文堂) 측에 사의
를 표하는 바이다.

1985년 11월 역저자 씀

재쇄본(再刷本)의 머리말

지난해 연말에 발행된 졸저 《中國의 茶道》가 불과 4개월만에 재고가 두절되고 재쇄본을 내게 된 것은 오로지 독자 여러분의 성원 덕분이라고 생각되어 감사를 드린다.

이러한 독자 여러분의 성원에 보답하는 뜻에서 초쇄본(初刷本)을 펴낼 때 안고 있던 오자(誤字)나 탈자(脫字)를 수정하는 데 그치지 않고 잘못된 내용까지 바로잡았다.

그 예를 들어보면 다음과 같다.

첫째로 서문의 「다관」(12쪽)과 《탕품》 중에서 제5품 「단맥탕」의 '조화'에 대한 내용을 수정하였다.

둘째로 《고반여사》의 원문 끝(232쪽)에 빠졌던 '제로'의 그림을 채워 넣었다.

셋째로 허차서의 《다소》에 대한 수정에는 새로 입수한 진미공(陳眉公)의 정정본(訂正本)을 반영하였다.

이 밖에도 저자는 중국과 일본 책에서 모문석의 《다보》에 보태야 할 글과, 도융의 《고반여사》에 수록된 '고절군'의 헝클어진 다리를 바로잡을 수 있는 그림을 입수할 길을 발견하였다.

이것도 다음 번에는 실현할 것을 기약한다.

재쇄본의 발행에 즈음하여 초쇄본의 오류를 바로잡아서 책의 품위를 높여준 명문당 측에도 사의를 표하는 바이다,

1986년 5월   역저자 씀

증보판(增補版)을 내면서

한국의 다도교육제도는 마침내 세계를 제패하였다. 왜냐하면, 한국에는 다도학과가 설치되어 있는 2년제 대학이 2개소, 4년제 대학이 3개소, 대학원 석사과정이 5개소, 박사과정이 1개소나 있기 때문이다.

역자도 한국에서는 최초로 서울의 숭의여자(전문)대학에서 다도를 교양과목으로 5년 동안 가르쳤다. 그리고 성균관대학교 생활과학대학원의 석사과정인 생활예절・다도전공(학과)에서도 다도를 가르쳤다.

다도에 대한 한국의 향학열과 비교할 때 중국에는 남창대학의 차문화학과를 제외한 대부분의 농과대학에는 차학과만 있을 뿐 다도학과는 없다. 다만 천진상과대학에는 일본 다도의 종가(宗家)인 우라센케(裏千家)의 다도단기대학이 있을 뿐이다. 그리고 일본에는 우라센케에서 설립한 3년제 다도전문학교가 있을 따름이다.

그런데 다도교육은 외국어(영어・일본어・중국어)를 비롯한《다도의 심리학》,《한문》등을 포함하는 다양한 커리큘럼으로 가르쳐야 한다.

특히 석사과정에서의 한문은 서당의 초급과목 수준 교육에서 벗어나 동양 삼국의 한문 찻책[茶書]을 가르치는 것이 훨씬 합리적일 것이다. 그래야만 다음과 같은 오해를 예방할 수도 있을 것이다.

즉 어떤 교수의 경우, '유다(孺茶)는 노규선사가 붙인 이름이지만'이라는 오해도 한다. 초차(草茶)를 '풀과 차'라고도 한다. 또 어떤 이는 유차(孺茶)란 중국에도 없는 고려의 고유한 차이름이라고 강변하였다.

유차(孺茶, 젖먹이차)라는 이름은 고려의 노규선사가 아닌 이규보 (李奎報, 1168~1241)가 지었다는 것을 그의 시로써 알 수가 있다.

운봉에 사는 노규선사가 얻은 올싹차를 보이기에 내가 유차라 이름짓고 스님이 시를 청하기에 읊노라
雲峯住老珪禪師 得早芽茶示之 予目爲孺茶 師請詩爲賦之

이규보는 유차라는 이름을 송나라 소동파(蘇東坡, 1036~1101)의 '주안(周安)에게 유차(孺茶)를 부치다(寄周安孺茶)'에서 인용한 것 이다.

그런데 일본의 고전 번역계와 다도계에서는 이 시를 '주안유(周安孺)에게 차(茶)를 부치다[寄]'로 오역(誤譯)하였다. 또한 일본에서는 전예형(田藝蘅)이 지은 《자천소품(煮泉小品)》에 보이는 '석두성 밑의 거짓(石頭城下之僞)'이라는 옛일도 해석을 못하고 있다.

아무튼 이번에 북송인 도곡의 《천명록》과 남송인 심안노인의 《다구도찬》을 증보하고, 오자·탈자도 바로잡았다.

이 책에는 점다법(點茶法)과 포다법(泡茶法)이 포함되어 있다. 그런데 잎차의 포다법보다는 말차의 점다법이 성행되기를 희망한다. 왜냐하면 잎차를 다관에서 세 번 우려내도 차의 수용성 성분은 35~40%에 불과하고, 불용성 성분은 60~65%에 달하기 때문이다. 그러므로 잎차를 마시기보다는 말차를 마시는 편이 훨씬 효과적이다.

찻잎의 가공 이용법에는 식엽법(食葉法), 음즙법(飮汁法), 잡화법(雜和法) 세 가지가 있는데 식엽법이 차의 유효 성분을 100% 섭취할 수 있는 유일한 방법이다.

이 증보판에 인용된 참고문헌은 이를테면, 《논어》 김경탁 역(서울 : 한국자유교육협회, 1965) 등 많지만, 번거로움을 피하여 낱낱이

기록하는 것을 생략하였다. 왜냐하면 참고문헌만으로도 한 권의 책이
될 만큼 많기 때문이다.

　증보판 발행을 위하여 수고하여 주신 명문당 김동구(金東求) 사장
님과 까다로운 편집을 맡아주신 이은주(李恩周) 선생님에게 감사를
드린다.

2007년 4월 역저자 씀

차 례

중국의 다서(茶書)

중국차문화사(中國茶文化史)

1. 차를 마신 기원

결론부터 말하자면, 중국에서 차를 마시기 시작한 기원은 알 수가 없다. 즉 육우의 《다경(茶經)》에 인용된 신농씨(神農氏)의 《식경(食經)》에는 '차를 오래 마시면 힘이 솟고 마음이 즐거워진다'고 적혀 있다.

그러나 전한(前漢)의 역사가인 사마천(司馬遷, B.C. 145?~86?)이 《사기(史記)》를 지으면서 황제 이전의 기사는 제외할 만큼 신농씨에 관한 기사는 신빙성이 희박한 것이다.

그리고 송나라 왕관국(王觀國)의 《학림(學林)》에는 '《주례》에 도장(荼掌)은 차를 모아서 상례에 제공하는 일을 맡아본다'고 적혀 있다.

또한 청나라의 고염무(顧炎武, 1613~1682)는 《일지록(日知錄)》에서 '진나라 사람이 촉나라를 얻은 뒤에 비로소 차를 마시는 일이 있었다'고 하였는데, 이것은 결국 전국시대부터 차를 마셨다는 말이 되는 것이다.

그런가 하면 송나라의 구양수(歐陽修)는 《집고록(集古錄)》에서 '차는 전대의 역사에 보이는데, 대저 위나라와 진나라 때부터 있었다'고 하였다.

또 송나라의 배문(裴汶)은 《다술(茶述)》에서 '차는 동진(東晉)에서 비롯되어 본조(송나라)에 성행되었다'고 하였다.

그리고 저자 미상의 《남창기담(南窗紀談)》에는 '차마시기는 양나라의 천감 연간(502~519)에 비롯되었다는 사연이 《낙양가람기(洛陽伽藍記)》에 보이는데, 그렇지가 않다'고 적혀 있기도 하다.

또한 독일의 식물학자인 브레트쉬나이데르(Bretschneider)는 모문석의 《다보》에 수록되었다는 다음의 이야기를 차마시기의 기원이라고 말하였다.

'수나라의 문제가 미련할 때, 꿈에 귀신이 머릿골을 바꾸면서부터 머릿골이 아팠다. 문득 만난 스님이 아뢰기를, "산속에 차가 있사오니 달여 잡수시오면 마땅히 병이 나을 것이옵니다."라고 여쭈었다. 임금이 마셔 효험이 있자, 이로부터 다투어 따게 되어 천하에서는 이때 차마시기에 대해 비로소 알게 되었다.'

이 이야기는 명나라 진인석(陳仁錫)의 《잠확거류서(潛確居類書)》에도 수록되어 있다.

그런데 가장 믿을 만한 것은 전한(前漢)의 선제(宣帝, 재위 B.C. 74~49) 때인 신작 3년(B.C. 59)에 왕포(王褒)라는 선비가 적은 노비매매 문서인 《동약(僮約)》이다.

이 《동약》에는 과부인 양혜(楊惠)의 죽은 남편이 거느리던 편료(便了)라는 남자 종이 왕포에게 팔려온 뒤에 해야 할 일이 적혀 있는 것이다. 그 중에서 차와 관련된 대목에 대하여 청나라의 고염무(顧炎武)와 황여성(黃汝成)은 《일지록집석(日知錄集釋)》에서 다음과 같이 해석하였다.

'왕포는 《동약》의 앞에서 자라 지지기와 차달이기〔炰鼈烹茶〕라 하고, 뒤에서 무양에서의 차사오기〔武陽買茶〕라고 하였다. 주해(註解)에는 앞의 것을 고채(苦菜)라 하였고, 뒤의 것을 차싹(茗)이라 하였다.'

이것은 송나라 장초(章樵)의 견해를 인용한 것이다. 그리고 무양이란 왕포의 고향인 사천성 미주의 팽산현을 가리킨다.

이밖에도 청나라의 유계장(劉繼莊)은 《광양잡기(廣陽雜記, 3권)》
에서 《조후유사(趙后遺事)》라는 소설에 나오는 다음의 이야기에 의
하여, 차를 마시는 풍습은 전한 때부터 비롯되었다고 하였다.

'전한의 성제(재위 B.C. 33~8)가 붕어한 뒤 조비연(趙飛燕)은 꿈
에 성제를 보았는데, 그 분부에 따라서 차를 올리고자 하였으나 좌우
의 신하들이, 조비연은 평소 황제에게 근신치 못하니 그가 올리는 차
를 마셔서는 안된다고 상주하여, 꿈속에서 비명을 지르다가 시자(侍
者)의 도움으로 깨어났다.'

2. 삼국(三國)과 진(晉)시대

삼국시대는 조조(曹操)의 아들인 조비(曹丕)가 후한(後漢)의 헌제
(獻帝)를 옹립하여 낙양에 세운 위(魏)나라, 경제(景帝)의 먼 손자뻘
인 유비(劉備)가 성도에 세운 촉(蜀)나라, 손권(孫權)이 건업(남경)에
세운 오(吳)나라 등이 약 50년간 다투던 시대이다.

삼국시대에 차를 마셨다는 상징적인 기록은 육우의 《다경》에도 인
용된 《삼국지(三國志)》 중에서 《오지(吳志)》 위요전(韋曜傳)에 보이
는 다음의 차 이야기일 것이다.

'손호(孫皓)는 향연마다 좌석의 주량은 대략 일곱 되를 한도로 삼
았다… 요(曜)는 주량이 두 되에 불과하여, 호(皓)가 처음부터 예우를
달리하여 은밀히 차를 내려서 술을 대신케 하였다.'

그런데 삼국 중에서도 관우(關羽)나 장비(張飛)와 같은 용장과 지
용을 겸비한 제갈량공명(諸葛亮孔明)을 가진 촉나라가 가장 강한 나
라였다.

그러나 제갈량이 사망하자 촉나라는 위나라에 의해서 망하고, 위나
라 재상인 사마염(司馬炎)이 원제로부터 제왕의 자리를 빼앗아 황제

로 즉위하면서 나라의 이름을 진(晉)나라라고 하였다. 진나라는 잇따라 강남의 오나라까지 멸망시키고 280년에는 천하를 통일하였다.

이 서진(西晉) 때의 차 이야기라면 육우의 《다경》에 인용된 장재(張載)의 〈성도 누각에 오르는 시〉와 〈손초의 노래〉 및 《진사왕기사(晉四王起事)》, 그리고 두육(杜育)의 《천부(荈賦)》가 있다.

그리고 흉노(匈奴)의 추장(酋長)인 유총(劉聰)의 낙양 함락으로 서진이 멸망한 이듬해인 317년에는 황족인 사마예(司馬睿)가 강남의 건업(강소성 남경시)에 동진(東晉)을 세웠다.

이 동진시대의 차 이야기에는 육우의 《다경》에 인용된 《진중흥서(晉中興書)》, 《진서》의 환온전, 곽박(郭璞)의 《이아(爾雅)》 등이 있다.

3. 남북조(南北朝)시대

진(秦)나라의 남침을 격퇴시킨 동진은 유유(劉裕) 장군에 의해서 멸망되고 421년에 송(宋, 南朝)나라로 바뀌었다. 또 북쪽에서는 선비족인 탁발규(拓跋珪)가 440년에 후위(後魏, 北朝)라는 나라를 세워 한민족이 세운 남조와 오랑캐가 세운 북조가 대립되기에까지 이르렀다.

그런데 선비족 출신인 후위의 효문제(孝文帝, 재위 471~499)는 서울을 낙양으로 옮기고, 한화정책(漢化政策)을 시행하였기 때문에 남조로부터의 귀순자가 늘어나게 되었다.

그 무렵 남조인 제나라에서 귀순한 왕숙(王肅)의 차 이야기는 육우의 《다경》에 인용된 후위록(後魏錄)에 보인다.

또 육우의 《다경》에는 제나라의 세조인 무제가 유조(遺詔)에서, '영좌에는 다른 제물과 함께 차를 곁들인다'라는 대목도 보인다.

그리고 송나라의 차 이야기인 《송록》과 왕미(王微)의 잡시(雜詩) 등도 육우의 《다경》에 수록되어 있다.

양현지(楊衒之)의 《낙양가람기(洛陽伽藍記)》 권2 성동 경령사조에
는 북위의 중대부(中大夫)인 양원신(揚元愼)이 양나라의 사신인 진경
지(陳慶之)에게 '차마시기를 장으로 간주한다(茗飮爲漿)'고 한 말은
남조에서의 차마시기는 북조에서의 낙장(酪漿) 마시기와 같다는 뜻이다.

또 《낙양가람기》(권3 성남 보덕사조)에는 앞에서 살펴본 왕숙의 차
이야기와 얽힌 대목도 보인다.

즉 북위의 팽성왕(彭城王)은 남제(南齊)에서 귀순한 왕숙의 버릇에
물들어서 차 마시기에 빠진 급사중(給事中) 유호(劉鎬)에게 '그대는
왕후의 여덟 가지 진미를 탐내지 않고 하인용 물의 재앙(차)을 즐기
다니, 바다 위에 있는 기호가 편벽된 사나이 같고 마을 안에서 배우
는데 얼굴을 찡그리는 부인과 같다'고 비웃었다.

이처럼 북조에서는 차를 배척하는 정책을 썼지만, 《신수본초(新脩
本草)》의 명고도(茗苦梌)의 주석에는 '살피건대 《이아(爾雅)》 석목
(釋木)조에 이르기를, 가(檟, 차의 별명)는 고도(苦梌, 차의 옛 이름)
인데 봄과 가을에 딴다. 산남의 금주(金州)·양주(梁州)·한중(漢中)
의 산골짜기에서 난다'고 적혀 있듯이 강북에서도 하등품의 차가 있
었던 것이다.

이밖에도 절강성 소흥부 여요현 출신인 우세남(虞世南)의 《북당서
초(北堂書鈔)》 권144, 주식부 다편 8에 인용된 다음의 기록들은 남조
에서 차를 마시는 풍습이 점차 성행되고 있었다는 상황적인 증거가
될 것이다.

● 비연(斐淵)의 《남해기(南海記)》

'서평(西平, 하남성 여령부)에서 나는 고로(皋盧)는 차싹의 별명인
데, 남녘 사람들이 음료로 삼는다.'

●《형주토지기(荊州土地記)》

'무릉(武陵, 호남성 상덕부)의 일곱 고을에서는 두루 나는 차를 가장 즐긴다.'

당시의 차 산지는 강소·안휘·호북·사천 등과 육우의《다경》에 인용된《동군약록(桐君藥錄)》·《녹증류본초(錄證類本草)》〈고채(苦荼)〉조에 대한 도홍경(陶弘景)의 주석, 송나라 이방(李昉)의《태평어람(太平御覽)》에 따르면 서양(西陽, 호북성 황주부 황현의 동쪽)·무창(武昌)·여강(廬江, 안휘성 여주부)·진릉(晉陵, 강소성 상주부 무진현)의 동쪽도 차의 산지였다.

그리고 당나라 온정균(溫庭筠)의《채다록(採茶錄)》에도 진나라의 왕몽(王濛)은 차를 즐겨 방문객에게는 번번이 차를 마시게 하므로 사대부들은 매우 고통스러워하면서 왕몽을 찾아 문안하고자 할 때마다 반드시 말하기를, '오늘은 물의 재앙(水厄, 차 마시기)이 있으리라 하였다'는 내용이 적혀 있다.

4. 당(唐)나라

남북조시대는 많은 변천 끝에 북주(北周)의 외척(外戚)인 양견(楊堅)이 남조인 진(陳)나라를 멸망시키고 남북조를 통일한 수(隋)나라를 세웠다. 앞에서 살펴본 것처럼 수나라의 문제(양견)가 바로 차로써 두통을 고쳤다는 설화와 관련된 천자였던 것이다.

그리고 문제의 아들인 양제(煬帝)가 이궁(離宮) 사이를 편리하게 순행하기 위해서 만든 운하(運河)는 남북을 관통하는 것이어서 화남(華南)에서 나는 차를 화북(華北)으로 나를 수가 있었다.

당나라의 풍속사를 쓴 봉연(封演)의《봉씨문견기(封氏聞見記)》에는 당나라 현종의 개원(713~741)·천보(742~755) 연간에 차를 마시는 풍습이 화북지방에서 성행되었다는 것을 알게 하는 설화가 있다.

'남녘 사람들은 차를 즐겨 마셨으나 북녘 사람들은 처음에 많이 마시지를 않았다. 개원 연간에 태산의 노암사에는 강마사(降魔師)가 있었는데, 선교를 크게 일으켜 자지 않고 저녁밥을 먹지 않는 데 힘쓰고, 모두 차 마시기를 허락하였다. 사람들은 몸소 품속에 끼고서 가는 곳마다 달여서 마셨다. 이후 따르고 본받아 옮겨서 흉내내기는 마침내 풍속을 이루었다. 추(鄒, 산동성 추현 동남쪽의 주성)·제(齊, 산동성 청주부)·창(滄, 하북성 천진)·체(棣, 산동성 무정)로부터 점점 서울에 이르는 성벽이 있는 도시〔城市〕에서는 흔히 점포를 열고 차를 달여서 판다. 도인이나 속인을 불문하고 돈을 주고서 마신다. 그 차는 강회(江淮, 양자강과 회수를 통하는 강회 운하)로부터 오는데, 배나 수레가 서로 이어져서 산더미처럼 쌓이고 종류와 수량도 많다.'

그리하여 당나라 초기부터 중기에 이르는 동안 차를 마시는 풍습이 중국의 천하에 보급된 사정에 대해서는 당나라 중기 사람인 육우의 《다경》에 다음과 같이 적혀 있다.

'시대의 물결에 따라 풍속이 번져 국조(당나라)에 성행되어 두 도읍인 낙양과 장안, 형유(형주와 유주) 사이에서는 수많은 집의 음료가 되었다.'

그런데 봉연은 《봉씨문견기》에서 차 마시기의 풍습이 성행된 이유라면 차의 효능과, 육우가 다도를 성립시킨 공적에 있다고 하였다.

'초(楚) 지방의 사람인 육홍점이 다론(茶論)을 짓고, 차의 효능과 차 달이기, 차 굽는 법을 말하고, 다구 24종을 만들어서 이를 모듬 바구니에 담으니, 멀고 가까운 곳에서 마음을 기울여 사모하고, 호사가는 한 벌을 집에 간직하였다. 상백웅(常伯熊)이라는 사람이 있었는데, 거듭하여 홍점의 이론을 널리 윤색함으로 말미암아 이에 다도가 크게

성행되어 신분이 고귀한 사람과 조정의 벼슬아치로서 차를 마시지 않는 사람이 없었다.'

그리고 구양수(歐陽脩)는《신당서(新唐書)》육우전에서 '육우는 차를 즐겨서《다경》3편을 짓고, 차의 근원, 차의 법도, 차의 도구를 더욱 갖추어 서술하니, 천하에서 차 마시기를 널리 알게 되었다'고 하였다.

그런데 육우가《다경》을 짓기 이전까지는 백비차(百沸茶)가 유행되었다. 그러나 육우는 차에 야채나 과일 같은 것을 섞어서 끓이는 방법을 지양하고 차만을 달여서 소금으로 간을 맞추는 방법으로 바꾸었다.

이밖에 노동(盧同, ?~835)이 읊은〈붓을 움직여 맹간의가 부쳐준 햇차에 사례하다(走筆謝孟諫議寄新茶)〉라는 찻시는 차 마시는 풍습을 확산시키는 데 크게 공헌하였다.

그러면 당나라 때에 유행된 떡차를 만드는 방법과 달여 마시는 방법을 간단히 살펴보고자 한다.

육우의《다경》에 따르면 따야 할 찻잎은 초차(草茶)의 차순(茶筍)과 목차(木茶)의 차싹〔茶芽〕 두 가지가 있는데, 자줏빛 나는 순〔紫筍〕이 으뜸이고, 초록빛 싹〔綠芽〕이 버금간다.

● 차 만들기의 공정

- **찻잎따기** : 음력 2~4월의 맑고 구름없는 날, 자순(紫筍)과 녹아(綠芽)를 따서 대바구니에 담아 가지고 온다.
- **찻잎찌기** : 가마 위에 나무나 질그릇으로 만든 시루를 얹고, 시루 밑바닥에는 종다래끼를 건너지른 다음, 찻잎을 넣고 수증기로 찌면서 세 가량이로 갈라진 나뭇가지로 찻잎을 휘젓는다.
- **찻잎찧기** : 시루에서 쪄낸 찻잎을 식기 전에 절구통에 넣고 절굿

공이로 찧는다.

- **차빚기** : 기름먹인 비단을 깐 받침대 위에 동그라미, 네모, 꽃모양의 쇠틀을 올려놓고, 절구에서 찧은 찻잎을 쇠틀로 박아낸다.
- **건조** : 틀에서 박아낸 차를 손잡이가 달린 대발에 널어서 말린다.
- **구멍뚫기** : 건조된 차의 복판에 창으로 구멍을 뚫는다.
- **꿰기** : 차에 뚫은 구멍을 통하여 꿰뚫개로 꿴다.
- **불쬐기** : 꿰뚫개에 꿴 차를 배로 위에서 불쬐어 말린다.
- **꿰기** : 대나무를 쪼개 만든 꿰미나 닥나무 껍질을 꼰 꿰미에 마른 차를 꿴다.
- **보관** : 장육기(藏育器)에 차를 저장한다.

● 차달이기와 마시기

- **차굽기** : 장육기에서 꺼낸 떡차를 대집게나 쇠집게에 끼워서 불에 쬐어 굽는다.
- **발향 방지** : 차가 두꺼비 등처럼 부풀어오르면 종이 주머니에 넣어서 향기의 발산을 막는다.
- **가루내기** : 차가 식으면 나무연으로 가루를 낸다.
- **체질과 보관** : 나무연으로 갈아낸 찻가루를 비단체로 쳐내어 합에 담는다.
- **물끓이기** : 표주박으로 물통의 물을 떠내어 풍로에 얹은 솥에 붓고 끓인다.
- **소금넣기** : 첫번째 끓을 때(솥바닥에 물고기의 눈과 같은 기포가 생기고 어슴푸레하게 끓는 소리가 난다) 소금 단지에서 주걱으로 떠낸 소금을 끓는 물에 넣는다.
- **물식히기** : 두번째 끓을 때(샘물처럼 솟구쳐서 용솟음치고 구슬같은 기포가 이어진다) 표주박으로 솥에서 끓는 물을 떠내어 익

은 물바리에 담아서 식힌다.

• **차넣기** : 대젓가락으로 끓는 물의 복판을 휘저으면서 물 한 홉에 찻가루 한 구기(약 307그램)의 비율로 끓는 물의 중심에 넣는다.

• **끓는 물의 조절** : 세번째 끓음(물결이 뛰어오르고 북소리가 난다) 직전에 끓는 물을 바리에 담아서 식힌 물을 찻솥에 붓고 끓는 물의 세력을 가라앉히면 찻가루가 삼층으로 형성된다. 찻솥 바닥에 깔린 것을 발(餑)이라 하고, 중간에 뜨는 것을 말(沫)이라고 하며, 상층에 뜨는 것을 꽃[花]이라 한다.

• **차 마시기** : 표주박으로 찻솥의 말(沫)과 꽃을 떠내어 청자 주발에 붓고, 뜨거울 때에 잇달아 세 잔을 마신다.

• **차의 삼묘** : 찻물의 빛깔은 담황색[湘], 향기는 지극히 아름답고 [歟], 뛰어난 맛[雋永]이다.

● **당나라 차의 생산지**

▶ **육우**(陸羽)**의 《다경**(茶經)》 (758~760)

• **호북성** : 의창(협주)·무창(악주)·형주·양양(양주)·황주부   기주(기주·황주)

• **호남성** : 형주·악주(옹호)

• **하남성** : 여령(신주 의양군)·광주(광주 광산현)

• **안휘성** : 안경부 잠산현(서주)·봉양(수주)·섭주·영국·휘주

• **절강성** : 엄주(목주)·영파·금화(무주)·대주·호주(호주 오정현)· 소흥(월주)

• **강소성** : 상주·진강(윤강)·소주

• **강서성** : 원주·길안(길주)·남창부 남창현(홍주)

• **복건성** : 복주·건령(건주)

• **광동성** : 소주

- **섬서성** : 홍안(금주)
- **사천성** : 면주·공주·아주(주창)·여주·미주·성도부 종경주·
  성도점 팽현(팽주)·한주(촉주, 한주)·기주
- **귀주성** : 사남(사주, 귀주)·석천(이주)·준의(파주)

▶ **이조**(李肇)**의** 《**당국사보**(唐國史補)》(821~824)

- **검남** : 몽정 석화·소방·산아
- **호주** : 고저의 자순
- **동천** : 신천·소단·창명·수목
- **협주** : 벽간·명월·방예·수유료
- **복주** : 방산의 노아(생아)
- **기주** : 향산(향우)
- **강릉** : 남목
- **호남** : 형산
- **악주** : 옹호의 함고
- **상주** : 의흥의 자순
- **무주** : 동백
- **목주** : 구갱
- **홍주** : 서산의 백로
- **수주** : 곽산의 황아
- **기주** : 기문 단황

  이러한 산지에서 생산되는 차의 총량을 알 수 있는 문헌은 없으나, 다음과 같은 자료에 의해서 부분적으로 파악될 뿐이다.

- 《**당나라 의흥현의 차 창고를 중수한 기록**》(唐義興縣重修茶舍記)

  대종의 대력 5년(770), 양선산 기슭의 남악사에 있던 스님이 상주 자사인 이서균(李栖筠)에게 좋은 차를 바쳤다. 손님 중에서 이를 맛본 야인인 육우가, "그윽한 향기와 매우 단맛이 다른 고장에 비하여

으뜸가오니 상감께 올릴 만하외다."라고 하였다. 서균이 이에 따라서
양선차 만 냥을 바쳤다.

• 당나라 이길보(李吉甫)의 《원화군현도지(元和郡縣圖地)》

천보 원년(742)에 부량현(浮梁縣)으로 개명하였는데, 해마다 7백만
바리[馱]의 차가 나며, 15만여 관을 납세하였다.

• 송나라 전이(錢易)의 《남부신서(南部新書)》

당나라 법도에는 호주의 차 만들기가 가장 많았는데, 고저에서는
해마다 1만 8천4백8근을 만들어서 바쳤다고 한다.

건중 2년(781) 원고(袁高)가 군수로 있었을 때는 3천6백 꼬치[串]
를 진상하였다.

● 당나라의 다법(茶法)

• 공다(貢茶)

이조의 《당국사보》에 따르면 덕종 때에 한황(韓滉)은 봉천(奉天)의
난리를 만나서 백성들로 하여금 차를 조정에 바치게 하였다.

《책부원구(冊府元龜)》에 따르면 헌종의 원화 12년(817)에는 내고
(內庫)의 차 30만 근을 호부(戶部)에 보내어 그 대금을 진상케 하였다.

또 《구당서(舊唐書)》 목종본기(穆宗本紀)에 따르면 목종이 즉위한
초기에 신주(申州)의 세공차(歲貢茶)를 정지시켰다.

또한 《구당서》 문종본기에 따르면 차를 바치는 시기를 늦추게 한
흔적이 있다.

'태화 7년(833) 정월, 오촉(吳蜀)에서는 햇차를 바치는데 모두 겨울
중에 법도대로 만든다. 상감께옵서 공검(恭儉)에 힘써 그 성미에 거
슬리는 것을 바라지 않으시었다.

조서에 이르기를, "바치는 햇차는 입춘 뒤에 만드는 것이 마땅하
다"라고 하시었다.'

그리고 《신당서》 지리지에는 차를 토공(土貢)으로 바친 지명이 다음과 같이 적혀 있다.

① 산남도(山南道) : 협주 이릉군(호북성 의창)·귀주 파동군(호북성 의창)·기주 운안군(사천성 기주)·금주 계음군(섬서성 홍안)·양주, 홍안부 한주군(섬서성 한중)

② 회남도(淮南道) : 수주 수춘군(안휘성 봉양)·여강군(안휘성 여주)·기주 기춘군(호북성 황북)·유주 봉양군(하남성 영부)

③ 강후동도(江厚東道) : 상주 진릉군(강소성 상주)·복주 장락군(복건성 복주)·검중 계주 영계군(호남성 영순)

④ 검남도(劍南道) : 아주 여산군(사천성 아주)

· 세다(稅茶)

찻세(茶稅)는 토공(土貢)으로서의 차가 조세(租稅)로서의 차로 바뀐 다법(茶法)인 것이다.

《당서》 덕종본기에 따르면, '덕종의 건중 3년(782)에 호부시랑(戶部侍郎)인 조찬(趙贊)의 의견을 받아들여 천하의 차·칠(漆)·대·나무에 대하여 10분의 1에 해당하는 세를 받아서 상평본전(常平本錢)으로 삼았다'고 하였는데 이것이 찻세의 시초이다.

이러한 과세 조치는 경상세(經常稅)로서는 늘어나는 국방비의 수요를 충당할 수가 없었기 때문에 취해진 것이었으나, 백성들의 불만과 원성이 높아지자 덕종의 흥원 1년(784)에 찻세를 폐지하는 조서를 내리게 되었다.

그러나 덕종의 정원 9년(793)에는 수재나 한재 때문에 민전(民田)의 부세(賦稅)를 조변(調辨)하지 못할 경우 차가 나는 주, 현과 차가 나는 산에 외상(外商)이 왕래하는 길목마다 10분의 1 세를 받아서 국비에 충당하자는 제도염철사(諸道鹽鐵使)인 장방(張滂)의 주청을 받아들여서 찻세가 복구되었다.

이어서 장방에게 위임하여 처리하는 조목을 갖추어 징세하였는데, 해마다 돈 40만 관을 얻었으나 일찍이 찻세로써 수재나 한재를 구제한 적은 없었다.

《신당서》식화지(食貨志)에 따르면, 목종의 장경 원년(821)에 염철사인 왕파(王播)가 제안한 찻세의 개혁 건의에 의하여 구액(舊額)인 100문(文)에 대해서 50문을 추가 징수하게 되자, 백성들은 이러한 부담을 줄이기 위하여 한 근의 근량을 늘여서 20냥으로 하였더니 왕파가 잇달아서 이에 대한 증가 징수를 주청하였다.

그리고 문종 때에 상판이사(相判二使)가 된 왕애(王涯)가 각다제도(榷茶制度, 차의 전매제도)를 시행하려고 하자, 백성들이 차나무를 관장(官場)으로 옮겨 심는 등 원성이 높아짐에 따라 실각되고 말았다.

그의 뒤를 이은 제도염철사 겸 각다사(榷茶使)인 영호초(令狐楚)의 주청에 따라 문종의 태화 9년(835) 12월 각다법(榷茶法)을 폐지하고 종가(從價) 10%의 찻세를 복구하였는데, 이 찻세는 염철사를 경유하지 않고 주현(州縣)에 위임 징수해서 호부(戶部)로 납부하였다.

그리고 문종의 태화 말년, 재상이 된 이석(李石)은 문종의 개성 원년(836)에 제도(諸道)의 약물, 다과(茶菓) 이외는 다른 물품의 진상을 금지하고, 찻세를 덕종의 정원 연간에 있었던 옛 제도대로 복구하여 염철사의 관할 업무로 돌아갔다.

무종 때(841~846)에는 염철사인 최공(崔珙)이 강회 지방의 찻세를 증액하였다.

이때에 제도의 관찰절도사(觀察節度使)는 차 상인이 지나가는 주, 현의 요로에 저(邸)·점(店)·사(舍)를 설치하고 차 상인을 억류하여, 정세(正稅) 이외에 탑지전(榻地錢)이라는 통과세를 부과하였다.

이것은 귀중한 세였으므로 차 상인의 배와 수레는 약탈되고 차는

비속에 노적(露積)되어 밀무역이 성행되고 정세를 납부하는 차 상인
은 감소되었다. 그리하여 선종의 대중 초기에 염철사인 배휴(裵休)가
주청한 횡세(橫稅)의 개혁안이 가납(嘉納)되어 무거운 통과세가 폐지
되고 밀무역자를 엄중히 처벌하니 차 상인들은 여행의 불안에서 벗어
나게 되었다.

배휴는 이 제도의 시행에 필요한 법칙을 다음과 같이 제정하였다.

즉, 사사로운 매매(賣買)를 세번 범한 자로서 사사롭게 판 것이 모
두 3백 근이 되면 사형으로 논죄하고, 먼 곳에 여행하는 군대는 가진
차가 비록 적더라도 사형시킨다. 세번 저지른 고의범(故意犯)으로서
5백 근에 이르거나, 점사(店舍)에 있으면서 거간하여 네번 범한 것이
1천 근에 이르면 모두 사형시킨다.

1백 근 이상을 사사롭게 판 자는 척추에 곤장을 치며, 3범(犯)은 무
거운 요역(徭役)을 시킨다. 차나무를 베어 실업자가 된 사람은 자사
(刺史)나 현령(縣令)이 사사롭게 소금을 만든 죄에 준하여 논죄한다.

· **각다**(榷茶)

당나라 때에 계획만 세우고 시행하지 못한 다법이 각다제도였다.

《신당서》정주전(鄭注傳)에 따르면, 정주는 부자가 되는 술책을 묻
는 문종의 하문에 각다법으로써 답변하였다고 한다. 그의 각다법이란
관가에서는 제값을 치르고 백성의 차밭을 차입하여 다관(茶官)을 두
어 차를 만들게 하는 것이었다.

또 왕애(王涯)의 각다법이란 민간인의 차나무를 관청에서 경영하는
차밭인 관장(官場)에 옮겨 심게 한 다음, 민간에서 차를 심거나 만드
는 것을 금지시키는 것이었다.

그리하여 관청에서 차밭을 가꾸어 만든 차를 장사꾼에게 팔아넘기
는 것을 관차(官茶)라고 하였는데, 관차가 아니면 거래를 금지하고

사차(私茶)는 모두 태워버리게 하는 것이었다.

　그런데 문종의 태화 9년(835) 10월에 각다사(榷茶使)가 된 왕애는 내시를 죽이는 데 실패한 재상인 이훈(李訓)과 절도사인 정주(鄭注)의 사건에 연좌되어 내시인 구사량(九士良) 등의 군사에게 장안의 영창리에 있는 찻집에서 체포되어, 그해 11월에는 그의 각다법을 원망하는 군중들이 던진 돌에 맞아 죽었다.

　이때 왕애의 집에 놀러 갔던 노동(盧同)도 뒤통수에 돌을 맞고 죽었다. 또한 그해 12월에는 제도의 염철사 겸 각다사가 된 영호초(令狐楚)가 어린아이의 장난 같고 백성에게 불편한 각다법을 폐지하고 구법(舊法)대로 찻세를 받게 하였으므로 각다법은 시행되지 못하였던 것이다.

● 차의 교역(交易)

· 다상(茶商)

당나라의 시인(詩人)인 백거이(白居易, 772~846)가 읊은 시에 〈소금 장수의 아내(鹽商婦)〉라는 것이 있다.

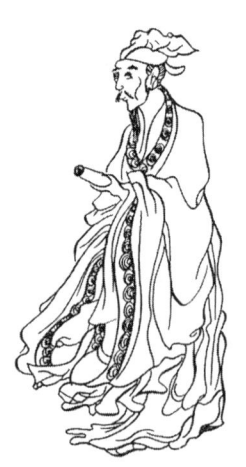

　이 시의 내용인즉, 양주 태생의 여인이 15년째 소금 장사를 하는 남편에게 시집온 다음, 배 위에서 종을 부리며 호의호식하는 팔자 좋은 생활을 읊은 것이다.

　그런가 하면 그가 읊은 〈비파의 노래(琵琶行)〉에는 배 위에서 사는 차장수의 아내가 등장한다.

　이 시의 내용과 그가 붙인 서문에 따르면 헌종의 원화 10년(815)에 백거이는 구강군(九江郡)의 사마(司馬)로 좌천되었다.

백거이(白居易)

그는 이듬해 가을 밤, 나그네를 전송하려고 분포구(湓浦口)에 갔다가 애끓는 비파 가락을 듣게 된다. 그런데 비파를 타는 여주인공은 서울 출신으로 13세에 비파 타는 법을 익혀서 기생 관청인 교방(敎坊)에서도 출중한 인기를 차지하였으나, 늙어서는 장사꾼의 아내가 되었다는 것이다.

강주사마(江州司馬)인 백거이는 구슬픈 비파 소리에 옷소매를 적셨는데, 그의 시 중에서 차와 관련된 시구는 다음과 같다.

　　나이를 먹어 장사꾼의 아내로 시집갔는데
　　장사꾼이란 이익만 중히 여기고 이별을 가볍게 여기어
　　지난달 부량에 차를 사러 떠나
　　줄곧 강의 어귀에서 빈 배만 지킨다네.
　　老大嫁作商人婦 商人重利輕別離
　　前月浮梁買茶去 去來江口守空船

위의 시구에 나오는 부량(浮梁)은 지금의 강서성 요주(饒州)의 부량현으로, 차의 집산지였다. 대개 당나라 때 남쪽에서 산출된 차는 내륙 수로의 배편으로 북쪽의 수요를 충족시키고 있었던 것이다.

백거이가 읊은 찻시에는 〈소원외가 부친 촉의 햇차(蕭員外寄新蜀茶)〉 이외에 여덟 수가 있다.

• 비전(飛錢)

비전이란 당나라 헌종 때(806~820)에 돈이 귀하여 서울에 있는 장사꾼이 지방의 진주원(進奏院)에 돈을 주고, 그 어음으로 지방에 가서 돈을 받는 일종의 어음으로, 편환(便換)이라고도 하였다.

비전의 기원 연대에 대해서는 분명히 밝혀진 것이 없다.

그런데 비전이라는 어음제도가 차 장사꾼에게 필요하였던 이유는 다음과 같다.

첫째, 유통화폐(流通貨幣)인 동전이나 비단은 들고 다니기가 불편하였다.

둘째, 차의 유통 거리가 멀어졌다.

한편 여류 화가였던 나혜석(羅蕙錫, 1896~1946)의 남편인 김우영(金雨英)의 《청구회고록(靑邱回顧錄)》에도 차의 거래를 위한 어음으로 여겨지는 다전(茶錢)이라는 대목이 보인다.

'그때 상납(上納)은 다전(茶錢)과 백동전(白銅錢)으로 받은 세금을 목포에서 일본인에게 지폐로 환금하여 경성(京城, 서울)에 상납하였던 것이다.'

• **다마무역**(茶馬貿易)

중국의 서북방에 있는 티베트와 몽고민족은 유목(遊牧)으로 생활하여, 그 식품은 동물성에 편중되고, 신선한 야채를 섭취하지 못하므로 괴혈병(壞血病, Scoidut)에 걸리기 쉽다.

이처럼 비타민C의 결핍으로 발병되는 괴혈병을 예방하기 위한 생존 음료가 신선한 녹차인 것이다.

그리하여 중국의 차와 오랑캐의 말을 서로 바꾸는 다마무역은 당나라 때부터 시작되었다.

즉, 당나라 봉연(封演)의 《봉씨문견기(封氏聞見記)》에도 '왕년에 회흘(回紇, 위그르) 사람이 황제에게 알현할 때 이름난 말을 많이 몰고 와서 차와 거래하고 돌아갔다'고 적혀 있는 것이다.

이러한 다마무역은 후세에도 중국의 중요한 국방 정책이 되었다.

왜냐하면 차를 생존 음료로 삼는 서북방의 오랑캐를 복종시키느냐 배반하게 하느냐 하는 것은 오로지 차의 공급 여하에 달려 있기 때문이다.

● 다도의 성립

중국의 다도는 당나라의 육우가 《다경》(760)을 짓고, 호주자사(湖州刺史)인 안진경(顔眞卿, 709~784)이 삼계정(三癸亭)을 지어 육우에게 기부한 773년에 호주에서 완성되었다.

그리고 육우가 《다경》에서 밝힌 다도 정신은 중용검덕(中庸儉德)으로써, 이 정신은 후세에까지 이어지고 있다.

즉, 대만의 고웅시(高雄市) 다예협회(茶藝協會)에서 발행된 《다예특간(茶藝特刊)》(창간호)에도 '중국의 다예(다도)는 중용검덕을 종지로 삼는다(中國茶藝以中庸儉德爲宗旨)'고 적혀 있는 것이다.

5. 송(宋)나라

당나라 때를 떡차(餠茶) 중심의 시대였다고 한다면 송나라 때는 오대(五代, 907~957)에 개발된 연고차(硏膏茶) 중심의 시대라고 할 것이다.

송나라 때에 유행된 연고차를 만드는 방법과 달여 마시는 방법은 다음과 같다.

송나라 웅번(熊蕃)의 《선화북원공다록(宣和北苑貢茶錄)》에 따르면 따야 할 찻잎의 종류를 다음과 같은 다섯 가지로 분류하고 있다.

- **특등품** : 시루에서 쪄낸 찻잎을 맑은 물에 담가서 껍질을 벗겨내어 바늘과 같은 한 가닥만 골라서 쓴다. 그것이 물속에서 은실처럼 빛나기 때문에 은선수아(銀線水芽)라고 한다.
- **1등품** : 찻잎의 모양이 참새혀(雀舌) · 매손톱(鷹瓜) · 보리알(麥顆)과 같아서 올싹(早芽) · 작은 싹(小芽)이라고도 한다.

- **2등품** : 한 싹에 한 잎이 달린 일창일기(一槍一旗)로서, 가린 싹(揀芽) 또는 기차(奇茶)라고도 한다.
- **3등품** : 한 싹에 두 잎이 달린 일창이기(一槍二旗)로서, 중간 싹(中芽)이라고도 한다.
- **4등품** : 한 싹에 세 잎, 네 잎이 달린 쇤잎(老葉)이다.

찻잎의 등급은 다섯 가지로 분류되었으나 2등품까지를 많이 사용하였다.

● 차 만들기의 공정

- **차따기** : 해가 돋기 전에 손톱으로 끊어서 딴다. 그러나 차의 맛을 떫게 하는 백합(白合)과 빛깔을 흐리게 하는 오체(烏蔕)는 제거하고 딴다.
- **차씻기** : 찻잎에 묻어 있는 오물을 물로 씻어서 제거한다.
- **찻잎찌기** : 물에서 씻어낸 찻잎을 시루에서 알맞게 찐다.
- **찻잎 식히기** : 시루에서 쪄낸 찻잎에 물을 뿌려서 식힌다.
- **물짜기** : 물로 식힌 찻잎을 소형 압착기(壓搾器)에 얹어 놓고 물기를 짜낸다.
- **즙짜기** : 물기를 짜낸 찻잎을 대껍질로 싸서 대형 압착기에 올려 놓고 건조될 때까지 차즙을 짜낸다.
- **찻잎갈기** : 질그릇으로 만든 가는 동이(研盆)에 한 개 분량의 찻잎을 넣고 물을 섞으면서 절굿공이(杵)로 갈아낸다.
- **비비기** : 연분(研盆)에서 갈아낸 차를 손가락으로 평미레질하고 비벼서 미끄럽게 한다.
- **찍어내기** : 은이나 대나무로 만든 본에 찻잎을 넣고 박아내어 삿자리에 널어서 말린다.
- **말리기** : 틀에 박아낸 차를 센불로 쬐고 끓는 물에 통과시키기를

세번 되풀이한다. 차를 하룻밤 동안 불에 쬐고 이튿날 여린 불에 통과시킨다.

- **빛내기** : 차를 뜨거운 물 위로 통과시켜서 빛깔이 나면 밀폐된 방에 두고 급히 부채질을 한다. 그렇게 하면 빛깔과 광택이 자연히 빛난다.
- **보관** : 배로(焙爐)에 넣지 않는 차는 밀봉하여 부들풀로 엮은 싸개에 담아서 높은 곳에 둔다.

● 차를 달여 마시는 방법

- **차굽기** : 차싸개에서 꺼낸 차를 차집게에 끼워서 불에 쬐어 굽는다.
- **분쇄** : 불에 구운 차를 종이에 싸서 다듬잇돌에 얹어 놓고 방망이로 분쇄한다.
- **차맷돌질** : 분쇄된 부스러기를 차맷돌로 갈아서 가루를 만든다.
- **체질** : 차맷돌에서 갈아낸 찻가루를 비단체로 곱게 친다.
- **물끓이기** : 탕병(湯瓶)에서 물을 끓이는 단계는 게눈(蟹眼)·물고기눈(魚目)·용천연주(湧泉連珠)·등파고랑(騰波鼓浪)의 4단계로 구분하되 3단계인 용천연주로 끓는 물이 찻가루와 융합하기에 알맞는다.
- **점다법**(點茶法) : 정면점(靜面點)·일발점(一發點)·칠탕점(七湯點) 등 세가지 점다법에 대해서는 휘종황제가 지은《대관다론》을 참조하기 바란다.
- **차의 삼묘**(三妙) : 차의 빛깔은 순백색이고, 향기는 순한 본연의 향기이며, 맛은 달고도 미끄러운 것이 으뜸이다.

● 생산지

- **산남**(山南) : 협주(峽州)〔원안(遠安)·의도(宜都)·이릉(夷陵)〕,

상주(喪州)·형주(荊州)·형주(衡州)·금주(金州)·양주(梁州)

- **회남**(淮南) : 지주(芝州)·의양군(義陽郡)·서주(舒州)·수주(壽州)·운주(鄆州)·황주(黃州)
- **절서**(浙西) : 호주(湖州, 장흥현)·상주(常州)·의주(宜州)·항주(杭州)·목주(睦州)·흡주(歙州)·윤주(潤州)·소주(蘇州)
- **검남**(劍南) : 팽주(彭州)·면주(綿州)·촉주(蜀州)·묘주(卭州)·아주(雅州)·노주(瀘州)·미주(眉州)·한주(漢州)
- **절동**(浙東) : 월주(越州)·명주(明州)·무주(務州)·대주(臺州)
- **검중**(黔中) : 은주(恩州)·파주(播州)·귀주(貴州)·이주(夷州)
- **강남**(江南) : 악주(鄂州)·원주(袁州)·길주(吉州)
- **영남**(嶺南) : 복주(福州)·건주(建州)·소주(韶州)·상주(象州)

● 연간 생산량

《송회요(宋會要, 권29)》에 따르면 남송(南宋), 고종의 소흥 32년(1162)에 호부(戶部)에서 집계한 주요 산지의 생산량은 다음과 같다.

방 면	생산량	방 면	생산량
절동로(浙東路)	1,063,020근	절서로(浙西路)	4,484,615근
강남동로(江南東路)	3,759,226근	강남서로(江南西路)	5,383,468근
형호남로(荊湖南路)	1,125,846근	형호북로(荊湖北路)	905,845근

그리고 정부에서는 다음과 같이 지역별 생산 목표량을 정하기도 하였다.

지 방	강 남	양 절	형 호	복 건	총 계
수 량	10,270,000근	1,279,000근	2,470,000근	393,000근	14,412,000근

● **다법**(茶法)

송나라의 다법(茶法)에 따르면 차를 전매하는 통상법(通商法)과 관죽법(官鬻法)이 있었다.

즉, 통상법이란 장사꾼들이 돈이나 황금과 비단을 주고 13개의 산장(山場, 차밭)과 6개 각화무(榷貨務)에서 차를 불하(拂下)받는 것이다.

여기에서 말하는 산장(山場)이란 호북(湖北)·안휘(安徽)·하남(河南)의 13개소에 두었던 차밭(茶場)으로, 산장마다에는 차를 재배하는 원호(園戶, 국영 차밭에 예속된 차 농사꾼)들이 있었다.

산장의 원호들은 일정한 수량의 차를 나라에 현물세로 바치는데, 남는 수량은 나라에서 사들였다.

그러나 훗날에는 다인(茶引, 차 장사꾼이 소비세를 바치고 얻는 차의 거래 허가증)을 가진 장사꾼과의 거래도 허용되었다.

그리고 관죽법이란 백성들이 마실 차를 식다무(食茶務)라는 판매소에서 파는 각다제도(榷茶制度)를 말한다.

차를 판매하는 관청인 식다무에서 실수요자인 백성에게 차를 팔아서 생긴 돈은 각 주(州), 현(縣)의 자치를 위한 비용에 충당토록 하였다.

대저 송나라의 차 전매제도는 태조의 건덕(963~967) 연간부터 발달되어 인종의 가우 4년(1059)에 전매제도가 중지될 때까지 사천(四川)과 광남(廣南)을 제외한 차의 산지에 시행되었다.

그러나 차의 전매제도를 중지할 때 납차(臘茶)만은 그 대상에서 제외되었다.

그 뒤에도 차의 전매제도는 많은 우여곡절을 겪게 되었다.

즉, 신종의 원풍 2년(1079)에는 강남·양절·형호·천협에 대해서는 납차의 통상을 잠정적으로 허락하였으나, 원풍 8년(1085)에는 다시 전매제도로 환원되었다.

그리고 휘종의 숭령 2년(1103)에는 납차나 초차(草茶)를 모두 전매품으로 삼다가, 숭령 4년에는 초차의 전매를 해제하더니, 정화 2년(1121)에는 납차의 전매제도를 완화하여 관청에서 사들인 잔량에 대해서는 상인들의 거래를 허용하였다.

이처럼 모든 차의 거래를 통제하여 많은 세금을 걷게 한 것이 채경(蔡京, 1047~1126, 재상)의 다법개혁(茶法改革)이었다.

이러한 북송의 다법은 남송 초기까지 이어지게 되었다.

그리하여 남송 고종의 소흥(1131~1162) 연간에는 초차의 자유판매를 백성들에게 허락하였으나, 납차의 경우 상등품은 관청에서 사들이고, 하등품만 상인들의 자유판매를 허락하였다.

그러나 각장(榷場, 북송의 태조가 상인들이 양자강을 건너가는 것을 금지하고, 互市場을 양주·한양 등에 열고 관청에서 무역을 하던 榷署에서 비롯된다)이 개설되고, 소흥 12년(1142) 6월, 양자강 이북에 대한 납차의 자유판매가 금지되자 커다란 제한을 받게 되었다.

더구나 상인들이 복건의 원호(園戶)와 결탁하여 납차의 상등품을 하등품으로 사들여서는 금나라에 가서 사사로이 무역 거래를 하는 사태가 일어났다.

따라서 그해 9월 23일 각장(榷場)에서 거래되는 납차 무역의 이익을 옹호할 목적으로 납차라면 품질의 좋고 나쁜 것을 묻지 않고 관청에서 사들이고 상인과 원호와의 거래를 금지시키게 되었다.

한편 소흥 12년 6월, 납차에 대해서는 상인들이 강북에 가지고 들어가는 것을 금지하였으나, 초차와 말차(末茶)만은 여전히 강북에서 백성에게 파는 것과 각장에서 관헌에게 파는 것만을 허용하고, 금나라 사람과의 거래는 엄격하게 금지하였다.

이러한 정부의 방침은 금나라가 멸망할 때까지 지속되었다.

● 다상군(茶商軍)

송나라 때의 차 역사에서 주목되는 것이 다상군이다.

다상군이란 차 장사꾼을 널리 불러모아서 군적(軍籍)에 편입한 군인이기는 하지만, 관군(官軍)이 아니라 의용군(義勇軍)이었다. 다상군이라는 의용군을 모집하게 된 시기와 동기는 다음과 같다.

즉, 북송의 인종 때(재위 1023~1063) 차나 금의 전매법을 어기고 사사롭게 몰래 파는 다적(茶賊)이나 염적(鹽賊)의 작은 반란이 여러 곳에서 일어났으나 정부로서는 평정할 수가 없었기 때문에 마침내 초안(招安, 죄를 용서함)하여 군대에 편입하였던 것이다.

그리하여 남송 말기인 이종(재위 1225~1264)·단종(재위 1276~1277) 때 금나라의 군사가 침략하자, 다상(茶商)과 대다상(大茶商)으로 편성된 다상군은 지금의 호북성 근방에서 용감하게 싸워서 금나라 군사의 남하를 저지시킨 일도 있었다.

이처럼 다상군이라는 의용군이 정부의 군대(관군)와 협력해서 용감하게 싸운 까닭은 금나라 군사가 쳐들어오면 그들의 차 장사가 위협을 받기 때문이었다.

● 다마무역(茶馬貿易)

당나라 이전에는 주로 중국의 비단과 오랑캐의 말이 교역되었으나, 송나라 때부터는 다마무역이 성행되었다.

송나라 초기에 차의 수출은 민간에서 자유롭게 하였으나, 신종의 희녕 7년(1074)에 차의 수출을 정부에서 독점하게 되자, 오랑캐와의 다마무역을 맡아보는 관청인 다마사(茶馬司)를 섬서성(陝西省)의 진주(秦州)·봉주(鳳州)·연하(燕河)에 두게 되었다.

그런데 희녕 7년에는 은·비단·도첩(度牒, 허가증)으로 오랑캐의 말을 수입하였으나, 원풍 6년(1083)부터는 차로써 바꾸었다.

처음에는 촉 지방의 하등차인 거칠은 차(粗茶)를 수출하였으나, 남송 효종의 건도 말년(1173)에는 상등차인 고운 차(細茶)를 수출하였다.

이처럼 차의 등급을 바꾼 송나라의 수출정책은 다마무역에 있어서 손실을 초래하였다. 왜냐하면 고운 차의 맛을 본 오랑캐들이 거친 차를 천대하므로 차값은 떨어지는 반면 말값이 올랐기 때문이다.

이를테면 초기에 상등 말 한필이라면 차 한 바리[馱]로써 수입할 수가 있었던 것이, 효종의 순희 4년(1177)에는 말값이 10배로 뛰어 네자(尺) 네치(寸)의 하등 말이 차 열 바리의 값에 이르렀다.

더욱이 상등 말의 경우는 은이나 비단을 주지 않고서는 수입할 수가 없게 되었다.

말의 수입량은 남송 고종의 건염 2년(1128)에 2만 필에 이르렀으나, 효종의 건도 초년(1165)에는 9천 필로 줄고, 순희 초년(1174)에는 12,994필을 목표로 하였으나 실제 수입량은 미달하였다.

6. 금(金)나라

차의 국내 생산량이 적었던 금나라는 차의 자급 자족을 꾀하는 한편 송나라 차의 수입을 제한하였다.

대개 건국 초기(1115)부터 장종의 승안 3년(1198) 7월까지는 송나라 차의 수입을 제한하지 않았다. 그러나 그해 8월부터 금나라가 멸망하던 천흥 3년(1234)까지는 송나라의 차를 수입 제한하였다. 그리고 승안 3년 8월부터 12월까지와 장종의 태화 5년(1205)부터 금나라가 멸망할 때까지는 차만들기를 민간에서 경영하였다. 또 승안 4년부터 태화 4년까지는 차만들기를 관청에서 경영하였다.

● 차의 국내 생산

금나라 정부는 민간에서의 차만들기를 감독하여 생산되는 좋은 차로써 국내 수요를 충당하고 송나라 차의 수입을 종식시키고자 꾀하였다.

그러나 승안 3년 8월, 상서령(尙書令) 사승덕(史承德)과 즉유성(卽劉成)을 하남(河南)에 보내서 민간에서의 차만들기를 감독시켰으나, 감독관이 몸소 맛을 보지 않아 싸구려 뽕잎으로 만든 것을 받게 되었다. 그리하여 조정에서는 차를 관청에서 만들어 전매하도록 하였다.

승안 4년 3월에는 치주(淄州, 산동성 치천현)·밀주(密州, 산동성 청주)·영주(寧州, 감숙성 경양)·해주(海州, 강소성 회안)·채주(蔡州, 하남성 개봉)에 제다방(製茶坊)을 세워서 햇차를 만들어 남송의 관례대로 한근들이의 차 한 봉지에 6백 문(文)의 값을 매겼다.

그러나 관청에서 만든 차는 값에 비하여 품질이 나빠서 마실 수가 없고, 오히려 송나라의 차를 몰래 수입해서 파는 쪽의 이익이 많았던 탓으로 상인들은 관제차(官製茶)의 거래를 꺼렸다. 그래서 정부는 산동 하북의 전운사(轉運司)로 하여금 호구수(戶口數)대로 차를 배당하여 관할하는 고을(縣)에서 사도록 하고, 찻값은 돈이나 물건으로 치르게 하였다.

이처럼 관제차의 거래가 여의치 못하자, 태화 4년(1204)에는 장종이 몸소 차를 점검하고 품질이 나빠서 마실 수도 없는 차를 비싼 값에 강매하는 것은 부당하다면서 한 근에 절반 값인 3백 문(文)으로 값을 내리도록 한 일도 있었다.

그러나 관제차의 전매제도는 백여년 만인 장종의 태화 5년(1205)에 폐지되고 다시금 민간에서의 차만들기와 자유판매를 허락하기에 이르렀다.

그리하여 관영 차밭을 백성들로 하여금 경영시켰으며, 장종의 태화 6년(1206) 11월에는 말라 죽은 하남성의 차나무를 심어서 채웠다.

● 차의 수입 정책

금나라는 건국 초기부터 승안 3년(1198)까지의 80여년간은 해마다 송나라로부터 공급되는 차 이외에는 모두 국경에 있는 각장(榷場)에 수입하고, 밀수입을 금지하였다.

정부는 송나라 차의 수입을 제한하기 위하여 제량(帝亮)의 정원 2년(1154) 7월, 비로소 염초향차(鹽鈔香茶), 문인인조고사부(文引印造庫使副)를 두는 한편, 세종의 대정 12년(1172) 12월에는 '각장향차죄법(榷場香茶罪法)'을 제정하고, 대정 16년에는 '향차죄상격(香茶罪賞格)'을 제정하였다.

이처럼 금나라 정부가 송나라 차의 수입을 제한하는 시책을 펴나간 것은 다음과 같은 이유 때문이었다.

첫째, 송나라 차에 대한 의존도가 높을수록 공급의 취약성은 증대된다.

둘째, 송나라 차를 밀수입하다가는 군사기밀이 누설되기 쉽다.

셋째, 평시에 금나라가 비단실, 솜, 비단, 금을 송나라에 수출하는 것은 국비를 써서 없애고 송나라를 도와주는 꼴이 된다.

이러한 폐단을 배제하기 위하여 금나라는 백성들이 마시는 식다(食茶)의 소비를 제한하고, 차의 수입 대가는 소금 등으로 지불하기로 하였던 것이다.

7. 원(元)나라

원나라 때에도 송나라 때와 마찬가지로 연고차를 즐겨 마셨다.

원나라가 강북을 지배하고 있을 때인 건국 초기(1206)부터 세조의 지원 4년(1267)까지는 군량(軍糧)을 얻기 위하여 송나라의 다법을 모방한 세다제도(稅茶制度)를 채택하였다.

그리고 세조의 지원 5년(1268)에서 지원 7년(1270)까지는 각다제도(榷茶制度)를 채택하였다. 그러나 지원 8년(1271)부터 지원 11년(1274)까지는 차의 자유 매매를 허용하였다.

그러다가 마침내 지원 12년(1275) 남송을 멸망시키고 강남을 지배한 다음부터 원나라가 멸망될 때까지는 각다제도가 지속되었다.

● 차를 다루는 관청

원나라가 강북을 지배하던 지원 5년(1268)에 사천성에서 각다제도를 시행할 때는 경조(京兆)와 공창(鞏昌)에 각다국을 두고, 지원 6년에는 서촉(西蜀) 사천감(四川監) 각다장사사(榷茶場使司)를 두었다.

그러다가 강남을 지배하게 되자 지원 14년(1277)에는 강회각다도전운사사(江淮榷茶都轉運使司)를 두었다. 또 지원 16년(1279)에는 강서각다운사(江西榷茶運司)를 두었다.

이듬해인 지원 17년(1280)에는 강주(江州)에 각다도전운사(榷茶都轉運司)를 두고 강회(江淮)·형호(荊湖)·복광(福廣)의 차를 전매하였다.

또 지원 25년(1288)에는 양회도전운사(兩淮都轉運司)와 강서각다도전운사(江西榷茶都轉運司)를 두고 각다에 관한 일을 맡아보게 하였다.

그리고 그 밑에는 수십 개처의 각다제거사(榷茶提擧司)를 두었는데, 위에서 말한 두 개의 전운사는 명종의 천력 2년(1329)까지 존속되었다. 다만 그 동안에도 인종의 황경 2년(1313)에는 각다비험소(榷茶批驗所)와 다유국(茶由局)이 설치된 일이 있는데, 다유국은 이듬해인 연우 원년(1314)에 비험다유국(批驗茶由局)으로 개칭되기도 하였다.

그런가 하면 순제의 원통 원년(1333)에는 각다운사(榷茶運司)를 세워서 강서(江西)·호광(湖廣)·강회(江淮)·하남(河南)의 차를 전매하고, 그 밑에 제거사(提擧司)와 공사(公司)를 여러 곳에 두고 각다 업무를 돕게 하였다.

● 각다 수입

원나라가 남송을 멸망시킨 지원 12년(1275), 강남에 각다제도를 시행한 뒤 각다에 의한 찻세(茶課)의 수입 통계는 다음과 같다.

연 대	수 입(錠)	연 대	수 입(錠)
1276	1,200	1295	83,000
1277	2,300	1311	171,131
1278	6,600	1313	192,866
1280	24,000	1314	391,876
1281	20,000	1318	250,000
1285	40,000	1323	289,011

● 다인(茶引)과 다유(茶由)

다인과 다유는 정부가 찻세(茶課)를 바친 사람에게 차의 판매권을 주는 허가증인데, 다음과 같은 차이점이 있다.

1. 다인의 판매고는 많아도 다유의 판매고는 적다.
2. 다인의 부과율(賦課率)은 무거워도 다유의 부과율은 가볍다.
3. 다인의 유효 기간은 길어도 다유의 유효 기간은 짧다.
4. 다인의 발행고는 많아도 다유의 발행고는 적다.

한편, 다인에는 장인(長引)과 단인(短引)이 있다.

이러한 양인제도(兩引制度)는 지원 13년(1276)에 창제되었으나, 차의 판매 허가증이라는 점에서 동일한 장인과 단인의 차이점이 판매 고·유효기간·부과율에 다소간 있을 뿐이어서, 장인제도는 지원 17년(1280)에 폐지되었다.

8. 명(明)나라

명나라 때는 잎차를 즐겨 마셨다. 송대의 연고차가 명대에 잎차로 바뀐 이유에 대해서는 명나라의 심덕부(沈德符)가 《야획편(野獲編)》의 〈임금께 바치는 차(供御茶)〉조에서 다음과 같이 밝히고 있다.

'건국 초기에 사방에서 바치던 차는 건령(복건성 건구현)과 양선(강소성 의흥현) 차의 품격을 으뜸으로 삼았다. 이때는 오히려 송대의 법도를 그대로 따라 진상하는 것은 모두 맷돌질하고 비벼서 크고 작은 용단차(龍團茶, 용무늬가 찍힌 덩어리차)를 만들었다.

홍무 24년(1391, 명나라 태조의 연호) 9월에 이르러 상감은 민력(民力)의 수고를 중히 여겨 용단차의 만들기를 그만두게 하고 오직 찻싹을 딴 채로 진상케 하였다.'

• **차따기** : 송대의 찻책에는 차를 따는 적기가 경칩(양력 3월 5~6일 경)에서 금화(양력 4월 5~6일 경) 전후로 적혀 있는데, 이것은 저자들이 복건성 건안에 있는 북원차(北苑茶)를 기준삼아 적었기 때문이다.

그리고 명대의 찻책에 차따는 적기가 모두 곡우(양력 4월 20~21일 경)로 적혀 있는 것은 저자들이 절강성과 안휘성의 차를 기준삼아 적었기 때문이다.

▶ 장원(張源)의 《다록(茶錄)》

'곡우날 닷새 앞을 으뜸으로 삼으며, 닷새 뒤가 다음간다……'

▶ 전춘년의 《제다신보》

'곡우 전후에 거둔 것이 좋은데, 거칠거나 고운 것도 모두 쓸 수가 있다.'

▶ 허차서의 《다소》

'청명(양력 4월 5~6일 경)과 곡우는 차를 따는 절후이다. 청명은 너무 이르고, 입하는 너무 늦다. 곡우 전후면 알맞다.'

▶ 도융의 《다전》

'곡우절의 전후를 기다렸다가……'

• **차만들기** : 차를 만드는 법이 적혀 있는 명대의 찻책은 장원의 《다록》, 허차서의 《다소》, 정용빈(程用賓)의 《다록(茶錄)》, 나름(羅廩)의 《다해(茶解)》, 풍가빈(馮可賓)의 《개다전(岕茶牋)》 등이다.

이 중에서 장원의 《다록》에 수록된 〈차만들기(造茶)〉는 다음과 같다.

'새로 딴 찻잎은 쇤 잎과 억센 줄기와 부스러기를 골라내고, 너비 두자 네치의 노구 솥에 차 한 근 반을 덖는다.

솥이 몹시 달 때를 기다렸다가 차를 떨구어 넣기 시작하여 얼른 덖어야 하며, 불길을 약하게 해서는 안된다.

뜨거워질 때를 기다렸다가 바야흐로 불을 물려내고 체에 담아서 맴돌림 체질을 몇 번 가볍게 한 다음 다시 솥에 넣고, 불길을 점차로 줄이면서 알맞은 정도로 말린다.

그 속에 현미한 것이 있으나 말로써 나타내기란 어렵다.'

• **불길 살피기** : 차달이기에서 첫번째로 중요한 것은 불길 살피기(火候)이다.

허차서는 《다소》의 〈물을 끓이는 그릇(煮水器)〉조에서 불길 살피기에 대하여 다음과 같이 말하였다.

'차맛은 물에서 나며, 물은 그릇에 에워싸이고, 끓는 물은 불로 익는다. 이 넷은 서로 필요로 하는 것이라 하나만 빠져도 못쓰게 되는

것이다.'

또 장원은 《다록》의 〈불길 살피기(火候)〉에서 다음과 같이 말하였다.

'차달이기에는 불길 살피기가 앞서야 한다. 화롯불이 빨갛게 되면 차 탕관을 비로소 얹고, 부채질을 가볍고 빠르게 하여야 한다. 소리(탕관에서 물 끓는)가 나기를 기다려 차츰 심하고 빠르게 하는데, 이것이 문무(文武, 강약)의 살피기라는 것이다.'

• **끓는 물 살피기** : 송나라의 나대경(羅大經)은 《학림옥로(鶴林玉露)》에서 찻병의 끓는 물 살피기에 대하여 다음과 같이 요령있게 설명한 바가 있다.

'나와 같은 해에 진사에 급제한 이남금(李南金)이 이르기를, 《다경(茶經)》에서는 물고기눈(魚目)·용천연주(湧泉連珠)로써 물을 끓이는 알맞는 정도로 삼았다. 그러나 근세에는 차를 달이는 데 가마를 쓰는 일은 드물고 병으로 물을 끓이기 때문에 끓는 물의 상태를 살펴보기가 어렵게 되었다. 그러기에 소리로써 첫번째 끓음[一沸], 두번째 끓음[二沸], 세번째 끓음[三沸]의 맞는 정도를 분간하여야 한다.'

또 육우(陸羽)의 법도는 찻가루를 찻솥에 넣는 것이므로 두번째 끓을 때 분량에 맞추어 찻가루를 떨구어 넣기로 되어 있다. 그러나 만약 지금처럼 끓인 물을 찻사발에 붓고 달이면 마땅히 두번째 끓음에서 세번째 끓음으로 건너갈 때 분량에 맞추어야 한다고 하였다. 이에 소리를 듣고 분별하는 시를 지어서 말하였다.

> 섬돌 벌레는 두런거리며 만 마리의 매미 울음소리 베푸니
> 문득 천 대의 수레에 두드려 싣고 오는 듯
> 솔바람 소리 산골 물소리 듣고서야
> 얼른 옥색과 초록색 사기잔을 찾네.

그러나 명나라의 장원은 《다록》의 〈끓는 물 분별하기(湯辨)〉에서

시각(視覺)과 청각(聽覺)에 의한 방법을 제시하고 있다.

'끓는 물에는 크게 세가지의 분별법과 열다섯가지의 작은 분별법이 있다.

첫째를 모양보고 분별하기(形辨)라 하며, 둘째를 소리 듣고 분별하기(聲辨)라 하고, 셋째를 김보고 분별하기(氣辨)라고 한다.

모양의 분별은 속을 분별(內辨)하는 것이요, 소리는 겉을 분별(外辨)하는 것이요, 김은 빠르게 분별(捷辨)하는 것이다.'

그런데 당시 물을 익히는 방법에 두가지 견해가 있었다.

즉, 허차서는《다소》에서 두번째 끓은 물을 적당한 것으로 보았다. 그러나 장원은《다록》에서 '끓인 물이라면 모름지기 다섯번 끓어야만 차의 세가지 기이함(빛깔·향기·맛)이 주효한다'면서 오비순숙탕(五沸純熟湯)을 적당한 것으로 내세우고 있다. 또한, 원나라의 원각(袁桷)도《징회록(澄懷錄)》에서 다음과 같이 오비법(五沸法)을 주장한 바가 있었다.

'채군모는 끓인 물의 어린 것을 취하고 쇠한 것은 취하지를 않았다. 지금의 잎차란 물 끓이기가 모자라면 차의 신령스러움이 극도에 달하지를 않고 차의 빛깔이 밝지를 못하다. 그러므로 차겨루기(茗戰)의 첩경은 다섯번 끓이기에 있다.'

이처럼 오비순숙탕을 취한 이유에 대하여 청나라 유원장(劉源長)은《다사(茶史)》에서 다음과 같이 설명하고 있다.

'당(唐)·송(宋)시대의 차는 맷돌과 체를 거쳐서 나는 가루가 되어 끓인 물에 들어가니 차의 신령스러움은 뜨기 쉽다. 그러므로 끓인 물은 어린 것을 취하고 쇤 것은 쓰지 않았다. 명(明)·청(淸)시대의 차는 잎차를 쓰고, 찻가루가 아니기 때문에 끓인 물의 상태가 모자랄 때는 차의 신령스러움이 극도에 달하지를 않는다. 이것이 다섯번 끓여서 완전히 익은 물을 취하는 까닭이다.'

• **차 우려내기** : 차의 성분을 우려내기 위하여 잎차와 끓인 물을 다관에 넣고 융합시키는 방법에는 세 가지가 있다.

계 절	방 법	내 용
봄·가을	중투법(中投法)	다관에 끓인 물을 절반 붓고 차를 넣은 다음 절반 남은 물로 채운다.
여 름	상투법(上投法)	다관에 끓인 물부터 붓고 차를 넣는다.
겨 울	하투법(下投法)	다관에 차부터 넣고 끓인 물을 붓는다.

그런데 위의 세 가지 중에서 중투법이 통상적으로 사용되는 방법이었던 모양이어서 명나라 서위(徐渭)의 《전다칠류(煎茶七類)》와 허차서의 《다소》에는 중투법이 적혀 있다.

송나라 채양의 《다록》에 찻사발을 불에 쬐어서 예온시키는 방법이 있었는데, 청나라 유원장의 《다사》에도 다관을 쓰기 전에 더운 물을 붓고 예온시켜야 한다고 적혀 있다. 그리고 잎차를 다관에 넣는 기구도 허차서의 《다소》에는 손으로 차를 집어서 넣는 방법이 적혀 있다.

그러나 유원장의 《다사》에 따르면 단단한 종이로 만든 주걱이 사용되었다.

그리고 다관에 잎차와 끓인 물을 넣고 융합되기를 기다리는 시간에 대하여 허차서의 《다소》에는 다음과 같이 적혀 있다.

'먼저 손에 차를 쥐고 끓인 물을 찻병에 넣기를 기다렸다가, 곧 뒤를 이어서 끓인 물에 차를 떨구어 넣은 다음 뚜껑을 꼭 덮고 세번 숨쉬는 시간을 기다린다. 다음은 바리에 가득 기울였다가 또다시 찻병으로 받아들인다. 이렇게 흔들어 씻음으로써 향기로운 운치를 돋구며, 아울러 빛깔이 침체하지 않도록 하는 것이다. 다시 세번쯤 숨쉬고서 가볍게 떠 있는 찻잎을 안정시킨 다음 (찻물을 찻잔에) 쏟아 붓고 손님에게 드린다.'

한편 잎차와 끓인 물을 다관이 아닌 찻잔에서 융합하여 우려내는 충다법(沖茶法)도 있다. 이러한 충다법은 명나라 전예형의 《자천소품》과 청나라 유원장의 《다사》에 적혀 있다.

뚜껑이 달린 큰 찻잔에 뜨거운 물을 붓고 잎차를 띄워서 찻물이 우러나면 뚜껑을 비스듬히 덮은 틈새로 찻물을 마시고 찻잎을 남기는 충다법은 명나라 때부터 지금까지 이어져 내려오고 있다.

• **차마시기** : 다관에 넣은 차는 세번 우려 마실 수 있으나 두번(재포) 우려 마시는 것이 알맞다. 즉 허차서의 《다소》에도 '한 병의 차는 다만 두번째 잔 돌리기를 견디어 낸다. 첫번째 돌린 잔은 싱싱하며 맛이 좋고, 두번째 돌린 잔은 달고도 순박하나, 세번째 돌린 잔은 마실 의욕이 없어진다'라고 적혀 있다.

그리고 마시는 요령에 대하여 명나라의 서위(徐渭)는 《전다칠류(煎茶七類)》의 〈차의 맛보기(嘗茶)〉조에서 다음과 같이 말하고 있다.

'차가 입에 들어가면 먼저 흘러들어온 물을 빨아들이고 천천히 마실지어다. 단물이 혀에 밀려오기를 기다리면 참맛을 얻을 수 있고, 다른 과일을 섞으면 향기와 맛을 모두 빼앗긴다.'

• **차의 삼묘**(三妙) : 잎차의 빛깔은 연둣빛이고, 맛은 달고도 윤택하며, 향기는 차 본연의 향기를 간직하고 있다.

● 생산지

차의 주산지는 섬서성과 사천성이었으며, 부산지는 호남·호북·강서·안휘·강소·절강·복건성이다.

• **섬서성**(陝西省) : 태조의 홍무 4년(1371) 경, 차밭의 면적은 45경(頃) 72묘(畝)였으며, 차나무는 86만 4,058그루였다. 섬서성에서도 한중부(漢中府)의 금주(金州)·자양(紫陽)·석천(石泉)·한음(漢陰)·서향(西鄕)·평리(平利)의 여섯 고을(縣)이 주산지였다.

• **사천성**(四川省) : 홍무 5년(1372) 경, 차의 산지는 477개처, 다호

(茶戶, 製茶商人)는 315호(戶), 차나무는 238만 6,943그루였다. 사천성에서는 보녕부(保寧府)·기주부(夔州府)·성도부(成都府)가 주산지였고, 중경부(重慶府)·가정주(嘉定州)·노주(瀘州)·아주(雅州)가 버금가며, 파주(巴州)·통강(通江)·광원(廣元)·남강(南江)·건창(建昌)·동향(東鄕)·이강(利江)·천전(天全)·영녕(永寧)·장녕(長寧)·건시(建始)·오몽(烏蒙)·진웅(鎭雄)·조문(碉門)·균련(筠連) 등의 여러 고을이 그 다음가는 산지였다.

- **안휘성**(安徽省) : 상주부(常州府)·노주부(蘆州府)·휘주부(徽州府)
- **강서성**(江西省) : 남주부(南州府)·요주부(饒州府)·남강부(南康府)·구강부(九江府)·길안부(吉安府)
- **호남성**(湖南省) : 장사부(長沙府)·보경부(寶慶府)
- **호북성**(湖北省) : 형주부(荊州府)·무창부(武昌府)
- **강소성**(江蘇省) : 소주부(蘇州府)·진강부(鎭江府)·응천부(應天府)
- **절강성**(浙江省) : 호주부(湖州府)·엄주부(嚴州府)·구주부(衢州府)·소주부(紹州府)
- **복건성**(福建省) : 건녕부(建寧府)

● 생산시책

명나라 때의 생산시책은 다음의 두 가지로 나누어 고찰할 수가 있다.
- **생산의 증대** : 차의 생산량을 증가시키기 위하여 홍무 24년(1391)에는 다호(茶戶)의 요역(徭役)을 면제시켜 주었다.

그리고 주인이 없는 차밭은 군대로 하여금 재배와 수확을 하여 홍무 4년(1371)에는 관청 80%, 군대 20%의 비율로 분배한 일도 있었다.
- **잎차 위주의 생산** : 홍무 24년(1391) 9월에는 건녕부(建寧府)에

대하여 용단차의 제조를 금지시키고 잎차의 제조만을 허가하였다.(《大
政記》)

● 다법(茶法)

명나라는 송(宋)·원대(元代)의 다법을 이어받아 섬서와 사천에 각
다법, 강남과 그밖의 산지에는 통상법을 시행하였다.

차의 생산자는 다호(茶戶)·원호(園戶)로 불리우고, 호적상 일반
민호(民戶)와 똑같이 부주현관(府州縣官)의 관할 밑에 소속되어 생산
하는 차의 일부는 한 해의 세(歲課)로써 정부에 바쳤으나, 남은 차는
모두 정부의 통제로 상인에게 불하하여 거래되었다.

이러한 경우에는 송나라 이후의 통상법에 의한 다인(茶引)과 다유
(茶由)제도가 시행되어, 정부는 차의 판매 허가증인 다인(백 근 단위)
과 다유(60근 단위)를 차가 생산되는 부주현(府州縣)에 발급하고, 상
인으로 하여금 그 대가인 찻세를 바치게 해서 차의 판매권을 인정하
는 한편 사차(私茶)인 밀매차를 엄격하게 취체 감시하였다.

내륙지방에 시행된 통상법은 정부의 재원(財源)을 확보하는 데 기
여하였다.

그리고 섬서·사천의 차 산지는 티베트와 인접한 교통로이므로 다
마무역을 위하여 대량의 관차(官茶)를 확보하고 사차(私茶)의 출경방
지(出境防止)를 위한 각다법이 시행되어 정부의 엄중한 통제를 받게
되었다.

대개 찻세는 다호(茶戶)가 가꾸는 차나무의 그루를 기준해서 부과
하고 차로써 바치는 것이 원칙이었다.

주인이 있는 차밭에 대한 세율은 차나무 열 그루에 두 냥으로써 이
것은 열 그루의 차나무에서 수확되는 차의 10%에 해당된다. 그리고
《명회전(明會典)》에 따르면 주인이 없는 차밭은 군대로 하여금 재배

수확하여 관청 80%, 군대 20%의 비율로 분배하였다.

이처럼 찻세를 차로써 바치는 것을 본색(本色)이라 하며, 흉작되는 해에 돈이나 비단으로 바치는 것을 절색(折色)이라고 하였다.

● 정부 보유차의 용도

정부에 바쳐진 세차(稅茶)는 관청의 경비, 관리나 군인의 봉급으로 지출되기도 하고, 다마무역에도 지출되었다.

• **관청의 경비** : 홍무 5년(1372) 사천성의 조문(碉門)・영령(永寧)・균련(筠連) 고을에서는 고을에서 나는 거칠은 찻잎(粗葉)을 검사하고 그 일부를 징발하여 붉은 갓끈(紅纓)・털옷(氈衫)・쌀・피륙(布)・후추나무(椒)・밀(蠟)을 사들여 관청에서 사용하였다.

• **봉급 지불** : 인종의 홍희 원년(1425) 사천성의 보령부(保寧府) 등지에서는 관청의 창고에 받아서 싸 놓은 잎차를 그 고장의 시가(時價)를 기준하여 관리의 봉급으로 지불하였다.

영종의 정통 6년(1441)에 감숙창(甘肅倉)에서는 비축된 차 중에서 선종의 선덕(1427~1435)과 정통 원년(1436) 이전 것은 달마다 섬서행도사(陝西行都司)와 감주좌등아소(甘州左等衙所)의 관원에게 봉급으로 지급하였다.

또 정통 8년(1443)에는 섬서와 감숙의 관청 창고에 비축된 차를 군대와 관리의 봉급으로 지급하였다.

또한 경제의 경태 2년(1451)과 5년에는 사천성에서 비축차를 관리비와 군인의 봉급으로 지급하였다.

● 다마무역

• **교역 기구와 장소** : 명나라는 송나라의 다마무역 제도를 이어받고, 서북방의 변경(邊境)에는 다마사(茶馬司)를 두고, 요동에는 마시

(馬市)를 두고서 군마를 공급하였다.

명나라 초기에는 섬서성에 여섯 군데의 다마사를 설치하였다.

- **공창부**(鞏昌府) : 낙타항(駱駝巷)·초자보(稍子堡)·고교(高橋)
  ·화찬곡(火鑽峪)
- **임도부**(臨洮府) : 복양(伏羌)·영원(寧遠)

그리고 추가로 설치한 다마사는 다음과 같다.

- **도주**(洮州) : 홍무 7년(1374)
- **감주**(甘州) : 홍무 30년(1387)
- **서령**(西寧) : 영락 9년(1412)
- **하주**(河州) : 가정 14년(1535)
- **조문**(礪門) : 가정 42년(1563)

이밖에 장주(莊州)·낭주(浪州)·한중(漢中)·암주(巖州)·여주(黎州)·균련(筠連)·아주(雅州)·진주(秦州)·민주(岷州) 등지에도 다마사가 설치되었다. 이러한 제도는 청나라 때에도 지속되었다.

그리고 명나라는 성조의 영락 3년(1405) 만주의 개원(開原, 2개소)과 광녕(廣寧)에 마시(馬市)를 설치하고, 훗날에는 열하(熱河)의 개평(開平)과 무순(撫順)에 마시를 개설하였다.

● 교역 시기

다마무역의 초기에는 일정한 교역 시기가 없었다.

그러다가 명나라 신종의 만력 4년(1576)에 다마사마다 일정한 교역 시기를 정하였다.

즉, 섬서성의 도주다마사(洮州茶馬司)는 5월, 하주(河州)와 감숙다마사(甘肅茶馬司)는 6월, 서녕다마사(西寧茶馬司)는 7월에 교역하도록 정하였다.

이처럼 교역 시기를 정한 것은 오랑캐끼리 차에 대한 수요 경쟁과

말에 대한 공급 경쟁을 일으켜서 찻값을 올리는 한편, 교역 업무의 편의를 도모하기 위한 것이었다.

•**교역 가격** : 다마사에서 정한 교환 비율은 시대, 장소, 말의 품질에 따라서 변동이 있었다.

연 대	상 마	중 마	하 마	일 반	장 소
명초기	100근	70	50		
1384	40	30	20		하주다마사
1384				100	오철오몽동천북부
1388	120	70	50		조문다마사
1389	120	70	50		변역
1389				368	
1390	100	80		100	

결국 찻값은 1384년에 올랐다가 점차 떨어진 반면에 말값은 올랐다는 것을 알 수가 있다.

한편 《대명회전(大明會典)》에 따르면 여진(女眞) 사람이 명나라 천자에게 조공하는 말 한 필에 대하여 비단을 회사품(回賜品)으로 주도록 되어 있다. 성조의 영락 연간에 만주의 마시에서 거래된 물물교환 실적은 다음과 같다.

말의 등급	1405년		1417년			비 고
	비 단	피 류	백 미	비 단	피 류	
특상마	8	12	5	5	5	단위
상 마	4	6				천 : 필(疋)
중 마	3	5	3	3	2	쌀 : 섬(石)
하 마	2	4	2	2	2	
망아지	1	3	1		2	

● **교역 수량**

• **말의 수입량**(필) : 표에서 1368년의 경우에는 수입하는 말값을 치르기 위하여 사천성에서 1백만 근의 차를 징수하여 각 다마사에 수송하였다.

연 대	도 주	서 녕	하 주	합 계
1165				9,000
1174				12,994
1368	3,050	3,050	7,075	13,805
1490				4,000
1601				11,500
1621				13,900

• **차의 수출량**(근) : 효종의 홍치 3년(1490)에 다마사별로 수출한 수량은 다음과 같다.

서 녕	하 주	도 주	합 계
400,000	400,000	200,000	1,000,000

대개 다마무역량은 해마다 차의 수출량 1백만 근, 말의 수입량 1만 2,3천 필 안팎이었다.

그 이상 차를 수출하면 찻값은 떨어지는 반면에 말값이 오르고, 차의 수출을 줄이면 말의 수입이 줄어들게 되므로 증감을 막론하고 명나라로서는 불리하였던 것이다.

9. 청(淸)나라

청나라 때에는 홍차·녹차·전차(磚茶, 벽돌차)·다말(茶末)을 이용하였다.

● 생산지

차의 주산지는 호북·호남·강남·복건·안휘·절강성이었으며, 부산지는 강소·사천·귀주·운남·감숙·광동·광서성이다.

- **호북성**(湖北省) : 남장현(南障縣)·곡성현(穀城縣)·광제현(廣濟縣)·황매현(黃梅縣)·점수현(蘄水縣)·통성현(通城縣)·함녕현(咸寧縣·柏墊·馬橋鋪)·숭양현(崇陽縣·大沙坪·小沙坪·白霓橋·駁岸)·포은현(蒲圻縣·羊樓峒·羊樓司)·통산현(通山縣·楊芳林)·홍국주(興國州·陽新縣의 龍港)·가어현(嘉魚縣)·흥산현(興山縣)·의창현(宜昌縣·舊名 東湖縣)·학봉현(鶴峯縣)·오봉현(五峯縣·舊名 長東縣)·귀주(歸州·秭歸縣)·사선현(思旋縣)·이천현(利川縣)·운양현(鄖陽縣)·죽곡현(竹谿縣)

- **호남성**(湖南省) : 석문현(石門縣)·임상현(臨湘縣·聶家市·白荊橋)·파릉현(巴陵縣, 지금의 岳陽縣〈雲溪·北溪·晋溪〉)·평강현(平江縣·浯江·長壽街)·익양현(益陽縣)·상담현(湘潭縣)·예릉현(醴陵縣·張家碑滃山)·안화현(安化縣·藍田)·유양현(瀏陽縣·高橋·永豊)·상음현(湘陰縣)·상향현(湘鄕縣)·도원현(桃源縣)·무릉현(武陵縣, 지금의 常德縣)·신화현(新化縣)

- **강서성**(江西省) : 길안현(吉安縣)·수천현(遂川縣·舊名 龍泉縣)·무녕현(武寧縣·禮溪, 寗州)·연산현(鉛山縣·河口鎭)·옥산현(玉山縣·桐木關)

- **안휘성**(安徽省) : 적계현(漬溪縣)·흡현(歙縣)·사문현(邪門縣)·무원현(婺源縣)·예현(黟縣)·휴녕현(休寗縣)·대안현(大安縣)·곽산현(霍山縣)·추포현(秋浦縣·舊名 建德縣)·영국현(寗國縣)

- **절강성**(浙江省) : 소흥현(紹興縣·舊名 山陰縣·會稽縣)·상우현(上虞縣)·승현(嵊縣)·신창현(新昌縣)·숙산현(肅山縣)·제

기현(諸暨縣)·여요현(餘姚縣)·항현(杭縣·舊名　錢塘縣〈泗鄉
鎭·留上鎭〉)·여항현(餘杭縣)·임안현(臨安縣)·은현(鄞縣)
- **복건성**(福建省) : 민후현(閩侯縣, 北嶺, 板洋)·나원현(羅源縣)·
고전현(古田縣)·병남현(屛南縣)·건양현(建陽縣·水吉)·정화
현(政和縣)·숭안현(崇安縣·武夷·東風塘·界西)·건구현(建甌
縣·舊名　建安縣·甌審縣)·송계현(松溪縣)·사현(沙縣)·순창현
(順昌縣)·영안현(永安縣)·대계현(大溪縣)·장락현(將樂縣)·
복정현(福鼎縣·相山)·하포현(霞浦縣·白林)·복안현(福安縣)·
소무현(邵武縣)·광택현(光澤縣·洋口)·안계현(安溪縣)·장평
현(漳平縣)·영양현(審洋縣)

● 다법(茶法)

- **찻세** : 세종의 옹정 8년(1730) 천차정세례(川茶征稅例)를 정하고,
유지(諭旨)를 받들어 천차(川茶, 사천성의 고급차)는 차밭과 차나무를
분간하여 세액(稅額)을 정하고 찻세는 근량(斤兩)으로 수납하였다.

처음에는 근(斤)에 은 4사(絲) 9홀(忽)을 납부하였으나 훗날에는 1
리(釐) 2호(毫) 5사(絲)로 늘어났다.

- **다법** : 호부(戶部)에서 공포한 다인(茶引)의 규정인 다법예관(茶
法例款)은 다음과 같다.

① 대저 사차(私茶)를 저지르는 사람은 사염(私鹽)과 똑같이 벌을
준다.

② 이미 검사가 끝났는데도 다인을 받지 않고 산에 들어가서 속이
는 것은 사차(私茶)로서 논죄한다.

③ 관업(官業)은 다인을 지급하는 것으로서 차를 생산하는 부(府),
주(州), 현(縣)에 교부한다.

대저 상인이 차를 사려면 관청에 수량을 기재한 서류를 제출하고

은을 납부하고 다인을 지급받고서야 비로소 국경으로의 반출이 허락되는 것이다.

차의 거래는 다인마다 백 근으로 하며, 다인에 미달하는 것은 기영(畸零, 端數)이라고 하여 따로 유찰(由札)을 갖추어서 지급하는데, 수량과 산지의 원근에 따라서 한도를 정한다.

경과하는 지방의 집조(執照, 감찰)는 만약 차에 유인(由引)이 없는 것과 다인을 안 가진 사람은 모두 고소 또는 체포를 허락하고, 그 다인에 있는 수량과 맞지 않거나 또는 여분의 차를 가진 사람도 체포해서 신문한다.

차를 팔 때는 처음에 지급된 유인(由引)을 차를 파는 관청(賣茶官司)으로 가서 반납한다. 해당되는 부(府), 주(州)에서는 한명씩 있는 위관(委官)이 처리한다.

④ 사차(私茶) 5백 근을 휴대하고 거래한 사람은 현행의 사염례(私鹽例)에 비추어서 호송 종군시킨다.

⑤ 가차(假茶) 5백 근 이상을 만든 사람은 본인과 전매한 사람도 함께 신문 호송하여 가까운 지방의 군대에 종군시키며, 만약 점포에서 천 근 이상을 감춘 사람도 예에 비추어서 호송 복역시키며, 위의 수량에 미달하는 사람은 죄를 신문하여 상례에 따라서 처벌한다.

⑥ 다법을 시행하는 지방은 강소·안휘·절강·강서·호남·호북·사천·운남·귀주·섬서성 등이다.

각 성(省)의 다인 수량은 약 70만 인(引) 안팎이었다.

● 차의 무역

• **다마무역** : 청나라 아세탄(阿世坦)의 《청회전(淸會典)》에 따르면 다음과 같은 다마사(茶馬司)가 있었다.

• **섬서**(陝西) : 도민다마사(洮岷茶馬司)·하주다마사(河州茶馬司)·

서녕다마사(西寧茶馬司)·장랑다마사(莊浪茶馬司)·감주다마사(甘州茶馬司)

또한 성조의 강희 4년(1665)에 운남의 북쪽에 승주다마사(勝州茶馬司)를 증설하였으나 강희 44년(1705)에 폐지되었다.

청나라 세조의 순치 2년(1645)에 제정된 〈섬서다마사례(陝西茶馬事例)〉에 따라서 차 1비(篦)를 무게 10근(斤)으로 하여, 상마(上馬) 한 필은 차 12비와 바꾸고, 중마(中馬) 한 필은 차 9비와 바꾸며, 하마(下馬) 한 필은 차 7비와 바꾸기로 하여, 차어사(差御史)가 다마사(茶馬司)를 관할하게 되었다.

그런데 성조의 강희 44년(1705)에 순시다마관원(巡視茶馬官員)을 재량하여 줄이고(裁減), 감숙의 순무(巡撫)까지 두 가지 일을 겸하여 관할(兼管)하게 되면서부터 차와 말의 두 정사(兩政)가 둘로 나누어지게 되었다.

• **차의 수출** : 차와 말의 정사가 나누어진 뒤 서양 각국과의 통상이 시작되면서 차의 수출량은 점차 늘어났다.

그러면 청나라 차의 주요 수출 대상 국가인 영국·미국·러시아에 대한 수출 실적을 살펴보고자 한다.

① 영 국

성조의 강희 2년(1663)에 영국 동인도회사는 영국 왕에게 홍차 2파운드(1파운드는 453.6그램)를 바치고 파운드 당 50실링(영국의 은돈 1파운드의 20분의 1)의 장려금을 받았다.

그리고 강희 7년부터 영국 동인도회사가 차의 수입을 맡은 이래 10년 동안에 수입한 중국 차는 4,740파운드나 되었다.

그런데 고종의 건륭 49년(1784)에 영국 동인도회사에서는 매년 4회에 걸쳐서 경매하기로 규정하였는데, 값이 떨어짐에 따라서 더욱 이익을 얻었다. 또한 선종의 도광 13년(1833)부터 중국 차의 대영 수출량이 격증하였는데, 도광 16년부터 덕종의 광서 6년(1880)까지의 수출량은 다음과 같다.

연 호	서 기	수출량(파운드)	연 호	서 기	수출량(파운드)
도광 16	1836	40,000,000	동치 19	1868	120,000,000
도광 30	1850	54,000,000	광서 6	1880	160,000,000
함풍 10	1860	78,000,000			

그러나 중국 차의 대영 수출량은 1880년을 고비로 점차 쇠퇴되어, 광서 34년(1908)에는 37,239,564파운드로 감소되고, 선통제의 선통 3년(1911)에는 8,484,000파운드로 줄어들었다.

② 미 국

북미 대륙에 대한 중국 차의 수출은 성조의 강희 50년(1711) 영국을 통해서 이루어졌다.

그러나 미국이 독립된 이후인 고종의 건륭 40년(1775)에는 미국의 중국황후호(中國皇后號)라는 선박이 중국으로 건너가서 이듬해 중국 차를 가득 싣고 돌아갔다.

또 1777년에 2척의 미국 상선이 청나라로 가서 한 척에 80만 파운드의 차를 싣고 돌아갔다.

그리고 1786년에는 5척의 상선이 청나라로 가서 한 척에 1백만 파운드씩 싣고 돌아갔다.

1790년부터 중미간의 차 거래는 왕성하게 되었는데, 1794년부터 미국은 쾌속범선(快速帆船, Clipper)을 건조해서 차의 수송을 전담시켰다.

한때 영국의 쾌속범선보다 차 수송의 경쟁에서 우세하였던 미국은 1860년대에 들어와서는 남북전쟁 때문에 청나라 차의 수송 경쟁에서

탈락하고 말았다.

18세기 말엽인 광서 16년(1890) 전후, 미국의 차 수입량은 약 360만 파운드로 올라갔다.

그리고 광서 29년(1903) 미국에 수입된 청나라 차의 수량은 41만 2,983담(擔, 백 근)으로 떨어졌고, 광서 33년(1907)에는 28만 3,351담으로 줄더니, 청나라 말년인 선통 3년(1911)에는 15만 8,602담으로 줄어들게 되었다.

원래 청나라 차의 대외 수출은 19세기 중엽에 가장 왕성하였는데 그 수량은 3억 파운드나 되었다.

그러던 것이 19세기 말엽에는 인도·실론(스리랑카)·일본의 차 산업이 진흥되어 경쟁 상대국이 늘어났다.

그리고 1904년에는 마침내 인도 차가 중국 차를 앞지르게 되었고, 선통 연간(1909~1911)에는 실론 차에게 자리를 빼앗기고 말았다.

③ 러시아

중국 차에 대한 소문이 러시아에 전해진 것은 1567년 중국 여행에서 돌아간 이반 페트로브와 부르나쉬 야리쉐브 두 사람에 의해서였다.

1618년 모스크바 주재의 중국 대사관이 러시아 궁중에 차를 증정한 이래 청나라 고종의 건륭 12년(1747)에는 2만 5천여 근의 중국차가 러시아에 수출되고 있었다.

러시아에 차 마시기 풍습이 대중화된 것은 1689년 노청(露淸)간에 체결된 네르친스크 조약에 의해서 청나라 차가 대량으로 수입되면서 부터였다.

그러다가 선종의 도광 8년(1828) 러시아 정부는 카프카즈와 흑해 일대에서 차나무의 시험 재배를 하였으나 실패하고 말았다.

노청간의 전차(磚茶) 무역은 주로 낙타에 의존되다가 선종의 도광

30년(1850) 러시아의 극동함대가 항로를 열고, 시베리아 철도가 개통되자 수출량은 62만 8천 파운드로 늘어났다.

그리고 러시아는 청나라의 북경·천진 등을 비롯한 16개소에 노어통역관 양성소를 세우는 한편, 한구(漢口) 등지에 전차 공장, 노아은행(露亞銀行), 노중상업학교 등을 세웠다.

그리하여 해마다 러시아 상인들은 복주(福州)·한구(漢口)·구강(九江)에서 차를 구입하더니, 한구에 전차 공장을 세운 다음부터는 매년 40만 담(擔)을 수출하게 되어 청나라의 차 장사꾼들은 타격을 받았다.

이로부터 해마다 청나라 차의 대노 수출량은 점차적으로 감퇴되었고 광서 30년(1904)의 경우는 수출량이 10분의 3으로 감소되었다.

10. 근대(近代)

중화민국시대에도 홍차·녹차·우롱차(烏龍茶)·전차(磚茶)를 가공 이용하였다.

● 생산지

차의 주산지는 장강 유역 일대와 복건성·광동성 등지이며, 부산지는 광서·섬서·귀주·운남·감숙·산동성 등지이다.
- **강소성**(江蘇省) : 상주(常州)·진강(鎭江)·송강(松江)·강녕(江寧)·양주(揚州)·오현(吳縣)
- **안휘성**(安徽省) : 지문(祁門)·무원(婺源)·휴녕(休寧)·흡현(歙縣)·적계(績溪)·예현(黟縣)·추포(秋浦)·육안(六安)·건덕(建德)·영국(寧國)·광덕(廣德)·봉양(鳳陽)·태평(太平)·여주(廬州)·영주(潁州)·휘주(徽州)

- **호남성**(湖南省) : 임상(臨湘·聶家市·白荊橋)·악양(岳陽·雲溪·北溪·晋坑)·평강(平江·浯江長壽街)·익양(益陽)·상담(湘潭)·예릉(醴陵·張家碑·潙山)·안화(安化·藍田·硒州)·유양(瀏陽)·고교(高橋)·영풍(永豊)·상음(湘陰)·상향(湘鄉)·도원(桃源)·상덕(常德)·신화(新化)·석문(石門)·장사(長沙)·영향(寗鄉)·다릉(茶陵)·영릉(零陵)·기양(祁陽)·무강(武岡)·형양(衡陽)·형산(衡山)·침현(郴縣)·원강(沅江)·회동(會同)·검양(黔陽)·영명(永明)·자화(慈和)·보경(寶慶)

- **호북성**(湖北省) : 통성(通城)·함녕(咸寗·柏墩·馬橋舘)·숭양(崇陽·大沙坪·白霓橋)·포은(蒲圻·羊樓司·羊樓峒)·통산(通山·楊芳林)·양신(陽新·龍港)·의도(宜都)·흥산(興山)·제귀(秭歸)·장양(長楊)·오봉(五峯)·의창(宜昌)·남장(南漳)·곡성(穀城)·균현(均縣·太和山)·광제(廣濟)·황매(黃梅)·기수(蘄水)·은시(恩施)·이천(利川)·운현(鄖縣)·죽산(竹山)·선은(宣恩)·함풍(咸豊)·건시(建始)·학봉(鶴峯)·당양(當陽)·원안(遠安)

- **강서성**(江西省) : 덕안(德安)·서창(瑞昌)·부량(浮梁)·팽택(彭澤)·영도(寗都)·수수(修水)·신건(新建)·진현(進賢)·봉신(奉新)·정안(靖安)·성자(星子)·영수(永修)·청강(淸江)·신유(新喩)·공현(贛縣)·회창(會昌)·심교(尋鄔)·상요(上饒)·광풍(廣豊)·익양(弋陽)·횡봉(橫峯)·숭인(崇仁)·영풍(永豊)·수천(遂川)·남성(南城)·무녕(武寗)·도창(都昌)·안의(安義)·신도(新塗)·홍국(興國)·신풍(信豊)·안원(安遠)·옥산(玉山)·연산(鉛山)·귀계(貴溪)·임주(臨州)·동향(東鄉)·태화(泰和)·남풍(南豊)·선춘(宣春)·평향(萍鄉)·숭의(崇義)·상고(上高)·분의(分宜)·남강(南康)·길안(吉安)·고안(高安)·의풍(宜豊)·영천(寗

川)

- **복건성**(福建省) : 민후(閩侯·北嶺·板洋鎭)·숭안(崇安·武彝·界酉)·건구(建甌·洋口·水吉)·치화(致和)·송계(松溪)·건양(建陽)·건녕(建甯)·민청(閩淸)·소무(邵武)·광택(光澤)·사현(沙縣)·영안(永安)·순창(順昌)·장락(將樂)·우계(尤溪)·복정(福鼎)·복안(福安)·하포(霞浦·白琳)·영덕(甯德)·나원(羅源)·고전(古田)·병남(屛南)·안계(安溪)·장평(漳平)·영양(甯洋)·연강(連江·丹洋)·수령(壽甯·東風塘)

- **절강성**(浙江省) : 소흥(紹興·平水鎭)·승현(嵊縣)·상우(上虞)·숙산(蕭山)·제기(諸暨)·여요(餘姚)·신창(新昌)·항현(杭縣)·여항(餘杭)·임안(臨安)·영파(甯波)·온주(溫州)·처주(處州)·호주(湖州)·금화(金華)·가흥(嘉興)

- **사천성**(四川省) : 관현(灌縣)·안현(安縣)·무현(茂縣)·고현(高縣)·의빈(宜賓)·병산(屛山)·서수(敍水)·무공(懋功)·개현(開縣)·노현(瀘縣)·영원(寧遠)·수정(綏定)·용안(龍安)

- **귀주성**(貴州省) : 귀양(貴陽)·사주(思州)·안순(安順)·흥의(興義)·도균(都勻)·평월(平越)·석천(石阡)·준의(遵義)

- **운남성**(雲南省) : 소통(昭通)·보이(普洱)

- **광동성**(廣東省) : 번우(番隅)·남해(南海)·고요(高要)·학산(鶴山)·청원(淸遠)·혜양(惠陽)·연평(連平)·자금(紫金)

- **광서성**(廣西省) : 오주(梧州·多賢·長行)·평락(平樂)·계림(桂林)·유주(柳州)

- **섬서성**(陝西省) : 자양(紫陽)

- **감숙성**(甘肅省) : 난주(蘭州)·공창(鞏昌)

- **하남성**(河南省) : 고시(固始)·상성(商城)·광산(光山)·신양(信陽)·나산(羅山)

• **산동성**(山東省) : 제녕(濟審)·내무(萊蕪)·등주(登州)

● **재배 면적과 생산량**

중화민국 4년(1915)부터 18년(1929)까지 농상부(農商部)에서 조사한 전국의 평균 재배 면적과 생산량은 다음과 같다.

성 별	재배면적(畝)	생산량(근)	성 별	재배면적(畝)	생산량(근)
호남성	694,529	2,219,917	운남성	–	158,086
호북성	521,775	417,698	광서성	77,898	302,174
강서성	1,267,935	208,872	사천성	327,188	2,996
안휘성	750,119	499,288	귀주성	1,645	278,594
강소성	885,977	327,770	섬서성	2,529	906
절강성	624,060	256,144	하남성	–	84
복건성	122,475	680,000	감숙성	–	–
광동성	77,227	167,045	총계	5,353,355	5,915,574

● **차 따는 철**

• **봄차**(春茶)

① 두방차(頭帮茶) : 소위 두춘차(頭春茶)로서, 청명 전과 곡우 전에 따서 만든 차이다.

② 이방차(二帮茶) : 소위 이춘차(二春茶)로서, 곡우 뒤 10일 안팎에 따서 만든 차인데, 통상 두방차의 40일 뒤에 따서 만든다.

• **여름차**(夏茶)

① 삼방차(三帮茶) : 삼춘차(三春茶)로서, 곡우 뒤의 20일 안팎에 따서 만든 차이다. 이방차(二帮茶)를 딴 40일 뒤에 비로소 삼방차의 수확 시기가 된다.

② 사방차(四帮茶) : 사춘차(四春茶)로서, 삼방차를 딴 뒤 1개월 안

에 비로소 따서 만든 차이다.

● 차 만들기

차를 만드는 방법 중에서 녹차를 만드는 방법은 홍차를 만들 때의 발효 과정이 생략될 뿐이다.

그리고 홍차를 만들 때는 양청(晾靑)·유차(揉茶)·홍배(烘焙)·발효(醱酵)·절분(節分) 등 다섯 가지 방법이 적용된다.

● 찻 세

찻세의 징수 방법에는 연(捐)을 마련하여 징수하는 것, 이잡(釐卡)을 마련하여 이금(釐金, 화물의 내국 통과세)으로 징수하는 것, 다인(茶引)을 살펴서 부과 징수하는 것 등이 있었다.

중국의 다서茶書

1. 전다수기(煎茶水記)

강주자사(江州刺史)[1]　장 우 신(張又新)

돌아가신 형부시랑[2]으로서 휘자[3]를 백추(伯芻)라고 하는 유공(劉公)[4]은 우신에게 있어서는 어르신네뻘이다. 학문은 자세하고 넓으며, 자못 저울질하여 감별하는 기질이 있어 물이 차와 맞는 것을 비교하더니 모두 일곱 등급이라고 하였다.

　양자강[5] 남령[6]의 물이 첫째요,

　무석[7] 혜산[8]의 샘물이 둘째요,

　소주[9] 호구사[10]의 샘물이 셋째요,

---

1) 강주자사(江州刺史) : 당나라 때의 강주는 지금의 강서성 구강시(九江市)이다. 그리고 자사란 주지사(州知事)로서 지방의 관장이었다.

2) 형부시랑(刑部侍郎) : 형부란 형벌의 일을 맡아보던 정부의 기구이다. 시랑은 차관을 가리킨다.

3) 휘(諱)자 : 죽은 사람의 이름이다.

4) 백추라고 하는 유공 : 유백추(劉伯芻)는 병부시랑인 유내(劉迺)의 아들이다. 그는 헌종의 원화 10년(815)에 형부시랑이 되었다. 그의 전기는《구당서》(권153)와《신당서》(권160)의 열전(列傳)에 있다.

5) 양자강(揚子江) : 중국 대륙의 복판을 가로지르며 흐르는 길이 5,530km의 강.

6) 남령(南零) : 남령은 강소성 진강시의 서북쪽에 있는 금산의 중령천(中靈泉) 남쪽에 있다.

7) 무석(無錫) : 강소성의 무석시를 가리킨다.

8) 혜산(惠山) : 혜산사(惠山寺). 무석시의 서쪽 5리에 있는 혜산 첫봉우리의 백석오(白石塢)에 있다.

단양현11) 관음사12)의 물이 넷째요,

양주13) 대명사의 물이 다섯째요,

오송강14)의 물이 여섯째요,

회수15)는 최하로서 일곱째이다.

내가 일찍이 병을 배 안에 갖추고 몸소 이 일곱 가지 물을 퍼다가 비교하여 보았는데, 진실로 그 말씀대로였다.

양절16)의 사정에 밝은 나그네의 말로는 널리 물어서 찾는 것이 아직도 모자란다 하기에 나는 일찍이 뜻한 바가 있었다.

영가17)의 자사가 되었을 때 동려강18)을 지나서 엄자탄19)에 이르니 시냇물의 빛깔은 지극히 맑고 물맛도 지극히 차서, 가족들이 묵어서 검게 변질된 차에 물을 뿌렸더니 모두 꽃다운 향기가 그윽하였다.

----

9) 소주(蘇州) : 중국 화동구(華東區)에 들어 있는 강소성의 소주시를 가리킨다.

10) 호구사(虎丘寺) : 강서성의 호구산에 있는 운암사(雲巖寺)로, 호구사·호부사(虎阜寺)·무구사(武邱寺)·보은사(報恩寺)·동산사(東山寺)라고도 한다.

11) 단양현(丹陽縣) : 지금도 강소성에 단양현이 있다.

12) 관음사(觀音寺) : 단양현의 동북 3리에 있는 지형산(支硎山)을 일명 보은산·관음산이라고 하며, 지둔이 지형산에 세운 지형사를 보은사·관음사라고도 한다.

13) 양주(揚州) : 강소성의 양주시를 가리킨다.

14) 오송강(吳松江) : 강소성과 절강성에 걸터앉은, 태호(太湖)에서 동북쪽으로 흘러서 황포강으로 들어가는 강을 가리킨다.

15) 회수(淮水) : 하남성의 남쪽 끝인 동백산에서 안휘성과 강소성으로 흐르는 강이다.

16) 양절(兩浙) : 절강(浙江)이라고 하는 전당강(錢塘江)의 서북쪽을 절서(浙西)라 하고, 동남쪽을 절동(浙東)이라고 하는데, 절서와 절동 양쪽을 가리켜 양절이라고 한다.

17) 영가(永嘉) : 당나라 때는 강남(동)도에 속하는 영가군이었으며, 지금의 절강성 영가현.

18) 동려강(桐廬江) : 절강인 전당강의 상류.

19) 엄자탄(嚴子灘) : 후한(後漢) 때의 엄광(嚴光)이 낚시를 드리었다 하여 붙여진 이름이다. 엄릉뢰(嚴陵瀨)라고도 하는 이 여울은 절강성 항주시 동려현의 동려강에 있다.

또 좋은 차를 달였더니 그 고운 향기의 이름을 지을 수가 없었는데, 양자강 남령의 물보다 더욱 심오하게 뛰어났다.

영가에 이르러서 선암폭포의 물을 취해서 써 보았더니 또한 남령보다 밑돌지를 않았다. 이로써 그 나그네의 말이 진실되고 믿음직하다는 것을 알게 되었다.

대저 이치를 밝히어 사물을 살피는 것도 요즈음 사람들은 반드시 옛사람에게 미치지 못한다.

그러나 옛사람들이 모르는 것으로서 지금 사람들이 잘 아는 것도 있을 것이다.

원화 9년(814)20) 봄에 나는 비로소 진사가 되어 명성이 높아져 동기생과 함께 천복사21)에서 만나기로 기약하였다.

나와 이덕수가 먼저 와서 서상22)의 현감 스님 방에서 쉬고 있었다.

때마침 초 지방23)에서 온 스님이 계셨는데, 여러 편의 책을 담은 자루가 놓여 있었다.

내가 우연히 한 권을 뽑아서 훑어보았더니 모두가 글이 촘촘히 적힌 잡기였다. 책권의 끝에 〈차를 달이는 글(煮茶記)〉이라고 하는 제목이 있는데 그 내용은 이러하였다.

대종24)조에 이계경25)이 호주26)자사가 되어 부임하던 도중, 유양27)

---

20) 원화(元和) 9년 : 원화는 당나라 헌종의 연호(806~820).
21) 천복사(薦福寺) : 당나라의 고종이 붕어한 뒤 장안의 개화방 남쪽에 세워진 대헌복사(大獻福寺)가 천수 원년(690)에 천복사로 개명되었다.
22) 서상(西廂) : 서쪽 행랑.
23) 초(楚) 지방 : 양자강 하류의 좌우 일대의 범칭으로 지금의 호북성 · 호남성 · 강서성에 걸쳐 있다.
24) 대종(代宗) : 당나라 제8대의 황제로 재위 연간은 762~779년이다.
25) 이계경(李季卿) : 당나라 태종의 아들인 항산왕승건(恒山王承乾)의 손자가 현종조에 재상을 지낸 이적지(李適之)이고 그의 아들이 이계경이다. 이계경은 젊어서 명경과(明經科)와 박학굉사과(博學宏詞科)에 급제하였다. 숙종조에 중서사인(中

에 이르러 육처사 홍점28)을 만나게 되었다.

이계경은 평소부터 육우의 이름을 익히 알고 있었기에 수레를 붙이고 환담하였다.

그러한 인연으로 부임하는 고을로 가다가 양자역29)에서 묵게 되었다.

막 음식을 들고자 하면서 이계경이 이르기를, "육군(陸君)이 차를 잘한다는 명성은 천하에 들리고 있소이다. 하물며 양자강 남령의 물30)이 또한 뛰어난 절품임에 있어서리요. 이제 두 가지의 절묘함이 천년 만에 한번 만났으니 어찌 덧없이 지내리까."라고 하였다.

그리하여 고지식한 군사에게 명령하여 병을 들려 배를 저어서 남령으로 깊숙이 들여보냈다.

한편 육우는 그릇을 정돈하면서 기다리고 있었다.

이윽고 물이 당도하자 육우가 구기로 그 물을 떠올리면서 이르기를, "강물은 강물이지만 남령의 물이 아니라 강 언덕 가의 물 같군."이라 하였다.

그러자 심부름꾼이 말하기를, "소인이 배를 상앗대로 저어서 깊숙이 들어가는 것을 본 사람이 수백 명이나 되는데, 어찌 감히 헛되게 속이겠습니까?"라고 하였다.

육우는 아무 말도 없이 이미 여러 동이에 물을 담아 절반에 이르자

書舍人)이었던 그는 좌천되었다가 대종조에 이부시랑(吏部侍郎)·어사대부(御史大夫)가 되어 어진 사람을 천거하는 진현(進賢)을 맡아보았으나 대력 2년(767)에 죽었다.(《구당서》 이적지전)

26) 호주(湖州) : 당나라 강남(동)도의 주(州)로, 지금의 절강성 호주시이다.

27) 유양(維揚) : 당나라 회남도의 고을로, 지금의 강소성 양주시.

28) 육처사(陸處士) 홍점(鴻漸) : 당나라 때 《다경(茶經)》을 지어서 중국 다도의 시조가 된 육우(陸羽, 733~804)는 처사(벼슬 없이 초야에 묻혀 있는 선비)로서 홍점은 그의 자(字).

29) 양자역(揚子驛) : 양주(揚州)의 남쪽에 있었는데, 양자진(揚子津)이라고도 하였다.

30) 양자강 남령의 물(揚子南零水) : 각주 5), 6) 참조.

급히 멈추고 다시 구기로써 떠올리면서 말하기를, "이것부터가 남령의 물이니라."라고 하는 것이었다.

그랬더니 심부름꾼이 궐연히 크게 놀라 엎드려 허물을 말하기를, "소인이 남령으로부터 물을 가지고 오다가 강의 언덕 가에 다다랐을 때 배가 흔들려서 절반이 엎질러지자 그 줄어든 것이 두려워 강 언덕가의 물을 퍼다가 늘였던 것이온데, 처사님의 감별은 신통하신지라 감히 그것을 감출 수가 있사오리까."라고 하였다.

이계경과 수십 명의 종자는 모두 깜짝 놀랐다. 그래서 이계경이 육우에게 묻기를, "이미 이와 같이 감별력이 높으시니 지금까지 두루 거쳐온 곳의 물에 대한 우열도 자세히 구별할 수가 있으시겠군요."라고 하였다.

그러자 육우가 말하기를, "초 지방의 물이 제일이고, 진 지방31)의 물이 최하지요."라고 하기에 이계경은 육우가 말로 가르쳐주는 차례를 적도록 분부하였다.

여산32) 강왕곡33)의 수렴수34)가 제1이요,

무석현 혜산사의 돌샘물이 제2요,

기주35) 난계의 돌밑물이 제3이요,

협주36)의 선자산37) 밑에 돌이 있는데 별안간 물이 새어 홀로 맑고 차가우며, 그 돌의 형상이 거북이 모양과 같다. 속칭 두꺼비입물이라

31) 진(晉) 지방 : 지금의 산서성의 약칭이기도 하다.
32) 여산(廬山) : 강서성 구강시의 남쪽 20리에 있는 높이 2,360길(丈), 둘레 250리의 산.
33) 강왕곡(康王谷) : 여산에 있는 골짜기로, 초왕곡(楚王谷)이라고도 한다.
34) 수렴수(水簾水) : 발처럼 쏟아지는 폭포수를 가리킨다.
35) 기주(蘄州) : 당나라 회남도의 고을(州)로, 지금의 호북성 기춘현(蘄春縣)이다.
36) 협주(峽州) : 당나라 산남(동)도의 고을로, 지금의 호북성 의창시이다.
37) 선자산(扇子山) : 호북성 의창시의 서쪽에 있는 명월협(明月峽)을 선자협(扇子峽)이라고 하는데, 그 산을 선자산이라고 한다.

는 것이 제4요,

소주 호구사의 돌샘물이 제5요,

여산 초현사 하방교의 못물이 제6이요,

양자강 남령수가 제7이요,

홍주38) 서산39) 서동의 폭포수가 제8이요,

당주40) 동백현41) 회수의 근원이 제9요, (회수도 좋다)

여주42) 용지산43)의 영수44)가 제10이요,

단양현 관음사의 물이 제11이요,

양주 대명사의 물이 제12요,

한강45) 금주46) 상류의 중령수가 제13이요,(물이 쓰다)

귀주47) 옥허동 밑의 향계48)수가 제14요,

---

38) 홍주(洪州) : 당나라 강남(서)도의 고을(州)로, 지금의 강서성 남창시.

39) 서산(西山) : 남창산(南昌山)이라고도 한다. 남창산에 대해서는 북송의 악사(樂史)가 지은《태평환우기(太平寰宇記)》의 홍주(洪州)조에 '남창산은 남창현의 서쪽 35리에 있으며 높이 2천 길(丈), 둘레 300리'라고 적혀 있다.

40) 당주(唐州) : 당나라 산남(동)도의 고을(州)로, 필주(泌州)·회안군(淮安郡)이라고도 하였으며, 지금의 하남성 필양현(泌陽縣).

41) 동백현(桐柏縣) : 당나라 당주(唐州)에 매인 고을(縣)로, 지금의 하남성 동백현.

42) 여주(廬州) : 당나라 회남도의 고을(州)로, 지금의 안휘성 합비시(合肥市).

43) 용지산(龍池山) : 안휘성 합비시의 동쪽 50리에 있는 용천산을 가리키는 것으로 판단된다.

44) 영수(嶺水) : 판본에 따라서 명칭이 다르게 적혀 있다. 즉《백천학해(百川學海)》에는 '頋水',《속백천학해》에는 '嶺水',《다서전집(茶書全集)》에는 '顧水',《설부(說郛)》에는 '嶺水', 구양수(歐陽脩)의《대명수기(大明水記)》에는 '頂水'로 되어 있다.

45) 한강(漢江) : 한수(漢水)라고도 하며, 섬서성에서 호북성을 거쳐 무한시에서 장강으로 들어간다.

46) 금주(金州) : 당나라 산남(동)도의 고을(州)로, 지금의 섬서성 안강현이다.

47) 귀주(歸州) : 당나라 산남(동)도의 고을(州)로, 지금의 호북성 자귀현(秭歸縣).

48) 향계(香溪) : 호북성의 흥산현에서 솟아나 장강으로 흐르는 시내이다.

상주49) 무관50) 서쪽의 낙수51)가 제15요,(아직도 일찍이 더럽혀진 일이 없다)

오송강의 물이 제16이요,

천태산52) 서남쪽 봉우리의 천길 폭포수가 제17이요,

침주53)의 둥근 샘물이 제18이요,

동려 엄릉의 여울물이 제19요,

눈물54)(雪水)이 제20이다. (눈을 사용하면 너무 차가워서 안된다)

이 스무 가지의 물을 내가 일찍이 시험하여 보았더니, 차의 정하기나 거칠기와는 관계없이 이것보다 뛰어난 것을 알지 못한다.

본시 차란 산지에서 달여서 좋지 않은 것이 없다. 그럴 것이 물과 흙이 차와 걸맞기 때문인데, 그곳을 떠나면 물의 공은 절반으로 줄어든다. 그렇지만 잘 달이고 그릇이 깨끗하면 그 공은 완전하다.

이계경은 이것을 여러 대나무 상자에 넣어두었다가 차를 말하는 사람을 만나면 즉시 보여주는 것이었다.

우신(又新)이 구강55)의 자사가 되었을 때 식객으로 있던 이방56)과 문생인 유로와 봉언이 차에 대해서 말하는 것을 보고 나도 잠에서 깨

---

49) 상주(商州) : 당나라 관내도의 고을(州)로, 지금의 섬서성 상현이다.

50) 무관(武關) : 상주 동쪽 185리에 있는 장안의 남쪽 관문이다.

51) 낙수(洛水) : 섬서성의 낙남현에서 솟아나 하남성·낙양을 거쳐서 황하로 흐르는 강.

52) 천태산(天台山) : 절강성의 천태현에 있는 산.

53) 침주(郴州) : 당나라 강남(서)도의 고을(州)로, 지금의 호남성 침주시이다.

54) 눈물(雪水) : 송나라 조희곡의 《조섭류편》과 명나라 전예형의 《자천소품》에는 눈물로 차를 달이는 것이 좋다고 적혀 있다. 조선시대에도 이준(李埈, 1560~1635)의 《창석집(蒼石集)》에 〈눈물로 차달이기(雪水煎茶)〉가 보인다. 또 홍현주(洪顯周, 1793~1865)의 《해거재시초(海居齋詩鈔)》에도 〈섣달에 온 눈이 녹은 물로 차달이기(臘雪水烹茶)〉라는 시가 보인다.

55) 구강(九江) : 당나라 강남(서)도의 강주로, 구강군이라고도 하였다.

56) 이방(李滂) : 문종의 개성 3년(838)에 진사가 되었다.

어나듯이 전날 스님의 방에서 이 책을 얻은 것을 생각하였다. 그리하여 행랑을 뒤졌더니 그 책이 있었다.

옛사람이 이르기를, '물을 토하여 병 속에 두면 어찌 능히 치수와 승수를 가리랴'[57]라고 하였다.

이 말은 구별이 분명히 되지는 않으나, 만고 이래로 믿을 만하여 의심할 나위가 없다.

어찌 천하의 이치를 아직도 말할 수 없다는 것과 옛사람의 연구가 자세함에 이르러도 이미 미진한 것이 있다는 것을 알겠는가.

학문에 힘쓰는 군자는 부지런하고 게으르지 않아야 한다.

어찌 가지런한 것을 생각하는 데 멈출 뿐이겠는가.[58] 이 말에도 근면에 도움이 되기에 적어두는 것이다.

---

57) 어찌 능히 치수와 승수를 가리랴(焉能辨淄澠) : 《열자(列子)》의 〈설부편(說符篇)〉에서 온 글이다. 즉 공자가 말하기를, "역아(易牙)라는 요리사는 두 강물의 물맛을 분간하였다."고 했다. 치수와 승수는 산동성에 있다.

58) 어찌 가지런한 것을 생각하는 데 멈출 뿐이겠는가(豈止思齊而已哉) : 이 대목은 《논어》의 〈이인편〉에 있는 다음의 글에 바탕을 둔 것이다. 공자가 이르기를, "어진 이를 보고는 그와 같은 사람이 되기를 생각하고, 어질지 못한 사람을 보고는 속으로 자신을 반성한다.(見賢 思齊焉 見不賢 而內自省也)"라고 하였다.

煎茶水記

江州刺史　張又新

故刑部侍郎劉公諱伯芻　於又新丈人行也　爲學精博　頗有風鑒　稱較
水之與茶宜者　凡七等

揚子江南零水　第一

無錫惠山泉水　第二

蘇州虎丘寺泉水　第三

丹陽縣觀音寺水　第四

揚州大明寺水　第五

吳松江水　第六

淮水最下　第七

斯七水　余嘗俱瓶於舟中　親挹而比之　誠如其說也　客有熟於兩浙者
言搜訪未盡　予嘗志之　及刺永嘉　過桐廬江　至嚴子灘　溪色至淸　水味
甚冷　家人輩以陳黑壞茶潑之　皆至芳香　又以煎佳茶　不可名其鮮馥也
又愈於揚子南零殊遠　及至永嘉　取仙巖瀑布用之　亦不下南零　以是知
客之說　誠者信矣　夫顯理鑒物　今之人信不迨於古人　蓋亦有古人所未
知　而今人能知之者　元和九年春　予初成名　與同年生期于薦福寺　予與
李德垂先至　憩西廂玄鑒室　會適有楚僧至　置囊有數編書　予偶抽一通
覽焉　文細密皆雜記　卷末有一題云煮茶記　云代宗朝李季卿刺湖州　至
維揚　逢陸處士鴻漸　李素熟陸名　有傾蓋之歡　因之赴郡　泊揚子驛　將
食　李曰　陸君善於茶　蓋天下聞名矣　況揚子南零水又殊絕　今者二妙千
載一遇　何曠之乎　命軍士謹信者執瓶操舟　深詣南零　陸利器以俟之　俄

水至　陸以杓揚其水曰　江則江矣　非南零者　似臨岸之水　使曰　某櫂舟
深入　見者累百　敢虛紿乎　陸不言　旣而傾諸盆　至半　陸遽止之　又以杓
揚之曰　自此南零者矣　使蹵然大駭　伏罪曰　某自南零齎至岸　舟蕩覆半
至懼其尠　挹岸水增之　處士之鑒　神鑒也　其敢隱焉　李與賓從數十人皆
大駭愕　李因問陸　旣如是　所歷經處之水　優劣精可判矣　陸曰　楚水第
一　晉水最下　李因命筆　口授而次第之

　　廬山康王谷水簾水　第一
　　無錫縣惠山寺石泉水　第二
　　蘄州蘭溪石下水　第三
　　峽州扇子山下有石突然　洩水獨淸冷　狀如龜形　俗云蝦蟆口水　第四
　　蘇州虎丘寺石泉水　第五
　　廬山招賢寺下方橋潭水　第六
　　揚子江南零水　第七
　　洪州西山西東瀑布水　第八
　　唐州桐柏縣淮水源　第九　淮水亦佳
　　廬州龍池山嶺水　第十
　　丹陽縣觀音寺水　第十一
　　揚州大明寺水　第十二
　　漢江金州上游中零水　第十三　水苦
　　歸州玉虛洞下香溪水　第十四
　　商州武關西洛水　第十五　未嘗泥
　　吳松江水　第十六
　　天台山西南峯千丈瀑布水　第十七
　　郴州圓泉水　第十八
　　桐廬嚴陵灘水　第十九
　　雪水第二十　用雪不可太冷

此二十水 余嘗試之 非繫茶之精麤 過此不之知也 夫茶烹於所産處 無不佳也 蓋水土之宜 離其處 水功其半 然善烹潔器 全其功也 李置 諸笥焉 遇有言茶者 卽示之

又新刺九江 有客李滂門生劉魯封 言嘗見說茶 余醒然 思往歲僧室 獲是書 因盡篋 書在焉 古人云 瀉水置瓶中 焉能辨淄澠 此言不必可 判也 萬古以爲信然 蓋不疑矣 豈知天下之理 未可言至 古人硏精 固 有未盡 强學君子 孜孜不懈 豈止思齊而已哉 此言亦有裨於勸勉 故記 之

2. 대명수기(大明水記)

북송(北宋) 구 양 수(歐陽脩)

세상에 전하는 육우의 《다경》1)에는 물을 평하여, "산의 물이 으뜸이요, 강물이 버금가며, 우물물이 하등이다."라고 하였으며, 또 말하기를, "산의 물은 젖샘이나 돌못에 게으르게 흐르는 것이 으뜸이다. 폭포에서 떨어져 솟구치는 물이나 양치질 소리를 내면서 흐르는 여울물은 먹지 말아야 한다. 그런 물을 오래 먹게 되면 사람으로 하여금 목병이 나게 한다. 강물은 인가(人家)에서 멀리 떨어진 것을 취하며, 우물물은 많이 길어가는 것을 취한다."고 하였다.

육우의 말은 이에 그치며, 그 뒤로는 아직도 일찍이 천하의 물맛을 차례로 품평한 일이 없었다.

그런데 장우신이 《전다수기》를 짓기에 이르러 비로소 말하기를, "유백추(劉伯芻)가 이르기를, 차에 알맞는 물에는 일곱 등급이 있다."고 하였다. 또 육우가 이계경을 위하여 물을 평론한 차례에 20종류가 있다는 것도 실려 있다. 이제 두 가지 의견을 생각하여 보았더니 육우의 《다경》과 맞지를 않는다.

육우는, "산의 물이 으뜸이요, 젖샘이나 돌못을 으뜸으로 삼으며, 강물이 버금가고 우물물이 하등이다."라고 하였다.

---

1) 육우(陸羽)의 《다경(茶經)》: 인용된 글은 《다경》 제5장의 차달이기에 있다.

구양수(歐陽脩)

그러나 백추는, "양자강 남령수를 제1로 삼고, 혜산의 돌샘을 제2로 삼고, 호구의 돌샘을 제3, 단양 절의 우물을 제4, 양주 대명사의 우물을 제5, 그리고 오송강이 제6, 회수가 제7"이라고 하였으니, 육우의 말과는 모두 상반된다.

이계경이 풀이한 스무 가지의 물은 여산 강왕곡의 물이 제1, 무석 혜산의 샘물이 제2, 기주 난계의 돌밑물이 제3, 협주 선자산 두꺼비입물이 제4, 호구사의 우물물이 제5, 여산 초현사 하방교의 물이 제6, 양자강 남령의 물이 제7, 홍주 서산의 폭포수가 제8, 동백 회수의 근원이 제9, 여주 용지산의 봉우리 물이 제10, 단양 관음사의 우물물이 제11, 양주 대명사의 우물물이 제12, 한강 금주의 중령수가 제13, 귀주 옥허동의 향계수가 제14, 상주 무관 서쪽의 낙수가 제15, 오송강의 물이 제16, 천태산의 천길 폭포수가 제17, 침주의 둥근 샘물이 제18, 엄릉의 여울물이 제19, 눈물(雪水)이 제20이다.

두꺼비입물, 서산의 폭포수, 천태산의 천길 폭포수와 같은 것은 모두 육우가, "먹지 말지어다. 먹으면 병이 난다."고 경계시켰던 것이다.

그밖의 강물이 산물의 위에 있거나 우물물이 강물의 위에 있는 것은 모두가 육우의 《다경》과 상반된다.

육우가 스스로 두 가지의 부당한 다른 주장을 하였을지 의심스럽다. 가령 진실한 육우의 말이었을지라도 어찌 믿을 수가 있겠는가. 우신이 실없이 유리하게 덧붙인 것이나 아닐런지. 특히 육우가 남령의 물과 강 언덕 가의 물을 가려내더라는 말은 허망되고 괴상하다.

물맛에는 좋고 나쁜 것이 있을 뿐인즉, 천하의 물을 들추어내서 낱낱이 차례를 매긴다는 것은 망령된 말씀이다. 그러기에 그 말씀의 앞뒤가 같지 않기가 이와 같기 마련이다.

　그러나 이 대명사의 우물물은 양주물의 맛있는 것이다. 육우는 물을 평론하여 정체된 물이 나쁘고 샘의 근원을 좋다고 하였다. 그러므로 우물물은 많이 긷는 것을 취하며, 강은 길게 흐르더라도 많은 물이 섞여서 모였기 때문에 샘물에 버금가는 것이다. 오직 이 말만이 사물의 도리에 가까운 것이라 하겠다.

大明水記

北宋 歐陽脩

世傳陸羽茶經 其論水云 山水上 江水次 井水下 又云 山水乳泉石
池漫流者上 瀑湧湍漱勿食 食久令人有頸疾 江水取去人遠者 井水取
汲多者 其說止於此 而未嘗品第天下之水味也 至張又新爲煎茶水記
始云 劉伯芻謂 水之宜茶者 有七等 又載羽爲李季卿論水 次第有二十
種 今考二說 與陸羽茶經皆不合 羽謂 山水上 而乳泉石池又上 江水
次 而井水下 伯芻以揚子江南零水爲第一 惠山石泉爲第二 虎丘石泉
爲第三 丹陽寺井爲第四 揚州大明寺井水爲第五 而吳松江第六 淮水
第七 與羽說皆相反 季卿所說二十水 廬山康王谷水第一 無錫惠山石
泉水第二 蘄州蘭谿石下水第三 峽州扇子峽蝦蟆口水第四 虎丘寺井
水第五 廬山招賢寺下方橋潭水第六 揚子江南零水第七 洪州西山瀑
布水第八 桐柏淮源第九 廬州龍池山嶺水第十 丹陽觀音寺井第十一
揚州大明寺井第十二 漢江金州中零水第十三 歸州玉虛洞香溪水第十
四 商州武關西洛水第十五 吳松江水第十六 天台千丈瀑布水第十七
郴州圓泉第十八 嚴陵灘水第十九 雪水第二十 如蝦蟆口水西山瀑布
天台千丈瀑布 皆羽戒人勿食 食之生疾 其餘江水 居山水上 井水居江
水上 皆與陸羽茶經相反 疑羽不當二說以自異(使誠羽說 何足信也)
得非又新妄附益之耶 其述羽辯南零岸水 特怪誕甚妄也 水味有美惡
而已 欲擧天下之水一一而次第之者 忘說也 故其爲說前後不同如此
然此井爲水之美者也 羽之論水 惡淳浸而喜泉源 故井取汲多者 江雖
長流 然衆水雜聚 故次山水 惟此說 近物理云

3. 부차산수기(浮槎山水記)

북송(北宋) **구 양 수**(歐陽脩)

　부차산1)은 신현의 남쪽 35리에 있다. 혹은 부도산이라고도 하며, 혹은 부소라고도 한다. 두 산의 사연은 부도(불교의 스님)와 노자 무리(도교의 신도)의 황괴탄망(荒怪誕妄)의 설화에서 나온 것이다. 산 위에 샘물이 있는데 전세(前世)부터 물을 평론하는 사람으로 이곳 물을 논한 사람은 아무도 없다.

　나는 일찍이 《다경》을 읽고 육우가 물에 대해 자세히 설명한 것이 좋았다. 훗날 장우신의 《전다수기(煎茶水記)》를 얻어 보았더니 유백추와 이계경이 물의 등급을 차례로 매긴 것이 실렸는데 육우의 주장이라고 하였다.

　그러나 《다경》과 견주어 보니 모두 맞지를 않았다. 우신은 미친 듯한 거짓말쟁이요, 간악하고 망령된 선비이니 그의 말을 믿기가 어렵다. 아마도 육우의 말이 아니었을 것이다.

　그런데 부차산의 물을 얻은 뒤로는 육우가 물에 대해서 자세하다는 것을 더욱 알게 되었다.

　부차산과 용지산은 모두가 여주의 경계 안에 있는데, 그 물맛을 비

―――――――――――――――

　1) 부차산(浮槎山) : 안휘성 합비현의 동쪽에 있는데, 산 위에는 양나라 때 세워진 부차사라는 절이 있다. 부소산(浮巢山)·부도산(浮闍山)이라고도 한다.

교하여 보았더니 부차산의 물에는 훨씬 미치지를 못하였다.

그러나 우신이 적은 바에 따르면 용지를 열한번째로 하고 부차산의 물은 버리고 적지를 않았던 것이다. 이로써 그 기록에 잘못이 많다는 것을 알겠다.

육우의 경우는 그렇지가 않다. 그 주장에 이르기를, "산의 물이 으뜸이요, 강물이 버금가며, 우물물이 하등이다. 산의 물과 젖샘이나 돌못에 게으르게 흐르는 것이 으뜸이다."라고 하였다. 그 말은 간단하지만 물의 평론을 다한 것이다.

부차의 물은 계후(季侯) 때문에 그 이름이 드러났다. 가우 2년(1057) 계후가 진동군(鎭東軍)으로서 머무르게 된 다음 나아가서 여주의 태수가 되었다. 그리하여 금릉에서 노닐다가 장산에 올라가서 그 물을 마시게 되었다.

이미 또한 부차산에 올라가서 그 산 위에 이르렀더니 돌못이 있었는데 졸졸 흐르는 것이 사랑스러웠다. 이것이야말로 육우가 말한 게으르게 흐르는 젖샘인데 마셔보니 달았다.

그리하여 지리책을 살펴보고 늙은이에게 물어서 그 사적을 알게 되어 그 물을 서울에 사는 나에게 보내준 것이다.

나는 그 보답으로 이렇게 말하였다.

"계후는 어진 사람이라고 말할 만하다. 천하의 만물을 궁구하는 데 진력해서 그 바람을 얻지 못하는 것이 없음은 부귀의 즐거움이다. 큰 소나무 그늘에 무성한 풀을 깔고, 산속 여울의 졸졸 흐르는 소리를 들으면서 돌샘의 물방울을 마시는 것은 산림에 숨어사는 사람의 즐거움이다. 그리하여 산림에 사는 선비가 천하의 즐거움을 보는 것도 그 마음이 움직이는 것과 같지 않다. 혹은 마음에 탐내는 것이 있어도 힘을 얻지 못하고, 그치기를 원하는 사람은 곧 능히 틀어박혀서 이에 즐거움을 얻는다. 저 부귀한 사람이 능히 만물을 궁구하는 것도 그것을 아우를 수 있는 것은 오직 산림의 즐거움 뿐이다.

생각하건대 계후는 부귀하게 자라나서, 듣는 일과 보는 일에 싫증이 나고, 또 산림이 즐거움이 됨을 알고서, 세상을 피하여 깊이 숨어 살며 몹시 곤궁한 사람이 세속의 일에 끌려서 오르내리기에 이르러, 사람이 미치지 못하는 것을 모두 능히 이것을 얻는 것이다. 그것과 아울러서 만물을 취하는 것이 많다고 할 수 있다. 계후는 절조(節操)를 굽히고 학문을 좋아하여 곧잘 어진 선비와 사귀고, 정치를 함에 총명하여 가는 곳마다 능력이 있다는 이름이 났다.

대저 만물이란 스스로 볼 수 없는 것이라도 뛰어난 사람을 기다려서 드러나는 것이 있는 것이다. 그 사물은 아직도 반드시 귀하지 않은 것인데도, 사람에 따라서 소중한 것이 있는 것이다. 그러므로 나는 그 사연을 적어서 기이한 샘물이 계후로부터 비롯되었다는 것을 세상으로 하여금 알게 하는 것이다."

浮槎山水記

北宋　歐陽脩

　浮槎山在慎縣南三十五里　或曰浮闍山　或曰浮巢二山　其事出于浮圖老子之徒　荒怪誕妄之說　其山上有泉　自前世論水者皆弗道

　余嘗讀茶經　愛陸羽善言水　後得張又新煎茶水記　載劉伯芻李季卿所列水次第　以爲得之於羽　然以茶經考之　皆不合　又新狂妄險譎之士　其言難信　頗疑非羽之說　及得浮槎山水　然後益以羽爲知水者　浮槎與龍池山　皆在廬州界中　較其水味　不及浮槎遠甚　而又新所記　以龍池爲第十一　浮槎之水　棄而不錄　以此知其所失多矣　羽則不然　其論曰　山水上　江次之　井爲下　山水乳泉石池漫流者上　其言雖簡　而於論水盡矣

　浮槎之水　發自季侯　嘉祐二年　季侯以鎭東軍留後　出守廬州　因遊金陵登蔣山　飲其水　旣又登浮槎　至其山　上有石池　涓涓可愛　蓋羽所謂乳泉漫流者也　飲之而甘　乃考圖記　問於故老　得其事迹　因以其水　遺余於京師　余報之曰　季侯可謂賢矣　盡窮天下之物　無不得其欲者　富貴之樂也　至於蔭長松藉豊草　聽山溜之潺湲　飲石泉之滴瀝　此山林者之樂也　而山林之士　視天下之樂　不一動其心　或有欲於心　願力不可得而止者　乃能退而獲樂於　斯彼富貴者之　能致物矣　而其可兼者　惟山林之樂爾　惟季侯生長富貴　厭於耳目　又知山林之爲樂　至於攀緣上下幽隱窮絶　人所不及者　皆能得之　其兼取於物旨　可謂多矣　季侯折節好學善交賢士　敏於爲政　所至有能名　凡物不能自見　而待人以彰者有矣　其物未必可貴　而因人以重者有矣　故予爲誌其事　俾世知奇泉　發自季侯始也

4. 탕품(湯品)

당나라   소 이(蘇廙)

끓인 물(湯)이란 차의 목숨을 맡는 것[1]이다. 만약 이름난 차라도 끓인 물을 함부로 한다면 평범한 찻가루와 다를 바가 없다.

차달이기에 있어서 물을 지나치게 끓였거나 덜 끓인 것[2]을 말한 것이 모두 세 종류요, 차따르기의 느리기와 빠르기[3]를 말한 것이 모두 세 종류요, 그릇을 표준으로 하는 것이 모두 다섯 종류요, 섶나무를 논한 것이 모두 다섯 종류이다.

제1품 득일탕(得一湯)

불의 공이 쌓이고, 물의 성품이 다하고, 말(斗) 속의 쌀처럼, 저울 위의 물고기처럼 높낮이가 마땅하게 고르고, 과부족이 없는 것을 알맞는 정도로 삼는다. 대저 하나로써 치우치게 섞이지 않는 것이다.

하늘은 하나를 얻음으로써 맑아지고, 땅은 하나를 얻음으로써 편안

---

1) 목숨을 맡는 것(司命) : 이 대목은 《관자(管子)》 산권수편(山權數篇)에 있는 '곡식은 백성의 목숨을 맡는다(司命)'에 바탕을 둔 것이다.

2) 물을 지나치게 끓였거나 덜 끓인 것(老嫩) : 노수(老水)는 지나치게 끓인 물이고, 눈수(嫩水)는 덜 끓인 어린 물을 가리킨다.

3) 차 따르기의 느리기와 빠르기(注以緩急) : 명나라의 도융(屠隆)은 《다전(茶箋)》에서 차 따르기에서는 완주(緩注)나 급주(急注)보다는 중용을 지키는 것이 좋다고 하였다.

하다.4) 끓인 물은 하나를 얻어서 끓인 물의 공을 세울 수가 있다.

제2품 어린탕(嬰湯)

섶나무 불이 바야흐로 벗하고, 가마의 물이 간신히 끓기 시작하였을 때 얼른 차를 들고 빙빙 돌려서 기울이는 것은 마치 아직 웃을 줄도 모르는 갓난아이 같아서5) 거기에 장부 구실의 책임을 지우게 하기는 어려운 노릇이다.

제3품 백수탕(百壽湯)

사람이 백 살을 넘었듯이 물이 열번째 끓음이 넘은 것은 혹은 이야기 때문에 막히기도 하고, 혹은 볼일 때문에 내버려두기도 하다가 비로소 들어서 사용하려면 끓인 물은 이미 성품을 잃은 뒤이다. 감히 묻거니와 머리털이 희고 얼굴이 창백한 나이 많은 늙은이가 활을 들고 당겨서 과녁을 맞히게까지 돌이켜지겠으며, 씩씩하게 높은 데를 올라가거나 활달하게 걸어서 멀리 갈 수 있을 만큼 돌이켜지겠는가.

제4품 중탕(中湯)

또 거문고 타는 사람을 보려무나. 소리가 복판에 합치면 묘하다. 또한 먹 가는 사람을 보려무나. 힘이 복판에 합치면 진해진다. 소리에 느리기와 빠르기가 있으면 거문고는 망하고, 힘에 느리기와 빠르기가 있으면 먹은 망하며, 끓인 물을 따르는 데 느리기와 빠르기가 있으면 차는 손상된다. 끓인 물의 중용을 바라면 팔이 그 책임을 맡는다.

---

4) 하늘은 하나를 얻음으로써 맑아지고, 땅은 하나를 얻음으로써 편안하다(天得一以淸 地得一以寧) : 이 대목은 《노자(老子)》 제39장에서 인용된 것이다.
5) 마치 아직 웃을 줄도 모르는 갓난아이 같아서(若嬰兒之未孩) : 이 대목은 《노자》 제20장에 있는 '始嬰兒之未孩'에서 온 것이다.

제5품 단맥탕(斷脈湯)

차가 이미 반죽이 되었거든 조화6)로써 그 모양을 이루어야 알맞는
다. 만약 손이 떨리고 팔뚝이 휘늘어져 오직 끓인 물이 지나치게 따
라지는 것을 꺼려서, 탕병(湯餠) 부리의 끝이 있는 것도 같고 없는 것
도 같으면 끓인 물이 순하게 통하지를 않으니 차는 가지런하게 섞이
지 않는다. 그러므로, 차가 이것은 마치 사람의 백 줄기 핏줄기가 기
복(起伏)하여 기혈(氣血)이 단속(斷續)되는 것과 같다. 장수(長壽)를
바라도 얻을 수가 없다. 구차스럽게 죽음을 미워하거든 도망가는 것
이 좋다.

제6품 대장탕(大壯湯)

역사(力士)의 바늘잡기와 농부의 붓잡기가 성공하지 못하는 까닭은
조잡하기 때문이다. 한 사발의 차는 많아도 두돈7)이 못되고, 찻잔에
담긴 수량이 알맞으면 끓인 물 붓기는 육부 정도에 지나지 않는다.
만일 재빠르게 따라서 깊이 차면 차가 어디에 있는지도 모르게 된다.

제7품 부귀탕(富貴湯)

금이나 은으로 탕기(湯器)를 만드는 것은 오직 부귀한 사람이나 갖
출 수 있는 노릇이다. 따라서 공을 드러내고 탕업(湯業)을 세우기란
빈천한 사람으로서는 이룰 수 없는 일이다. 탕기에 금이나 은을 버리
지 못하는 것은 거문고에 오동나무를 버리지 못하고 먹에 아교를 버

---

6) 조화(造化) : 차를 달일 때 찻가루와 끓인 물이 융합되도록 대젓가락으로 휘젓는
   것을 말한다.
7) 두돈(二錢) : 한근(약 596그램)의 1/16이 한냥(兩)이며, 한냥의 1/10이 한돈(錢)
   이다.

리지 못하는 것과 같다.

제8품 수벽탕(秀碧湯)

돌은 하늘과 땅의 빼어난 기운이 응결되어 형체가 부여된 것이다. 이것을 쪼아 다듬어서 그릇을 만들어도 빼어난 기운은 오히려 남아 있게 마련이니, 그 그릇에 담긴 물이 나쁠 리가 있겠는가.

제9품 압일탕(壓一湯)[8]

금이나 은은 귀하나 결핍되고, 구리나 쇠는 값싸나 나쁘다고 한다면 사기병이 취하기에 넉넉하다. 숨은 선비(幽士)나 세상을 피하여 숨어사는 사내(逸夫)에게는 이러한 종류가 가장 좋다. 어찌 병 속을 온통 누르지 않을손가. 그러나 진기한 것을 자랑하고 호화스러운 것을 발보이는 냄새가 진동한 공자(公子)[9]에게 무지를 깨우칠 수는 없는 노릇이다.

제10품 전구탕(纏口湯)

추잡한 사람이나 속된 무리에게는 물을 끓이는 그릇을 어찌 신중하게 선택할 겨를이 있겠는가. 구리·쇠·납·주석 등 무엇이건 물이 끓으면 되는 것이다. 이러한 물은 비린내나고 쓰고도 떫어서 이를 마시면 오래도록 더러운 냄새가 입에 배어서 사라지지를 않는다.

제11품 감가탕(減價湯)

유약이 없는 질그릇은 물이 스며들어서 흙기운이 있다. 임금님이

---

8) 압일(壓一) : 온갖 것을 제압한다는 뜻이다.
9) 공자(公子) : 제후(諸侯)의 자제(子弟)나 딸. 또는 귀한 집안의 나이 어린 자제를 뜻한다.

마실 고형차라 할지라도 덕망과 명성이 줄어든다. 속담에 이르기를, '질그릇의 차병(다관)을 쓰는 것은 다리가 부러진 준마를 타고 높은 데에 오르는 것과 같다'고 하였다. 호사가는 기억해 두기를 바란다.

제12품 법률탕(法律湯)

무릇 나무는 물을 끓일 수가 있다. 홀로 숯에 국한되는 것이 아니다. 다만 끓인 물을 끼얹어서 마시는 찻물[10]은 숯이 아니면 안된다. 다가(茶家)[11]에게도 법률이 있게 마련이다. 물은 머무르기를 꺼리고,[12] 섶나무는 연기가 나는 것을 꺼린다.[13] 이 절제를 어기고 법을 넘으면 끓인 물은 어그러지고 차는 위태로워진다.

제13품 일면탕(一面湯)

혹은 땔나무를 태운 속의 밀기울 같은 불이나, 혹은 타다 남은 약한 숯은 본체가 다 없어져서 성미는 가볍다. 성미가 가벼우면 끓인 물은 끝내 어려서 불만스럽다. 숯은 그렇지가 않으니 끓인 물의 참다운 벗이다.

----

10) 끓인 물을 끼얹어서 마시는 찻물(沃茶之湯) : 육우의 《다경》에도 '…… (고형차를) 쪼개고 볶고 굽고 절구질하여 항아리나 양병 속에 담아서 끓는 물을 끼얹은 것을 담그는 차(淹茶)라고 한다'는 대목이 있다.

11) 다가(茶家) : 화가(畵家)·음악가(音樂家)·소설가(小說家)에서처럼 집 가(家)자는 '기예(技藝)에 일가견(一家見)을 가진 사람'에게 붙여지는 것이다. 따라서 다가란 다도 전문가를 뜻한다.

12) 물은 머무르기를 꺼리고(水忌停) : 육우의 《다경》에도 '산골짜기에 많은 샛줄기는 맑게 잠긴 채 새어나가지를 않아서…… 마시는 사람은 물꼬를 터놓아 나쁜 것을 흘려보내고 새로운 샘물이 졸졸 흐르게 한 다음에 잔질하는 것이 좋겠다'는 대목이 보인다.

13) 섶나무는 연기가 나는 것을 꺼린다(薪忌薰) : 육우의 《다경》에도 '(섶나무는) 진이 있는 나무와 썩은 그릇은 쓰지 않는다'는 대목이 보인다.

제14품 소인탕(宵人湯)

차란 본래가 신령스러운 풀이라 나쁜 기운이 닿으면 썩는다.14) 분화15)는 뜨거울지라도 나쁜 성미가 덜 없어져서 이것으로 물을 끓여서 차에 끼었으면 향기와 맛이 줄어 없어진다.

제15품 적탕(賊湯) (일명 賤湯)

대나무나 가는 대(篠) 끝을 바람이나 불로 말려서 솥이나 병에 불 때면 자못 심하게 시원하게 탄다. 그러나 근본적인 성미가 약하고 가벼워서 중화의 기운이 없어, 차의 잔적(殘賊)이 된다.

제16품 대마탕(大魔湯)

차갖추기(調茶)는 끓인 물의 착하기와 더럽기에 달렸다. 그리고 끓인 물은 연기를 가장 미워한다. 한 가지의 섶나무를 불태워서 짙은 연기가 방안을 뒤덮는다면16) 또 어찌 좋은 물을 얻을손가. 구차스럽게 이러한 물을 쓰게 된다면 또 어찌 좋은 차를 얻겠는가. 대마(大魔)라고 하는 까닭이다.

---

14) 나쁜 기운이 닿으면 썩는다(觸之則敗) : 차에는 향기를 흡착(吸着)하는 성미가 있기 때문이다.

15) 분화(糞火) : 짐승의 대변을 말려서 땔감으로 쓰는 풍습은 지금도 세계 여러 고장에 남아 있다.

16) 짙은 연기가 방안을 뒤덮는다면(濃烟蔽室) : 송나라 대천보제(大川普濟)의 《오등회원(五燈會元)》에도 지리산선사(智異山禪師)가 '세번째의 찻잔 돌리기가 끝난 뒤에 방안의 연기가 자욱하다'는 말을 한 대목이 보인다.

湯　品

唐　蘇　廙

湯者　茶之司命　若名茶而濫湯　則與凡末同調矣　煎以老嫩言者凡三品　注以緩急言者凡三品　以器標者共五品　以薪論者共五品

第一品　得一湯
火績已儲　水性乃盡　如斗中米　如稱上魚　高低適平　無過不及爲度　蓋一而不偏雜者也　天得一以淸　地得一以寧　湯得一可建湯勳

第二品　嬰湯
薪火方交　水釜纔熾　急取旋傾　若嬰兒之未孩　欲責以壯夫之事　難矣哉

第三品　百壽湯
人過百息　水踰十沸　或以話阻　或以事廢　始取用之　湯已失性矣　敢問皤鬢蒼顔之大老　還可執弓抹矢以取中乎　還可雄登潤步以邁遠乎

第四品　中湯
亦見夫鼓琴者也　聲合中則妙　亦見磨墨者也　力合中則濃　聲有緩急則琴亡　力有緩急則墨喪　注湯有緩急則茶敗　欲湯之中　臂任其責

第五品　斷脈湯
茶已就膏　宜以造化成其形　若手顫臂䫉　惟恐其深　餠嘴之端　若存若亡　湯不順通　故茶不勻粹　是猶人之百脈　氣血斷續　欲長壽奚獲　惡斃宜逃

第六品　大壯湯

力士之把針 耕夫之握管 所以不能成功者 傷於巃也 且一甌之茗 多
不二錢 茗盞量合宜 下湯不過六分 萬一快瀉而深積之 茶安在哉

第七品　富貴湯

以金銀爲湯器 惟富貴者具焉 所以榮功建湯業 貧賤者有不能逮也
湯器之不可捨金銀 猶琴之不可捨桐 墨之不可捨膠

第八品　秀碧湯

石凝結天地秀氣而賦形者也 琢以爲器 秀猶在焉 其湯不良 未有之
也

第九品　壓一湯

貴欠金銀 賤惡銅鐵 則瓷瓶有足取焉 幽士逸夫 品色尤宜 豈不爲瓶
中之壓一乎 然勿與誇珍衒豪臭公子道

第十品　纏口湯

猥人俗輩 煉水之器 豈暇深擇 鋼 鐵 鉛 錫 取熟而已 夫是湯也 腥
苦且澀 飮之逾時 惡氣纏口 而不得去

第十一品　減價湯

無油之瓦 滲水而有土氣 雖御鈞宸緘 且將敗德銷聲 諺曰 茶瓶用瓦
如乘折脚駿登高 好事者幸誌之

第十二品　法律湯

凡木可以煮湯 不獨炭也 惟沃茶之湯 非炭不可 在茶家亦有法律 水
忌停 薪忌薰 犯律踰法 湯乖則茶殆矣

第十三品　一面湯

或柴中之麩火 或焚餘之虛炭 木體雖盡 而性且浮 性浮則湯有終嫩
之嫌 炭則不然 實湯之友

第十四品　宵人湯

茶本靈草 觸之則敗 糞火雖熱 惡性未盡 作湯泛茶 減耗香味

第十五品　賊湯(一名　賤湯)

竹篠樹梢　風日乾之　燃鼎附瓶　頗甚快意　然體性虛薄　無中和之氣
爲茶之殘賊也

第十六品　大魔湯

調茶在湯之淑慝　而湯最惡烟　燃柴一枝　濃烟蔽室　又安有湯耶　苟用
此湯　又安有茶耶　所以爲大魔

5. 다보(茶譜)

오대십국촉(五代十國蜀)　모 문 석(毛文錫)

팽주1)에는 포촌의 붕구와 관구가 있는데, 그 차밭을 선애·석화 등
으로 이름한다. 그 차떡2)은 작고, 어린 싹은 여섯 잎의 꽃처럼 퍼져
서 더욱 묘하다.

미주3)의 홍아·창합·단릉의 차는 몽정4)의 떡차처럼 만들어진 것
이다. 그 산차5)의 잎은 크며 누렇고 맛은 자못 달고도 쓰다. 또한 편
갑차와 선익차는 이에 버금간다.

임공6) 여러 고을의 차에는 구운 떡차도 있는데 떡차마다 무게는
40냥7)이다. 서쪽 오랑캐 땅에 들어가면 당항8)이 중하게 여기는데,

---

1) 팽주(彭州) : 지금의 사천성 서천도 팽현.
2) 차떡(茶餠) : 육우의 《다경》에 보이는 떡차(餠茶)를 가리킨다.
3) 미주(眉州) : 지금의 사천성 건창도 미산현.
4) 몽정(蒙頂) : 사천성 아안현·명산현·여산현의 경계에 자리한 몽산의 정수리를
　 가리킨다.
5) 산차(散者) : 육우의 《다경》에도 등장하는 산차(散茶)로, 고형차인 편차(片茶)의
　 반대어이므로 잎차를 뜻하는 말이다.
6) 임공(臨邛) : 공주(邛州, 사천성 건창도 공래현)에 속한 고을.
7) 40냥(兩) : 한 냥은 37.5그램과 맞먹는다.
8) 당항(黨項) : 중국의 영하성(寧夏省)은 옛날의 서하(西夏)로서 주민은 당항족이었
　 다. 고려 때 제국대장 공주를 따라온 식독아(式篤兒)도 하서국인(河西國人)으로
　 당항족이었다. 차와 얽힌 당항족에 관한 기록은 《송사(宋史)》 하국전(夏國傳)과

중국의 이름난 산에서 나는 것처럼 그 맛이 달고도 쓰다.

촉주9)의 진원·동구·횡원·미강·청성에서 횡원의 작설차10)·조취차11)·맥과차12)는 대개 그 어린 싹을 따서 만든 것으로서, 그 싹이 이를 닮았기 때문이다.

또 편갑차13)가 있는데 곧 이것이 이른 봄의 누른차로서 싹과 잎이 편갑처럼 서로 껴안은 것이다.

선익차14)는 그 잎의 어리기와 얇기가 매미 날개와 같은 것이다. 모두가 산차의 최상품이다.

아주15)의 백장과 명산 두 가지 차는 더욱 좋다.

노주16)의 차나무는 오랑캐의 동료들이 표주박을 옆에 차고 나무에 올라가 싹차를 따서는17) 반드시 입에 머금고 펴지기를 기다린 다음 표주박 속에 담아 둔다. 빙빙 돌려 막고 구멍을 뚫은 다음 나란히 돌아와서 따뜻한 곳에 두면 그 맛이 매우 좋다.

또 거칠은 차18)도 있는데 그 맛이 맵고19) 성미가 덥다.20) 어떤 사

당항전(黨項傳)에 보인다.

9) 촉주(蜀州) : 지금의 사천성 서천도 숭경현.

10) 작설(雀舌)차 : 차의 어린 순이 참새의 혀를 닮았기 때문에 붙여진 이름.

11) 조취(鳥觜)차 : 차의 순이 새의 부리를 닮았기에 이름한 것.

12) 맥과(麥顆)차 : 차의 순이 보리알을 닮았기에 붙여진 이름.

13) 편갑차(片甲者) : 고형차의 모양이 마치 '갑옷의 조각[片甲]'을 닮았기 때문에 붙여진 이름.

14) 선익(蟬翼)차 : 차의 순이 '매미의 날개'를 닮았기에 붙여진 이름이다.

15) 아주(雅州) : 지금의 사천성 건창도 아안현.

16) 노주(瀘州) : 지금의 사천성 노주시.

17) 나무에 올라가 싹차를 따서는(登樹採摘芽茶) : 차나무의 종류 중에서도 나무의 키가 3m인 중국 소엽종은 관목이고, 키가 32m나 되는 중국 대엽종은 교목이다. 그러므로 교목의 경우는 육우가 《다경》에서 말한 것처럼 가지를 베어 내려서 찻잎을 줍기도 하는 것이다. 오늘날 태국과 미얀마에서도 나무에 올라가서 찻잎을 따고 있다.

18) 거칠은 차(粗者) : 육우의 《다경》에 보이는 추차(觕茶)와 같다. 정약용(丁若鏞)의

람이 말하기를, '마시면 풍병을 고치고 노차로 통한다'라고 하였다.

건주21) 방산의 노아차22)와 자순차23)는 조각이 크고 매우 단단하여 끓는 물에 적시어 맷돌질할 수가 있고 두통을 고친다. 강동의 노인들이 많이 마신다.

악주24)의 동산·포은·당년현에 있는 큰 잎의 검은빛은 부추잎과 같은데 매우 연해서 두통을 고친다.

장사25)의 석남26)은 그 나무가 팥배나무나 녹나무와 같고, 그 싹을 따기에 차라고 일컫는다. 상강 유역에 사는 사람27)들은 4월에 양동의 잎을 따서 그 즙을 찧어 쌀에 버무려 찐다. 그리고 죽 비슷하게 쪄서 만든 차를 마신다. 즉 중풍을 막는데 무더운 달에 마시기에 더욱 알

《각다고(榷茶考)》에도, 송나라 때의 다마무역(茶馬貿易)에서 거칠은 차(粗茶)가 사용되었다고 적혀 있다.

19) 그 맛이 맵고(其味辛) : 차는 오미자(五味子)가 아니므로 차에는 매운 맛은 없으나 톡 쏘듯이 진하다는 뜻으로 보여진다.

20) 성미가 덥다(性熱) : 육우는 《다경》에서 '차의 성미는 차가운 것이다'라고 하였다. 그러나 육안차(六安茶)와 보이차(普洱茶)는 온차(溫茶)인 것이다. 보이차는 운남성 남부에서 만들어지는 강발효차이다.

21) 건주(建州) : 당나라 강남(동)도의 고을(州)로, 지금의 복건성 건구현.

22) 노아(露芽)차 : 이조(李肇)의 《당국사보(唐國史補)》에 따르면 노아차는 복주(복건성 복주시)의 방산에서도 산출되었다.

23) 자순(紫筍)차 : 자순차의 이름은 육우의 《다경》에서 비롯되었던 것으로 보인다. 즉 《다경》에는 '자줏빛 나는 것이 으뜸이요, 초록빛 나는 것이 버금간다. 순이 으뜸이요, 싹이 버금간다(紫者上 綠者次 笋者上 芽者次)'라고 적혀 있는데, 차 이름은 '자순(紫笋)'과 '녹아(綠芽)'이다. 자순차의 명산지는 호주·상주·형주 등이었다.

24) 악주(鄂州) : 지금의 호북성 무창현.

25) 장사(長沙) : 지금의 호남성 장사현.

26) 석남(石楠) : 석남과에 속하는 상록 활엽관목이다. 4월 초8일에는 석남잎을 넣은 증편을 먹는 풍속이 있었다. (홍석모의 《동국세시기》)

27) 상강 유역에 사는 사람(湘人) : 상강은 광서성에서 동정호로 흘러 들어가는 강줄기이다.

맞는다. 담소의 사이에는 거강28)이 있고 그 안에는 차가 있는데, 독사
와 맹수가 많다. 그 고장 사람들은 해마다 불과 16~17근을 따는데,
그 빛깔은 쇠와 같고 꽃다운 내음이 범상치 않으며 달여도 찌꺼기가
없다.

남평현 낭노산의 차는 황흑색으로 유인29)들이 중히 여기는데 10월
에 따서 바친다.

거강의 얇은 조각차는 한 근에 80장이다.

홍주30) 서산의 백로차31)는 맛이 좋고 맑다.

원주32)의 계교차33)는 그 이름이 뚜렷하지만, 호주34)의 연고
차35)·자순차는 달이면 밑으로 늘어지는 녹각36)이 있는 것에 미치지
못한다.

무주37)에는 거암차38)가 있다. 한 근짜리 조각은 모가 나고 갸름한
데, 소출은 적더라도 맛은 매우 달고 향기로워서 푸른 젖을 달인 것
과 같다.

기문39)의 단황차40)에는 일기이창41)의 이름이 있는데, 한 잎에 두

---

28) 거강(渠江) : 지금의 사천성 동천도 거현.
29) 유인(渝人) : 지금의 사천성 파현에 살던 사람들을 가리킨다.
30) 홍주(洪州) : 지금의 강서성 남창현.
31) 백로차(白露茶) : 《죽창야화(竹窗夜話)》에 따르면 백로차의 품질은 중등품이다.
32) 원주(袁州) : 지금의 강서성 의춘현.
33) 계교(界橋)차 : 송나라 송자안(宋子安)의 《동계시다록(東溪試茶錄)》에 따르면 계
   교차 중의 우량품은 조춘차라고 한다.
34) 호주(湖州) : 지금의 절강성 오흥현.
35) 연고(研膏)차 : 시루에서 쪄낸 차잎(膏)을 갈아서(研) 만든 차.
36) 녹각(綠脚) : 찻가루가 물과 융합되어 초록색을 띠는 현상.
37) 무주(婺州) : 지금의 절강성 금화현.
38) 거암차(擧岩茶) : 《기명휘기(奇茗彙記)》에 따르면, 금화에서도 거암차가 나는데
   수십 그루의 차나무가 높은 벼랑에 있었다고 한다.
39) 기문(蘄門) : 지금의 호북성 강한도 기춘현.

싹이 달린 것이라고 한다.

촉(蜀)의 아주에는 몽산이 있다. 산에는 다섯 개의 정수리가 있고 정수리에는 차밭이 있는데 중간에 있는 정수리를 상청봉이라고 한다.

옛날에 오랫동안 냉병을 앓던 스님이 있었다. 일찍이 만난 한 노인이 고하여 말하기를, "몽산의 중간 정수리에서 나는 차42)를 춘분 전후에 많은 인력을 갖추어 놓고, 우렛소리43)가 나기를 기다렸다가 손을 나란히 하여 따고 3일 만에 그치시오. 만약에 한 냥을 얻어서 그 자리의 물로 달여 마시면44) 묵은 병을 즉각 물리칠 수가 있고, 두 냥이면 마땅히 보는 앞에서 병이 없어지고, 세 냥이면 진실로 신선이 되며,45) 네 냥이면 곧장 지선이 되리라."고 하였다.

그리하여 이 스님은 중간 정수리에 새로 집을 짓고46) 기다렸다가 적기에 다달아 한 냥 남짓을 얻고 미처 다 마시지도 않았는데 마침내 병이 나았다.

---

40) 단황(團黃)차 : 이조의 《당국사보》에도 '차의 명품으로 기주에는 기문의 단황차가 있다'고 적혀 있다.

41) 일기이창(一旗二槍) : 두 싹(창)에 한 잎(기)이 달린 차.

42) 몽산의 중간 정수리에서 나는 차(蒙之中頂茶) : 《다담(茶談)》에 따르면, 몽산의 다섯 정수리에서 나는 차 중에서 중간 정수리에서 나는 석화(石花)차가 으뜸간다고 하였다.

43) 우렛소리(雷之發聲) : 우렛소리가 날 때 따는 차를 뇌명차(雷鳴茶)라고 한다. 송나라 도곡(陶穀)의 《청이록(淸異錄)》에도 뇌명차가 보인다.

44) 그 자리의 물로 달여 마시면(以本處水煎服) : 장우신(張又新)의 《전다수기(煎茶水記)》에도 차를 달이기에 알맞은 물은 차 산지의 물이라고 적혀 있다.

45) 신선이 되며(固以換骨) : 육우의 《다경》에 인용된 양나라 도홍경(陶弘景)의 《잡록(雜錄)》에도 '차는 몸을 가볍게 하고 신선이 되게 한다(苦茶輕身換骨)'고 적혀 있다.

46) 새로 집을 짓고(築室) : 도곡의 《청이록》에도 오(吳)나라 승려인 범천(梵川)이 쌍림사의 부대사(傅大士)를 공양하기 위하여 몸소 몽산에 가서 암자를 짓고 3년 동안 차를 재배하였다는 옛 일이 적혀 있다.

그가 성벽이 있는 도시에 이르렀을 때 사람들이 그의 용모를 보니 언제나 나이는 서른 남짓 같고 눈썹과 머리카락이 검푸른 빛깔이었다.

그 뒤로는 청성산에 들어가서 도를 묻기에 그칠 줄을 몰랐다고 한다.

지금도 네 정수리의 차밭에서는 차 따기를 그치지 않고 있는데, 다만 중간 정수리만은 초목이 번밀하여 구름과 안개가 이지러지고 가리워지며 때로는 매우 사나운 새와 용맹스러운 짐승이 나오므로 사람들의 발길이 다다르기란 드물다.

지금은 몽정에 있는 노아차 · 준아차47) · 전아차48)를 모두 화전차49)라고 하는데 금화 이전에 만든 것을 말하는 것이다.

옥루관50) 밖의 보당산에는 차나무가 있는데 깎아지른 듯한 낭떠러지에서 난다.51) 순의 길이는 세 치나 다섯 치로서 겨우 한두 잎이 달려 있다.

호주 장흥현 탁목령52)의 금사천53)은 당나라 때에 해마다 차를 만들던 곳이다.

호주와 상주54) 두 고을의 경계에 있고 그 땅 지경에는 모이는 정

---

47) 준아(鑁芽)차 : 송곳과 같은 차순을 나타낸 차 이름.

48) 전아(鑁芽)차 : 전(鑁)은 대이름 전으로, 대싹에 비유한 차 이름.

49) 화전(火前)차 : 금화(禁火, 양력 4월 5~6일 경) 직전에 따서 만든 차.

50) 옥루관(玉壘關) : 사천성 서천도 이번현의 신보관(新保關)에 옥루산이 있다. 이곳에서 나는 차를 옥루차라고 한다.(《기명휘기》)

51) 깎아지른 듯한 낭떠러지에서 난다(産於懸崖) : 원래 향기가 그윽한 좋은 차는 사람이 올라갈 수 없는 벼랑에 있다 하여 원숭이로 하여금 차를 따오게 하는데 이러한 차를 원후차(猿猴茶)라고도 한다.

52) 탁목령(啄木嶺) : 호주의 속현인 장흥현의 서북 60리에 있다.

53) 금사천(金沙泉) : 탁목령의 기슭에 있던 샘물이다. 당나라 때는 금사천의 샘물을 은병에 담아서 장안에 바치는 물 전하기(水遞) 풍습이 있었다. 당나라 때의 호주 자사인 배청(裴淸)이 읊은 〈금사의 샘물을 올리는 표(進金沙泉表)〉에 따르면 물맛의 달기가 항해(沆瀣)와 같다고 하였다.

자가 있다. 차 절기마다 두 목민관이 모두 도달한다. 샘물은 모래 속에 있는데, 평소에는 물이 없다가 차를 만들려고 두 고을의 태수가 모두 와서 의기를 갖추어 따르고 절하여 타이르면서 샘물에 제사 지내면 잠깐 뒤에는 근원에서 솟아난다.

그날 저녁에는 맑게 넘치고 임금께 진상하는 물긷기를 마치면 곧 적게 줄어든다.

물집55)에 바칠 물긷기를 마치면 이미 절반이 된다. 태수들이 차 만들기를 마치면 물은 곧 마른다.

공주56)의 임공·임계·사안·화정57)에 조춘58)·화전59)·화후60)·눈록 등 상중하의 차가 있다.

별다른 차61)인 지각아·구기아·비파아는 모두 풍병을 다스린다. 또 조협아·괴아·유아도 있는데, 곧 초봄에 그 싹을 따다가 차와 섞어서 오화차를 만든다. 그 조각은 오출화로 만들어져 있다.

배주62)에서는 세 가지의 차가 나는데 빈화가 으뜸으로 이른봄에 만든다. 그 다음은 백마이며, 최하가 배릉이다.

선성현63)에는 요산64)이 있는데, 작고 네모난 떡에는 옆으로 차싹

---

54) 상주(常州) : 지금의 강소성 상주시.
55) 물집(堂) : 금사천의 물집에서는 《다경》을 지은 육우의 친구인 석교연(釋皎然) 스님이 호주자사인 배청과 함께 모여서 시를 읊은 일도 있었다.
56) 공주(邛州) : 지금의 사천성 건창도 공협현 근방.
57) 화정(火井) : 《죽창야화》와 《동계시다록》에 따르면 화정차는 공협현의 서남쪽에 있는 산골짜기에서 난다고 하였다.
58) 조춘(早春)차 : 명나라 허차서의 《다소》에 따르면 '가을의 7, 8월(음력)에 한번 따는 것을 조춘차라 한다'고 적혀 있다.
59) 화전(火前)차 : 금화(禁火) 직전에 따서 만든 차.
60) 화후(火後)차 : 금화(禁火) 직후에 따서 만든 차.
61) 별다른 차(茶之別者) : 별전(別錢)의 용법과 비슷한데, 대용차를 가리킨다.
62) 배주(涪州) : 지금의 사천성 동천도 배릉현.
63) 선성현(宣城縣) : 지금의 안휘성 선성현이다. 육우의 《다경》에 인용된 《속수신

을 깔아서 표면을 꾸몄다. 그 산의 동쪽은 아침해가 밝게 비추기 때문에 양파(陽坡)라고 하는데, 그곳 차가 가장 훌륭하다. 태수가 일찍이 서울 사람에게 보냈더니 '요산 양파65)의 횡문차'라고 이름지었다.

의흥66)에는 옹호67)의 함고차68)가 있다.

용안69)에는 기화차70)가 있는데 으뜸간다. 화전도 화후도 아닌 때에 따서 만들었다는 것이다. 청명에 불을 갈기에 기화라고 한다.

복주71)의 백암차가 매우 좋다. 또 홍주72) 서산의 백로와 학영차가 지극히 묘하다.

목주73)의 구갱이 지극히 묘하다.

몽산에는 쪄낸 찻잎을 누른 노아차74)와 누르지 않은 노아차, 정동

기》에는 선성에서 있었던 차의 옛 일이 적혀 있기도 하다.

64) 요산(了山) : 송자안의 《동계시다록》에 따르면 횡문차가 곧 요산차라고 하였다.

65) 양파(陽坡) : 송자안의 《동계시다록》에는 횡문차나 요산차를 양파차라 한다고 적혀 있다.

66) 의흥(義興) : 지금의 강서성 의흥현.

67) 옹호(灇湖) : 옹호는 지금의 호남성 악양현의 남쪽에 있는데, 옛날에는 악주(岳州)에 속해 있었다. 이조의 《당국사보》에도 '악주에는 옹호의 함고차가 있고, 상주에는 의흥의 자순차가 있다'고 적혀 있으므로 의흥은 악주의 오기이다. 당나라 승재기(僧齊己)가 읊은 〈옹호차를 사례하다(謝灇湖茶)〉라는 찻시도 있다.

68) 함고(含膏)차 : 모문석 《다보》의 다른 글에 '형주의 형산, 봉주의 서향에서는 그 차를 모두 연고하여 조각으로 만들었는데, 모양이 둥근 달과 같아서 함고차라 한다'고 적혀 있다.

69) 용안(龍安) : 사천성 무평현의 용안을 가리킨다.

70) 기화차(騎火茶) : 금화 직전도 직후도 아닌 중간 시기를 말 잔등처럼 타고 따서 만든 차라는 뜻이다.

71) 복주(福州) : 지금의 복건성 민후현.

72) 홍주(洪州) : 지금의 강서성 남창현.

73) 목주(睦州) : 지금의 절강성 건덕현.

74) 쪄낸 찻잎을 누른 노아차(壓膏露芽) : '고(膏)'라고 하는 것은 시루에서 쪄낸 찻잎을 가리킨다. 그런데 '압고(壓膏)'라고 하는 것은 시루에서 쪄낸 찻잎을 압착기(壓搾機)에 올려놓고 차의 즙액을 짜내는 송나라 제다방식의 선구로 보여진다.

아(井冬芽)가 있는데 융동갑절(隆冬甲折)이라고 한다.

형주75)의 형산과 봉주76)의 서향에서는 차를 연고하여 만드는데 모두가 달처럼 둥근 조각77)이다.

양주78)의 선지사, 수나라의 옛 궁궐, 사침의 촉강에는 차밭이 있는데, 그 맛이 달고 향기롭기가 몽정차와 같다. 또 흡주79) 우액령의 차는 더욱 좋다.

아주의 몽정차는 가장 늦게 나는데 봄·여름이 바뀔 때 구름과 안개가 그 위를 덮어서 마치 만물을 보호하는 귀신이 있는 것 같다. 홍주의 쌍정차80)와 백아차81)는 만듦새가 매우 정교하다.(초차의 상등품이다. 납차와 우수성을 겨룬다)

협주82)에는 소강원·명월료·벽간료·수유료의 이름이 있다.

몽정에는 연고차가 있는데, 조각차로 만들어 진상한다. 또한 자순차

---

75) 형주(衡州) : 지금의 호남성 형양현.

76) 봉주(封州) : 지금의 광동성 봉천현.

77) 달처럼 둥근 조각(片團如月) : 노동(盧同)의 〈붓을 움직여 맹간의가 부처준 햇차에 사례하다(走筆謝孟諫議寄新茶)〉에서 '첫머리에 보이는 달덩이 차 3백 조각이라(手閱月團三百片)' 하였고, 당나라 진도옥(秦韜玉)의 〈자순차노래(紫筍茶歌)〉에도 '산 동자는 둥근 달덩이를 맷돌질하여 깨네(山童碾破團圓月)'라고 하였듯이 당시의 차는 둥근 차가 많았다.

78) 양주(揚州) : 지금의 강소성 양주시.

79) 흡주(歙州) : 지금의 안휘성 흡현.

80) 쌍정차(雙井茶) : 《기명휘기》에는 '강서 의흥현의 서쪽 30리의 남쪽 시냇물이 좋아서 토착민이 길어다가 차를 만들자 다른 고장의 제품보다 뛰어나서 쌍정차라고 부르게 되었다'고 적혀 있다. 송나라의 황정견(黃庭堅)이 읊은 〈자첨에게 쌍정차를 보내다(雙井茶送子瞻)〉라는 찻시도 있다.

81) 백아차(白芽茶) : 송나라 구양수(歐陽脩)의 《귀전록(歸田錄)》에도 다음과 같이 백아차가 등장한다. '경우연호가 있은 뒤에 홍주의 쌍정차와 백아차가 점차로 성행되어 근년에는 차의 만듦새가 더욱 정교하여졌다.'

82) 협주(峽州) : 지금의 호북성 의창현. 몽정에는 연고차가 있는데 조각으로 만들어서 바친다. 또한 자순차도 만든다.

도 만든다.

당나라의 숙종83)은 일찍이 고사(高士)84)인 장지화(張志和)85)에게 남자 종(奴)과 여자 종(婢) 한 명씩을 하사(下賜)하였는데, 지화가 부부로 짝지어주고 어동(漁童)과 초청(樵靑)이라고 이름지었다.

사람들이 그 까닭을 물으면 대답하여 이르기를, "어동에게는 낚싯대를 들려서 낚싯줄을 거두어 정리시키며, 갈대 속에서 노를 젓게 하기 때문이지요. 초청에게는 난초를 베고, 계수나무를 섶나무로 하여 대나무 숲속에서 차를 달이게 하기 때문이지요."라고 하였다.

호생(胡生)86)이라는 사람은 못장식(釘鉸)을 생업으로 하면서 백빈주(白蘋洲)87) 근처에 살았는데, 곁에 옛 무덤이 있기에 차를 마실 때마다 반드시 차를 무덤에 붓고 제사를 지냈다.

그랬더니 갑자기 꿈에서 어떤 사람이 말하기를, "나는 성(姓)이 유

---

83) 숙종(肅宗) : 당나라 제7대 황제로서 7년 간(756~762) 나라를 다스렸다.
84) 고사(高士) : 초야에 묻힌 은군자(隱君子)나 품행이 고상한 선비. 뜻이 높고 굳은 선비를 가리킨다.
85) 장지화(張志和) : 당나라 무주(婺州)의 금화(金華, 절강성) 태생이다. 16세에 명경과(明經科)에 뽑힌 다음 대조한림(待詔翰林)과 좌금오위록사참군(左金吾衛錄事參軍)으로서 숙종을 섬겼으나 사건에 연좌되어 남해위(南海尉)로 벼슬이 깎이었다. 훗날 사면되어 돌아왔으나 친상(親喪)을 당하여 벼슬길에서 물러났다. 그는 은거하면서 연파조도(煙波釣徒)라고 자칭하였다. 《다경》을 지은 육우(陸羽)와 호주자사(湖州刺史)인 안진경(顏眞卿)과도 사귀었다. 안진경이 〈낭적선생 현진자 장지화비(浪跡先生玄眞子張志和碑)〉를 썼다.
86) 호생(胡生) : 당나라 덕종의 정원(785년)에서 헌종의 원화(820년) 연간을 살다 간 호영능(胡令能)을 가리킨다. 그는 보전(莆田, 지금의 복건성 보전현)의 은군자로 젊을 때 연장궤를 지고 못을 박는 일을 하면서 돌아다녔다. 그가 사는 곳이 열자(列子, 주나라의 列禦寇의 고향에 가까웠으므로, 다과(茶果)가 있으면 반드시 열자에게 제사를 지내고 총명하게 하여주십사 하고 빌었다. 그러자 어느 날, 꿈에 나타난 사람이 그의 배를 가르고 한 권의 책을 넣었다. 그때부터 마침내 시를 짓게 되었다 한다.(《당시기가》 28권)
87) 백빈주(白蘋洲) : 차의 명산지이기도 한 절강성 오홍현 잡계의 동남쪽에 있다.

(柳)인데, 평생 시 짓기와 차 즐기기를 좋아하였소이다. 그대가 베풀어주는 차를 고맙게 여기고 있으나 보답할 것이 없으니, 그대에게 시 짓기를 가르쳐 주고자 하오."라고 하는 것이었다.

호(胡)는 능력이 없다고 사양하였으나 유(柳)가 권하여 이르기를, "다만 그대의 뜻에 따라서 말하기만 하면 마땅히 운치가 있을 것이외다."라고 하였다.

호(胡)는 훗날 마침내 시에 교묘하게 되었는데, 그 당시의 사람들은 이것을 호정교(胡釘鉸)의 시라고 하였다. 유(柳)는 마땅히 유운(柳惲)88)이었으리라.

보리선생인 육구몽89)은 차를 즐겨 작은 밭을 고저산90) 밑에 두고 해마다 찻세를 받아들여서 박한 찻사발과 구기의 비용으로 하였다. 스스로 《품제서》91) 한 편을 지어 《다경》92)과 《다결》93)의 뒤를 이었다.

---

88) 유운(柳惲) : 양나라의 시인.
89) 육구몽(陸龜蒙) : 당나라 강남도 오군 장주현 태생으로 오현 송강의 보리에서 살았다. 피일휴(皮日休)의 〈다구십영(茶具十詠)〉에 대한 창화(唱和)가 있다.
90) 고저산(顧渚山) : 절강성 장흥현의 서북에 있는 산.
91) 품제서(品第書) : 차의 품수를 매긴 듯한 책 같으나 전하지를 않는다.
92) 다경(茶經) : 육우가 지은 중국 다도의 경전.
93) 다결(茶訣) : 석교연(釋皎然)의 저서.

茶　譜

五代十國蜀　**毛 文 錫**

彭州有蒲村堋口　灌口　其園名仙崖　石花等　其茶餅小　而布嫩芽如六
出花者　尤妙

眉州洪雅　昌闔　丹稜　其茶如蒙頂製茶法餅　其散者葉大而黃　味頗甘
苦　亦片甲　蟬翼之次也

臨邛數邑茶　又有火番餅　每餅重四十兩　入西蕃　黨項重之　如中國名
山者　其味甘苦

蜀州晉原　洞口　橫原　味江　青城　其橫源雀舌　鳥觜　麥顆　蓋取其嫩
芽所造　以其芽似之也　又有片甲者　卽是早春黃茶　芽葉相抱　如片甲也
蟬翼者　其葉嫩薄　如蟬翼也　皆散茶之最上也

雅州百丈　名山二者尤佳

瀘州之茶樹　夷僚常攜瓢寘側　每登樹採摘芽茶　必含于口　待其展　然
後置于瓢中　旋塞其竅　比歸　必置于暖處　其味極佳　又有粗者　其味辛
而性熱　彼人云　飲之療風　通呼爲瀘茶

建州方山之露芽及紫筍　片大極硬　須湯浸之　方可碾　治頭痛　江東老
人多味之

鄂州之東山　蒲圻　唐年縣　大□黑色如韭葉　極軟　治頭疼

長沙之石楠　其樹如棠枏　採其芽謂之茶　湘人以四月摘楊桐葉　搗其
汁拌米而蒸　猶蒸糜之類　必啜此茶　乃其風也　尤宜暑月飲之　潭邵之間
有渠江　中有茶　而多毒蛇猛獸　鄉人每年採擷不過十六　七斤　其色如鐵
而芳香異常　烹之無滓也

南平縣狼猱山 茶黃黑色 渝人重之 十月採貢

渠江薄片 一斤八十枚

洪州西山之白露茶 味美而淸

袁州之界橋 其名甚著 不若湖州之硏膏 紫筍 烹之有綠脚垂下

婺州有擧岩茶 斤片方細 所出雖少 味極甘芳 煎如碧乳也

蘄門團黃有一旗二槍之號 盲一葉二芽也

蜀之雅州有蒙山 山有五頂 頂有茶園 其中頂曰上淸峯 昔有僧病冷
且久 嘗遇一老父 謂曰 蒙之中頂茶 嘗以春分之先後 多構人力 俟雷
之發聲 倂手採摘 三日而止 若獲一兩 以本處水煎服 卽能祛宿疾 二
兩 當眼前無疾 三兩 固以換骨 四兩 卽爲地仙矣 是僧因之中頂築室
以侯 及期獲一兩餘 服未竟而病瘥 時到城市 人見其容貌 常若年三十
餘 眉髮紺綠色 其後入靑城訪道 不知所終 今四頂茶園 採摘不廢 惟
中頂草木繁密 雲霧蔽虧 鷙獸時出 人跡稀到矣 今蒙頂有露鋑芽 籛芽
皆云火前 言造於禁火之前也

玉壘關外寶唐山 有茶樹産於懸崖 笋長三寸 五寸 方有一葉二葉

湖州長興縣啄木嶺金沙泉 卽每歲造茶之所也 湖常二郡 接界於此
厥土有境會亭 每茶節 二牧皆至焉 斯泉也 處沙之中 居常無水 將造
茶 太守具儀注 拜敕祭泉 頃之發源 其夕淸溢 造供御者畢 水卽微減
供堂者畢 水已半之 太守造畢 卽涸矣

邛州之臨邛 臨溪 思安 火井有早春 火前 火後 嫩綠等上中下茶

茶之別者 枳殼芽 枸杞芽 枇杷芽 皆治風疾 又有皂莢芽 槐芽 柳芽
乃上春摘其芽 和茶作之 五花茶者 其片作五出花也

涪州出三般茶 賓化最上 製于早春 其次白馬 最下涪陵

宣城縣有丫山 小方餠 橫舖茗芽裝面 其山東爲朝日所燭 號曰陽坡
其茶最勝 太守嘗薦於京洛 人士題曰 丫山陽坡橫紋茶

義興有灉湖之含膏

龍安有騎火茶 最上 言不在火前 不在火後作也 淸明改火 故曰騎火
福州柏巖極佳 又洪州西山白露及鶴嶺茶極妙

睦州之鳩阬(坑)極妙

蒙山有壓膏露芽 不壓膏露芽 幷冬芽 言隆冬甲坼也

衡州之衡山 封州之西鄉 茶硏膏爲之 皆片團如月

揚州禪智寺 隋之故宮 寺枕蜀岡 有茶園 其味甘香如蒙頂也 又歙州
牛扼嶺者尤好

雅州蒙頂茶 其生最晚 春夏之交 直雲霧覆其上 若有神物護持之者
洪州雙井白芽 製造極精(草茶之上品也 以與蠟茶爭雄)

峽州有小江園 明月寮 碧澗寮 茱萸寮之名

蒙頂有硏膏茶 作片進之 亦作紫笋

唐肅宗 嘗賜高士張志和奴婢各一人 志和配爲夫妻 名曰漁童樵靑
人問其故答曰 漁童使捧釣收綸蘆中鼓枻 樵靑使蘇蘭薪桂 竹裏煎茶

胡生者以釘鉸爲業 居近白蘋洲傍有古墳 每飮茶必奠酹之 忽夢一
人謂之曰 吾姓柳 平生善爲詩而嗜茗 感子茶茗之惠 無以爲報 欲敎子
爲詩 胡生辭以不能 柳强之曰 但率子意言之 當有致矣 生後遂工詩
時人謂之 胡釘鉸詩 柳當是柳惲也

甫里先生陸龜蒙 嗜茶荈 置小園於顧渚山下 歲入茶租 薄爲甌犧之
費 自爲品第書一篇 繼茶經茶訣之後

6. 천명록(荈茗錄)

북송(北宋)　도　곡(陶穀)

용파1)산의 자차

개보2) 연간중에 두의3)는 나에게 햇차를 마시게 하였다. 맛이 지극히 좋았다.

찻상자의 표면(奩面)4)에 표시하여 이르기를, '용파산의 자차'라고 하였다. 용파는 이 고저5)의 별경이다.

천자가 하사한 꽃

오나라6)의 중인 범천7)이 연정8)을 맹세하고 기원하여 쌍림9)의 부

---

1) 용파(龍坡) : 용파는 미상. 파(坡)는 고개·비탈을 뜻한다.
2) 개보(開寶) : 북송 태조의 연호(968~975). 그러나 각주 3)의 두의(竇儀)의 생몰연대(914~966)에 비추어보면, 개보는 건덕(963~967)의 착오로 보인다.
3) 두의(竇儀) : 두의(914~966)의 약력은 《송사》 권263에 적혀 있다. 자는 가상(可象)이며, 계주(薊州) 어양(漁陽)에 사는 우약(禹約)의 아들이다. 학문에 뛰어나서 후진 천복 연간(936~943)에 진사, 현덕 연간(954~959)에 단명전학사가 되고, 송나라 때는 공부상서로 옮겼다. 향년 53세에 사망하였다.
4) 찻상자의 표면(奩面) : 염(奩)은 화장품 상자로서 찻상자를 비유한다.
5) 고저(顧渚) : 고저산은 지금의 절강성 가흥전구 장흥현의 서북쪽으로 47리에 있다. 당나라 때에는 천자에게 자순차를 바쳤다. 송나라 때에는 초차(草茶)가 생산되었다.
6) 오(吳)나라 : 오나라(902~937)는 오대십국(五代十國) 중의 한 나라로서 노주(盧州) 합비(合肥)의 양행밀(楊行密)이 세운 나라이다.

대사10)에게 공양하려고 하였다. 몸소 몽정11)에 가서 암자를 짓고 차를 심었다. 무릇 3년12) 만에 아주 훌륭한 성사화13), 길상예14)를 얻었

---

7) 범천(梵川) : 중의 법명이다.

8) 연정(燃頂) : 불교 수진법(修眞法)의 하나이다.

9) 쌍림(雙林) : 부대사(傅大士)가 세운 불교사원의 이름이다.

10) 부대사(傅大士) : 부대사(497~569)는 무주(婺州, 지금의 절강성)의 의조현(義烏縣) 태생이다. 성은 부(傅)요, 이름은 흡(翕)이요, 자는 현풍(玄風)으로, 선혜대사(善慧大士), 총림대사(叢林大士), 동양대사(東陽大士)라고도 하였다. 16세 때 유묘광(劉妙光)에게 장가들어서 보건(普建)과 보성(普成)이 태어났다. 그는 24세 때 범승(梵僧)인 숭두타(嵩頭陀)를 만난 인연으로 출가하였다. 달마(達磨, 남인도의 왕자로서 양나라에서 선종의 개조가 되었다)의 지시에 따라서 송산(松山)에 있는 쌍토막나무 사이에 암자를 짓고 7년간의 고행 끝에 자못 신이(神異)하게 되었다.

양나라 무제의 대통 2년(528)에는 무차대법회(無遮大法會)를 거행하였다. 또 중대통 6년(534)에는 양나라의 고조(무제)에게 글을 올리고, 스스로 쌍림수하 당래 해탈 선혜대사(雙林樹下當來解脫善慧大士)라고 하였다. 무제를 뵈었을 때는 도교의 모자에 유교의 옷에 불교의 신 차림이었다. 대동 5년(539)에는 마침내 송산 밑에 쌍림사(雙林寺)를 세웠다. 그리고 《대장경(大藏經)》 열람의 편의를 위하여 한 기둥에 여덟 면(一柱八面)의 윤장(輪藏)을 만들어서 훗날 부대사와 두 아들(보건·보성)을 안치하게 되었다. 부대사는 양나라 선제의 태건 원년(569)에 입적하였는데 거사(居士)였으나 미륵의 화신(化身)이라고도 한다. 남긴 저서로는 《쌍림사(雙林寺) 선혜대사(善慧大士) 어록(語錄)》 2권, 《심왕명(心王銘)》, 《금강경가(金剛經歌)》 등이 전한다.

11) 몽정(蒙頂) : 사천성 아안지구 명산현에 있는 몽산의 꼭대기이다. 유명한 몽산차가 생산된다.

12) 3년(三年) : 당나라의 육우도 《다경》에서 '외심기를 본받으면 세 해만에 차를 딸 수가 있다'고 하였다.

13) 성사화(聖賜花) : 성사화란 '천자가 하사한 꽃 형상을 한 물건'이라는 뜻이다. 성사화의 출전은 다음과 같다.

阮浩耕·沈冬梅·于良子, 《中國古代茶葉全書》杭州 : 浙江攝影出版社, 1999. 51면

中國烹飪古籍叢刊 淸異錄 飮食部分 北京 : 中國商業出版社, 1985. 18면

陶宗儀, 《說郛》

성양화(聖楊花)는 성사화(聖賜花)의 잘못이다.

는데 모두 닷근을 넘지 않았다. 가지고 돌아가서 바쳤다.

끓인 물 모임[15]

화응[16]은 조정에 있으면서 같은 반열[17]을 거느리고 날마다 교대로[18] 차를 서로 마신다. 맛이 남보다 뒤떨어진 사람에게는 처벌이 있다. 이름하여 끓인 물 모임이라고 한다.

실금[19]의 무거움 견디기[20]

건주[21]의 다고[22]를 얻어 가졌다. 얻어서 무거움 견디기 여덟 낱을

---

14) 길상예(吉祥蕊) : 길상(吉祥)이란 '운수가 좋을 조짐, 경사가 날 조짐'이라는 뜻이다. 그리고 예(蕊)자에는 '꽃술, 꽃, 꽃이 더부룩한 모양 따위의 뜻이 있다. 따라서 길상예란 '경사가 날 조짐의 꽃'이라는 뜻이다.

15) 끓인 물 모임(湯社) : 탕(湯)은 '끓일, 끓는 물 탕'자이고, 사(社)는 '모일, 둘레, 단체 사'자이다. 차마시기의 모임(茶湯會)이라는 뜻이다.

16) 화응(和凝) : 화응(898~955)은 오대(五代) 사람으로 그의 전기는 《구오대사(舊五代史)》 권127과 《신오대사(新五代史)》 권56에 적혀 있다. 화응의 자(字)는 성적(成績)이며 운주(鄆州) 수창(須昌), 지금의 산동성 동평현 수성진 서북) 태생이다. 후량(後梁) 때 진사가 되어 후진·후한·후주의 왕조를 섬겼다. 벼슬은 좌복야, 태자태부에 오르고, 노국공으로 책봉되었다. 현덕 2년(955)에 58세로 사망하였다.

17) 같은 반열(同列) : 같은 지위의 동료(同僚)라는 뜻이다.

18) 날마다 교대로(遞日) : 체(遞)는 '차례로 바꿀, 전할 체'자이고, 일(日)은 '날, 해, 낮 일'자이다. 날마다 번갈아서 교대로라는 뜻이다.

19) 실금(縷金) : 누(縷)는 '실 루'자이고, '금(金)'은 '금 금'자이므로 '실금'이다.

20) 무거움 견디기(耐重兒) : '무거움 견디기'라는 차 이름이다. 《십국춘추(十國春秋)》 권91, 〈민강종본기(閩康宗本紀)〉에 '통문 2년(937), …… 국민들이 건주의 다고를 바쳤다. 다른 맛으로 만들며, 금실을 아교로 붙여서 이름하기를 내중아(耐重兒)라고 하였다. 무릇 여덟 낱이 있다'고 적혀 있다.

21) 건주(建州) : 지금의 복건성 건구시(建甌市)를 가리킨다.

22) 다고(茶膏) : 다고란 시루에서 쪄낸 찻잎(膏)을 연분(硏盆)에 갈아서(硏) 만든 연고차(硏膏茶)일 것이다. 북송의 장순민(張舜民)은 《화만록(畫墁錄)》 권1에서 '정원 연간(785~805)에 상곤(常袞)이 건주자사(建州刺史)가 되어 처음으로 쪄서

만들었다. 금실을 아교로 붙여서[23] 민[24]왕인 희[25]에게 바쳤다. 통문의 화를 당하여[26] 내시가 도둑질하는 곳이 되어 지체높은 신하에게 옮겨서 보내주었다.[27]

젖 같은 액의 요술쟁이[28]

오나라[29]의 중인 문료[30]는 차달이기[31]를 잘하여 형남[32]에서 노닐

불에 쬐어 말리고 갈아서 연고차라고 일컬었다'고 하였다. 고종 3년(1866) 4월 9일, 왕비의 가례 책봉 주청사의 서장관으로 청나라의 연경(북경)을 다녀온 홍순학(洪淳學, 1842~?)의 〈연행가(燕行歌)〉에도 '향다고(香茶膏)'가 보인다.

23) 금실을 아교로 붙여서(膠以金縷) : 연고차의 표면에 아교로 금실을 붙인다는 뜻이다. 이러한 풍습은 북송 때에도 있었다. 즉, 송나라 구양수(歐陽脩, 1007~1072)의 《용다록후서(龍茶錄後序)》에는 '궁인(宮人)들이 금을 잘라서 용·봉황새·화초를 만들어 그(小團) 위에 붙였다'고 적혀 있다.

24) 민(閩) : 민나라(909~945)는 오대십국(五代十國)의 하나로 복건성을 차지하였다.

25) 희(曦) : 민나라 제6대 군주(君主)로 재위 연간은 939~944년이다.

26) 통문의 화를 당하여(遇通文之禍) : 통문(936~939)이란 민나라의 제5대 군주인 강종(康宗, 王昶)의 연호이다. '통문의 화'란 939년에 왕창(王昶)이 살해되고 왕희(王曦)가 왕위에 오른 사건이다. 따라서 '민왕인 희에게 바쳤다'는 것은 창(昶)의 잘못으로 보인다.

27) 옮겨서 보내주었다(轉遺) : 전(轉)은 '옮길 전'자이고, 유(遺)는 '보낼 유'자이므로 옮겨서 보내준다는 뜻이다.

28) 젖 같은 액의 요술쟁이(乳妖) : 유(乳)는 '젖 같은 액 유'자이고, 요(妖)는 '요망할, 요사할, 요염할 요'자이다. 송나라 때 달여 마신 말차의 젖 같은 흰 거품을 유화(乳花)라고 하였다. 차를 잘 달이는 기술을 요술(妖術)로 표현한 것 같다. 차달이기의 명인을 가리키는 말이다.

29) 오(吳)나라 : 《십국춘추》권103에도 '유요(乳妖)'와 대동소이한 글이 적혀 있다. '문료는 오나라의 중이다. 평소부터 차달이기를 잘하여 천단하게 일시에 뛰어났다. 무신왕(고계흥) 때 형남에 와서 노닐어 불러들여 자운선원에 살게 하고, 날마다 그 재주를 시험하였다. 왕이 크게 상주기를 기뻐함에 더하여 불러서 탕신이라 하고, 화정수대사를 아뢰어 임명하였다. 사람들이 모두 일컬어 유요라고 말하였다.'

30) 문료(文了) : 중의 법명이지만 그 행장(行狀)을 모른다.

31) 차달이기(烹茶) : 팽(烹)은 '삶을, 지질 팽'자이다. 팽다(烹茶)란 '차를 달임'이라는 뜻으로서 전다(煎茶)라고도 한다. 팽다에는 자다(煮茶)·점다(點茶)·포다(泡茶)

었다. 고보면33)은 계흥34)에게 아뢰어35) 불러들여서 자운암에 두고 날마다 그 재주를 시험하였다. 보면 부자를 불러서 탕신36)이라 하고, 화정수대사상인으로 아뢰어 임명하였다.37) 일컬어서38) 젖 같은 액의 요술쟁이라고 말하였다.

맑은 사람의 나무39)

위민40)의 감로당 앞 두 그루의 차나무는 울창하게 자라 나뭇잎이

가 있다.

32) 형남(荊南) : 형남(924~963)은 오대십국 중의 하나이다. 907년에 고계흥이 후량(後梁)의 형남절도사로 임명되고, 924년에는 후당(後唐)의 남평왕(南平王)으로 책봉되어 형남 또는 남평이라고 부른다. 형주(강릉, 지금의 호북성 형주시)에 도읍을 두고 협주(峽州)·귀주(歸州) 등 호북성의 남부를 차지하였으나 963년 북송에 의해서 멸망되었다. 형주는 당시에 최대의 차시장이었다.(《五代史補》 卷五, 世宗問卜條)

33) 고보면(高保勉) : 형남의 제4대 왕인 고보욱(高保勗, 923~962)은 고계흥(高季興)의 손자로서 고종회(高從誨)의 열째 아들이다. 고보면과 고보욱은 같은 사람이다. 그의 이름에 면(勉)을 사용하고 욱(勗)을 사용하지 않은 것은 후당(後唐)의 이존욱(李存勗)의 휘자(諱字, 돌아간 높은 어른의 생전의 이름자)를 피하기 위한 것이리라.

34) 계흥(季興) : 고계흥(858~928)은 형남의 건국자로서 재위 연간은 924~928년이다. 고계창(高季昌)이라고도 한다.

35) 고보면은 계흥에게 아뢰어(高保勉白于季興) : 고계흥은 928년에 사망하였으며, 그때 고보면(욱)은 다섯살이었으므로 가능성이 희박하다. 고보면이 아뢴 것이 아니라 그의 아버지인 고종회(高從誨)가 아뢴 것이리라.

36) 탕신(湯神) : '다탕(茶湯)의 신(神)'이란 당나라 조린(趙璘)이 《인화록(因話錄)》에서 육우(陸羽, 733~804)를 '다신(茶神)'이라고 한 것이나 같은 뜻이다.

37) 아뢰어 임명하였다(奏授) : 주청(奏請)하여 제수(除授)하였다는 뜻이다.

38) 일컬어서(目) : 눈 목(目)자에는 '일컫다'는 뜻도 있다.

39) 맑은 사람의 나무(淸人樹) : '맑을 청(淸)'자에는 '음료'라는 뜻도 있다. 맑은 차를 마시며, 담박한 이야기를 나눈다는 청다담화(淸茶談話)라는 말도 있다. 청인수(淸人樹)란 맑은 차를 마시는 사람의 나무로서 차나무의 별명이다.

40) 위민(僞閩) : 오대십국의 하나로서 복건(성)을 차지한 민나라이다.

무성하여41) 궁인42)이 맑은 사람의 나무라고 일컬었다. 초봄마다 빈・장43)이 희롱으로 햇싹을 따고 궁전 안에44) 광주리를 기울이는 모임45)을 설치하였다.

훌륭하고 아름다운 연고차

현덕46) 초기에 대리47)의 서각48)이 고향의 편지와 정자차49)를 증여받았다.50) 차의 표면에 글을 찍어서 이르기를 옥선고(훌륭하고 아

---

41) 울창하게 자라 나뭇잎이 무성하여(鬱茂婆娑) : 울무(鬱茂)는 초목이 울창하게 자란다는 뜻이고, 파사(婆娑)는 나뭇잎이 무성한 모양을 가리킨다.

42) 궁인(宮人) : 나인(內人)을 가리킨다.

43) 빈(嬪)・장(嬙) : 빈(嬪)은 '아내 빈'자로 여관(女官)을 뜻한다. 장(嬙)은 '궁녀 장'자이다. 《춘추좌씨전》 애공 원년조에는 '숙(宿)에 비(妃)・장(嬙)・빈(嬪)・어(御)가 있다'고 적혀 있다. 두예(杜預)는 주(註)에서 '비(妃)・장(嬙)은 귀한 사람이고, 빈(嬪)・어(御)는 천한 사람이다. 모두 내관(內官)이다'라고 하였다.

44) 궁전 안에(堂中) : '집 당(堂)'자에는 '전각, 임금이 조회를 받는 궁전'이라는 뜻도 있다.

45) 광주리를 기울이는 모임(傾筐會) : 경(傾)은 '기울어질 경'자이며, 광(筐)은 '광주리 광'(대나무를 결어서 만든 네모진 광주리이다. 둥근 것은 광주리 거[筥]라고 한다)자이고, 회(會)는 '모을, 모일 회'자이다. 광주리를 기울이는 모임(傾筐會)은 차따기 모임(採茶會)을 가리킨다. 광주리 기울이기(傾筐)란 차따기 대바구니(採茶籠)에 담긴 것을 뒤집어엎어서 몽땅 쏟아내는 것이다.

46) 현덕(顯德) : 후주(後周) 세종의 원호(元號, 다/대년호, 임금이 자리에 오른 해에 지은 칭호인 연호이다)인 현덕은 954~959년이다.

47) 대리(大理) : 9시(九寺) 중의 하나인 대리시(大理寺)는 형옥(刑獄)을 관장하는 관청 이름이다.

48) 서각(徐恪) : 사람 이름이지만 행장은 모른다.

49) 정자차(鋌子茶) : 정(鋌)은 '쇳덩이 정'자이고 자(子)는 '아들 자'자로서 사물의 이름 밑에 붙이는 접미사(예 : 책자)이다. 따라서 정자차란 덩어리 모양의 고형차인 떡차(餅茶)・연고차(硏膏茶)・벽돌차(磚茶)를 가리킨다. 그러나 옥선고(玉蟬膏)라는 이름과 송나라 때이므로 연고차를 가리킨다.

50) 증여받았다(見貽) : '볼 견(見)'자는 '당하다'라는 수동적임을 나타낸다. '끼칠 이(貽)'자는 '주다, 증여하다'라는 뜻이다.

름다운 연고차)51)라고 하였다. 한 종류는 이르기를 청풍사(맑은 바람의 사신)52)라고 하였다. 각은 건주 사람53)이다.

빽빽한 나무의 우두머리54)

탕열55)에게는 삼패송56)이 있다. 대개 차이다. 바야흐로 마시매 삼연57)하여 치아에 엄하다.58) 이미 오래되어 사지59)가 삼연하다. 두 뜻

---

51) 옥선고(玉蟬膏) : '옥 옥(玉)'자에는 사물을 칭찬하거나 귀히 여김을 나타내는 미칭(美稱)인 '아름다운, 훌륭한'이라는 뜻이 있다. '매미 선(蟬)'자에도 '아름답다, 예쁘다'라는 뜻이 있다. '기름 고(膏)'는 시루에서 쪄낸 찻잎으로 연분(研盆)에 갈아서 성형 건조시킨 연고차(研膏茶)를 가리킨다.

52) 청풍사(淸風使) : '맑은 바람의 사신'이라는 차 이름은 당나라의 노동(盧同, 795?~835)이 읊은 시구(詩句)에서 인용된 것으로 보인다.

　붓을 달리어 맹간의가 부친 햇차에 사례하다(走筆謝孟簡議寄新茶)

　'…… 일곱째 잔은 채 마시지도 않았건만 느끼노니 두 겨드랑이에 맑은 바람이 솔솔 일어나네(七碗喫不得 唯覺兩腋習習淸風生)'

53) 건주 사람(建人) : 건인(建人)은 건주인(建州人, 지금의 복건성 건구시에 살던 사람)이라는 뜻이다.

54) 빽빽한 나무의 우두머리(森伯) : 삼(森)은 '나무 빽빽할 삼'자이고, 패(伯)는 '우두머리 패'자이다. 이어지는 본문에 '대개 차이다(蓋茶也)'라고 하였으므로 삼패(森伯)란 차나무(차)를 가리킨다.

55) 탕열(湯悅) : 《십국춘추(十國春秋)》 권28의 은숭의(殷崇義)조에 따르면 탕열(湯悅)은 송나라 태조인 조광윤(趙匡胤)의 아버지인 선조(宣祖) 조홍은(趙弘殷)의 명휘(名諱)를 피하여 은숭의를 탕열로 창씨개명(創氏改名)한 것이다. 그는 진주(陳州) 서화(西華, 지금의 하남성) 태생이다. 남당(南唐)의 보대(保大) 13년(955), 진사(進士)에 오르고 추밀사(樞密使)와 우복야(右僕射)에 임명되었다. 박식하고 글을 잘하여 그가 지은 문장은 후주(後周) 세종(世宗)의 칭찬을 받고, 남당(南唐)을 대표하여 공물(貢物)을 바치러 들어갈 때 세종은 예의를 다하였다고 한다. 송나라에 의해서 멸망되었다.

56) 삼패송(森伯頌) : 삼패(森伯)는 차이므로 삼패송은 다송(茶頌)이 된다. 송(頌)은 '칭송할 송'자로 시(詩)의 육의(六義)의 하나이다.

57) 삼연(森然) : 삼(森)자에는 '오싹하다'라는 뜻이 있고, 연(然)자는 형용하는 데 붙이는 말이다. '엄숙한 모양'이라는 뜻이다.

58) 엄하다(嚴) : '엄할 엄(嚴)'자에는 '매우 딱딱하고 강하다'는 뜻이 있다.

으로서 한 이름이다.60) 대저 끓는 물 사발의 경계에서61) 성숙한 사람이 아니라면 누가 능히 이를 가리켜 부르랴.62)

바다표범 주머니63)

표범 가죽으로 주머니를 만드는 것은 바람을 맡은 신이 숨을 내쉬고 들이쉬는 연장이다.64) 차를 달여서 이를 훌쩍훌쩍 마셔도 가히 근심을 바꾸어65) 맑은 바람을 일으킬 수 있다. 매양 이 뜻을 인용하여 차를 바다표범 주머니라고 말한다.

밤이 없는 제후66)

호교67)의 〈하늘을 나는 용의 산골짜기에서 차를 마시는 시〉에 이

59) 사지(四肢) : 사람의 두 팔과 두 다리이다.

60) 두 뜻으로서 한 이름이다(二義一名) : 삼패(森伯)에는 '차'와 '삼연'의 두 가지 뜻이 있다는 것이다.

61) 끓는 물 사발의 경계에서(湯甌境界) : 다탕(茶湯)의 세계인 다도계(茶道界)라는 뜻이다.

62) 누가 능히 이를 가리켜 부르랴(誰能目之) : '눈 목(目)'자에는 '일컬을, 말하다(가리켜 부르다)'라는 뜻이 있다.

63) 바다표범 주머니(水豹囊) : 표(豹)는 '표범 표'로, 수표(水豹)는 바다표범이다. 낭(囊)은 '주머니, 자루 낭'자이다. 이 글의 맨 끝에 '차를 바다표범 주머니(수표낭)라고 말한다'고 적혀 있으므로 수표낭은 차의 별명이다.

64) 바람을 맡은 신이 숨을 내쉬고 들이쉬는 연장이다(風神呼吸之具) : 풍신(風神)은 풍백(風伯)이라고도 하는 '바람의 신'이다. 호(呼)는 '숨 내쉴 호'자이고, 흡(吸)은 '숨 들이쉴 흡'자이다. 옛날 사람과 현대의 미개인 중에는 가죽자루로 바람을 일으키는 경우가 있다.

65) 근심을 바꾸어(以滌濡思) : '씻을 척(滌)'자에는 '변하다, 달라지다'라는 뜻이 있다. 체(濡)는 '막힐 체'자이고, 사(思)는 '생각할, 생각 사'자이다. 체사(濡思)란 '막힌 생각'으로 '근심(憂)'이기도 하다.

66) 밤이 없는 제후(不夜侯) : 차의 별명이다. 차의 카페인 성분에는 각성 작용이 있다. 당나라의 육우가 지은 《다경》(제7장 〈차의 옛일〉)에는 잠이 없는 경우와 졸음이 적은 경우가 적혀 있다.

   가. 잠이 없는 경우(不眠) ── 《광아》, 《동군약록》, 《본초 채부》

르기를, '어금니 적시는 옛 성은 여감씨,68) 졸음 깨니 마땅히 밤이 없
는 제후로 봉하노라'라고 하였다. 새롭고 기이할시고. 교는 석학69)이
며 재능이 뛰어나다. 아직 목표점에 이르지 못하였거늘, 야율덕광70)
의 포로가 되어 북녘으로 사라진 뒤 길을 물어서 다시 돌아왔다.

계소불71)

조카72)인 이73)는 나이가 열두살이다. 나는 호교의 찻시를 읽고, 그

나. 졸음이 적은 경우(小睡) ── 《본초 목부》

67) 호교(胡嶠) : 《전당문(全唐文)》 권859의 〈호교조〉에 적혀 있는 그의 약력은 다음
    과 같다. '교(嶠)는 벼슬이 합양(郃陽)의 현령(縣令)이었다. 선무군절도사(宣武軍
    節度使)인 소한(蕭翰)의 장서기(掌書記)가 되어 인연을 따라 거란(契丹)에 들어
    갔다. 소한은 형벌을 받고 의지할 곳이 없어서 거란에 있기 일곱 해만인 주나라
    의 광순 3년(953) 도망쳐서 돌아왔다.'

68) 여감씨(餘甘氏) : 여(餘)는 '남을 여'자이고, 감(甘)은 '달, 맛좋을 감'자이며, 씨
    (氏)는 '성씨 씨'자이다. 여감(餘甘)은 여감자(餘甘子)라는 과실 이름으로 암마륵
    (菴摩勒)의 별명이다. 처음에는 맛이 떫지만 뒤에는 단맛이 남기에 여감씨라고
    한다. 육우도 《다경》(제5장 〈차달이기〉)에서 '마시매 쓰고 목구멍에서 단 것이
    차이다'라고 하였다. 당나라 때부터 카테킨·카페인(쓴맛)과 아미노산·다당류(단
    맛)의 맛을 알고 있었다.

69) 석학(宿學) : '묵을 숙(宿)'자에는 '오래다, 숙달한 사람'이라는 뜻이 있다. 오랫동안
    학문을 깊이 연구하여 학리(學理)에 통한 사람을 숙학, 석학(碩學)이라고 한다.

70) 야율덕광(耶律德光) : 야율덕광(902~947)은 요(遼)나라 제2대 황제인 태종(太
    宗)이다. 태조(太祖)인 야율아보기(耶律阿保機)의 둘째 아들이다. 그는 석경당
    (石敬塘)이 후진(後晉)을 세울 때 도와서 연운(燕雲) 16주(州)를 얻었다. 그리고
    육유(陸游)의 《남당서(南唐書)》 권15에 다음과 같은 내용이 적혀 있다. '열조(烈
    祖)의 승원 2년(938), 거란의 군주인 야율덕광과 그의 동생인 동단왕(東丹王)은
    각각 사신을 (남당에) 보내어 양과 말로써 조공을 바치고, 따로 양 3만 구(口)와
    말 2백 필(匹)을 가지고 팔러와서 그 값으로 비단(羅)·흰 비단(紈)·차·약을
    거래하였다.'

71) 계소불(鷄蘇佛) : 못 속에 생기는 꿀풀과(脣形科)의 한해살이풀로서 한약재로 쓰
    이는 차조기(紫蘇)이다. 차의 별명이다. 북송의 황정견(黃庭堅, 1045~1105)이
    읊은 〈단차를 보낸 유경문에게 사례하다(謝劉景文送團茶)〉에도 계소(鷄蘇)와 참

신기함을 즐긴 까닭에 이를 본받게[74] 하였다. 저녁때 가까이[75] 책이
완성되었다. 말이 있다. '서늘함이 생겨서 부르기에 좋은 계소불, 뒷
맛[76]이 감람선[77]이라 말하기에 마땅하네.' 그러면 이도 또한 기초[78]
가 있는 사람이다.

냉면초[79]

부소원[80]은 차를 좋아하지 않았다. 전에 어사였다. 동료와 차모임
에서 한숨을 쉬며 이르기를, "이 물건의 모양[81]은 몹시 차가워서 전
혀[82] 좋은 맛을 조절할 태도가 없으니[83] 냉면초라고 말할 수 있다.[84]

깨를 달여 마셨다고 적혀 있다.

72) 조카(猶子) : 유자란 형제의 아들인 조카이다.

73) 이(彜) : 도곡(陶穀, 903~970)의 조카인 도이(陶彜)이다.

74) 본받게(傚法) : '본받을 효(傚)'자에는 '흉내내다, 배우다'라는 뜻이 있고, '법 법
(法)'자에도 '본받다'는 뜻이 있다.

75) 저녁때 가까이(近晩) : 근(近)은 '가까울 근'자이고, '저물 만(晩)'자에는 '해질 무
렵, 저녁때'라는 뜻이 있다.

76) 뒷맛(回味) : '돌 회(回)'자에는 '돌아오다(예 : 回春)'라는 뜻이 있고, 미(味)는 '맛
미'자이다. 음식을 먹은 뒤에 입에서 느끼는 맛으로서 뒷입맛, 후미(後味)라고도 한
다.

77) 감람선(橄欖仙) : 감(橄)은 '감람나무 감'자이며, 남(欖)도 '감람나무 람'자이고, 선
(仙)은 '신선 선'자이다. 감람은 남부 유럽 원산으로 아시아 열대 지방의 산야에
저절로 나는 감람과의 늘푸른교목인 감람나무의 열매이다. 청과(靑果)ㆍ충과(忠
果)라고도 하는 열매는 먹기도 하고 기름(감람의 씨, 올리브유)도 짜며 수지(樹
脂)는 약재로 쓴다. 감람선은 차의 별명이다.

78) 기초(基址) : 기(基)는 '터 기'자이고, 지(址)는 '터 지'자이다. 토대(土臺)ㆍ기초
(基礎)이다.

79) 냉면초(冷面草) : 냉(冷)은 '찰 랭'자이고 면(面)은 '낯 면'자이며, 초(草)는 '풀 초'자
이다. 차를 서초(瑞草)라고도 하므로 '차가운 얼굴빛의 풀'이라는 차의 별명이다.

80) 부소원(符昭遠) : 《전당시속습(全唐詩續拾)》 권42에 '부소원은 도곡과 같은 시대
의 사람'이라 하고, 〈도곡의 오리알(鴨卵) 및 연가지(蓮枝)의 일념홍(一捻紅)을
보내줌에 사례하다〉라는 제목의 두 시구가 있다.

81) 모양(面目) : 얼굴의 생김새, 체면, 태도나 모양이다.

밥을 먹은 여가85)에는 불안86)의 궁궁이87)를 맛보고 감국탕88)을 보내면 또한 가히 정신을 시원하게 하리라.”라고 하였다.

단맛이 늦은 제후89)

손초90)가 〈차를 보내어 초형부91)에게 주는 편지〉에 이르기를, ‘만

---

82) 전혀(了) : ‘마칠 료(了)’자에는 ‘마침내, 드디어’라는 뜻이 있다. ‘전혀, 아주, 참으로, 정말로’라는 뜻도 있다.

83) 좋은 맛을 조절할 태도가 없으니(無和美之態) : 무(無)는 ‘없을 무’자이고, ‘화할 화(和)’자에는 ‘맛을 조절하다’라는 뜻이 있으며, ‘아름다울 미(美)’자에는 ‘맛이 좋다, 맛있다’라는 뜻이 있다. ‘모양 태(態)’자에는 ‘겉으로 나타난 생김새, 상태’라는 뜻이 있다.

84) 말할 수 있다(可謂) : 가(可)는 ‘옳을 가’자로서 ‘가히(가능)’라는 뜻이 있고, ‘이를 위(謂)’자에는 ‘일컫다, 이름하다’라는 뜻이 있다.

85) 밥을 먹은 여가(飯餘) : ‘밥 반(飯)’자에는 ‘밥을 먹다’라는 뜻이 있고, ‘남을 여(餘)’자에는 ‘말미, 여가’라는 뜻이 있다. 식후(食後)이다.

86) 불안(佛眼) : 오안(五眼)의 하나. 모든 법(法)의 진성(眞性)을 비쳐 보는 부처의 눈. 이러한 뜻이 있는 불안은 궁궁이의 명산지로 추정된다.

87) 궁궁이(芎) : ‘궁궁이 궁(芎)’자로서 미나리과에 딸린 여러해살이풀이다. 뿌리는 한약의 강장제로 쓰이며, 천궁(川芎)이라고도 한다.

88) 감국탕(甘菊湯) : 감국(甘菊)은 엉거싯과에 딸린 여러해살이풀로서 꽃은 약으로 쓰인다. 항주산(杭州産)의 감국은 맛이 달다고 한다.

89) 단맛이 늦은 제후(晚甘侯) : ‘저물 만(晚)’자에는 ‘늦다’라는 뜻이 있고, ‘달 감(甘)’자에는 ‘달다, 단맛이 있다, 달게 여기다’라는 뜻이 있으며, ‘과녁 후(侯)’자에는 ‘제후’라는 뜻이 있다. 차를 마신 뒤에 단맛을 늦게 느낀다는 뜻이다. 차의 성분 중에서 단맛을 느끼는 성분은 아미노산(amino acid)류인 테아닌(theanine)과 다당류(多糖類, polysaccharides)이다. 만감후는 차의 별명이다.

90) 손초(孫樵) : 관동(關東, 함곡관 이동) 태생인 손초의 자는 가지(可之)·은지(隱之)라고 하였다. 당나라 제일의 문장가인 한유(韓愈, 768~824)로부터 글을 배우고 대중 9년(855) 진사가 되어 중서사인(中書舍人)과 직방낭중(職方郎中) 등을 지냈으며 희종(僖宗)의 행재소(行在所, 거둥 때에 임금의 연이 머무는 곳)에도 있었다. 그의 벼슬은 상주국(上柱國)에 올랐으며, 유저(遺著)로는 《손가지집(孫可之集)》과 《당손초집(唐孫樵集)》이 전한다.

91) 초형부(焦刑部) : 초(焦)는 성(姓)이며, 형부(刑部)는 육부(六部)의 하나로서 형부

감후(晚甘侯) 열다섯 녀석92)을 재각93)에 보내어 모시게 하였나이다.
이 무리들은 모두 우레를 청하여 따고94) 물에 절하여 맛을 조절95)한
것이옵니다. 대개 건양96)은 붉은 산97)과 푸른 물의 고장으로서 달빛
의 산골물과 훌륭한 물건을 담는 그릇의 품격98)이오니, 삼가 이를 천
하게 사용하지를 마시옵소서'라고 하였다.

변화하는 잔99)

차를 차려서 물품의 형상을 끓인 물 표면100)에 환상과 그림자처럼

상서(刑部尙書)가 장관이다. 초(焦)씨의 행장은 모른다.
92) 열다섯 녀석(十五人) : 만감후라는 차를 의인화(擬人化)한 것이다. '사람 인(人)'
자를 사내아이를 귀엽게 일컫는 말인 '녀석'으로 옮겼다.
93) 재각(齋閣) : 서재(書齋)이다.
94) 우레를 청하여 따고(請雷而摘) : 만감후는 뇌명차(雷鳴茶)라는 뜻이다. 뇌명차의
선례는 오대(五代) 촉(蜀)나라 모문석(毛文錫)의 《다보(茶譜)》에도 적혀 있다.
'…… 우렛소리가 나기를 기다렸다가 손을 나란히하여 따고 사흘만에 그친다.'
'천둥 번개가 잦으면 풍년이 든다'는 속담이 있다. 살피건대 천둥 번개는 공중에
서 질산(窒酸, 강하게 발연하는 무색의 액체로서 비료의 원료)을 만들고 질산이
땅속에 들어가면 땅이 기름져서 풍년이 든다는 것이리라.
95) 물에 절하여 맛을 조절(拜水而和) : 이 대목은 모문석 《다보》(호주 장흥현조)에
적힌 다음과 같은 사례를 함축(含蓄)하고 있는 것으로 보인다. '…… (장흥현 탁
목령의 금사천은 모래 속에 있는데) 평소에는 물이 없다가 차를 만들려고 두 고
을의 태수가 모두 와서 의기를 갖추어 따르고 절하여 타이르면서 샘물에 제사를
지내면 잠깐 뒤에는 근원에서 샘물이 솟아나며, 그날 저녁에는 맑게 넘친다.'
96) 건양(建陽) : 지금의 복건성 남평전구 건양시이다.
97) 붉은 산(丹山) : 단사(丹砂, 수은과 유황이 화합된 붉은 빛깔의 흙)가 나는 산이다.
98) 훌륭한 물건을 담는 그릇의 품격(雲龕之品) : '구름 운(雲)'자에는 '훌륭함의 비유'
라는 뜻이 있고, '감실 감(龕)'자에는 '물건을 담는 그릇'이라는 뜻이 있으며, '물
건 품(品)'자에는 '등급, 품격, 질, 종류'라는 뜻이 있다.
99) 변화하는 잔(生成盞) : 생성(生成)에는 '생겨남, 만들어 내다, 자람, 이루어짐, 사
물이 그 상태를 바꾸어 다른 것이 되는 일(변화시키다)'이라는 뜻이 있다. 달인
찻물 위에 물상(物象)을 만들어 내는 잔이라는 뜻이다.
100) 끓인 물 표면(湯面) : 다탕(茶湯)의 표면을 가리킨다.

몽롱하게 나타내는 것101)은 차 장인102)이 신에 통하는 재주이다. 사
문인 복전103)은 금향104)에서 태어나 다도계105)에서 자라나 곧잘 끓
인 물106)을 따라서 차에 요술하여 한 글귀의 시를 이루고, 나란히
네 사발107)을 달여서 함께 한 절구108)가 끓인 물의 표면에 뜬다. 극
히 작은 물품의 종류는 손에 침뱉기109)로 처리할 뿐이다. 시주하는
신자110)들은 날마다 출입문에 이르러111) 청하여 끓인 물 놀이112)를
본다. 전은 스스로 읊어서 이르기를, "생성잔 속의 물단청,113) 공들
임을 다한 공부를 배워도 이루어지지를 않네. 오히려 웃노라, 당시
육홍점114)이 차를 달여서 이익을 본115) 좋은 명성116)을."이라고 하

---

101) 환상과 그림자처럼 몽롱하게 나타내는 것(幻出) : 환상과 그림자(幻影)같이 몽롱
하게 나타나는 것이다.
102) 차 장인(茶匠) : 차달이기를 직업으로 하는 우두머리(宗匠)이다.
103) 사문인 복전(沙門福全) : 사문(沙門)은 범어(梵語)인 스라마나(Sramana)의 음
역(音譯)으로 불가의 승려를 가리킨다. 복전(福全)은 법명(法名)이지만 행장은
모른다.
104) 금향(金鄕) : 하남도(河南道) 연주(兗州) 금향현(金鄕縣)이다.(《元和郡縣圖志》
卷10, 兗州) 지금의 산동성(山東省) 제녕시(濟寧市) 금향현(金鄕縣)이다.
105) 다도계(茶海) : '바다 해(海)'자에는 '인물이 많이 모이는 곳'(예 : 學海)이라는 뜻
이 있다. 다해(茶海)는 다도계(茶道界)라는 뜻이다.
106) 끓인 물(湯) : 다탕(茶湯)을 가리킨다.
107) 사발(甌) : 찻사발(茶甌)을 뜻한다.
108) 절구(絶句) : 5자(字) 4구(句), 7자 4구로 된 한시(漢詩)의 한 체이다. 한 찻사발
에 1구를 그리니까 네 사발이므로 4구의 절구(絶句)가 생긴다.
109) 손에 침뱉기(唾手) : 손에 침뱉기처럼 쉽다는 비유이다. 손바닥 뒤집기(如反掌),
식은 죽 먹기와 같이 쉽다는 뜻이다.
110) 시주하는 신자(檀越) : 단나(檀那)와 같다. 범어(梵語)인 단나(Dana)의 음역(音
譯)이다. 시주하는 신자를 중이 부르는 말이다.
111) 이르러(造) : '이를 조(造)'자에는 '이르다, 오다, 가다, 나아가다'라는 뜻이 있다.
112) 끓인 물 놀이(湯戱) : 다탕(茶湯)의 표면에 물상(物像)이나 시구(詩句)를 나타내
는 탕문(湯紋) 놀이이다.
113) 단청(丹靑) : 붉은빛과 푸른빛의 그림물감, 또는 채색하는 일. 그림이라는 뜻이
다. 물단청(水丹靑)은 '물로 그리는 그림'이라는 뜻이다.

였다.

차의 여러 놀이[117]

차는 당나라에 이르러 비로소 번성하였다. 근세[118]에 끓인 물을 내리고 숟가락[119]을 돌려서 따로 묘한 비결을 베풀어 끓인 물의 무늬와 물줄기로 하여금 물건의 형상을 이루는 것이 있다. 날짐승, 길짐승·벌레, 물고기·꽃, 풀의 무리는 섬세하고 정교하기가 그림과 같다. 다만 잠깐만에 곧 흩어져 없어진다. 이것이 차의 변화이다. 당시 사람들은 이것을 차의 여러 놀이라고 말하였다.

틈으로 나타나는 그림자 꽃[120]

틈으로 나타나는 그림자 꽃의 방법은 새긴 종이[121]를 사용하여 잔에 붙이고,[122] 차를 섞고[123] 종이를 거두어 거짓으로 꽃의 몸뚱이[124]를 만든다. 따로 여지의 살[125]로써 잎을 만들고, 잣[126]·은행[127] 따위

---

114) 육홍점(陸鴻漸) : 당나라의 육우(陸羽)가 《역경(易經)》으로 지은 성명은 육우(陸羽), 자(字)는 홍점(鴻漸)이다.

115) 이익을 본(贏得) : '남을 영(贏)'자에는 '벌다, 이득, 이기다'라는 뜻이 있고, '얻을 득(得)'자에는 '이익, 이득, 득볼'이라는 뜻이 있다. 영득에는 '남겨서 얻음, 이익을 봄, 시의 용어로 "이것만이 남음"'이라는 뜻이 있다.

116) 좋은 명성(好名聲) : 당나라 봉연(封演)의 《봉씨문견기(封氏聞見記)》에는 육우가 전다박사(煎茶博士)로 적혀 있다. 조선의 초의선사(艸衣禪師, 1786~1866)도 전다박사라는 칭호가 있다.

117) 차의 여러 놀이(茶百戱) : '일백 백(百)'자에는 '모든, 다수, 여러'라는 뜻이 있고, '놀 희(戱)'자에는 '놀이, 장난'이라는 뜻이 있다.

118) 근세(近世) : 《천명록》의 저자인 도곡(陶穀, 903~970)은 오대(五代) 남당(南唐)의 신하였으며, 훗날 북송(北宋)을 섬겼다. 그러나 《천명록》이 970년에 지어졌다면 근세란 북송의 초기이다.

119) 숟가락(匕) : 송나라 채양(蔡襄, 1012~1067)의 《다록(茶錄)》에 보이는 찻숟가락(茶匙)으로 말차 한돈쭝(3.73그램)을 떠내어 격불(擊拂)하여 차거품(乳花)을 일으키는 것이다.

의 진귀한 물건으로 꽃술을 삼아 끓는 물
로 휘저어서 달인다.

감초[128]버릇

선성[129]의 하자화[130]는 손님을 부금당
에 맞이하여 햇등자[131]를 경축하였다. 술
이 한창[132]이 되자, 가양[133]의 엄준[134]이

누영춘(漏影春)
『淡交』1992년 5월호 所收

---

120) 틈으로 나타나는 그림자의 꽃(漏影春) : '샐 루(漏)'자에는 '틈으로 나타나다'라는
　　뜻이 있으며, 영(影)은 '그림자 영'자이고, 봄 춘(春)자에는 '(꽃이름)양귀비'라는
　　뜻도 있다. 틈새로 보이는 그림자(透影)의 꽃이라는 뜻이다.

121) 새긴 종이(鏤紙) : '새길 루(鏤)'자와 '종이 지(紙)'자는 '새긴 종이'라는 뜻이다.
　　꽃모양을 도려낸 종이이다.

122) 잔에 붙이고(貼盞) : 첩(貼)은 '붙을 첩'자이고, 잔(盞)은 '잔 잔'자이다. 찻잔에
　　붙인다는 뜻이다.

123) 차를 섞고(糝茶) : '나물죽 삼(糝)'자에는 '섞이다'라는 뜻이 있다. '차 다(茶)'는
　　오대와 북송시대에 성행된 말차(末茶)를 가리킨다. 말차를 뿌린다는 뜻이다.

124) 꽃의 몸뚱이(花身) : '꽃 화(花)'자와 '몸 신(身)'자이다. '몸 신'자에는 '몸뚱이'라
　　는 뜻이 있다. 몸뚱이는 몸의 덩치이므로 꽃의 완형(完形)을 가리킨다.

125) 여지의 살(荔肉) : 여지(荔枝)는 무환자과(無患子科)에 딸린 남방 원산의 상록교
　　목이다. 깃모양의 겹잎이 있으며 열매는 먹는다. 마른 여지를 쓰는데 속에는 둥
　　글고 큰 씨가 있고, 마른 여지의 살은 건포도와 같다.

126) 잣(松實) : 송자(松子)라고도 한다.

127) 은행(鴨脚) : 은행나무의 잎은 오리발을 닮은 데서 압각(鴨脚)이라면 은행을 가
　　리킨다.

128) 감초(甘草) : 콩과에 딸린 여러해살이풀. 잎은 깃모양의 겹잎이며 뿌리는 노랗고
　　달다. 한약재로 쓰인다.

129) 선성(宣城) : 지금의 안휘성 선성지구 선주시이다.

130) 하자화(何子華) : 사람 이름이지만 행장을 모른다.

131) 햇등자(新橙) : '등자나무 등(橙)'자에는 '운향과의 늘푸른교목인 등자나무, 등자
　　나무의 열매인 등자'라는 뜻이 있다. 등자는 맛이 시고 쌉쌀하나 향기가 있고 약
　　재나 향료의 원료로 쓰인다.(Bitter Orange)

132) 술이 한창(酒半) : '술 주(酒)'자와 '반 반(半)'자이다. 반(半)자에는 '한창, 절정,

그린 육홍점135)의 형상을 내놓았다. 자화가 그런 까닭을 말하였다. "지나간 시대에 뛰어난 인재136)에 매혹되는 사람은 말버릇(馬癖)이라 하며, 돈꿰미137)에 약한 사람은 돈버릇이라 하고, 자식에 빠지는 사람은 자기 자식을 칭찬하는 버릇138)이라 하며, 칭찬과 나무람에 빠진 사람139)은 《좌전》140)버릇이라 하오. 이 어르신네와 같은 사람이 찻일에 마음이 빠지는 것은 또 무엇으로 그 버릇을 이름 지을까." 양수중141)이 이르기를, "차는 지극히 진기하나 대개 아직 풀을 떠나지 않은 것이외다. 풀 중의 달기는 차 이상으로 뛰어난 것이 없소이다. 마땅히 육씨를 따라서 감초버릇이라고 말할지어다."라고 하였다. 자리에

가장'(歐陽脩,《歸田錄》酒半相顧)이라는 뜻이 있다. 다반향초(茶半香初)는 '차가 한창이자 향기는 시작되고'이다.

133) 가양(嘉陽) : 옛날의 가양성(嘉陽城)은 《원화군현도지(元和郡縣圖志)》권17의 항주(恒州) 방산현(房山縣)조와 《태평환우기(太平寰宇記)》권61의 진주(鎭州) 평산현(平山縣)조에도 적혀 있다. 지금의 하북성(河北省) 석가장시(石家莊市) 평산현이다.

134) 엄준(嚴峻) : 중의 법명이지만 행장을 모른다.

135) 육홍점(陸鴻漸) : 《다경(茶經)》의 저자인 육우(陸羽)의 자(字)가 홍점(鴻漸)이다.

136) 뛰어난 인재(駿逸) : '준마 준(駿)'자에는 '빼어나다, 뛰어나다'라는 뜻이 있고, '달아날 일(逸)'자에도 '뛰어나다, 빼어나다, 재덕(才德)이 뛰어난 사람'이라는 뜻이 있다.

137) 돈꿰미(貫索) : '꿸 관(貫)'자에는 '돈꿰미'라는 뜻이 있고, '동아줄 삭(索)'자에는 '새끼, 새끼 꼬다'라는 뜻이 있다. 엽전을 꿰는 새끼이므로 '낚싯줄 민(緡)'자에도 '돈꿰미'라는 뜻이 있는 것과 같다. 관삭(貫索)은 돈을 가리킨다.

138) 자기 자식을 칭찬하는 버릇(譽兒癖) : '기릴 예(譽)'자에는 '기리다, 칭찬하다'라는 뜻이 있고, '아이 아(兒)'자에는 '자식, 아들'이라는 뜻이 있다.

139) 칭찬과 나무람에 빠진 사람(耽於襃貶者) : '즐길 탐(耽)'자에는 '탐닉하다, 열중하여 빠지다'라는 뜻이 있고, '기릴 포(襃)'자에는 '기리다, 칭찬하다'라는 뜻이 있으며, '떨어뜨릴 폄(貶)'자에는 '폄하다, 헐뜯다'라는 뜻이 있다.

140) 좌전(左傳) : 주나라의 사관인 좌구명(左丘明)이 《춘추(春秋)》를 주석한 《춘추좌씨전(春秋左氏傳)》의 준말이다.

141) 양수중(楊粹仲) : 사람 이름이지만 행장을 모른다.

앉은 손님이 이르기를, "동의하오."142)라고 하였다.

입에 쓴 스승143)

피광업144)은 가장 찻일에 열중하여 빠진다. 하루는 내종사촌145)이 햇귤146) 맛보기를 청하여 자리 도구를 특히 풍부히 하고 관리의 예복147)을 떼지어 모았다. 겨우 도착하니,148) 아직 술통149)을 안 돌보고

---

142) 동의하오(允矣哉) : '진실로 윤(允)'자에는 '동의하다, 승낙하다'라는 뜻이 있고, 의재(矣哉)는 '영탄의 조사'이다.

143) 입에 쓴 스승(苦口師) : 차의 쓴맛은 카테킨(Catechin)류의 에피카테킨(Epicatechin), 에피카테킨 갈레이트(Epicatechin Gallate), 에피갈로카테킨(Epigallocatechin), 에피갈로카테킨 갈레이트(Epigallocatechin Gallate), 카페인(Caffeine), 아미노산(Amino Acid)류의 아르기닌(Arginine) 성분이다. '좋은 약이 입에는 쓰지만 병에는 이롭다(良藥苦於口利病)'는 말도 있다. 고구사(苦口師)는 차의 비유이다.

144) 피광업(皮光業) : 피광업(876~943)은 당나라 피일휴(皮日休, ?~881)의 아들로 강소성의 소주(蘇州)에서 태어났으며 자(字)는 문통(文通)이다. 천복 연간(902~978) 오월국(吳越國)이 건국될 때 승상(丞相, 정승)에 임명되었다. 《십국춘추(十國春秋)》 권86의 오월(吳越) 피광업전(皮光業傳)에도 '성품이 차를 즐기며 늘 시를 짓고 차를 고구사라 하여 나라 안에 많이 그 버릇을 전하였다'고 적혀 있다. 천복 8년(943) 2월 병진에 67세로 별세하였다. 시호(諡)는 정경(貞敬)이다. 피일휴는 《품다(品茶)》의 저자인 육구몽(陸龜蒙)과 〈다구잡영(茶具雜詠)〉의 창화(唱和)가 있다. 특히 피일휴는 자다시(煮茶詩)에서 게눈(蟹目)을 읊어서 육우 《다경》의 삼비법(三沸法, 魚目·湧泉連珠·騰波鼓浪)이 사비법(四沸法)으로 되었다.

145) 내종사촌(中表) : 중표 형제는 내종사촌(內從四寸)과 외종사촌(外從四寸). 내외 종간 형제이다.

146) 햇귤(新柑) : '감자나무 감(柑)'자에는 '감귤, 귤'이라는 뜻도 있다. 산초과(芸香科)의 늘푸른교목(감자/홍귤나무)의 열매를 감자(柑子)라고 하며, 신맛의 열매(귤의 일종)는 위장병·갈증·주독(酒毒)에 약재로 쓰인다.

147) 관리의 예복(簪紱) : '비녀 잠(簪)'자와 '인끈 불(紱)'자이다. 관에 꽂는 비녀와 인끈(인꼭지에 꿴 끈)으로 관리의 예복을 가리킨다.

148) 겨우 도착하니(纔至) : '겨우 재(纔)'와 '이를 지(至)'자이다. '겨우 도착함, 간신히

서 차를 부르는 것이 매우 급하다. 곧바로 하나의 큰 사발을 올리자, 시를 지어 이르기를, "아직 감심씨(귤)150)를 못보고, 먼저 입에 쓴 스승(차)을 맞이하였노라."라고 하였다. 많은 사람이 크게 웃고151) 이르기를, "이 스승은 원래 기품이 높거늘152) 요기153)가 어렵겠도다."라고 하였다.

149) 술통(尊罍) : '술통 준(尊)'자는 '술통 준(樽)'자와 같다. 뇌(罍)는 '술독 뢰'자이다. 준뢰(樽罍)는 '술통'으로 뇌(罍)는 술독의 표면에 구름과 번개무늬를 그린 통이다.

150) 감심씨(甘心氏) : '달 감(甘)'자에는 '달다, 단맛이 있다. 맛좋은 것, 맛좋은 음식'이라는 뜻이 있다. 심(心)은 '마음 심'자로 '느낌'이라는 뜻이 있고, 씨(氏)는 '각시 씨'자로 사람의 호칭으로 쓴다. 원래 감심(甘心)에는 '마음으로 항상 생각하는 일, 뜻대로 함, 그런대로 만족히 여김'이라는 뜻이 있다. 여기에서는 '단맛의 느낌'이 있는 귤(橘)의 비유로 쓰였다.

151) 크게 웃고(噱) : '크게 웃을, 껄껄 웃을 각'자로 '웃음 그치지 않을, 웃음소리'라는 뜻도 있다.

152) 기품이 높거늘(淸高) : 청고(淸高)에는 '인격이 고상함, 기품이 높음'이라는 뜻이 있다.

153) 요기(療飢) : '병 고칠 료(療)'자와 '주릴 기(飢)'자이다. 직역(直譯)하면 '굶주림 고치기'가 되지만, 요기란 '시장기를 면할 정도로 조금 먹음'을 뜻한다.

荈茗錄

北宋　陶　穀

龍坡山子茶

開寶中　竇儀以新茶飲予　味極美　盒面標云　龍坡山子茶　龍坡是顧渚
之別境

聖賜花

吳僧梵川　誓願燃頂　供養雙林傅大士　自往蒙頂結庵種茶　凡三年　味
方全美　得絶佳者聖賜花　吉祥蕊　共不踰五斤　持歸供獻

湯社

和凝在朝　率同列遞日以茶相飮　味劣者有罰　號爲湯社

縷金耐重兒

有得建州茶膏　取作耐重兒八枚　膠以金縷　獻于閩王曦　遇通文之禍
爲內侍所盜　轉遺貴臣

乳妖

吳僧文了善烹茶　游荊南　高保勉白于季興　延置紫雲庵　日試其藝　保
勉父子呼爲湯神　奏授華定水大師上人　目曰乳妖

清人樹

僞閩甘露堂前兩株茶　鬱茂婆娑　宮人呼爲清人樹　每春初　嬪嬙戲摘
新芽　堂中設傾筐會

玉蟬膏

顯德初　大理徐恪見貽鄕信　鋌子茶　茶面印文曰玉蟬膏　一種曰清風
使　恪　建人也

森伯

湯悅有森伯頌　蓋茶也　方飲而森然嚴于齒牙　旣久　四肢森然　二義一名　非熟夫湯甌境界　誰能目之

水豹囊

豹革爲囊　風神呼吸之具也　煮茶啜之　可以滌滯思而起淸風　每引此義　稱茶爲水豹囊

不夜侯

胡嶠飛龍澗飲茶詩曰　沾牙舊姓餘甘氏　破睡當封不夜侯　新奇哉　嶠宿學雄材　未達　爲耶律德光所虜　北去後　問道復歸

鷄蘇佛

猶子彝　年十二歲　予讀胡嶠茶詩　愛其新奇　因令傚法之　近晚成篇有云　生凉好喚鷄蘇佛　回味宜稱橄欖仙　然彝亦文詞之有基址者也

冷面草

符昭遠不喜茶　嘗爲御史　同列會茶　嘆曰　此物面目嚴冷　了無和美之態　可謂冷面草也　飯餘嚼佛眼芎　以甘菊湯送之　亦可爽神

晚甘侯

孫樵送茶與焦刑部書云　晚甘侯十五人遣侍齋閣　此徒皆請雷而摘拜水而和　蓋建陽丹山碧水之鄉　月澗雲龕之品　愼勿賤用之

生成盞

饌茶而幻出物像于湯面者　茶匠通神之藝也　沙門福全　生於金鄕　長於茶海　能注湯幻茶　成一句詩　竝點四甌　共一絶句　泛乎湯表　小小物類　唾手辦耳　檀越日造門求觀湯戲　全自咏曰　生成盞裏水丹靑　巧盡工夫學不成　却笑當時陸鴻漸　煎茶贏得好名聲

茶百戲

茶至唐始盛　近世有下湯運匕　別施妙訣　使湯紋水脈成物象者　禽獸虫魚花草之屬　纖巧如畫　但須臾卽就散滅　此茶之變也　時人謂茶百戲

漏影春

漏影春法　用鏤紙貼盞　糝茶而去紙　僞爲花身　別以荔肉爲葉　松實
鴨脚之類珍物爲蕊　沸湯點攪

甘草癖

宣城何子華邀客于剖金堂慶新橙　酒半　出嘉陽嚴峻畫陸鴻漸像　子
華因言前世惑駿逸者爲馬癖　泥貫索者爲錢癖　耽於子息者爲譽兒癖
耽於褒貶者爲左傳癖　若此叟者　溺於茗事　將何以名其癖　楊粹仲曰　茶
至珍　蓋未離乎草也　草中之甘　無出茶上者　宜追目陸氏爲甘草癖　坐客
曰　允矣哉

苦口師

皮光業最耽茗事　一日　中表請嘗新柑　筵具殊豊　簪紱叢集　纔至　未
顧尊罍　呼茶甚急　徑進一巨甌　題詩曰　未見甘心氏　先迎苦口師　衆噱
曰　此師固淸高　而難以療飢也

7. 다록(茶錄)

북송(北宋) 채 양(蔡襄)

조봉랑1) · 우정언2) · 동수기거주3) 신 채양이 진상하나이다.

신은 전에 업무를 말씀드린 인연으로4) 신이 앞서 복건전운사로 임명된 날에 진상한 상품 용차5)가 가장 아름답고 좋다는 유시를 폐하로부터 입었사옵니다.

신이 어전에서 물러나와 생각하오니 그러한 미물인 초목이 먼저 폐하의 알아보시는 식견을 욕되게 한 것도 그와 같이 살 땅을 얻으면 능히 그 재능을 다하기 때문이 아니겠나이까.

그 옛날 육우의 《다경》6)에는 건안7)차의 품격이 매겨져 있지를 않

---

1) 조봉랑(朝奉郞) : 종7품상(從七品上)의 문산관(文散官).
2) 우정언(右正言) : 조정과 관리의 잘못을 간하여 바로잡는 중서성(中書省)의 관리.
3) 동수기거주(同修起居注) : 동수(同修)란 함께 다스린다는 겸직의 뜻이고, 기거주(起居注)란 천자의 기거동작을 기록하는 중서성의 관리.
4) 신은 전에 업무를 말씀드린 인연으로(臣前因奏事) : 이 《다록》의 후서(後序)에 보이듯이 채양은 황우 연간(1049~1054)에 동수기거주로 봉직한 일이 있었다.
5) 상품 용차(上品龍茶) : 채양은 그가 읊은 〈북원의 차 만들기 시(北苑造茶詩)〉의 자서(自序)에서 이르기를, '그 해 다시 상품 용차를 만들었다. 28조각이 겨우 한 근으로 매우 정묘하다. 성지(임금의 마음에 들다)를 입어서 해마다 바치게 되었다'고 하였는데 그 해가 바로 1056년이었다.
6) 육우의 《다경》(陸羽茶經) : 《다경》의 제7장인 〈차의 산지〉를 가리킨다.
7) 건안(建安) : 당나라 때는 강남동도의 건주(建州)였는데, 지금의 복건성 건구현.

았사오며, 정위의 《다도(茶圖)》8)는 홀로 차를 따서 만드는 근본만 논의하였을 뿐 달이기와 맛보기에 대해서 언급된 기록이 있다는 말을 아직은 일찍이 들어 보지를 못하였나이다.

하여 신은 몇 가지 사항에 대하여 조목을 세워서 간단하면서도 알기 쉽도록 분명히 하여 두 편으로 묶어 《다록》이라 이름지었나이다.

삼가 생각하옵건대 조용히 쉬실 제 혹 가려서 보아주시오면 신은 지극히 황공하고 영광스러움을 이기지 못하겠나이다. 삼가 서문으로 하나이다.

상편   차의 분별(論茶)

빛깔(色)

차의 빛깔은 흰 것을 귀하게 여긴다.9) 그러나 떡차는 흔히 그 표면에 진귀한 고유10)를 발랐기 때문에 파랑·노랑·자주·검정 등으로 빛깔이 다르다. 차를 잘 감별하는 사람은 정녕 관상쟁이11)가 사람의

---

8) 정위의 다도(丁謂茶圖) : 《송사(宋史)》 예문지(藝文志)에 '정위, 북원다록(北苑茶錄) 3권'이라 적혀 있고, 남송 사람인 조공무(晁公武)의 《군재독서지(郡齋讀書志)》에는 정위가 진종의 함평 연간(998~1003)에 복건전운사로서 북원(건안의 동쪽 30리, 봉황산 기슭에 있던 어용 차밭)을 맡고, 차공장의 수효, 제다 기구의 그림 등을 적은 《건안다록(建安茶錄)》 3권을 지었다고 적혀 있다. 그러나 그의 다록은 전하지 않고, 〈북원에서 만든 햇차(北苑焙新茶)〉라는 찻시가 전할 뿐이다.

9) 차의 빛깔은 흰 것을 귀하게 여긴다(茶色貴白) : 북송의 휘종황제는 찻잎과 줄기까지 흰 백차(白茶)를 즐겨 마셨다. 한편 푸른 찻잎의 진액을 짜내고 만들어서 달이면 희게 보이는 연고차도 있었다.(조여려의 《북원별록》 참조)

10) 진귀한 고유(珍膏油) : 저장중인 고형차의 변질을 막기 위해서 차의 표면에 기름을 발라 두었던 것이다. 사용된 기름은 납면차(蠟面茶)의 경우처럼 밀랍(蠟)이 사용되었다.

11) 관장쟁이(相工) : 육우도 《다경》에서 '맛을 보거나 냄새를 맡아보는 것은 훌륭한 감별법이 아니다'라고 말하였다.

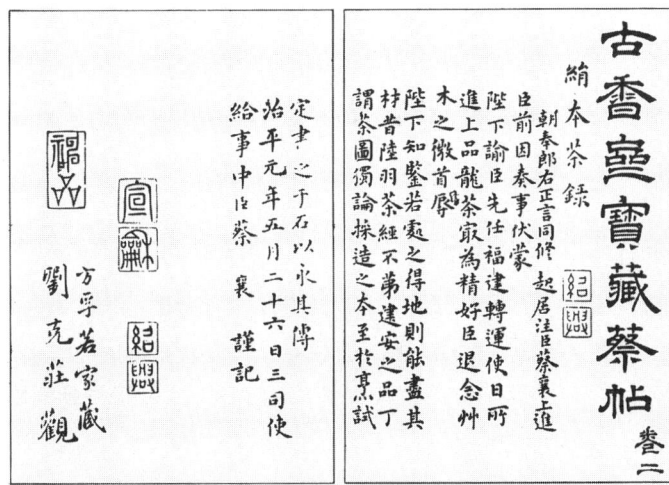

채양(蔡襄) 친필의 《다록(茶錄)》 탁본

기색을 꿰뚫어 보는 것과 같다. 은연히 속을 살피어 윤이 나는 살결을 으뜸으로 삼는다. 이미 가루내어[12] 황백색이 된 것은 물기를 받으면 어둡고도 무거우며, 청백색이 된 것은 물기를 받으면 상서롭고도 밝다. 그러기에 건안 사람들의 차겨루기[13]에서는 청백색이 황백색을 이긴다.

향기(香)

차에는 본연의 향기[14]가 있다. 그런데도 조공으로 바치는 차에는 용뇌[15]를 차에 조금 섞어서 그 향기를 도우려 한다. 건안의 민간에서

---

12) 가루내어(末之) : 고형차를 차맷돌에서 가루로 만드는 것을 말한다.

13) 차 겨루기(鬪茶·鬪試·鬪品·茗戰) : 패를 갈라서 차·물·그릇의 우열을 겨루는 놀이임.(풍지 《운선잡식》. 차의 우열을 가리는 방법에 대해서는 《다록》의 〈점다〉조를 참조할 것)

14) 본연의 향기(眞香) : 녹차에서는 150여 종의 향기 물질이 검출되고 있다. 햇차의 주성분은 김 냄새가 나는 지메틸슬휘드와 청엽 알콜이다.

는 차를 달이는 데 있어서 차의 본성을 빼앗길까 염려하여 모두 향을 넣지 않는다. 만약 차를 달일 즈음에 또 진기한 과일이나 향내나는 풀을 섞으면 차 본연의 향기를 더욱 심하게 빼앗기게 되므로 사용하지 않는 것이 옳다.

맛(味)

차맛은 달고도 미끄러운 것을 존중한다. 오로지 북원의 봉황산16)에 잇달은 여러 차공장17)에서 생산된 것만 맛이 좋다. 산골짜기와 사이가 뜬 여러 산18)에서 나는 것은 제때를 놓치지 않고 주의해서 만들어도 빛깔과 맛이 모두 무거워서 다른 공장의 제품에는 감히 미치지 못한다. 또 달지 않은 샘물이 있기에 곧잘 차맛을 손상시킨다. 전세에 물의 품격이 논의된 것19)도 그 때문이다.

차의 저장(藏茶)

차는 부들잎과 성미가 맞고 향이나 약을 두려워한다. 따뜻하고 건조한 것을 좋아하며 습기나 냉기를 꺼린다. 그러기에 차를 거두어 저장하는 집에서는 부들잎으로 싸서 봉하여 배로20)에 넣고 양 3일에 한

---

15) 용뇌(龍腦) : 보르네오·수마트라 원산의 상록교목에서 채취 가공한 판상결정(板狀結晶)의 향료이다. 향차(香茶)에는 사향도 사용되었다.(《대관다론》 참조)

16) 북원의 봉황산(北苑鳳凰山) : 건안(지금의 복건성 건구현)의 동쪽 30리에 있는 봉황산 기슭에 황제에게 진상하기 위한 어용 차밭과 차공장이 있었다.(웅번의 《선화북원공다록》, 조여려의 《북원별록》 참조)

17) 차공장(焙所) : 찻잎을 시루에서 쪄낸 다음 불에 쬐어 말리는 공정이 설비된 제다소(製茶所)이다.

18) 산골짜기와 사이가 뜬 여러 산(隔溪諸山) : 송자안의 《동계시다록》에 따르면 북원에는 관민의 제다소가 1,336개소나 있었고 북원의 남산에는 학원(壑源), 동남쪽에는 불령(佛嶺), 서쪽 10리에는 사계(沙溪) 등의 차공장이 있었다.

19) 전세에 물의 품격이 논의된 것(前世之論水品者) : 육우의 《다경》(제5장 차달이기)과 장우신의 《전다수기》를 가리키는 말이다.

차례 불을 사용해서 늘 사람의 체온처럼 따뜻하게 하면[21] 젖는 것을 막는다. 만약 불이 많으면 차가 그을려서 먹을 수가 없게 된다.

차굽기(炙茶)[22]

차는 간혹 해가 지나면 향기·빛깔·맛이 모두 손상되는 수가 있다. 그런 묵은 차는 깨끗한 그릇에서 끓인 물에 담근다. 표면의 고유가 한 겹이나 두 겹이 벗겨지면 멈추고, 차집게에 끼워서 약한 불에 구워 말린 다음 부수어 맷돌에 간다. 만약 그 해에 만든 햇차라면 이런 방법은 쓰지 않는다.

맷돌에 차갈기(碾茶)

차를 맷돌에 갈려면 먼저 깨끗한 종이로 촘촘히 싸서 두드려 부스러뜨린다.[23] 그런 다음 충분히 맷돌에서 간다. 그 대략적인 요지는 빨리 갈면[24] 빛깔이 희지만 혹시나 하룻밤을 묵히게 되면 빛깔은 어두워진다.

---

20) 배로(焙) : 《다록》 하편의 〈차배(茶焙)〉에 제조법과 사용법이 적혀 있다. 차를 건조하는 기구.

21) 양 3일에~체온처럼 따뜻하게 하면(兩三日一次 用火常如人體溫溫) : 차를 저장하는 데 있어서 장마철 이외에도 인체의 온도를 밑도는 기상 조건하에서는 양 3일에 한 번씩 배로에서 보온 저장하라는 뜻으로 풀이된다.

22) 차굽기(炙茶) : 묵은 차를 회생시키는 방법을 설명한 대목이다. 《동파집(東坡集)》에도 '차의 성미란 묵은 차에 햇차를 섞으면 향기와 맛이 회복된다'고 적혀 있다.

23) 두드려 부스러뜨린다(搥碎) : 고형차를 맷돌의 주둥이에 먹이기 좋도록 다듬잇돌에 올려놓고 방망이로 으깬다.(《다록》 하편의 〈다듬잇돌과 방망이〉조 참조)

24) 빨리 갈면(旋碾) : 연고차를 너무 빨리 갈면 마찰열 때문에 차가 변질되기 쉽다. 대개 연고차를 갈아낼 때의 실내 온도는 섭씨 20도 안팎에 맷돌의 회전수는 1분간에 52~53회 정도가 알맞다.

차의 체치기(羅茶)

체질을 곱게 하면 차가 뜨고,25) 거칠게 하면 물이 뜬다.26)

끓는 물 살피기(候湯)

물이 끓는 것을 살피기가 가장 어렵다. 덜 익히면 물거품이 뜨고, 지나치게 익히면 차가 가라앉는다. 전세에 일컬은 게눈27)이라는 것이 지나치게 익은 물이다. 깊은 탕병 속에서 끓이므로 판별이 안된다.28) 그러기에 끓는 물을 살피는 것이 가장 어려운 것이다.

잔 데우기(熁盞)

대저 차를 달이려면 먼저 잔을 불에 쬐어서 뜨겁게 하여야 한다.29) 차가우면 차가 뜨지를 않는다.

차달이기(點茶)

차는 적고 끓인 물이 많으면 구름발이 흩어지며,30) 끓인 물은 적고

---

25) 차가 뜨고(茶浮) : 차의 미세한 가루가 끓인 물의 표면에서 바닥까지 충만한 상태를 말한다.

26) 물이 뜬다(水浮) : 찻가루가 굵고 무거워서 끓인 물이 담긴 찻사발의 바닥에 가라앉는 현상을 가리킨다.

27) 게눈(蟹眼) : 송나라 때에는 게눈·고기눈(魚眼)·연역병약(連繹迸躍)의 3단계로 물이 끓는 상태를 분간하고, 세번째 끓은 물을 찻가루와 융합하였다. 그러므로 게눈의 단계는 지나치게 익은 물이 아닌 것이다. 채양이 읊은 〈차 시험(試茶)〉이라는 시에도 게눈이 보인다.

28) 깊은 탕병 속에서 끓이므로 판별이 안된다(沉瓶中煮之不可辯) : 당나라 때에는 가마에서 물을 끓이고 가루차를 융합하였기 때문에 물이 끓는 단계를 눈으로 들여다보기가 쉬웠다. 그러나 송나라 때부터 목이 좁고 깊은 탕관에서는 물만 끓였는데 들여다보기가 어려워서 나대경(羅大經)의 《학림옥로(鶴林玉露)》에서 볼 수 있듯이 청각에 의존하는 경우도 있었다.

29) 잔을 불에 쬐어서 뜨겁게 하여야 한다(熁盞令熱) : 찻가루와 끓인 물의 융합을 촉진시키기 위해서 찻잔을 데우는 것이다.

차가 많으면 죽면(粥面)이 모인다.31) (건안 사람들은 운각·죽면이라
이른다) 차 한 돈32)을 숟가락으로 떠내어, 끓인 물을 알맞게 붓고 얼
룩이 없도록 고르게 섞는다. 또 끓인 물을 보태어 붓고 찻술을 빙빙
돌리면서 부딪치기와 떨어버리기33)를 한다. 끓인 물의 보태어 붓기는
잔에 4부쯤이 차거든 멈춘다. 그 표면을 보아서 빛깔이 새하얗고, 잔
에 달라붙어서 물의 흔적34)이 없는 것을 아주 훌륭한 것으로 친다.
건안의 차겨루기에서는 물의 흔적이 먼저 생기는 편이 지고, 오래 견
디는 편이 이긴다. 그러므로 이기고 지는 것을 비교하는 말을 서로
한 줄기 물이 갈라지기(相去一水)35), 두 줄기 물의 갈라지기(兩水)라
고 한다.

하편 찻그릇의 분별(論茶器)

차배로(茶焙)36)

차배로는 대를 걸어서 만든다. 부들잎으로 싸고 그 위에 뚜껑을 덮

---

30) 구름발이 흩어지며(雲脚散) : 차의 거품이 구름발처럼 얼른 꺼진다는 뜻이다. 일
본에는 싸구려 차인 운각차가 있었다. 운각을 수흔(水痕)·수각(水脚)이라고도
한다.

31) 죽면이 모인다(粥面聚) : 찻가루와 끓인 물이 잘 섞여서 죽처럼 걸죽하게 된 상태
가 죽면이고, 모인다는 것은 너무 짙고 걸죽해서 표면에 주름이 잡히는 현상을
가리킨다.

32) 차 한 돈(茶一錢) : 한방에서 쓰는 계량 단위와 같은 3.75그램.

33) 부딪치기와 떨어버리기(擊拂) : 찻술(茶匙)이나 찻술(茶筅)로 휘젓는 동작 중에서
힘이 들어가는 것이 부딪치기(擊)이며, 힘을 빼는 것이 떨어버리기(拂)이다. (휘
종황제 《대관다론》의 〈차달이기(點)〉조 참조)

34) 물의 흔적(水痕) : 표면장력에 의하여 달여 놓은 찻물의 표면에 금이 갈라지는 현
상이다.

35) 서로 한 줄기 물이 갈라지기(相去一水) : 쑤어 놓은 죽이나 풀의 표면이 갈라지듯
이 금이 가는 현상이다. 소동파는 '물발 한 줄기(水脚一線)'라고 하였다.

36) 차배로(茶焙) : 육우의 《다경》에 보이는 장육기처럼 차의 건조 장치이다.

어서 불기를 잡아둔다. 그 속에 사이를 띄어서 차를 담는다. 그 밑에
불을 들여놓는데, 차와 한 자쯤 떨어지게 하고 늘 따끈따끈하게 한다.
차의 빛깔·향기·맛을 기르기 위한 것이다.

차바구니(茶籠)

배로에 넣지 않은 차는 마땅히 촘촘히 싸고 봉하여 부들 바구니에
담아서 높은 곳에 두고 습기를 접근시키지 말아야 한다.

다듬잇돌과 방망이(砧推)

다듬잇돌과 방망이는 모두 차를 다듬이질[37]하는 것이다. 다듬잇
돌[38]은 나무로 만든다. 방망이는 금이든 쇠이든 쓰기에 편리한 것을
취한다.

차집게(茶鈐)[39]

차집게는 금이나 쇠를 굽혀서 만들어 차굽기에 사용한다.

차맷돌(茶碾)[40]

차맷돌은 은이나 쇠로 만든다. 황금은 성미가 무르고, 구리와 놋

---

37) 다듬이질(砧) : 딱딱한 연고차를 으깨기 위한 다듬이질이다. 으깬 차 부스러기는
차맷돌에서 갈아낸다.

38) 다듬잇돌(砧) : 돌이 아니라 나무로 만든 분쇄대이다.(송나라 심안노인의 《다구도
찬》에 수록된 〈목대제(木待制)〉 참조)

39) 차집게(茶鈐) : 육우의 《다경》에도 차를 구울 때 쓰는 집게가 적혀 있다. 길이 한
자 두치의 대나무 집게와 쇠 또는 구리 집게가 등장한다. 차를 집게에 끼워서 사
용하는 것이므로 핀셋의 반대 방향으로 탄력이 작용하도록 되어 있다.

40) 차맷돌(茶碾) : '연(碾)'이 '맷돌 연'이기는 하지만 재질은 석질이 아닌 금속이 등
장한다. 그러나 정위(丁謂)의 〈차맷돌(茶磨)〉, 소동파의 〈시원에서 차 달이기(試
院煎茶)〉 등에는 석질로 만든 맷돌이 등장한다. 신안 앞바다에서도 차맷돌이 인
양되었다.

쇠41)는 곧잘 녹이 나기 때문에 쓰이지 않는다.

찻체(茶羅)

찻체는 아주 가는 것이 좋다. 체의 바닥은 촉 지방의 동천 아계42)에서 나는 촘촘한 그림 비단을 사용하여 끓는 물속에 던져 넣고 주물러 씻어서 덮어씌운다.

찻잔(茶盞)

차의 빛깔이 희기 때문에 검은 잔이 알맞는다.43) 건안에서 만든 것44)은 짙은 남빛을 띤 검은빛인데 무늬는 토끼털과 같고, 그 잔은 정묘하고 두꺼워서 불에 쬐면 오래도록 뜨거우며 차가워지지를 않으므로 요긴하게 쓰기에 가장 좋다. 다른 곳에서 나오는 것은 얇거나 자주 빛깔이어서 모두 이에 미치지 못한다. 청백색 잔은 차겨루기의 전문가들이 스스로 쓰지를 않는다.

찻술(茶匙)45)

찻술은 반드시 무거워야 한다. 부딪치기와 떨어버리기에 힘이 있어야 하기 때문이다. 황금이 으뜸이나 사람들은 은이나 쇠로 만든다. 대

---

41) 놋쇠(鍮石) : 구리와 아연의 합금이다.

42) 아계(鵝溪) : 사천성 염정현의 서북쪽에 있는 비단의 명산지.

43) 차의 빛깔이~검은 잔이 알맞는다(茶色白 宜黑盞) : 찻물의 빛깔과 찻잔의 빛깔은 시대별로 조화를 이루었다. 즉 당나라 때의 찻물은 담황색이었으므로 청자의 찻주발이 사용되었다. 그리고 명나라 때부터는 찻물이 연둣빛이기 때문에 백자의 찻종이 사용되었다.

44) 건안에서 만든 것(建安所造者) : 복건성 덕화현의 건요(建窯)에서 구워낸 토끼털 무늬의 검은빛 사발이다. 신안 앞바다에서도 인양되었다.

45) 찻술(茶匙) : 찻가루와 끓인 물을 찻사발에 넣고 찻술(찻숟가락)로 휘저어서 융합시키는 것이다. 고려의 찻술은 구리로 만들어졌다. 찻솔(茶筅)은 북송의 휘종황제가 지었다는《대관다론》에 등장한다.

로 만든 것은 가벼워서 건안차에는 쓰지를 않는다.

탕병(湯甁)

병은 작은 것이라야만 끓는 물의 상태를 살피기가 쉽다. 또 차를 달이려고 끓인 물을 따를 때 표준을 삼을 수가 있다. 황금이 으뜸인데 사람들은 은이나 쇠, 혹은 오지 그릇이나 돌로 만든다.

후 서(後序)

신은 황우 연간(1049~1054)에 동수기거주로서 인종황제에게 업무를 말씀드렸는데, 자주 천자로부터 건안의 차바치기와 차시험의 상황에 대한 물으심을 받았다.

신이 차에 대해서 여쭙는 것이 궁중의 말씀이라고는 하지만, 비밀과 관련된 것이 없기에 《다록》두 편을 만들어서 진상하였던 것이다.

훗날 복주(복건성)의 지사가 되었을 때 간수하여 오던 원고를 장서기가 훔쳐간 탓으로 능히 다시 쓰지를 못하였다. 그러다가 회안현46) 지사인 번기가 그 원고를 구득하여 마침내 간행되자 호사가들에게 행하여지게 되었다.

그러나 어수선하고 틀린 것이 많다. 신은 선제(인종)의 두터운 대우에 대한 은혜를 추념하여 이 책을 가지고 눈물 흘리고 문득 틀린 곳을 바로잡아 돌에 써서 그것을 영원히 전하는 바이다.

치평 원년(1064) 5월 26일, 삼사사47) · 급사중48) 신 채양이 삼가 적나이다.

---

46) 회안현(懷安縣) : 복건성 민후현의 북쪽에 있었던 고을(縣)이다.
47) 삼사사(三司使) : 탁지(度支) · 호부(戶部) · 염철(鹽鐵)의 삼사를 통할하는 관직.
48) 급사중(給事中) : 정령(政令) · 관리 임명의 부당성을 시정시키는 관리.

茶　錄

北宋　蔡　襄

朝奉郎右正言同修起居注臣蔡襄上進

　臣前因奏事　伏蒙陛下諭臣先任福建轉運使日　所進上品龍茶最爲精好　臣退念草木之微　首辱陛下知鑒　若處之得地　則能盡其材　昔陸羽茶經　不第建安之品　丁謂茶圖　獨論採造之本　至於烹試　曾未有聞　臣輒條數事　簡而易明　勒成二篇　名曰茶錄　伏惟淸間之宴　或賜觀采　臣不勝惶懼榮幸之至　謹序

上篇　論茶

　色　茶色貴白　而餠茶多以珍膏油其面　故有靑黃紫黑之異　善別茶者正如相工之瞟人氣色也　隱然察之於內　以肉理潤者爲上　旣已末之　黃白者受水昏重　靑白者受水鮮明　故建安人鬪試　以靑白勝黃白

　香　茶有眞香　而入貢者微以龍腦和膏　欲助其香　建安民間試茶　皆不入香　恐奪其眞　若烹點之際　又雜珍果香草　其奪益甚　正當不用

　味　茶味主於甘滑　惟北苑鳳凰山連屬諸焙所産者味佳　隔溪諸山　雖及時加意製作　色味皆重　莫能及也　又有水泉不甘　能損茶味　前世之論水品者以此

　藏茶　茶宜蒻葉而畏香藥　喜溫燥而忌濕冷　故收藏之家　以蒻葉封裹入焙中　兩三日一次　用火常如人體溫溫　則禦濕潤　若火多則茶焦不可食

　炙茶　茶或經年　則香色味皆陳　於淨器中以沸湯漬之　刮去膏油一兩

重乃止 以鈐箝之 微火炙乾 然後碎碾 若當年新茶 則不用此說

碾茶 碾茶先以淨紙密裹搥碎 然後熱碾 其大要旋碾則色白 或經宿則色已昏矣

羅茶 羅細則茶浮 麤則水浮

候湯 候湯最難 未熟則沫浮 過熟則茶沉 前世謂之蟹眼者 過熟湯也 沉瓶中煮之不可辨 故曰候湯最難

熁盞 凡欲點茶 先須熁盞令熱 冷則茶不浮

點茶 茶少湯多 則雲脚散 湯少茶多 則粥面聚(建人謂之雲脚粥面) 鈔茶一錢匕 先注湯調令極勻 又添注入環廻擊拂 湯上盞可四分則止 視其面色鮮白 著盞無水痕爲絶佳 建安鬪試 以水痕先者爲負 耐久者爲勝 故較勝負之說曰 相去一水兩水

下篇　論茶器

茶焙 茶焙編竹爲之 裹以蒻葉 蓋其上 以收火也 隔其中 以有容也 納火其下 去茶尺許 常溫溫然 所以養茶色香味也

茶籠 茶不入焙者 宜密封裹 以蒻籠盛之 置高處 不近濕氣

砧椎 砧椎蓋以砧茶 砧以木爲之 椎或金或鐵 取於便用

茶鈐 茶鈐屈金鐵爲之 用以炙茶

茶碾 茶碾以銀或鐵爲之 黃金性柔 銅及鍮石皆能生鉎 不入用

茶羅 茶羅以絶細爲佳 羅底用蜀東川鵝溪畵絹之密者 投湯中揉洗以羃之

茶盞 茶色白 宜黑盞 建安所造者紺黑 紋如兎毫 其坯微厚 熁之久熱難冷 最爲要用 出他處者 或薄或色紫 皆不及也 其靑白盞 鬪試家自不用

茶匙 茶匙要重 擊拂有力 黃金爲上 人間以銀鐵爲之 竹者輕 建茶不取

湯瓶　瓶要小者易候湯　又點茶注湯有準　黃金爲上　人間以銀鐵或瓷石爲之

後序

臣皇祐中同脩起居注　奏事仁宗皇帝　屢承天問　以建安貢茶幷所　以試茶之狀　臣謂論茶雖禁中語　無事於密　造茶錄二篇上進　後知福州　爲掌書記竊去藏藁　不復能記　知懷安縣樊紀購得之　遂以刊勒行於好事者　然多舛謬　臣追念先帝顧遇之恩　攬本流涕　輒加正定　書之於石　以永其傳

治平元年五月二十六日　三司使給事中臣蔡襄謹記

8. 용다록후서(龍茶錄後序)

북송(北宋)　구 양 수(歐陽脩)

　　차는 식물의 지극히 아름다운 것이다. 곧 작은 덩어리차1)는 또한
그 아름다운 것으로서 서문에 적힌 소위 상품 용차2)가 그것이다.
　　대저 채군모3)가 처음 만든 이래로 해마다 바치게 된 것으로서 인
종은 더욱이 귀하게 여기고 아끼시어 보정재상(輔政宰相)의 신하일지
라도 아직 일찍이 하사된 일이 없었다. 오직 남교에서 대례4) 치재5)를
올리던 날 저녁에 중서성과 추밀원의 각 4명6)에게 떡차 한 개씩이
하사된 일이 있을 뿐이었다.
　　궁인(宮人)들은 금으로 용·봉황새·화초를 도려내어 차 위에다 붙

---

1) 작은 덩어리차(小團) : 송나라 웅번의 《선화북원공다록》에도 '경력 연간(1041～
　　1048)에 채군모(채양)가 전운사로 있을 때에 작은 용단차를 창제해서 바쳤다'는
　　대목이 보인다.
2) 서문에 적힌 소위 상품 용차(錄序所謂上品龍茶) : 채양이 지은 《다록》의 서문에
　　적힌 상품 용차를 가리킨다.
3) 군모(君謨) : 《다록》을 남긴 채양이 인종으로부터 하사받은 자(字)다.
4) 대례(大禮) : 임금이 몸소 천지 신명에게 제사 지내는 의례.
5) 치재(致齋) : 제관(祭官)이 3일 동안 재계(부정한 일을 멀리하고 몸과 마음을 깨
　　끗이)하는 일이다.
6) 각 4명(各四人) : 중서성의 중서령(中書令)·중서시랑(中書侍郎)·우산기상시(右
　　散騎常侍)·우간의대부(右諫議大夫)와 추밀원의 추밀사(樞密使)·지원사(知院
　　事)·동지원사(同知院事)·추밀부사(樞密副使)를 뜻한다.

였다.

양부7)의 여덟 사람도 분할하여 가지고 돌아갔는데, 감히 갈아서 맛보지도 못한 채 서로들 집에다 간직하여 보물로 삼고, 반기는 손님이 있을 때면 꺼내어 돌려 가면서 가지고 놀 뿐이었다.

가우 7년(1062)에 이르러 선제(先帝)가 친히 명당에 제사를 지내려고 치재하는 날 저녁에도 비로소 사람마다 떡차 한 개씩이 하사되었다. 나 또한 고맙게도 은혜를 입어서 지금도 간직하고 있다.

내가 간관으로서 장내에 공봉한 이래로 이부에 오르기까지8)의 20여년 동안에 하사받은 일은 겨우 한 번뿐이었다.

단사(丹砂)는 임금의 수레가 되지만9) 솥 핥기에는 미칠 수가 없는 노릇이다.10) 나는 한번 들어올려서 가지고 놀 때마다 맑은 피(눈물)가 조용히 오락가락할 뿐이다.

이제 군모의 저록을 인연으로 문득 뒤에 붙여, 작은 덩어리차가 군모로부터 비롯되어 이처럼 귀하게 되었다는 내력이 알려지기를 바라는 것이다.

치평 갑진(1064) 7월 정축, 여릉11)의 구양수가 공기의 서실에 돌아와서 적는다.

---

7) 양부(兩府) : 중서성과 추밀원을 가리킨다.

8) 이부에 오르기까지(至登三府) : 구양수는 인종의 가우 5년(1060)에 추밀원의 부사가 되었다.

9) 단사는 임금의 수레가 되지만(而丹成龍駕) : 단사는 임금이 타는 수레를 단청(丹靑)하는 도료이다.

10) 솥 핥기에는 미칠 수가 없는 노릇이다(舐鼎莫及) : 소단(小團)과 천자와의 친근도(親近度)는 단사보다도 맛있는 솥요리를 핥는 것이 더욱 밀접하다는 뜻이다.

11) 여릉(廬陵) : 강서성 길안현.

龍茶錄後序

北宋　歐陽脩

　　茶爲物之至精　而小團又其精者　錄序所謂上品龍茶者是也　蓋自君謨始造而歲貢焉　仁宗尤所珍惜　雖輔相之臣　未嘗輒賜　惟南郊大禮致齋之夕　中書樞密院各四人共賜一餅　宮人翦金爲龍鳳花草貼其上　兩府八家分割以歸　不敢碾試　相家藏以爲寶　時有佳客　出而傳翫爾　至嘉祐七年　親享明堂致齋夕　始人賜一餅　余亦忝預　至今藏之　余自以諫官供奉仗內　至登二府　二十餘年　纔一獲賜　而丹成龍駕　舐鼎莫及　每一捧翫　淸血交零而已　因君謨著錄　輒附於後　庶知小團自君謨始　而可貴如此

　　治平甲辰七月丁丑　廬陵歐陽脩書還公期書室

9. 대관다론(大觀茶論)

북송(北宋)   휘종황제(徽宗皇帝)

일찍이 일컫기를, "땅에 머리를 박고 거꾸로 자라서[1] 구하는 사람에게 제공되는 것에는 그 종류도 하나가 아니다."라고 하였다. 굶주림에는 곡식, 추위에는 명주와 베 같은 것은 용렬한 사람이나 어린애라 할지라도 모두가 평상시에 매일 소용된다는 것을 알고 있으며, 제 아무리 허둥거리고 어수선한 세월이라도 폐할 수가 없는 것이다.

그러나 차라는 것이 구(甌, 절강성의 동부 지역)와 민(閩, 복건성 지역)의 빼어난 기운을 차지하고 산천의 영기를 모아서, 가슴이 막힌 것을 씻어서 떨어 없애며, 맑고 온화한 경지에 이르게 한다면 용렬한 사람이나 어린애가 알 수 있는 일은 아니다. 그리고 성질이 부드럽고 간결하며, 높고 고요한 운치는 소란한 시대에 즐겨 숭상할 일은 아니다. 송나라가 일어나자 해마다 건계[2]의 차를 바치게 하여 용단·봉병차[3]의 이름은 천하에 으뜸이 되었다. 그리하여 학원[4]의 차도 이 무

---

1) 땅에 머리를 박고 거꾸로 자라서(首地而倒生) : 후한(後漢)의 고유(高誘)는 《회남자(淮南子)》 원도훈(原道訓)에 있는 '도생(倒生)'을 '초목은 땅에 머리 박고 자라므로 도생이라 한다'고 주석하였다. 그런데 이 '거꾸로 자란다(倒生)'는 관념은 서양에도 있었다. 즉 플라톤은 '인간은 거꾸로 선 식물'이라 하였고, 아리스토텔레스는 '식물은 거꾸로 선 인간'이라고 하였다.
2) 건계(建溪) : 차의 주산지인 건안(지금의 복건성 건구현)을 가리킨다. 차는 계곡에서 자라므로 건안의 계곡이라는 뜻이다.

렴부터 성행되었다. 연이어서 지금에 이르기까지 폐지되었던 백 가지
일이 모두 거행되고, 나라 안이 태평하여, 임금이나 정치를 돕는 신하
도 일부러 하지 아니하여도 천하는 다스려져서, 고관이나 무두질한
가죽으로 만든 바지와 무명옷을 입은 사람들5)도 은혜를 입고 덕화
(德化)에 훈육하여 서로 아담한 것을 숭상하기가 성행되어 차마시는
일을 좇고 있다.

따라서 근년 이래로 차따기의 자세함, 만들기의 교묘함, 품평의 훌
륭함, 달이기의 묘함 등 모두가 극치에 이르지 않은 것이 없다.

또 사물의 흥패에는 나름대로의 까닭이 있다. 그러나 시대의 성쇠에
도 관련이 있다. 혹시나 시대가 소란하여 인심이 고달퍼서 파리하면, 앞
에서 열거한 일용품을 구하는 데조차도 급급하다가 오로지 얻지 못할
것을 근심하고 있을 뿐이니, 차마시기 따위를 의논할 겨를이 있겠는가.

세상이 이미 오랫동안 태평하고, 사람은 마음의 평정을 얻고, 물자
가 넓혀지면 일용품은 싫증날 만큼 낭자하고, 천하의 선비는 학문에
힘써서 맑고 깨끗하게 몸을 닦고, 다투어 한가한 풍류의 즐거움을 누
리어 구슬을 부스러뜨리고 금옥이 부딪치는 소리가 나며,6) 꽃(英)을
마시고 꽃(華)을 씹어서 맛을 보고,7) 차 상자 속의 아름다움을 겨루

---

3) 용단(龍團)·봉병(鳳餅)차 : 용단차는 용무늬가 찍힌 연고차며, 봉병차는 봉황새
   의 무늬가 찍힌 연고차이다. 이러한 차의 그림은 웅번의 《선화북원공다록(사고
   본)》에 있다.

4) 학원(壑源) : 송자안의 《동계시다록》에 따르면 학원은 북원의 남산이다.

5) 무두질한 가죽으로 만든 바지와 무명옷을 입은 사람들(韋布之流) : 위포를 위고
   포피(韋袴布被)의 준말로 풀이하였다.

6) 구슬을 부스러뜨리고 금옥이 부딪치는 소리가 나며(碎玉鏘金) : 연고차를 가루내
   기 이전에 다듬잇돌에 올려놓고 방망이로 으깨는 것을 '구슬을 부스러뜨리고'라고
   한 것이다. 그리고 쇠맷돌로 차를 갈 때 나는 소리를 '금옥이 부딪치는 소리가 나
   며'라고 표현한 것이다.

7) 꽃을 마시고 꽃을 씹어서 맛을 보고(啜英咀華) : 육우는 《다경》에서 찻주발에 담

며 감별의 묘를 다투지 않는
것이 없다. 초야에 있는 선비
라 할지라도 이러한 시대에는
차를 쌓아두지 못한 것을 부끄
럽게 여긴다. 참으로 맑은 것
을 성하게 숭상하는 세상이라
고 말할 수가 있겠다.

　오호, 세상이 매우 잘 다스려
지는 세상인데 어찌 사람만이
그 자질을 다할 뿐이겠는가. 그
리하여 초목의 빼어난 것도 구
실을 다하는 것이다.

　우연히 한가한 때에 차의 정
밀하고 자세함을 연구하여 보

휘종황제가 그린 부용금계도(芙蓉錦鷄圖)

았다. 연구에서 얻어진 묘리에는 후배들이 이해가 분간 안되는 것이
있을지도 모르니, 처음부터 끝까지 20편을 열거하여 《다론(茶論)》이
라고 이름짓게 된 것이다.

생산의 발판(地産)8)

　차를 심어서 생산하는 땅인 언덕은 반드시 햇볕이 들어야 하며, 차

긴 찻물을 꽃(花)과 꽃(華)으로 대별하고 꽃(華)을 다시 거품(沫)과 떡(餑)으로
세분하고, 찻주발의 상층에 뜬 꽃(花)과 중간층의 거품(沫)만을 마시고, 하층에
가라앉은 떡(餑)은 마시지 말라고 하였다. 그런데 '啜英咀華'는 당나라 한유(韓
愈)의 《진학해(進學解)》에 있는 '꽃(英)을 머금고(含) 꽃(華)을 씹어서 맛본다
(咀)'라는 글을 응용한 것이다. 이 대목을 《다경》의 대목과 비교하여 보면 꽃(華)
은 같으나 꽃(花)이 꽃(英)으로 표현된 것만 다르다.

8) 생산의 발판(地産) : 지산(地産)을 직역하면 '땅에서 나는 것'이 된다. 그러나 여
기에서는 '생산의 지반(地盤)'을 가리키는 말이다.

밭은 반드시 그늘져야 한다.9) 차의 성미는 차가운 것10)이므로 그 잎
이 억눌러서 메마르면 그 맛은 거칠고 엷어지니, 반드시 화창한 봄철
햇살의 도움으로 드러내야 한다.

한편 땅에는 베푸는 성미가 있으므로 그 잎이 거칠고 시들어서 맛
이 강하고 도를 넘은 것이 되니, 반드시 그늘의 도움으로 절제되어야
한다.〔오늘날 차밭을 가꾸는 농가에서는 모두 나무를 심어서 차에
그늘을 지게 하는 데 도움이 되게 하고 있다.11)〕음과 양이 서로 도
우면 차가 자라는 데 있어서 더욱 마땅함을 얻는다.

하늘이 주는 좋은 때(天時)

차 만들기는 경칩12)에 시작되는데 하늘이 주는 좋은 때를 얻는 것
이 더욱 큰 일이다. 추위가 가벼우면 화려한 꽃(찻잎)은 점차 자라고

---

9) 언덕은 반드시~그늘져야 한다(崖必陽 圃必陰) : 차나무의 이상적인 재배환경에
   대해서는 육우의《다경》에도 '햇볕이 쬐는 언덕의 그늘진 숲(陽崖陰林)'이라고
   적혀 있다.

10) 차의 성미는 차가운 것(茶之性寒) : 육우는《다경》에서 '차의 용도에 대해서는 맛
    이 지극히 차서……'라고 말하였다.

11) 나무를 심어서~도움이 되게 하고 있다(植木以資茶之陰) : 송나라 조여려가 지은
    《북원별록》의 〈개여〉조에도 '차밭에는 차나무와 성미가 맞는 오동나무를 남겨두
    면 계절마다 음양조절이 가능하다'고 적혀 있다. 우리나라에서는 조선시대의 김시
    습(金時習, 1435~1493)이 〈차 기르기(養茶)〉라는 시에서 '해마다 차나무에 새
    가지 자라는데, 그늘에 키우노라 울을 엮어 보호하네'라고 읊었듯이 인삼밭처럼
    해가림 재배를 하였던 것이다. 그리고 조안 로도리게스의《일본 교회사》에는 16
    세기 말에 대자리(本簀)에 의한 해가림 재배를 한 것으로 보이는 기록이 있다.
    한편 적도 주변에서는 알비지아(Albizzia)라는 나무로써 해가림을 하고 있다.

12) 경칩(驚蟄) : 1년을 24절기로 나눈 세번째 절기로, 겨울잠을 자던 개구리가 놀라
    서 운다는 음력 2월 초하룻날(양력 3월 5~6일)이다. 조여려의《북원별록》에 따
    르면 '경칩의 3일 전에 차공장을 연다'고 하였다. 그리고 송나라 황유(黃儒)의
    《품다요록(品茶要錄)》에 따르면 경칩 직전에 딴 찻잎은 매손톱(鷹爪)과 같다고
    하였다.

나뭇가지가 사방으로 퍼져 오그라들지 않고 차가 안온하게 조화되어
힘을 끌어들이게 된다. 그러므로 빛깔과 맛의 양쪽이 온전하다. 만약
날씨가 가물거나 무더우면 찻싹은 껍질이 터져서 위세를 떨치어 땅의
난폭한 힘이 재촉됨에 따라서 말라 죽게 된다. 그러면 시간에 쫓겨서
쪄도 누르기[13]에는 미흡한 것, 눌러도 갈기[14]에는 미흡한 것, 갈았어
도 성형(成型)[15]하기에는 미흡한 것도 있게 마련이다. 쪄낸 찻잎을
지체시킨 채 쌓아두면 빛깔과 맛이 절반이나 없어진다.[16] 그러므로
차를 만드는 사람은 차 만들기에 좋은 날씨를 만나면 축하를 한다.

차따기[17)와 가리기[18)(采擇)

차는 여명에 따고 해가 보이면 그친다.[19] 손톱을 사용하여 싹을 끊

---

13) 누르기(壓) : 조여려의 《북원별록》에 보이듯이, 시루에서 쪄낸 찻잎을 소형 압착
기에서는 수분을 빼고, 대형 압착기에서는 엽록소를 빼기 위하여 누르는 것이다.
14) 갈기(研) : 조여려의 《북원별록》에 보이듯이, 누르기를 마친 찻잎을 연분(研盆)에
넣고 물을 섞어가면서 갈아내는 것이다.
15) 성형(製) : 연분에서 갈아낸 찻잎을 틀에 넣고 박아내는 것이다.(조여려 《북원별
록》)
16) 쪄낸 찻잎을~절반이나 없어진다(茶黃留積 其色味所失已半) : '다황(茶黃)'이란
시루에서 쪄낸 찻잎이다. 그것을 지체없이 가공처리하면 변질을 막을 수 있으나,
지체하는 시간이 길거나 묵히게 되면 본성의 유지가 감퇴된다.
17) 차따기(采) : 차따기에 대해서는 따는 시간과 환경요소, 따는 방법, 찻잎의 세척
등이 언급되어 있다.
18) 가리기(擇) : 차가리기에 대해서는 품질에 따르는 등급, 백합과 오체를 제거하고
가려서 따는 방법 등이 언급되어 있다.
19) 차는 여명에 따고 해가 보이면 그친다(擷茶以黎明 見日則止) : 해돋이 이전의 어
두운 새벽에 찻잎을 따야 하는 이유에 대하여 조여려의 《북원별록》(〈차따기〉조)
에는 다음과 같이 적혀 있다. '새벽이면 밤이슬이 아직 마르지 않았고, 찻싹이 살
찌고 윤택하다. 해를 보게 되면 햇볕이 쬐어 싹의 기름기가 안에서 소모되어 물
을 받아도 선명하지가 못하다.' 그리고 다음의 민요는 우리나라에서도 옛날에는
밤중에 차를 땄다는 고증 자료가 되는 바 본받아야 할 것이다.
　　저기 저 낭떠러지에 찻잎 따는 저 처녀야.

으며 손가락으로 비틀지를 않는다. 땀냄새가 배어 차가 신선하고 깨끗하지 못하게 될 것을 염려하는 까닭이다. 그러므로 차 직공은 흔히 새로 길어온 물을 정성되이 운반하여 찻싹을 따왔거든 물에 떨구어 넣는다.

무릇 찻싹에서 참새혀[20]·곡물의 낟알과 같은 것은 차거루기감으로 하며, 한 싹에 한 잎[21]짜리는 가린 싹으로 삼으며, 한 싹에 두 잎짜리를 차등품으로 삼고, 그 나머지는 하등품으로 삼는다.

차가 처음으로 싹이 트면 백합[22]이 있으며, 이미 따게 되면 오체[23]가 있다. 백합을 제거하지 않으면 차의 맛을 해치며, 오체를 제거하지 않으면 차의 빛깔을 해친다.

찌기와 누르기(蒸壓)

차가 맛있고 맛없고는 찻싹찌기와 누르기[24]의 성공과 실패에 달려

아득한 산과 들에 야색이 깔렸는데
조알같이 많은 날에 또 와서 따아 갔소.
석양이 깃들어도 찻잎이 보이느냐.
게 잡는 관솔불이 눈물 위에 비치는데
산귀신 잠이 깨고 새 짐승 집 찾는다.

20) 참새혀(雀舌) : 차순의 모양을 보고 붙인 차이름으로, 통상 작설차라고 한다.
21) 한 싹에 한 잎(一槍一旗) : 찻싹에 달린 찻잎의 수효를 깃발이 달린 옛날 창에 비유한 호칭으로, 창(槍)은 싹(芽)을, 기(旗)는 잎(葉)을 가리킨다.
22) 백합(白合) : 조여려의 《북원별록》(〈차가리기〉조)에 따르면 백합이란 '작은 싹(매손톱 크기)을 품을 듯이 자란 두 잎'이다. 황유의 《품다요록》에 따르면 차의 흰빛과 윤택을 내기 위하여 일부러 섞기도 하였던 것이다.
23) 오체(烏蔕) : 조여려의 《북원별록》(〈차가리기〉조)에 따르면 오체란 '차의 꼭지머리가 이것이다'라고 적혀 있다.
24) 찻싹찌기와 누르기(蒸芽壓黃) : 찻싹은 시루에서 쪄내는 것이며, 시루에서 쪄낸 찻싹을 황(黃)이라고 한다.(황유 《품다요록》) 누르기(壓)란 압착기에 올려놓고 차의 즙을 짜내는 것이다.(조여려 《북원별록》)

있다. 찌는 데 있어서 매우 날것이면 찻싹에 윤이 난다. 그러므로 빛
깔은 푸르고 맛도 강렬하다.[25] 지나치게 익으면 찻싹은 문드러진다.
그러므로 빛깔은 붉고 끈끈하지가 않다. 오래도록 누르면 차의 기운
은 없어지고 맛은 엷어진다. 덜 누르면 빛깔은 어둡고 맛은 떫다. 찻
싹찌기는 익어서 향기가 날 무렵이 소망스럽다. 찻싹누르기는 진액[26]
이 다 빠지면 멈추는 것이 좋다. 이렇게 하면 만든 보람이 십중 칠,
팔은 얻어진 셈이다.

제조(製造)

찻싹을 씻는 것은 깨끗해야 하고, 기구를 닦는 데에는 정갈해야 하
고, 찻잎찌기와 누르기는 알맞아야 하고, 진액을 짜낸 찻잎을 가는 데
에는 물씬 익어야 하고, 불에 쬐어 말리는 데에는 잘 헤아려야 한다.

마시매 작은 모래가 있는 것은 씻기와 닦기가 깨끗하지 못하였기
때문이다.

살결이 건조하고 붉은 것은 불에 쬐어 말릴 때 지나치게 뜨거웠기
때문이다.

대저 차만들기에는 먼저 해그림자의 길고 짧음, 일손의 많고 적음
을 가지런하게 헤아리며, 따고 가리기의 많고 적음을 셈하여 하루에
만들기가 완성되도록 한다. 찐 찻잎을 묵히면 빛깔과 맛을 해칠까 두
렵기 때문이다.

감별(鑑辨)

차의 생김새가 같지 않은 것은 사람의 얼굴이 다른 것과 같은 것

---

25) 빛깔은 푸르고 맛도 강렬하다(色淸而味烈) : 설익은 찻싹이므로 풋풋한 풀기운
  같은 것이 진한 상태이다. 송자안의 《동계시다록》(〈차병〉조)에도 '찐 찻싹이 덜
  익으면 초목의 기운이 남는다'고 적혀 있다.
26) 진액(膏) : 찻싹에 있는 엽록소와 같은 즙(汁)을 가리킨다.

이다.

살이 희박한 것은 살갗이 오그라들어서 결이 있으며, 살이 촘촘한 것은 그 살결이 오므라들어서 가득 찬다. 그날에 완성시킨 것은 그 빛깔이 푸르고 자줏빛이지만, 하룻밤을 넘겨서 만들어진 것은 그 빛깔이 참혹하게 검다.

그런데 차에는 살찌고 한데 뭉치어 붙어서 붉은 밀랍과 같은 것이 있다. 이러한 것은 가루를 내면 희지만 끓인 물을 받으면 누렇게 된다. 또한 치밀하여 푸른 구슬과 같은 차가 있다. 이러한 것은 가루를 내면 잿빛이 되지만 끓인 물을 받으면 더욱 희게 된다.

또 아름다운 빛이 밖으로 드러나 속이 어두운 것도 있고, 밝고 흰 것이 속에 갖추어지고 겉은 질박한 것도 있다. 그래서 차란 표면상의 이동(異同)만으로는 일률적으로 말하기가 어렵다.

요컨대 빛깔이 투명하여 얼룩이 없고, 바탕이 촘촘히 잇달아서 들뜨지가 않으며, 손으로 들면 굳은 듯하고, 맷돌로 갈면 금옥이 부딪치는 소리가 나는 것이 정성들여 만든 물품이라는 증거라 할 수가 있다.

이러한 말들의 뜻을 안다면 나머지는 자기 자신의 마음으로 깨달아야 할 것이다.

근자에 이익을 욕심내는 백성들이 있어서 외배27)(바깥 차판)에서 딴 찻잎을 사서 구하여 북원의 차를 거짓으로 만들게 하거나 다른 곳에서 만들어진 떡차를 부수어서 북원의 본틀로 바꾸거나 하는데, 이름이나 만듦새는 흉내내더라도 그 살결이나 윤기까지 어찌 속일 수 있겠는가.

---

27) 외배(外焙) : 남송 사람인 섭몽득(葉夢得)의 《피서록화(避暑錄話)》에 외배에 대한 해설문이 보인다. 북원의 차는 정소(正所)에서 나는 것이 증갱(曾坑)으로서 정배(正焙)라고 하며, 증갱이 아닌 것이 사계(沙溪)로서 외배(外焙)라고 한다.

흰 차(白茶)

흰 차[28]는 저절로 한 종류가 되는 것으로서 보통 차와는 같지가 않다. 가지는 널리 흩어져서 퍼지고, 잎은 밝고 얇다. 이것은 벼랑과 숲 사이에 우연히 생겨나는 것이지 사람의 힘으로 만들게 할 수는 없는 노릇이다. 정배에 이 종자가 있는 곳은 네댓 집에 지나지 않는다. 그것도 한두 그루[29]에 지나지 않아서 만들 수 있는 차는 두세 개[30]에 그친다.

그리고 질이 좋은 찻싹은 많지 않은데다가 찻잎찌기와 불에 쬐어 말리기가 어렵고, 물끓이기[31]나 불의 상태 맞추기[32]를 한 번만 실수하는 날에는 그만 변질되어 보통 품질이 되고 만다. 그러니 모름지기 제조는 정밀하고 자세하게, 말리는 정도[33]는 알맞게 하여야 한다. 그

---

28) 흰 차(白茶) : 중국에 백차의 차나무가 남아있다는 보고는 없으나, 일본 후쿠오카 (福岡)현의 미자카(三坂)에는 1981년 일본 농림수산성에 종묘 특허 제1호로 등록된 흰차나무가 있다. 오늘날 중국에서 만들어지는 백호(白毫, Pekoe)·백모란 (白牧丹, Flowery Tea) 등의 백차는 푸른 찻잎을 효소로써 약하게 발효시킨 것이다. 일반적인 송나라 차는 푸른 찻잎의 엽록소를 짜내고 만들어서 달여 놓으면 흰빛이 되었다. 그러나 여기에서 말하는 흰 차란 찻잎 자체가 흰 것이었다. 한편 북송의 악사(樂史)가 지은 《태평환우기(太平寰宇記)》의 〈회남도(淮南道)〉조에는 귀주(歸州)의 토산품으로 백차가 있다고 하였다.

29) 한두 그루(一二株) : 웅번의 《선화북원공다록》에 인용된 유이(劉異)의 《북원습유 (北苑拾遺)》에 따르면 '어용 차밭 중에는 흰 차가 대여섯 그루가 있으나 북돋우기가 충분치 못하며, 민간의 차밭에는 오직 왕면(王免)이라는 사람의 집에 한 그루가 있는데, 이른봄에는 늘 들썽한 집을 짓고 바람과 햇볕을 막아주고 있다'라고 하였다.

30) 두세 개(二三銙) : 과(銙)는 '대구 과'로서 혁대의 두 끝을 마주 걸어 잠그는 자물 단추를 뜻한다. 이것도 모문석의 《다보》에 보이는 '편갑차(片甲茶 : 갑옷 조각 모양의 차)'처럼 자물 단추의 모양에 비유한 연고차의 호칭이었다.

31) 물끓이기(湯) : 찻잎을 찌기 위한 물끓이기를 말한다.

32) 불의 상태 맞추기(火) : 차를 말리기 위하여 불의 강약을 조절하는 것을 뜻한다.

33) 말리는 정도(過度) : 과(過)는 '말리기(過黃)'로서 조여려의 《북원별록》에 상세히

렇게 하면 겉과 속이 환히 빛날 만큼 맑아서 아직 다듬지 아니한 옥 돌 속에 있는 옥처럼 달리 견줄 만한 것이 없다. 천배에도 이것이 있 기는 하나 품격은 미치지를 못한다.

체와 맷돌(羅碾)

맷돌은 은으로 만든 것을 으뜸으로 삼으며, 숙철[34]로 된 것이 버금 간다. 생철[35]로 된 것은 가려내어 불에 달구어서 정련(精鍊)하고 망 치로 치고 갈아서 만든 것이 아니므로, 틈새에 검은 부스러기가 끼어 차의 빛깔을 해치는 것이 더욱 심하다.

무릇 맷돌을 만드는 데에는 절구(槽)는 깊숙하고 높게, 바퀴는 날 카롭고도 얇게 하는 것이 바람직하다. 절구통이 깊숙하고도 높으면 바닥이 도랑이 되므로 차는 늘 거기에 모인다. 바퀴가 날카롭고도 얇 으면 굴릴 때에 복판을 지나고 절구의 가장자리에 닿아서 부딪치는 소리가 나는 일이 없다.

체는 눈이 가늘고 표면이 팽팽하면 비단 구멍이 메이지 않고 늘 잘 빠진다.

맷돌질 하는 데에는 반드시 힘을 들여서 빨리 갈아야 하며 오래 끌 어서는 안된다. 쇠 기운이 차의 빛깔을 해칠까 염려스럽기 때문이다.

체질을 하는 데에는 반드시 가볍게 수평으로 하되 빨리 하는 것은 아름답지가 못하다.

거의 가늘게 된 차는 다 빠진다. 이것을 다시 한번 체질하여 끓인 물을 부으면 가볍게 뜨며, 달이면 죽면(粥面)[36]은 빛나고 엉기어 차

적혀 있다. 즉 틀에서 박아낸 차를 배로 위를 통과시키는 건조 공정인 것이다. 그 리고 도(度)는 정도, 법도를 가리킨다.

34) 숙철(熟鐵) : 무쇠를 불려서 만든 시우쇠로서, 선철(銑鐵)이라고도 한다.
35) 생철(生鐵) : 무쇠를 말한다.
36) 죽면(粥面) : 찻가루와 끓인 물이 잘 융합되어 죽처럼 걸쭉하게 된 상태를 말한다.

의 빛깔이 다 난다.

잔(盞)

잔의 빛깔은 검푸른 것을 귀하게 여기며, 구슬 같은 털37)의 줄이
골고루 있는 것이 으뜸인데, 그것은 차의 고운 빛깔을 밝게 드러내기
때문이다. 바닥은 반드시 약간 깊고도 조금 넓어야 한다. 바닥이 깊으
면 차의 (거품을 피워) 세우기가 좋고, 젖 같은 액38)을 취하기가 쉽
다. 바닥이 넓으면 찻솔을 움직여 막힘없이 돌릴 수가 있으며 격불39)
을 방해받지 않는다. 그리고 차의 많고 적음에 따라서 쓰일 잔의 크
고 작음에 대해서도 정도에 맞아야 한다. 잔은 높은데 차가 적으면
차의 빛깔이 보이지 않도록 가리어 숨기며, 차는 많고 잔이 작으면
끓인 물을 다 받을 수가 없다. 잔은 오로지 데워 두면 차의 피워 세우
기40)가 잘되고 오래간다.

솔(筅)

찻솔41)은 근죽42)의 늙은 것으로 만든다. 손잡이는 두텁고도 무겁

---

37) 구슬 같은 털(玉毫) : 채양의 《다록》(〈찻잔〉조)에 토끼털(兎毫) 무늬를 귀하게 여
  기는 미칭(美稱)으로 구슬 옥자가 사용되었다.
38) 젖 같은 액(乳) : 찻가루와 끓인 물을 찻솔로 격불하여 융합시켰을 때 일어나는
  젖빛 거품을 '유화(乳花)'라고 한다. 우윳빛이 되는 것은 차를 만들 때 엽록소를
  짜냈기 때문이다.
39) 격불(擊拂) : 찻가루와 끓인 물을 융합시키기 위하여 찻솔을 움직이는 방법을 가
  리키는 말로서 '부딪치기와 떨어버리기'이다.(채양 《다록》 〈차달이기〉조의 각주
  33)번 참조) 비파(琵琶)를 연주할 때 손을 밀어서 앞으로 나가는 것을 비(琵)라
  하고, 손을 뒤로 당겨서 물리는 것을 파(琶)라고 하는 이치와 같다.
40) 피워 세우기(發立) : 찻솔로 격불하여 거품(꽃)을 피워 세우는 것이다.
41) 찻솔(茶筅) : 찻솔이 등장하기 전후에 찻가루와 끓인 물을 융합하기 위하여 휘젓
  던 기구의 발달과정을 살펴보면 대략 다음과 같다.
  • 대비(竹掃) : 북위(北魏)의 가사협(賈思勰)이 지은 《제민요술(齊民要術)》에는

고, 솔은 성기고 굳센 것이 좋다. 솔의 밑은 단단하고 끝은 반드시 가
늘어야 한다.

그리고 마땅히 칼의 등성마루 모양처럼 하여야 한다. 그럴 것이 손
잡이가 두텁고도 무거우면 부릴 때 힘이 있어 운용하기가 쉬우며, 솔
이 성기고도 굳세고 칼의 등성마루 같으면 격불이 지나쳐도 물거품43)
이 생기지 않기 때문이다.

병(缾)

물을 끓이는 병44)은 금이나 은으로 만든 것이 좋다. 크기와 작기는

흰 막걸리(白醪)의 제조법이 적혀 있는데, 그 중에 차를 달일 때 썼을 것으로
보이는 대비가 등장한다. '쌀뜨물 두말을 여섯되로 졸여서 독 속에 넣고 대비로
써 찌르기를 찻가루를 물에 타듯이 한다.'
- 대젓가락(竹筴) : 당나라 육우의 《다경》에는 찻솥의 끓는 물에 찻가루를 넣고
  휘젓는 대젓가락이 등장한다. '대젓가락은 간혹 복숭아나무·버드나무·포규나
  무로도 만든다. 혹은 감나무의 속으로도 만든다. 길이는 한자이며 양쪽 끝을 은
  으로 싼다.'
- 찻술(茶匙) : 송나라 채양의 《다록》에는 금·은·쇠·대로 만든 찻순가락이 등
  장하였다.
- 축부수(竺副帥) : 남송의 심안노인(審安老人)이 남긴 《다구도찬(茶具圖贊, 1269
  년)》에는 대솔이 등장한다. 축(竺)은 죽(竹)이요, 부수(副帥)는 부장(副將)이라
  는 뜻이다.
- 찻솔(茶筅) 시 : 원나라 사종가(謝宗可)가 읊은 〈찻솔〉이라는 시가 있다. 풍도진
  (馮道鎭) 묘벽의 진다도에도 찻솔이 보인다.
- 솔잎의 찻솔 : 금나라의 마구도(麻九疇)는 솔잎을 찻솔로 썼다는 시를 읊었다.
- 문공가례(文公家禮) : 남송의 주자가 지은 《문공가례》의 각주에는 '찻솔의 제식
  을 모른다. 사종가의 시어(詩語)에 의하여 그 모양을 방불할 수 있다'라고 적혀
  있다.
- 조선시대의 기록 : 김육(金堉, 1580~1653)의 《가례고증(家禮考證)》과 송익필
  (宋翼弼, 1534~1599)의 《구봉집(龜峰集)》에 찻솔이 보인다.
42) 근죽(筋竹) : 근(筋)은 '힘줄 근'자로서 긴 창(矛)의 자루에 사용되었던 것이다.
43) 물거품(浮沫) : 채양이 지은 《다록》의 〈끓는 물 살피기(候湯)〉조에 '덜 익으면 물
   거품이 뜬다'고 적혀 있다.

알맞게 정하는 것이 좋다. 끓인 물을 따를 때의 이로움과 해로움은 오직 병의 주둥이에 달려 있을 뿐이다. 주둥이의 입이 약간 크고 구부정하고도 곧으면 끓인 물을 따를 때 힘차고 팽팽하여 흩어지는 일이 없다. 주둥이의 끝은 둥글고도 작으며 싹둑 잘라내어야 한다.

이렇게 된 것은 끓인 물을 사용할 때 수량을 알맞게 조절하고 물방울도 뚝뚝 떨어지지 않는다. 대개 끓인 물이 힘차고 팽팽하면 빨리 쏟아내고 딱 멈출 수가 있다. 물방울이 뚝뚝 떨어지지 않으면 찻물의 표면이 갈라지지 않는다.

구기(杓)

구기의 크기와 작기는 마땅히 차 한 잔을 적정량으로 삼는 것이 옳다. 한 잔의 분량을 넘으면 반드시 그 나머지를 돌려보내야만 하고, 미달하면 모자라는 분량을 반드시 채워야 한다. 자주 번거롭게 구기를 기울이게 되므로 차는 반드시 언다.45)

물(水)

물은 맑고 가볍고 달고 깨끗한 것을 맛있는 것으로 삼는다.46) 가볍고47)도 달콤한 것은 물의 천성이지만 그것을 얻기가 어렵다.

---

44) 물을 끓이는 병(缾) : 탕관(湯罐)이라고도 한다.

45) 언다(氷) : 찻가루를 구기로 여러번 떠 옮기는 과정에서 공기에 노출된 찻가루는 습기를 받아 눅눅한 덩어리로 굳어지는 현상을 얼음에 비유한 것 같다.

46) 물은 맑고~맛있는 것으로 삼는다(水以淸輕甘潔爲美) : 《서역기(西域記)》에는 물의 선택 기준이 되는 여덟 가지의 덕에 대하여 다음과 같이 언급되어 있다. '가볍고(輕)・맑고(淸)・차고(冷)・연하고(軟)・맛있고(美)・냄새가 없고(不臭)・마실 때 알맞고(調適)・마신 뒤에 탈이 없는 것(無患)'이다.

47) 가볍고(輕) : 율곡 이이(李珥, 1536~1584)는 오대산에서 산물을 마셔 보고 일학 스님에게 물의 경중에 관하여 다음과 같이 말한 일이 있다. "맑은 물은 무겁소이다. 흐린 물은 앙금 때문에 무거워보이나 사실인즉 가볍소이다."

옛사람이 물을 품평하여 중령과 혜산을 으뜸으로 삼았으나48), 서로
멀거나 가깝게 떨어져 있는 사람도 있으니 언제나 얻을 수 있는 것은
아니다. 그러기에 다만 산에 있는 맑고 깨끗한 샘물을 취하는 것이
마땅하다.

그 다음으로는 항상 긷는 우물물49)이 쓸만하다. 만약 강이나 냇물
이라면 물고기와 자라의 비린내나 진흙탕에 괴어 있는 물이니 가볍고
달더라도 취하지 않는다.

무릇 끓인 물을 쓰는 데에는 게눈·물고기눈이 잇달아서 세차게 내
뿜으며 뛰어오르는 것을 알맞는 정도로 삼는다. 지나치게 끓었거든
새 물을 약간 붓고50) 잠깐 동안 불에 올린 뒤에 쓴다.

달이기(點)

차달이기는 한 가지가 아니다. 시간을 이어서 반죽51)을 갖추어 끓
인 물을 붓고, 손은 무겁고 찻솔은 가볍게52) 하여 좁쌀무늬나 게눈53)
이 없게 하는 것을 정면점(靜面點)54)이라고 한다. 그러나 이것은 격

---

48) 옛사람이~으뜸으로 삼았으나(古人品水 雖曰中泠惠山爲上) : 여기에서 말하는 물
   의 품평은 당나라 장우신의 《전다수기》를 가리킨다. 중령(中泠 : 中零이라고도 한
   다)은 강소성 진강시의 서쪽인 금산의 서쪽 기슭에 있고, 혜산의 돌샘물은 강소
   성 무석시 혜산사 안의 의란당(漪瀾堂) 뒤에 있다.
49) 항상 긷는 우물물(井水之常汲者) : 이 대목은 육우의 《다경》(제5장 〈차달이기〉)
   에서 인용된 것이다.
50) 새 물을 약간 붓고(以少新水投之) : 이행(李行, 1352~1433)의 《기우선생문집(騎
   牛先生文集)》에도 끓인 물이 넘쳐흘렀을 때 모자라는 물만큼 날물(生水)을 보탠
   일화가 보이는데, 이행은 물맛을 보고서 '이 차에 두 가지의 날물이 첨가되었구
   나'라고 하더라는 것이다.
51) 반죽(膏) : 찻사발에다 찻가루와 끓인 물을 섞고 고약처럼 갠 것이다.
52) 손은 무겁고 찻솔은 가볍게(手重筅輕) : 찻솔을 가볍게 잡고 손을 무겁게 흔들더
   라도 격불에는 힘이 없게 된다.
53) 좁쌀무늬나 게눈(粟文蟹眼) : 찻솔로 휘젓을 때 일어나는 거품의 생김새를 말한다.

불에 힘이 없어서 차의 거품 피워 세우기가 안되며, 물젖55)도 묽지가
않아서 다시금 끓인 물을 늘이면 윤이 다 없어져서 화려한 거품도 잠
기고 흩어져 차에는 세워 만들어진 것이 없게 된다.

그리고 끓인 물을 이어 부으면서 손과 찻솔을 모두 무겁게 격불하
여56) 거품이 부글부글 일어나게 하는 것을 한번에 피워 달이기(一發
點)라고 한다. 그런데 이것은 끓인 물을 이미 다 써버렸기 때문에 손
가락이나 팔의 움직임이 원활치 못하여 미처 죽면57)도 엉기지 않아서
차의 힘은 벌써 다 빠져 구름 안개와 같은 거품은 뜨더라도 금58)이
갈라지기 쉽다.

가장 희한하게 뛰어난 방법은 이러한 것이다. 차의 부피를 계량하
여 끓인 물을 받고, 반죽으로 녹은 아교처럼 한 다음, 제1탕은 잔의
경계를 두르듯이 따라서 차를 적시지 않도록 한다. 기세가 날래서는
안된다. 먼저 차반죽을 느리게 뒤섞으면서 점차적으로 격불을 가속화
한다. 손은 가볍고 찻솔은 무겁게 하면서 손가락은 에워싸듯이, 팔은
빙글빙글 돌린다. 그러면 상층과 하층이 투명하게 되어 효모나 누룩
이 밀가루를 발효시키듯이 부풀어, 깔린 별과 희고 밝은 달이 찬연히
생긴다.59) 이렇게 되면 차의 근본이 선 것이다.

제2탕은 차의 표면에 직접 따르고 둘레를 한 줄기 돌린다. 급히 따

---

54) 정면점(靜面點) : 찻사발에 담긴 찻물의 표면이 고요하게 달여진 상태를 말한다.
55) 물젖(水乳) : 젖 같은 액체를 가리킨다.
56) 손과 찻솔을 모두 무겁게 격불하여(手筅俱重) : 찻솔을 꽉 잡고 힘차게 흔들면 손
    의 힘이 그대로 찻솔에 전달되기 때문에 모두 무거운 것이다.
57) 죽면(粥面) : 찻가루와 끓인 물이 잘 융합되어 죽의 표면처럼 걸죽하게 된 현상을
    가리킨다.
58) 금(水脚) : 일단 찻사발에서 엉기었던 찻가루와 끓인 물이 분리되어서 갈라지는
    금으로 수흔(水痕)이라고도 한다.
59) 깔린 별과 희고 밝은 달이 찬연히 생긴다(疎星皎月 燦然而生) : 별은 거품, 달은
    둥근 찻사발에 달여진 젖빛 찻물을 가리킨다.

르고 급히 멈추면 차의 표면은 움직이지 않는다. 격불을 힘차게 하면 윤이 점점 나기 시작하여 둥근 구슬과 네모난 구슬과 같은 거품이 높이 쌓인다.

제3탕도 수량의 많고 적음은 전과 같은데, 격불은 점차로 가볍고 고르게 하는 것을 귀하게 여긴다. 한 바퀴 돌아서 제자리에 돌아와 차의 표면에서 속까지 환히 통하게 되면 좁쌀무늬나 게눈이 뜨고 모여서 뒤섞이며 일어난다. 차의 빛깔은 이미 십중 육칠까지는 얻어진 것이다.

제4탕은 아끼듯이 한다. 솔은 끝을 굴리듯이 느슨하게 해서 빨리 하여서는 안된다. 그러면 차의 깨끗하고도 순진하며 화려한 색채가 이미 환하게 나타나서 구름 안개와 같은 거품이 점차 생긴다.

제5탕은 분량을 약간 멋대로 따른다. 솔은 가볍고 고르게 하여 통하여 뚫리게 한다. 혹시 거품 피워 세우기가 미진하면 부딪치기로써 일으키고, 거품 피워 세우기가 이미 지나쳤다면 떨어버리기로써 거두어들인다. 그리하여 깊은 아지랑이가 모이고, 눈이 엉기어 모여서 향기가 극진하게 된다.

제6탕은 거품 피워 세우기의 모양을 보고 젖 같은 액이 한도에 이르러[60] 힘차게 일어나거든 솔로 붙여서 느슨하게 두르고 떨어버릴 뿐이다.

제7탕은 가볍고도 맑은 것과 무겁고도 흐린 것을 분간하여 희박함과 조밀함을 자세히 보아 중용을 얻도록 따르고 소망스럽게 되면 멈춘다. 그러면 젖 같은 안개가 끓어올라서 잔을 넘쳐서 일어나 둘레에 엉겨서 움직이지 않게 된다. 이것을 잔물림(咬盞)이라고 한다.

마실 때는 그 가볍고도 맑으며, 둥실둥실 떠 움직여서 겹친 것(거

---

60) 젖 같은 액이 한도에 이르러(乳點) : 젖 같은 액체가 잘 달여져서 걸쭉하게 된 현상을 말한다.

품)을 균등하게 갈라서 마신다.61) 《동군록》62)에 이르기를, '차에는 발
이 있는데 이를 마시면 사람에게 알맞는다'라고 하였다. 많이 마신다
고 할지라도 지나침은 없는 것이다.

맛(味)

대저 차는 맛을 으뜸으로 삼는다. 맛은 향기로운 것, 단것, 무거운
것, 미끄러운 것이 갖추어져야만 완전하다. 오로지 북원과 학원의 물
품만이 그 맛을 겸하고 있다. 맛이 순박하여도 풍미가 모자라는 것은
찻잎찌기와 누르기가 너무 지나친 것이다.

차의 창(槍), 바꾸어 말하면 가지가 처음으로 움트는 것(싹)은 나무
의 성미가 시기 때문에63) 창(싹)이 지나치게 자라면 처음에는 달고도
무거우나, 마지막에는 어슴푸레하게 엷은 맛이 난다.

차의 기(旗), 바꾸어 말하면 잎이 이제 막 펴진 것은 잎의 맛이 쓰
다. 기(旗)가 지나치게 쇠(老)면 처음에는 쓴맛이 혀에 머무르지만 꿀
꺽 마시면 도리어 달콤하다.64)

그러나 이러한 것은 가린 차로 만들어진 고형차65)에나 있는 일이

---

61) 가볍고도~갈라서 마신다(宜勻其輕淸浮合者飮之) : 육우의 《다경》 제5장 〈차달이
    기〉에 갈라 마시는 이유가 다음과 같이 적혀 있다. '무릇 잔질하여 여러 주발에
    놓는 데는 거품과 발을 고르게 한다.'
62) 동군록(桐君錄) : 황제(黃帝)시대의 동군(桐君)이 남겼다는 책으로 《동군약록》
    《수서》 경적지)・《동군채약록(본초강목)》이라고도 한다.
63) 나무의 성미가 시기 때문에(木性酸) : 《서경(書經)》 홍범(洪範)의 오행설(五行說)
    에 '나무는 곡직(曲直)이라 하며……곡직은 산(酸)을 만든다'고 적혀 있다.
64) 처음에는~달콤하다(初雖留舌而飮徹反甘矣) : 육우 《다경》의 제5장 〈차달이기〉에
    도 '마시매 쓰고 목구멍에서 단 것이 차이다'라고 적혀 있다. 이것이 차의 카테킨
    (Catechin) 성분으로 도곡(陶穀)의 《청이록(淸異錄)》에는 만감후(晩甘侯)・불야
    후(不夜侯)・여감씨(餘甘氏)라고 적혀 있는 것이다.
65) 가린 차로 만들어진 고형차(揀芽銙) : 한 싹에 한 잎이 달린 것을 가린 싹(揀芽)
    이라고 하는데(《대관다론》의 〈차따기와 가리기〉조), 이것으로 만든 고형차를 가

며, 만약 훨씬 뛰어난 물품이라면 천성의 향기와 영묘한 맛이 있으니
자연 같지가 않다.

향기(香)

차에는 천성의 향기가 있는지라 용뇌나 사향66) 같은 것은 견줄 것
도 못된다. 그런데 천성의 향기를 내는 데에는 모름지기 찻잎을 익을
때까지 쪄서 누르고, 말려서 갈아야 한다. 곱게 갈아서 만들면 부드럽
고 아름다운 향기가 넉넉하게 갖추어져서, 잔에 들어가면 좋은 향기
가 사방에 이르러 상쾌하여 거리낌이 없다. 혹 김에 복숭아씨의 알맹
이 같은 냄새67)가 끼어 섞이는데, 그 향기는 시큼하여 나쁘다.

빛깔(色)

달인 차의 빛깔은 순백색을 으뜸가는 진색(眞色)으로 삼고 청백색
이 버금가며, 회백색이 그 다음가고, 황백색이 또 그 다음간다.

위로는 하늘이 주는 좋은 때를 얻고, 밑으로 사람의 힘을 다하면
차는 반드시 순백색이 된다. 기후가 갑자기 따뜻해지면 움이 튼 찻
싹은 미친듯이 자라므로 차따기와 만들기에 쫓기어 쪄낸 찻잎이 지
체하여 쌓이게 된다. 이런 차는 희더라도 누르다. 청백색의 차는 찻
잎찌기와 누르기가 약간 서투른 것이며, 회백색의 차는 찻잎찌기와
누르기가 지나치게 익숙한 것이다. 찻잎의 진액 짜내기가 미진하면
빛깔은 검푸르게 되며, 불에 쬐어 말리기가 너무 세차면 빛깔은 검

리킨다.

66) 사향(麝) : 한국·중국·티베트·네팔의 산에 사는 사향노루(수컷)의 향주머니에
    서 얻은 분비물이다.

67) 복숭아씨의 알맹이 같은 냄새(氣如桃仁) : 장밋과의 복숭아와 멧복숭아씨의 알맹
    이를 도인(桃仁)이라고 한다. 황유의 《품다요록》에 따르면, 찻잎을 쪄낼 때 덜 익
    으면 복숭아씨 냄새가 난다고 하였다.

붉게 된다.

저장을 위한 말리기(藏焙)

차라는 것은 자주 불에 쬐어 말리면 표면이 말라서 향기가 줄어들고, 불에 쬐어 말리기에 실수를 하면 여러 광택[68]이 벗겨져서 맛이 흩어진다. 요컨대 햇차가 처음 도착하면 곧 불에 쬐어 말림으로써 물과 뭍에서 쐰 바람과 습기를 제거한다.

불에 쬐어 말리는 데에는 활짝 핀 불을 배로 복판에 놓고 식은 재로 모두 칠부를 가리고 삼부는 불을 드러내어 또한 거기를 고운 재로써 차지하게 덮어씌운다. 한참 지나서 배루(焙簍)[69]를 위에 놓고 배루 속의 물기를 핍박하여 흩어지게 한다. 그리고 그 속에 차를 줄지어 놓는데 꾸러미[70]는 모두 펼쳐서 불에 쬐어 말린다. 아직은 바로 덮어씌워서는 안되며, 불기가 통하기를 기다렸다가 덮는다. 불의 많고 적음은 배루의 크고 작음에 따라서 늘이거나 줄인다. 화로 안을 손으로 살피어 불기가 뜨겁더라도 사람의 손을 위협하기에 이르지 않는 온도를 좋은 것으로 삼는다. 그리고 가끔 손으로 차를 잡아 보는데, 몸이 매우 뜨겁더라도 해로움은 없다. 그럴 것이 화력이 차의 몸에 두루 통하여야 되기 때문이다. 혹은 '불에 쬐어 말리는 불은 사람 몸의 온도처럼 한다'[71]고 하였다. 그러나 이 정도로는 겨우 차의 살갗

---

68) 여러 광택(雜色) : 차의 변질을 막으려고 표면에 밀랍을 발랐기 때문에 광택이 나는 것이다. 채양이 지은 《다록》의 〈빛깔〉조에도 '떡차는 흔히 그 표면에 진귀한 고유를 발랐기 때문에 파랑·노랑·자주·검정 등으로 빛깔이 다르다'라고 적혀 있다.

69) 배루(焙簍) : 화로에 덮어씌워서 차를 불에 쬐어 말리는 대채롱이다.

70) 꾸러미(角) : 조여려가 지은 《북원별록》의 〈추색칠강〉조에 '가린 찻싹으로 만든 고형차는 40개를 한 꾸러미로 하고, 작은 용봉무늬의 고형차는 20개, 큰 용봉무늬의 고형차는 8개를 한 꾸러미로 한다'고 적혀 있다.

을 건조시키기에 족할 뿐이며, 속의 습기가 미처 다 없어지지를 않았다면 다시 쪄지고 더위로 인하여 병에 걸린다.

불에 쬐어 말리기를 마쳤거든 곧장 오래 쓴 옻칠한 대그릇 속에다 봉해서 저장한다. 습기찬 날씨에는 열지 말아야 한다. 이렇게 하면 한 해를 마칠 때까지 거듭 불에 쬐어 말리는 것만으로도 빛깔은 늘 햇차와 같아진다.

물품의 이름(品名)

차는 저마다 산지에 따라서 이름지어진다.72) 즉 엽경(葉耕)이라면 평원(平園)73)·대성암(台星岩)에서 난 것, 엽강(葉剛)이라면 고봉(高峰)·청봉수(青鳳髓)에서 난 것, 엽사순(葉思純)이라면 대람(大嵐)에서 난 것, 엽서(葉嶼)라면 미산(眉山)에서 나는 것, 엽오(葉五)·숭림(崇林)은 나한산(羅漢山)74)·수상과(水桑窠)75)에서 난 것, 엽견(葉堅)은 쇄석과(碎石窠)76)·석구과(石臼窠)〔혈과(穴窠)/돌과(突窠)라고도 한다〕에서 난 것, 엽경(葉瓊)·엽휘(葉輝)는 수피림(秀皮林)에서 난 것, 엽사복(葉師復)·사황(師貺)은 호암(虎岩)에서 난 것, 엽춘(葉椿)은 무쌍암(無雙岩)에서 난 것, 엽무(葉懋)는 노과원(老窠園)에

---

71) 불에 쬐어 말리는 불은 사람 몸의 온도처럼 한다(焙火如人體溫) : 채양의 《다록》〈차의 저장〉조에도 같은 대목이 보인다.

72) 차는~이름지어진다(名茶各以所産之地) : 차의 이름은 여기에서 말하는 차의 산지(産地) 이외에도 차를 따는 시기, 차의 품종, 제법, 잎의 모양, 제품의 모양, 빛깔과 윤, 전설, 표방 등에 의해서도 붙여지기도 한다.

73) 평원(平園) : 송자안이 지은 《동계시다록》의 〈북원〉조에 따르면 북원의 어용 차밭이 있는 봉황의 동남쪽에 원운롱(袁雲瓏)이 있고, 그 남쪽에 있는 평하(平下)를 평원이라 한다.

74) 나한산(羅漢山) : 조여려가 지은 《북원별록》의 〈어원〉조에 보인다.

75) 수상과(水桑窠) : 앞의 74)와 같다.

76) 쇄석과(碎石窠) : 앞의 74)와 같다.

서 난 것이다.

　이름은 그 생겨나는 곳이 차지하는 것으로서 아직까지는 일찍이 혼효되지 아니하였는데 낱낱이 들지 않고 평미레질하여서도 안된다. 그런데 훗날 서로 판매를 다투어 괴롭히고 이름을 훔치다보니 뒤섞이고 엇갈리어 기댈 곳이 없게 되었다. 이렇게 된 것은 차의 좋고 나쁨이 제조의 공졸(功拙)에 있다는 것을 일찍이 생각하지 못하였기 때문이다. 어찌 차의 좋고 나쁨이 산등성이 땅(산지)의 헛된 명성으로 증감이 되겠는가. 그런데 차를 불에 쬐어 만드는 사람이 만든 차란 원래 이전에는 뛰어났어도 훗날에는 뒤떨어지는 것도 있고, 옛날에는 졌으나 지금은 이긴 것도 있는 법이다. 이것 또한 산지에 늘 있는 일은 아니다.

바깥 차판(外焙)

　세상에서 흔히 말하기를, 바깥 차판의 차는 여위고 작으며 빛깔은 얼룩지고 몸은 줄고 맛은 담박하며, 정배와 견주면 밝은 모양이 한눈에 판별된다고 하였다. 그런데 근래 호사자의 찻상자 속에는 왕왕 절반은 민간 차공장의 제품이 간직되어 있다. 그것은 민간 차공장의 전문가들도 오래되었고 만드는 솜씨가 늘어나서 만드는 재주를 모두 학원으로부터 배워 규모를 본뜬 형상을 흉내내어 민간 차공장의 제품을 정배의 제품처럼 보이게 본받고 있기 때문이다.

　그러나 여윈 모양이 동등하더라도 풍체가 없으며, 빛깔과 광택은 훌륭하더라도 깊이가 없고, 몸은 충실하더라도 살결의 치밀한 무늬가 모자라고, 맛은 무겁더라도 막혀서 좋은 향기의 아름다움이 모자란다는 것을 잘 모른다.

　제아무리 숨기더라도 민간 차공장의 제품일 따름이다.

　그리고 민간 차공장의 제품도 있으나 천배(淺焙)[77]라는 것도 있다.

대개 천배의 차는 학원에서 멀리 떨어져 있지를 않고 솜씨 좋게 만들면 빛깔도 옥처럼 희고 격불을 알맞게 하면 끓인 물 피워 세우기도 본받게 되며, 오로지 맛은 달고도 무거우며 향기롭고도 부드러운데 조금씩 정배에서 멀어질 뿐이다.

그런데 민간 차공장이라면 아득히 멀어서 미흡한 것이 분명하다. 그 심한 것은 감잎이나 부람78)의 움을 따서 서로 섞어 만드는 것도 있다. 맛은 차와 서로 닮았더라도 달일 때 가벼운 솜 같은 것이 찻물의 표면에 은은하게 떠서 좁쌀무늬의 거품이 일어나지 않는 것이 그 증거이다.79)

상저옹(桑苧翁)80)이 이르기를, '초목의 잎을 섞어서 마시면 병이 된다'고 하였다. 자세히 살피고 곰곰이 분별하지 않으면 안된다.

---

77) 천배(淺焙) : 이 대목에 따르면 천배의 제품이 외배의 제품보다 좋다. 천배는 학원 근방에 있었던 것 같다.

78) 감잎이나 부람(柿葉枏欖) : 부람의 남은 감람나무이지만 부람이 어떠한 식물인지는 미상이다.

79) 찻물의~그 증거이다(泛然茶面 粟文不生 乃其驗也) : 황유가 지은 《품다요록》의 〈섞어넣기(入雜)〉조에 '시험할 제 좁쌀무늬나 달콤한 향기가 없고, 잔의 표면에 떠서 흩어지고, 작은 털 같은 것이 숨어 있으며, 혹은 가는 솜이 희뜩희뜩한 것은 섞어넣기의 병이다'라는 대목이 있다.

80) 상저옹(桑苧翁) : 《다경》을 지어서 중국 다도의 시조가 된 육우의 호이다.(졸역 《한국의 다서》, 탐구당 참조)

大觀茶論

北宋　徽宗皇帝

嘗謂首地而倒生　所以供人求者　其類不一　穀粟之于饑　絲枲之于寒
雖庸人孺子皆知常須而日用　不以時歲之舒迫(遑遽)而可以興廢也　至
若茶之爲物　擅甌閩之秀氣　鍾山川之靈稟　祛襟滌滯　致淸導和　則非庸
人孺子可得而知矣　沖澹閒潔　韻高致靜　則非遑遽之時可得而好尚矣
本朝之興　歲修建溪之貢　龍團鳳餠　名冠天下　而壑源之品　亦自此而盛
延及于今　百廢俱擧　海內晏然　垂拱密勿　幸致無爲　縉紳之士　韋布之
流　沐浴膏澤　薰陶德化　盛以雅尙相推　從事茗飮　故近歲以來　采擇之
精　製作之工　品第之勝　烹點之妙　莫不盛造其極　且物之興廢　固自有
時　然亦係乎時之汙隆　時或遑遽　人懷勞悴　則向所謂常須而日用　猶且
汲汲營求　惟恐不獲　飮茶何暇議哉　世旣累洽　人恬物熙　則常須而日用
者　固久厭飫狼藉　而天下之士　勵志淸白　競爲閒暇修索之玩　莫不碎玉
鏘金　啜英咀華　較筐篋之精　爭鑒裁之別　雖下士于此時　不以蓋茶爲羞
可謂盛世之淸尙也　嗚呼　至治之世　豈惟人得以盡其材　而草木之靈者
亦得以盡其用矣　偶因暇日　硏究精微　所得之妙　後人有不自知爲利害
者　敍本末列于二十篇　號曰茶論

地産

植産之地　崖必陽　圃必陰　蓋茶之性寒　其葉抑以瘠　其味疏以薄　必
資陽和以發之　土之性敷　其葉疏以暴　其味强以肆　必資陰蔭以節之(今
圃家皆植木以資茶之陰)　陰陽相濟　則茶之滋長得其宜

天時

茶工作于驚蟄 尤以得天時爲急 輕寒 英華漸長 條達而不迫 茶工從
容致力 故其色味兩全 若或時暘鬱燠 芽甲奮暴 促土暴力隨稿 晷刻所
迫 有蒸而未及壓 壓而未及硏 硏而未及製 茶黃留積 其色味所失已半
故焙人得茶天爲慶

采擇

擷茶以黎明 見日則止 用以斷芽 不以指揉 慮氣汗熏漬 茶不鮮潔
故茶工多以新汲水自隨 得芽則投諸水 凡芽如雀舌穀粒者爲鬪品 一
槍一旗爲揀芽 一槍二旗爲次之 餘斯爲下 茶之始芽萌則有白合 旣擷
則有烏蔕 白合不去害茶味 烏蔕不去害茶色

蒸壓

茶之美惡 尤係于蒸芽壓黃之得失 蒸太生則芽滑 故色清而味烈 過
熟則芽爛 故茶色赤而不膠 壓久則氣竭味漓 不及則色暗味澁 蒸芽欲
及熟而香 壓黃欲膏盡亟止 如此 則製造之功 十已得七 八矣

製造

滌芽惟潔 濯器惟淨 蒸壓惟其宜 硏膏惟熱 焙火惟良 飮而有少砂者
滌濯之不精也 文理燥赤者 焙火之過熟也 夫造茶 先度日晷之短長 均
工力之衆寡 會采擇之多少 使一日造成 恐茶黃過宿 則害色味

鑒辨

茶之範度不同 如人之有首面也 膏稀者 其膚蹙以文 膏稠者 其理斂
以實 卽日成者 其色則青紫 越宿製造者 其色則慘黑 有肥凝如赤蠟者
末雖白 受湯則黃 有縝密如蒼玉者 末雖灰 受湯愈白 有光華外暴而中
暗者 有明白內備而表質者 其首面之異同 難以槩論 要之 色瑩徹而不
駁 質縝繹而不浮 擧之凝結 碾之則鏗然 可驗其爲精品也 有得于言意
之表者 可以心解 又有貪利之民 購求外焙已采之芽 假以製造 碎已成
之餅 易以範模雖名氏采製似之 其膚理色澤 何所逃于鑒賞哉

白茶

白茶自爲一種 與常茶不同 其條敷闡 其葉瑩薄 崖林之間 偶然生出 雖非人力所可致 有者不過四 五家 生者不過一 二株 所造止于二 三銙而已芽英不多 尤難蒸焙 湯火一失 則已變而爲常品 須製造精微 過度得宜 則表裏昭徹 如玉之在璞 它無與倫也 淺焙亦有之 但品不及

羅碾

碾以銀爲上 熟鐵次之 生鐵者非掏揀搥磨所成 間有黑屑藏于隙穴 害茶之色尤甚 凡碾爲製 槽欲深而峻 輪欲銳而薄 槽深而峻 則底有準而茶常聚 輪銳而薄 則運邊中而槽不戛

羅欲細而面緊 則絹不泥而常透

碾必力而速 不欲久 恐鐵之害色

羅必輕而平 不厭數 庶已細者不耗 惟再羅則入湯輕泛 粥面光凝 盡茶之色

盞

盞色貴青黑 玉毫條達者爲上 取其煥發茶采色也 底必差深而微寬 底深則茶宜立而易以取乳 寬則運筅旋徹不礙擊拂 然須度茶之多少用盞之大小 盞高茶少則掩蔽茶色 茶多盞小則受湯不盡 盞惟熱則茶發立耐久

筅

茶筅以筋竹老者爲之 身欲厚重 筅欲疎勁 本欲壯而末必眇 當如劍瘠之狀 蓋身厚重 則操之有力而易于運用 筅疎勁如劍瘠 則擊拂雖過而浮沫不生

缾

缾宜金銀 小大之制 惟所裁給 注湯害利 獨缾之口嘴而已 嘴之口差大而宛直 則注湯力緊而不散 嘴之末欲圓小而峻削 則用湯有節而不滴瀝 蓋湯力緊則發速有節 不滴瀝 則茶面不破

杓

杓之大小　當以可受一盞茶爲量　過一盞則必歸其餘　不及則必取其
不足　傾杓煩數　茶必氷矣

水

水以淸輕甘潔爲美　輕甘乃水之自然　獨爲難得　古人品水　雖曰中零
惠山爲上　然人相去之遠近　似不常得　但當取山泉之淸潔者　其次　則井
水之常汲者爲可用　若江河之水　則魚鼈之腥　泥濘之汙　雖輕甘無取　凡
用湯以魚目蟹眼連繹迸躍爲度　過老則以少新水投之　就火頃刻而後
用

點

點茶不一　而調膏繼刻　以湯注之　手重筅輕　無粟文蟹眼者　謂之靜面
點　蓋擊拂無力　茶不發立　水乳未浹　又復增湯　色澤不盡　英華淪散　茶
無立作矣　有隨湯擊拂　手筅俱重　立文泛泛　謂之一發點　蓋用湯已故
指腕不圓　粥面未凝　茶力已盡　雲霧雖泛　水脚易生　妙于此者　量茶受
湯　調如融膠　環注盞畔　勿使浸茶　勢不欲猛　先須攪動茶膏　漸加擊拂
手輕筅重　指遶腕旋　上下透徹　如酵蘗之起麵　疎星皎月　燦然而生　則
茶之根本立矣　第二湯自茶面注之　周回一線　急注急上　茶面不動　擊拂
旣力　色澤漸開　珠璣磊落　三湯多寡　如前擊拂　漸貴輕勻　周環旋復　表
裏洞徹　粟文蟹眼　泛結雜起　茶之色十已得其六七　四湯尙嗇　筅欲轉稍
寬而勿速　其淸眞華彩　旣已煥發　雲霧漸生　五湯乃可少縱　筅欲輕勻而
透達　如發立未盡　則擊以作之　發立已過　則拂以斂之　結浚靄　結凝雪
香氣盡矣　六湯以觀立作　乳點勃結則以筅著　居緩遶拂動而已　七湯以
分輕淸重濁　相稀稠得中　可欲則止　乳霧洶湧　溢盞而起　周回旋而不動
謂之咬盞　宜勻其輕淸浮合者飮之　桐君錄曰　茗有餑　飮之宜人　雖多不
爲過也

味

夫茶以味爲上 香甘重滑 爲味之全 惟北苑壑源之品兼之 其味醇而
乏風骨者 蒸壓太過也 茶槍乃條之始萌者 木性酸 槍過長則初甘重而
終微澁 茶旗乃葉之方敷者 葉味苦 旗過老則初雖留舌而飮徹反甘矣
此則揀芽銙有之 若夫卓絶之品 眞香靈味 自然不同

香

茶有眞香 非龍麝可擬 要須蒸及熟而壓之 及乾而硏 硏細而造 則和
美具足 入盞則馨香四達 秋爽洒然 或蒸氣如桃仁夾雜 則其氣酸烈而
惡

色

點茶之色 以純白爲上眞 靑白爲次 灰白次之 黃白又次之 天時得于
上 人力盡于下 茶必純白 天時暴暄 芽萌狂長 采造留積 雖白而黃矣
靑白者蒸壓微生 灰白者蒸壓過熟 壓膏不盡 則色靑暗 焙火太烈 則色
昏赤

藏焙

數焙則首面乾而香減 失焙則雜色剝而味散 要當新茶初至 卽焙以
去水 陸風濕之氣 焙用熟火置爐中 以靜灰擁合七分 露火三分 亦以輕
灰糝覆 良久卽置焙簍上 以逼散焙中潤氣 然後列茶于其中 盡展角焙
未可蒙蔽 候火速徹覆之 火之多少 以焙之大小增減 探手中爐 火氣雖
熱 而不至逼人手者爲良 時以手挼茶 體雖甚熱而無害 欲其火力通徹
茶體爾 或曰 焙火如人體溫 但能燥茶皮膚而已 內之濕潤未盡 則復蒸
喝矣 焙畢 卽以用久 漆竹器中緘藏之 陰潤勿開 如此終年再焙 色常
如新

品名

名茶各以所産之地 如葉耕之平園台星岩 葉剛之高峰靑鳳髓 葉思
純之大嵐 葉嶼之眉山 葉五崇林之羅漢山水桑窠 葉堅之碎石窠石白

窠(一作穴/突窠)　葉瓊葉輝之秀皮林　葉師復師貺之虎岩　葉椿之無雙
岩　葉懋老窠園　名擅其門　未嘗混淆　不可概擧　後相爭相鬻　互爲剝竊
參錯無據　不知茶之美惡　在于製造之功拙而已　豈崗地之虛名所能增
減哉　焙人之茶　固有前優而後劣者　昔負而今勝者　是亦園地之不常也

外焙

　世稱外焙之茶　爋小而色駁　體耗而味淡　方之正焙　昭然可別　近之好
事者　篋笥之中　往往牛之　蓄外焙之品　蓋外焙之家　久而益工　製之妙
咸取則于壑源　倣像規模摹外爲正　殊不知其爋雖等而蔑風骨　色澤雖
潤而無藏畜　體雖實而膏理乏縝密之文　味雖重而澁滯乏馨香之美　何
所逃乎外焙哉雖然　有外焙者　有淺焙者　蓋淺焙之茶　去壑源爲未遠　製
之能工　則色亦瑩白　擊拂有度　則體亦立湯　惟甘重香滑之味　稍遠于正
焙耳　于治外焙　則迥然可辨　其有甚者　又至于采柿葉桴欖之萌　相雜而
造　味雖與茶相類　點時隱隱如輕絮　泛然茶面　粟文不生　乃其驗也　桑
苧翁曰　雜以卉莽　飮之成病　可不細鑒而熟辨之

10. 선화북원공다록(宣和北苑貢茶錄)

북송(北宋)   웅 번(熊蕃)

육우의 《다경》이나 배문의 《다술》[1]에는 모두 건안차의 품격이 정해져 있지를 않다. 해설하는 사람들은 다만 두 사람은 일찍이 민 지방[2]에 가본 일이 없었기 때문이라고만 한다. 그러나 그것은 사물의 발원에는 처음부터 저절로 때가 있다는 것을 모르는 탓이다.

대개 그 옛날 건안의 산천은 오히려 닫혀 있어서 영아차[3]도 드러나지 않은 채 당나라의 말기에 이르렀고, 그런 뒤에 나온 북원차가 으뜸으로 꼽히게 되었다.

그때 오대 전촉(오대 10국의 하나, 907~925)의 사신(詞臣)인 모문석이 《다보》를 지었는데, 여기에도 '건안에는 자순차[4]가 있고 납면차[5]는 복주에서 난다'고 적혀 있을 뿐이었다.

---

1) 배문의 《다술》(裴汶茶述) : 명나라 진계유(陳繼儒)가 지은 《다동보(茶董補, 권하)》의 맨 끝에는 송나라 배문의 글이라는 〈다술〉이 실려 있다.

2) 민(閩) 지방 : 민족(閩族)이 살던 지방으로 지금의 복건성.

3) 영아(靈芽)차 : 이 《선화북원공다록》의 중간에는 웅번의 고향 사람인 황유의 《품다요록》에서 끌어 온 영아차의 품격이 적혀 있다.

4) 자순(紫筍)차 : 육우가 《다경》에서 으뜸으로 분류한 차이다. '자줏빛(紫) 나는 것이 으뜸이요, 초록빛(綠) 나는 것이 버금간다. 순(筍, 筍)이 으뜸이요 싹(芽)이 버금간다.' 이 글에서 으뜸가는 차만 결합하면 '자순(紫筍)'이 되며, 버금가는 차만 결합하면 '녹아(綠芽)'가 된다.

오대 말년, 건안은 남당에 매어 있었는데 [남당의 보대 3년(945)에 왕연정을 사로잡아서 그 땅을 얻었다.] 남당에서는 해마다 여러 고을의 백성을 거느리고 북원에서 차를 따게 하여 처음으로 연고차6)를 만들었다. 뒤이어 납면차를 만들었다. [정진공7)의 《다록》에는 '천남의 늙은 스님인 청석은 나이가 여든네살인데, 일찍이 얻은 이국주(남당의 왕)의 조칙(詔勅)을 보여준 일이 있다. 거기에는 연고차를 부쳐온 지 2년 뒤에 바야흐로 납면차를 얻었다는 것이 보였다'라고 적혀 있었다. 이것이 그 실제 상황이었다. 인종의 경우 연간(1034~1038)에 이르러서 감찰어사인 구하가 지은 《어천정기》에 이르기를, '당나라 말년, 복건에 조서를 내려서 감람 바치기를 그만두게 하고, 다만 납면차만 보내게 하였다. 곧 납면차가 건안에서 만들어 낸 것이 분명하다'고 하였으나, 구하는 납면차라는 이름이 복건에서 비롯되어 그뒤 건안에서도 만들어지게 되었다는 것을 몰랐던 것이다.]

그러는 동안 납면차의 훌륭한 것을 만들어서 경정(京鋌)이라고 이름하였다. [그 모양이 바쳐지는 신금·백금의 쇳덩이(鋌)와 같다.]

---

5) 납면(臘面)차 : 남송 사람인 정대창(程大昌)이 지은 《연번로(演繁路)》 속집(續集) 권5의 〈납차(蠟茶)〉조에는 다음과 같은 설명이 있다. '건안차를 납차라고 이름하는 것은 찻물의 표면에 젖 같은 액이 뜬 것이 녹아난 밀랍을 닮았기 때문에 납면차라고 이름 붙인 것이다.'

6) 연고(研膏)차 : 연고차라는 것은 시루에서 쪄낸 찻잎(膏)을 갈아서(研) 만든 차를 뜻한다. 북송의 장순민(張舜民)은 《화만록(畫墁錄)》에서 '당나라 차의 품종에는 양선차를 상공품으로 삼았고, 건계의 북원은 아직도 드러나지를 않았었다. 정원 연간(785~805)에 건주자사(建州刺史)인 상곤(常袞)이 비로소 찻잎을 찌고 불에 쬐어 말리고 갈아서 연고차라고 하였다'라고 말하였다.

7) 정진공(丁晉公) : 북송의 진종(998~1022)과 인종(1023~1063)시대의 사람으로, 이름은 위(謂)였고 진국공(晉國公)으로 책봉되어서 정진공이라고 한다. 그는 함평 연간(998~1003)에 민주(閩州, 복건) 전운사(轉運使)로 있으면서 건안의 차밭과 차공장의 수효, 차를 만드는 연장의 그림, 차따기와 만들기, 바치기의 방식을 담은 《건안(북원)다록(建安(北苑)茶錄)》 3권을 지었다.

성군이 다스리는 조정인 개보(태조의 연호로서 968~975) 말년에는 남당(南唐)을 항복시켰고, 태평흥국(태종의 연호로서 976~983)의 초년에는 용과 봉황새 무늬의 거푸집8)을 특별히 갖추어 놓고 사신을 북원에 보내어 덩어리차(團茶)를 만들게 해서 서민이 마시는 차와 구분지었다. 용・봉차는 모두 이때에 시작된 것이다.

또 한 가지의 차가 있는데, 돌벼랑에 덤불지게 나서 가지와 잎이 더욱 무성하여 지도(태종의 연호로서 995~997) 초년에 천자의 명령으로 만들어 따로 석유차라고 하였다. 또 한 가지를 적유차라 하였고, 또 한 가지는 백유차라 하였다.

그런데 용・봉차가 경정・석유・적유・백유차 등의 네 가지와 함께 잇달아서 나오자, 납면차의 품격이 떨어져서 하등품이 되고 말았다. 〔문공인 양억의 《담원》9)에 적힌 바로는, 용차란 천자에게 바쳐지며 집정10)・친왕11)・장주12)에게 하사되고, 그 나머지 황족・학사・장수에게는 모두 봉차가 주어지며, 사인13)과 근신에게는 경정차와 적유차가 하사되며, 백유차는 관각14)에게 하사된다. 오직 납면차만은 하사품에 들어가 있지 않다.〕

---

8) 용과 봉황새 무늬의 거푸집(龍鳳模) : 고형차의 표면에 꿈틀거리는 용무늬나 봉황새 무늬가 새겨지도록 박아내는 본인데, 이 《선화북원공다록》의 뒷부분에 목제나 금속제의 권(圈)과 모(模)의 종류와 규격이 보인다.

9) 문공인 양억의 《담원》(楊文公億談苑) : 양억의 자(字)는 대년(大年)이요, 시호(諡號)는 문공(文公)으로서 벼슬이 공부시랑(工部侍郎)에까지 올랐다. 《담원》은 송나라의 황감(黃鑑)이 지은 것으로, 남송의 호자(胡仔)가 지은 《초계어은총화(苕溪漁隱叢話)》에도 인용되어 있다.

10) 집정(執政) : 재상(宰相)을 이르는 말.

11) 친왕(親王) : 임금의 아들인 황자(皇子)를 가리킨다.

12) 장주(長主) : 천자의 자매이다.

13) 사인(舍人) : 나라와 시대에 따라서 뜻이 다르다. 근시(近侍)의 벼슬이다.

14) 관각(館閣) : 한림원(翰林院)의 한림을 뜻한다. 한림원에서는 학자들이 조칙(詔勅)・응제(應制) 등의 글을 지었다.

채군모(蔡君謨, 채양) **초상**

대개 용·봉차 등은 모두가 태종조에 만들어진 것으로서 함평(진종의 연호로서 998~1003) 초년에 이르러 복건전운사인 정진공이 처음으로 《다록》에 적었던 것이다.〔사람들은 흔히 용·봉단차는 정진공으로부터 비롯되었다고 말한다. 그러기에 장순민도 《화만록》에서 이르기를, '복건전운사인 정진공이 비로소 용·봉단차를 창제하였다'고 하였는데, 이 말은 전해 들은 데에서 얻은 것으로 사실이 아니다.〕

경력(인종의 연호로서 1041~1048) 연간에 채군모를 전운사로 삼았을 때 작은 용단차를 창제하여 진상하였다. 그것이 천자의 의향에 드는 은혜를 입어서 해마다 바치게 되었다. 〔채군모15)가 읊은 〈북원의 차만들기〉 시16)의 자서(自序)에 이르기를, '그 해에 따로 상급품의 용차 28조각을 만들었다. 겨우 한근인데 뛰어나도록 매우 정묘하였다. 그것이 천자의 의향에 드는 은혜를 입어서 해마다 바치게 되었다'라고 하였다. 문충공인 구양수의 《귀전록》17)에 이르기를, '차의 품수로서 용·봉차보다 귀한 것은 없다. 이것을 작은 덩어리차라고 하는데, 무릇 28조각으로 무게는 한근에 값은 꾸미지 아니한 금 두냥이다. 그러나 금이 있다고 하더라도 차는

---

15) 군모(君謨) : 《다록》을 지은 채양(蔡襄)의 자(字).

16) 〈북원의 차만들기〉 시(北苑造茶詩) : 《사문유취(事文類聚)》의 속집 권12 〈향다부(香茶部)〉에 채군모의 〈북원〉 시 다섯 편이 있는데, 그 중에 〈차만들기(造茶)〉 시가 있다.

17) 구양수의 《귀전록》(歐陽文忠公歸田錄) : 북송의 구양수가 1067년에 지은 《귀전록》의 권2에 인용된 글이 적혀 있다. 그러나 글의 내용은 〈용다록 후서〉의 내용과 거의 같다.

얻을 수가 없다. 일찍이 남교에서 제를 올렸을 때 양부에 함께 한 개씩 하사된 것을 네 사람이 나누었다. 궁인들은 이따금 그 위에 금꽃을 아로새겼다. 이처럼 귀중한 것이다'라고 하였다.]

이 작은 덩어리차가 나오면서부터 용·봉차는 마침내 버금가게 되었다.

원풍(신종의 연호로서 1078~1085) 연간에는 천자의 의향이 계셔서 밀운룡차18)가 만들어졌는데, 그 품수가 작은 덩어리차의 위에 첨가되었다. [옛사람의 시에 이르기를, '작고 둥근 옥19) 같은 운룡차에는 향을 넣지 않았고, 원풍의 용배20)는 천자의 명령으로 만들었네'라고 한 것은 대개 이것을 말하는 것이다.]

소성(철종의 연호로서 1094~1098) 연간에는 따로 서운상룡차를 만들었다.

대관(휘종의 연호로서 1107~1110) 초년에 이르러 금상황제(휘종)

---

18) 밀운룡(密雲龍)차 : 남송의 주휘(周輝)가 지은 《청파잡지(淸波雜志)》에 따르면 밀운룡차를 일명 쌍각룡차(雙角龍茶)라고 하였음을 알 수 있다. '희녕(신종의 연호로서 1068~1077년)에 복건로 전운사(福建路轉運使)인 가청(賈靑)이 작은 덩어리차(小團)의 면밀한 것을 밀운룡차로 삼았다. 스무 덩어리를 한근으로 하여 쌍둥이 자루에 담았기 때문에 쌍각이라고 하였다.' 그러므로 고려의 이제현(李齊賢, 1287~1367)이 읊은 〈송광화상이 보내준 햇차에 대하여 붓가는 대로 적어 방장 밑에 부쳐드리다(松廣和尙寄惠新茗 順筆亂道寄呈丈下)〉라는 찻시에 나오는 (밀)운룡차와 곽여(郭輿, 1058~1130)가 읊은 〈청연각에서 친히 하사하옵신 쌍각룡차(淸讌閣親賜雙角龍茶)〉에 보이는 쌍각룡차는 같은 종류의 차였던 것이다. 한편 밀운룡차의 생김새에 대해서는 남송 사람인 채조(蔡絛)의 《철위산총담(鐵圍山叢談)》(6권)에 '밀운룡차는 그 구름무늬(雲紋)가 세밀(細密)하고 또 작은 용단차보다도 면밀하고 뛰어났다'고 적혀 있다.

19) 작고 둥근 옥(小璧) : 밀운룡차의 모양을 둥근 옥에 비유한 것이다. 둥근 옥은 둥글납작한데 몸 부분인 옥 둘레가 세 치(三寸) 넓이고, 복판에 있는 구멍의 지름도 세 치이다.

20) 용배(龍焙) : 송자안의 《동계시다록》에 따르면 용배란 차공장의 이름으로 북원에 하나가 있었다.

께옵서 친히 《다론》 스무 편21)을 지으사 흰 차란 보통차와는 달라서 우연히 생겨나는 것이지 인력으로 되는 것은 아니라고 하시오매 이에 흰 차가 마침내 첫째가 되었다. 〔경력 초년에 오흥의 유이(劉異)가 지은 《북원습유》22)에 이르기를, '관가의 차밭에는 대여섯 그루의 흰 차가 있는데 북돋우기가 시원치 못하다. 차 농사꾼으로서는 오직 왕면이라는 사람의 집에 한 그루가 있는데, 이른봄에는 늘 들썽한 집으로 바람과 햇살을 막고 있다'라고 하였다. 그 뒤 송자안(宋子安)이라는 사람이 있었는데 《동계시다록》23)을 지어서 또한 말하기를, '흰 차를 민간에서 대단히 중히 여기게 된 것은 근년에 생겨난 것으로서, 싹과 잎이 종이와 같아서 건안 사람들은 상서로운 차로 여기고 있다'라고 하였다. 그렇다면 흰 차를 귀하게 여기게 된 것은 경력으로부터 비롯되어 대관에 이르러서 성행된 것임을 알겠다.〕

그러는 동안에 또 세 가지의 가는 싹24)과 시신과·공신과가 만들어졌다. 〔대관 2년(1108)에 어원옥아·만수룡아를 만들고, 4년에는 또 무비수아와 시신과를 만들었으며, 정화 3년(1113)에는 공신과를 만들었다.25) 시신과와 공신과는 모두가 처음 만들어진 것으로 해마다

---

21) 《다론》 스무 편(茶論二十篇) : 휘종황제의 저서로 전해지는 《대관다론》을 가리킨다.

22) 유이가 지은 《북원습유》(劉異爲北苑拾遺) : 정위(진공)가 지은 《다록》의 보유(補遺)로서 지어졌던 찻책인데, 《송사(宋史)》 예문지(藝文志)나 남송 사람인 조공무(晁公武)의 《군재독서지(郡齋讀書志)》에도 책의 이름이 보이지만 지금은 전하지 않는다.

23) 동계시다록(東溪試茶錄) : 송자안(宋子安)의 《동계시다록》(1064년 안팎)은 전문(前文)·제다 공장·학원(壑源)·불령(佛嶺)·사계(沙溪)·차따기(採茶)·차병(茶病) 등으로 엮어져 있는 차에 관한 책이다.

24) 세 가지의 가는 싹(三色細芽) : 어원옥아·만수용아·무비수아를 가리킨다. 그리고 가는 싹은 송자안의 《동계시다록》에 보이는 '가는 잎차(細葉茶)'와 같은 뜻으로 생각된다.

25) 4년에는~공신과를 만들었다(四年 又造無比壽芽及試新銙 政和三年造貢新銙) :

바치는 수량의 한도 이외에 바쳐졌다.]

세 가지의 가는 싹이 나오면서부터 서운상룡은 도리어 아랫자리에 앉게 되었다.

대저 차싹에는 약간의 품격이 있다. 가장 으뜸가는 것을 작은 싹(小芽)이라고 한다. 참새혀(雀舌)·매손톱(鷹爪)[26]과 같고, 굳세고도 바르며 가늘고도 뾰족하여 싹차(芽茶)라고 일컫는다.

버금가는 것을 가린 싹(揀芽)[27]이라고 한다. 곧 한 싹에 한 잎이 붙어 있는 것으로 일창일기(一槍一旗)라고 일컫는다.

다음을 자줏빛 싹(紫芽)이라고 한다. 곧 한 싹에 두 잎이 붙어 있는 것으로 일창양기(一槍兩旗)라고 일컫는다. 세 잎, 네 잎씩 붙어 있는 것은 모두가 점점 쇠어가는 것이다.

싹차는 이른봄에나 있는 매우 적은 것이다. 경덕(진종의 연호로 1004~1007) 연간에 건주의 태수인 주강이 《보다경》을 지어서[28] 이르기를, '싹차로는 다만 올차(早茶)[29]를 만들어 달여서 천자를 받들어

이 《선화북원공다록》의 뒷부분에 나오는 차 이름에는 공신과는 대관 2년, 시신과는 정화 2년에 만든 것으로 적혀 있다.

26) 참새혀(雀舌)·매손톱(鷹爪) : 고려 진각국사(眞覺國師, 1178~1234)의 《사류박해(事類博解)》에도 작설차, 맥과차(麥顆茶) 등의 차 이름이 보인다. 이것은 찻잎의 모양을 보고 붙여진 이름이다.

27) 가린 싹(揀芽) : 조선시대의 서민 서예가인 조광진(曹匡振, 1772~1840)이 읊은 시에도 '가린 차를 한마음으로 다정하게 사귀는 벗으로 삼는다(揀茶爲款同心友)'라는 시구가 있다.

28) 경덕 연간에~《보다경》을 지어서(景德中 建守周絳爲補茶經) : 《문헌통고(文獻通考)》에 따르면 '강은 대중상부(진종의 연호로서 1008~1016)의 초년에 진주의 지사가 되다'라고 적혀 있다. 그러나 《복건통지(福建通志)》에는 '천성(인종의 연호로서 1023~1031) 연간에 임명되다'라고 적혀 있다. 《보다경》이란 육우의 《다경》을 보완한다는 것인데 《다경》에는 건주차에 대한 구체적인 기록이 없었기 때문이다. 《보다경》의 이름은 조공무의 《군재독서지》에 '보다경 한 권'이라고 보이지만 지금은 전하지 않는다.

29) 올차(早茶) : 다산(茶山) 정약용(丁若鏞, 1762~1836)의 《독백서》에 나오는 사제

맛보시게 하기만 하면 되는 것이다'라고 하였다.

그리고 '일창일기와 같은 것은 기차(奇茶)[30]라고 말할 수가 있다'라고 하였다. 그러기에 일창일기를 가린 싹이라고 부르는데, 가장 뛰어나게 빼어나고 빛깔이 단아한 것이다.

서왕[31]이 〈민중[32]의 벼슬아치를 보내는 시〉에서 '햇차는 재계[33]하는 동안에 한 잎을 시험하라'고 한 것은 가린 싹을 일컫는 것이다.

어떤 사람이 '아직도 덜 펴진 찻싹을 창(槍)이라 하고, 이미 펴진 것을 기(旗)라 한다'면서 서왕의 이 시를 가리켜 잘못된 것이라고 하지만, 아마도 가린 싹이 있다는 것을 모르는 탓이리라. 〔금상황제가 지으신 《다론》에 이르기를, '일기일창을 가린 싹으로 삼는다[34]'라고 하셨다. 또 왕기 공규(王岐公珪)의 시를 보니 '북원의 부드러운 향기 나는 차는 가장 아름답고, 녹아(綠芽)[35]는 아직 비도 오지 않았건만 붙어 있는 기가 새롭다'라고 하였고, 돌아가신 재상 한강공 강(韓康公絳)의 시에 이르기를, '일창이 이미 피고 막 잎이 되려고 하니 백초

간의 대화에도 올차가 등장한다.

　　다산─"올라올 때 올차를 따서 햇볕에 쬐어 말렸느냐?"

　　제자─"미처 못하였습니다."

이것은 조생종(早生種)의 차가 아니라 일찍 딴 차를 가리켰던 것으로 해석된다. 그리고 주강의 《보다경》과 송자안의 《동계시다록》에 나오는 올차도 같은 뜻으로 풀이된다.

30) 기차(奇茶) : 송나라 사신인 서긍(徐兢, 1091~1153)의 《선화봉사고려도경(宣和奉使高麗圖經)》에도 기명(奇茗)이 보인다.

31) 서왕(舒王) : 정치가요 문장가로서 형국공(荊國公)으로 책봉된 왕안석(王安石, 1021~1086)을 가리킨다.

32) 민중(閩中) : 지금의 복건성 민후현(閩侯縣)의 북쪽을 가리킨다.

33) 재계(齋) : 부정(不淨)한 일을 멀리하고 몸과 마음을 깨끗이 하는 일이다.

34) 《다론》에~가린 싹으로 삼는다(茶論曰 一旗一槍爲揀芽) : 《대관다론》의 〈차따기와 가리기(采擇)〉조에 있는 글이다.

35) 녹아(綠芽) : 육우의 《다경》에 따르면 자순차에 버금가는 품질이다.

는 모두가 부끄러워하여 아직도 감히 꽃피지 않네'라고 하였다. 이것은 모두가 가린 싹을 읊은 것으로 서왕의 뜻과 같다.]

대저 가린 싹조차도 이처럼 귀중하거늘 하물며 천자의 햇것 드시기36)에 바쳐지는 싹차임에 있어서랴. 싹차는 뛰어난 것이다.

수아(水芽)에 이르러서는 전례가 있었다는 것을 아직은 듣지 못하였다. 선화(휘종의 연호) 경자(庚子)해(선화 2년인 1120년)에 전운사인 정가간공(鄭公可簡)이 처음으로 은선수아(銀線水芽)를 만들었다. 이것은 이미 가려낸 익은 싹37)을 다시 거죽을 발라내고 다만 심의 한 가닥만 남기어 진기한 그릇에 담은 맑은 물에 담가서 밝게 윤이 나고 깨끗한 은실처럼 만드는 것으로, 이것으로 사방 한치의 새로운 고형차를 만들어 그 위에 꿈틀거리는 작은 용무늬를 하여 신룡원승설차라고 일컬었다. 또 백유·적유·석유의 삼유를 없애고, 꽃모양의 고형차38)를 20여 종류나 만들었다.

처음에 공물로 바치는 차에는 모두 용뇌의 향료를 섞어 넣고 있었는데, [채군모의 《다록》에 이르기를, '차에는 천성의 향기가 있다. 그리하여 공물로 들어가는 차에는 용뇌를 조금 섞어서 그 향기를 도우려 한다'고 하였다.] 이에 이르러 참맛을 빼앗길까 염려스러워 비로소 쓰지 않게 되었던 것이다.39)

---

36) 천자의 햇것 드시기(天子之新嘗者) : 《예기(禮記)》에도 음력 7월에 임금이 햇곡식을 드신다고 적혀 있다.

37) 익은 싹(熟芽) : 수아(水芽)를 만들기 위하여 작은 싹(小芽)을 시루에 쪄서 익힌 것을 말한다.(조여려가 지은 《북원별록》의 〈가린차〉조 참조)

38) 꽃모양의 고형차(花銙) : 웅번의 《선화북원공다록》에 수록된 차 그림에는 운엽(雲葉)·촉규(蜀葵)·금전(金錢)·만춘은엽(萬春銀葉) 등의 꽃모양을 한 고형차가 보인다.

39) 비로소 쓰지 않게 되었던 것이다(如不用焉) : 용뇌향을 차에 섞던 방법이 송나라 때에 완전히 종식된 것은 아니다. 이를테면 원나라의 음선태의(飮膳太醫)인 홀사혜(忽思慧)의 《음선정요(飮膳正要, 1330)》와 명나라 때 소주의 명의였던 한혁

대저 차의 묘미는 승설차에 이르러서 지극하게 되었다. 그러므로
이를 으뜸으로 삼기에 합당한 것이다. 그러나 지금도 오히려 흰 차의
차등품으로 놓여 있는 것은 상감40)께옵서 흰 차를 좋아하시기 때문
이다.

이전에 한 고을 사람인 황유가 지은 《품다요록》41)에서 당시에 영아
차의 풍부한 것을 매우 칭찬하여 '육우와 약간의 사람들에게 이것을
보여주면 반드시 실의하여 멍하게 얼빠진 상태가 되리라'고 하였는
데 웅번 또한 '황군에게 오늘날의 사정을 보여준다면 이전 것은 아직
도 자랑하기에는 넉넉하지 못하리라'고 말하고 싶다.

그리하여 용배의 차도 처음에 관가에서 징수하는 공물의 수량은 유
달리 적었다. 〔태평흥국의 초년에는 겨우 50조각을 바쳤다.〕 점점 늘
어나서 원부(철종의 연호로서 1098~1100)에 이르러서는 조각으로
헤아려 1만 8천이 되어 초기에 비교하면 이미 몇 갑절이 되었으나 지
금도 역시 아직은 번성하지를 못한다. 지금은 4만 7천1백 조각 남짓
하다. 〔이 수량들은 모두 범규가 지은 《용배미성다록》에 보인다. 규는
차의 벼슬아치였다.〕

흰 차와 승설차로부터 차례를 따라서 그 이름은 참으로 많다. 이제

(韓弈)의 《역아유의(易牙遺意)》에도 용뇌와 사향을 섞는 착향차(着香茶)의 제다
법이 적혀 있다.

40) 상감(上) : 휘종황제를 가리킨다.

41) 한 고을 사람인~《품다요록》(郡人黃儒撰品茶要錄) : 황유의 고향인 건안(복건성
    남평전구 건구현)과 웅번의 고향인 건양(복건성 남평전구 건양현)은 송나라 때의
    건안군에 속하였기 때문에 한 고을 출신이라는 뜻이다. 황유의 자(字)는 도보(道
    輔)요, 신종의 희녕 6년(1073)에 진사가 되었다. 그가 지은 《품다요록》은 총론·
    채조과시(采造過時)·백합도엽(白合盜葉)·입잡(入雜)·증불숙(蒸不熟)·과숙(過
    熟)·초부(焦釜)·압황(壓黃)·지고(漬膏)·상배(傷焙)·변학원사계(辨壑源沙
    溪)·후론으로 구성되어 있는데 송대의 제다법을 이해하는 데 있어 귀중한 사
    료이다.

왼편(아래)에 열거하여 호사자로 하여금 봄으로써 지식을 얻게 하련다.

공신과(貢新銙) : 대관[42] 2년에 만듦.

시신과(試新銙) : 정화[43] 2년에 만듦.

흰 차(白茶) : 정화 3년에 만듦.

용원승설(龍園勝雪) : 선화[44] 2년에 만듦.

어원옥아(御苑玉芽) : 대관 2년에 만듦.

만수룡아(萬壽龍芽) : 대관 2년에 만듦.

상림제일(上林第一) : 선화 2년에 만듦.

을야청공(乙夜淸供) : 선화 2년에 만듦.

승평아완(承平雅玩) : 선화 2년에 만듦.

용봉영화(龍鳳英華) : 선화 2년에 만듦.

옥제청상(玉除淸賞) : 선화 2년에 만듦.

계옥승은(啓沃承恩) : 선화 2년에 만듦.

설영(雪英) : 선화 3년에 만듦.

운엽(雲葉) : 선화 3년에 만듦.

촉규(蜀葵) : 선화 3년에 만듦.

금전(金錢) : 선화 3년에 만듦.

옥화(玉華) : 선화 3년에 만듦.

촌금(寸金) : 선화 3년에 만듦.

무비수아(無比壽芽) : 대관 4년에 만듦.

만춘은엽(萬春銀葉) : 선화 2년에 만듦.

옥엽장춘(玉葉長春) : 선화 4년에 만듦.

의년보옥(宜年寶玉) : 선화 2년에 만듦.

---

42) 대관(大觀) : 휘종의 연호(1107~1110).

43) 정화(政和) : 휘종의 연호(1111~1117).

44) 선화(宣和) : 휘종의 연호(1119~1125).

옥청경운(玉淸慶雲) : 선화 2년에 만듦.

무강수룡(無彊壽龍) : 선화 2년에 만듦.

서운상룡(瑞雲翔龍) : 소성45) 2년에 만듦.

장수옥규(長壽玉圭) : 정화 2년에 만듦.

흥국암과(興國巖銙)

향구배과(香口焙銙)

상품간아(上品揀芽) : 소성 2년에 만듦.

신수간아(新收揀芽)

태평가서(太平嘉瑞) : 정화 2년에 만듦.

용원보춘(龍苑報春) : 선화 4년에 만듦.

남산응서(南山應瑞) : 선화 4년에 만듦.

흥국암간아(興國巖揀芽)

흥국암소룡(興國巖小龍)

흥국암소봉(興國巖小鳳)

이상을 고운 종류(細色)라고 일컫는다.

간아(揀芽)·소룡(小龍)·소봉(小鳳)·대룡(大龍)·대봉(大鳳)

이상을 거친 종류(麤色)라고 일컫는다.

또한 경림육수(瓊林毓粹)·욕설정상(浴雪呈祥)·학원공수(壑源拱秀)·공비추선(貢篚推先)·가배남금(價倍南金)·양곡선춘(暘谷先春)·수암도승(壽巖都勝)·연평석유(延平石乳)·청백가감(淸白可鑑)·풍운심고(風韻甚高)의 무릇 10종류가 있는데, 모두가 선화 2년에 만들어졌으나 5년이 넘어서 없어졌다.

이상을 한 해에 10여 강(綱)46)으로 나누어 서울(지금의 하남성 개

---

45) 소성(紹聖) : 철종의 연호(1094~1097).

46) 강(綱) : 강이란 동아줄로 총괄하여 비끌어맨다는 뜻으로, 출하되는 1회 분량의 상품을 총괄하여 이르는 말이다. 특히 북원공다소에서 진상을 위하여 출하되는

봉시)로 운반했다. 오
직 흰 차와 승설차만
은 경칩 이전에 차만
드는 일을 일으켜서
열흘 사이에 완성해
날랜 기병(騎兵 : 말탄
군사)을 빨리 달리게

구양수(歐陽脩)의 친필

하여 중춘(음력 2월)을 벗어나지 않게 서울에 이르게 반드시 하기에
두강(頭綱)47)이라고 일컫는다.

옥아차 이하는 앞뒤의 차례대로 발송하는데 공납을 충족하게 이르
게 하는 때는 여름도 절반이 지나서이다.

문충공 구양수의 시48)에 이르기를, '건안이라 3천5백리 길, 서울에서
는 삼월에 햇차를 맛보신다네'49)라고 하였는데, 아마도 이전에는 이와
같았던 모양이다. 옛날과 비교하면 지금은 아주 빨라진 셈이다. 생각하
니, 작고 보잘것없는 초목조차도 진기하고 보통보다 뛰어나게 다르더라
도 반드시 때를 만난 뒤에만 나오는 것이어늘, 하물며 선비임에 있어서
랴. 그 옛날 창려선생은 가려서 뽑혀 올라가는 은혜를 입은 두 마리의

차의 강차(출하 순서)에 대해서는 조여려가 지은 《북원별록》의 〈강차〉조에 자세
히 적혀 있다.

47) 두강(頭綱) : 그 해의 첫머리에 진상되는 차를 두강차라고 한다. 한반도에서도 고
    려의 이규보(李奎報, 1168~1235)는 '두번(頭番)'이라 하고, 조선의 김정희(金正
    喜, 1786~1856)는 '두강'이라고 하였다.
48) 문충공 구양수의 시(歐陽文忠公詩) : 이 시의 제목은 〈천자의 편안하심을 위하여
    바친 햇차를 맛보시다〉이다.
49) 서울에서는 삼월에 햇차를 맛보신다네(京師三月嘗新茶) : 두강차는 청명(양력 4
    월 5~6일경) 때 종묘에서 거행하는 제례에 천신(薦新)으로 사용되므로 공다소에
    서 서울까지 말을 타고 열흘에 4천 리를 달려야 하기에 급정차(急程茶)라고도 하
    였다.

새에 감동되어 이 몸은 새만도 못하다는 것을 가엾게 여겼다.50)

이제 내(웅번)가 이 진상차에 대하여 감히 창려선생이 지은 감동적인 시가(詩歌)를 본받아 배우려는 것은 아니다. 다만 스스로 조심하여 굳게 지조를 지키면서 때를 기다릴 뿐이다.

　　공신과(貢新銙) : 죽권(竹圈)51)·은모(銀模)52) 사방53) 한치 두푼
　　용원승설(龍園勝雪) : 죽권·은모 사방 한치 두푼
　　시신과(試新銙) : 죽권·은모 사방 한치 두푼

---

50) 창려선생은~가엾게 여겼다(昌黎先生感二鳥之蒙採擢 而自悼其不知) : 당나라의 첫째가는 문장가인 한유(韓愈, 768~824)의 자(字)는 퇴지(退之)요, 호(號)는 창려(昌黎)였다. 세살 때 고아가 된 그는 각고의 노력 끝에 덕종 때에는 진사가 되고 감찰어사(監察御史)가 되었다. 그러나 헌종 때 〈불골표(佛骨表)〉를 받들었던 탓으로 황제의 노여움을 받게 되어 조주(潮州)로 귀양을 갔다. 그러나 목종 때 용서를 받고 병부시랑(兵部侍郎)과 이부시랑(吏部侍郎)을 지냈다.《선화북원공다록》에 적힌 일화는 그가 관계에 진출하기 이전의 일이다. 즉 그는 정원 8년(792) 진사에 급제하였으나 관직에 기용되지를 못하였다. 그래서 그는 정원 11년에 시행된 진사 시험 때에도 서울로 올라가서 재상에게 관리로 임용하여 줄 것을 청원하였으나 아무런 성과도 없었다. 실의에 빠진 채 어쩔 수 없이 고향으로 돌아가려고 동관의 관문을 나선 그가 강가에서 쉬고 있노라니, 황제에게 진상되는 흰 새와 흰 구욕새(찌르레기과에 속하는 때까치를 닮은 새로서 구관조라고도 한다. 몸은 검고 날개 밑에 흰 점이 있다)를 만나게 되었다. 한유는 그 새들이 단지 깃털이 다르다는 이유만으로 황제에게 진상되는 것이니, 자기의 불우한 처지를 한탄한 나머지 두 마리의 새에 감동되어 읊은 시가(感二鳥賦)를 지었다. 그가 하남현의 현령(縣令)으로 있을 때는 낙양현의 성내에 살던 노동(盧同, ?~835)에게 월급의 일부를 쪼개어 보내서 조상의 제사 비용에 쓰도록 하였다. 노동은 저 유명한 〈붓을 움직여 맹간의가 부친 햇차에 사례하다〉라는 차 노래를 지은 사람이다. 또 그의 제자인 손초(孫樵)와 뇌명차(雷鳴茶)에 얽힌 일화는 송나라 도곡(陶穀)의 《천명록(荈茗錄)》에 수록되어 있기도 하다. 한유의 글은 《창려문집》으로 전해지고 있다.

51) 죽권(竹圈) : 대나무로 만든 우리라는 뜻인데, 연분(研盆)에서 갈아낸 찻잎을 받쳐서 담는 틀이다. 위치로 말하면 권(圈)은 밑에 깔린다.

52) 은모(銀模) : 차를 박아낼 때 위에서 누르는 본을 모라고 한다.

53) 사방(方) : 한 변의 길이만 명시된 네모난 차임을 알 수가 있다.

어원옥아(御苑玉芽) : 은권·은모 지름54) 한치 닷푼

흰 차(白茶) : 은권·은모 지름 한치 닷푼

상림제일(上林第一) : □권·□모 사방 한치 두푼

만수룡아(萬壽龍芽) : 은권·은모 지름 한치 닷푼

승평아완(承平雅玩) : 죽권·□모 사방 한치 두푼

을야청공(乙夜淸供) : 죽권·□모 사방 한치 두푼

옥제청상(玉除淸賞) : □권·□모 사방 한치 두푼

용봉영화(龍鳳英華) : □권·□모 사방 한치 두푼

설영(雪英) : 은권·은모 가로 길이55) 한치 닷푼

계옥승은(啓沃承恩) : 죽권·□모 사방 한치 두푼

촉규(蜀葵) : 은모·은권 지름 한치 닷푼

운엽(雲葉) : 은모·은권 가로 길이 한치 닷푼

옥화(玉華) : 은모·은권 가로 길이 한치 닷푼

금전(金錢) : 은모·은권 지름 한치 닷푼

촌금(寸金) : 은모·죽권 사방 한치 두푼

무비수아(無比壽芽) : 은모·죽권 사방 한치 두푼

만춘은엽(萬春銀葉) : 은모·은권 양쪽 끝의 지름56) 두치 두푼

의년보옥(宜年寶玉) : 은모·은권 세로 길이 세치

옥청경운(玉淸慶雲) : 은모·은권 사방 한치 여덟푼

옥엽장춘(玉葉長春) : 은모·죽권 세로 길이 한치

무강수룡(無疆壽龍) : 죽권·은모 세로 길이 세치 여섯푼

서운상룡(瑞雲翔龍) : 은모·은권 지름 두치 닷푼

---

54) 지름(徑) : 지름이 명시된 것은 동그라미나 꽃 모양의 차를 가리킨다.

55) 가로 길이(橫長) : 가로 방향으로 길쭉하거나 여섯모 꼴·꽃 모양의 가장 긴 너비
가 명시된 것이다.

56) 양쪽 끝의 지름(兩尖徑) : 위의 각주 55)와 같음.

貢新銙
竹圈　銀模
方一寸二分

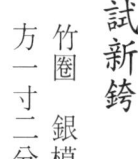

試新銙
竹圈　銀模
方一寸二分

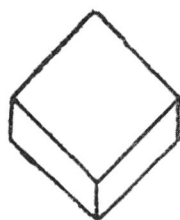

龍園勝雪
竹圈　銀模
方一寸二分

白茶
銀圈　銀模
徑一寸五分

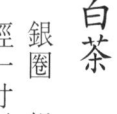

御苑玉芽
銀圈　銀模
徑一寸五分

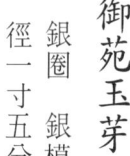

萬壽龍芽
銀圈　銀模
徑一寸五分

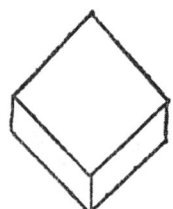

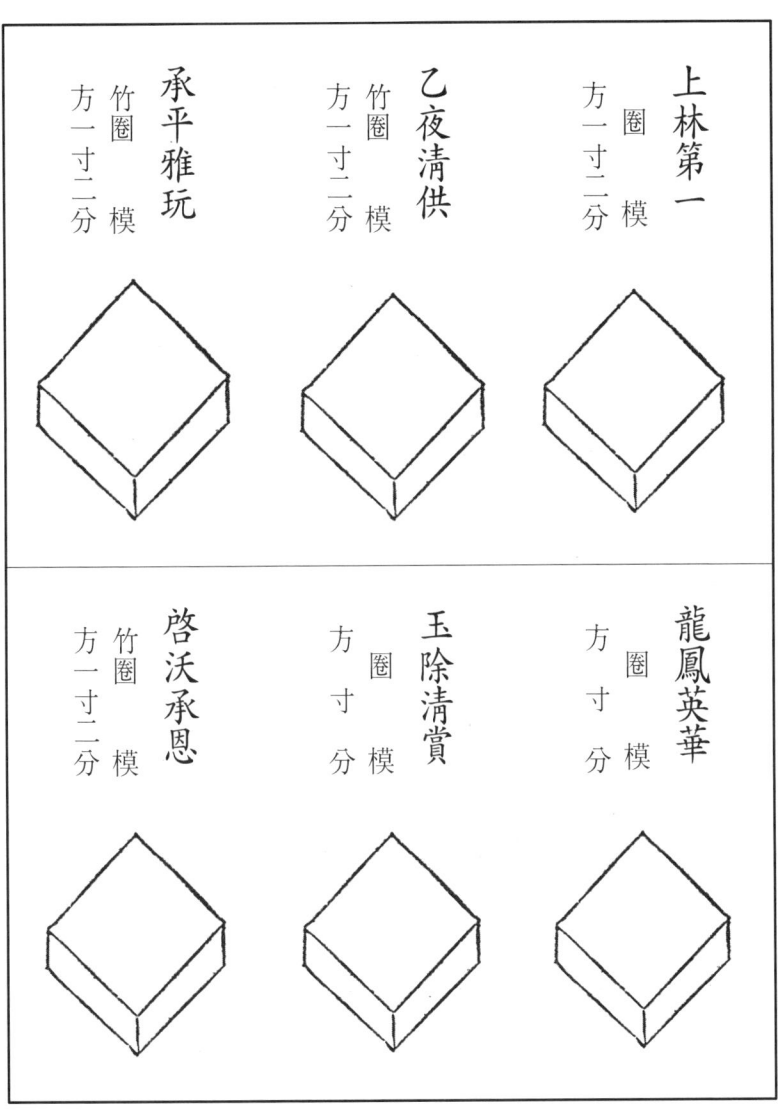

上林第一
圈　模
方一寸二分

乙夜清供
竹圈　模
方一寸二分

承平雅玩
竹圈　模
方一寸二分

龍鳳英華
圈　模
方　寸　分

玉除清賞
圈　模
方　寸　分

啓沃承恩
竹圈　模
方一寸二分

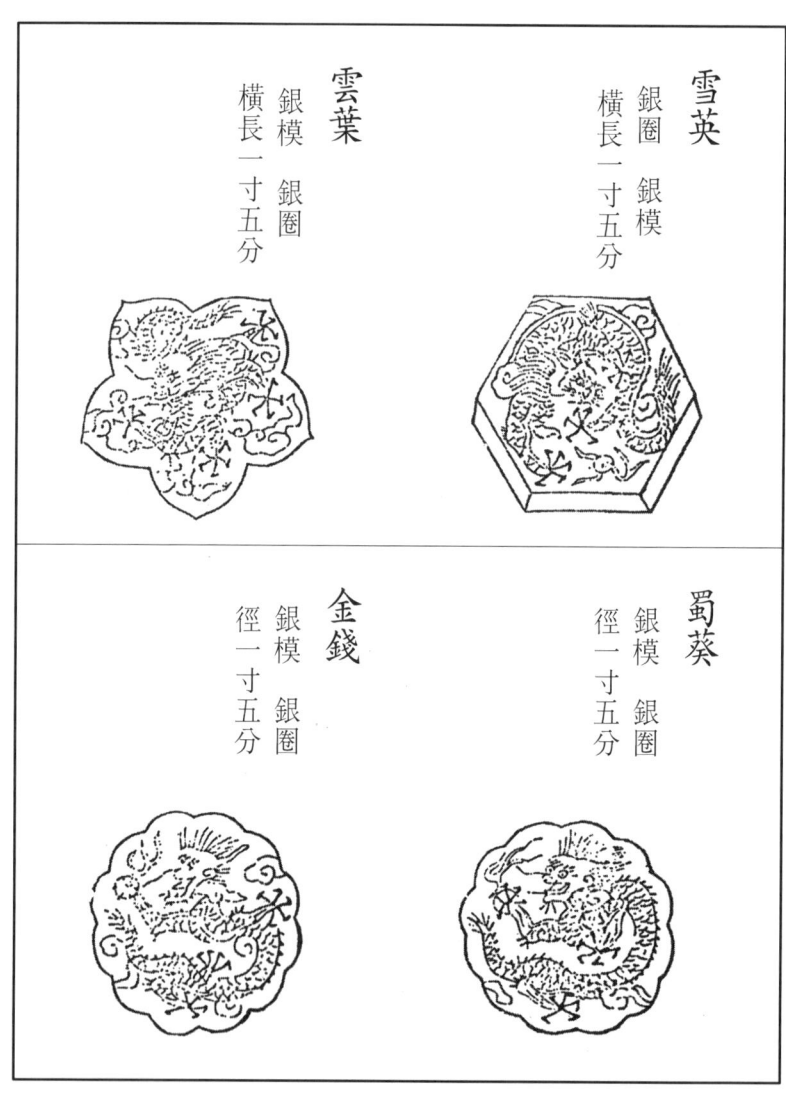

雪英
銀圈　銀模
橫長一寸五分

雲葉
銀模　銀圈
橫長一寸五分

蜀葵
銀模　銀圈
徑一寸五分

金錢
銀模　銀圈
徑一寸五分

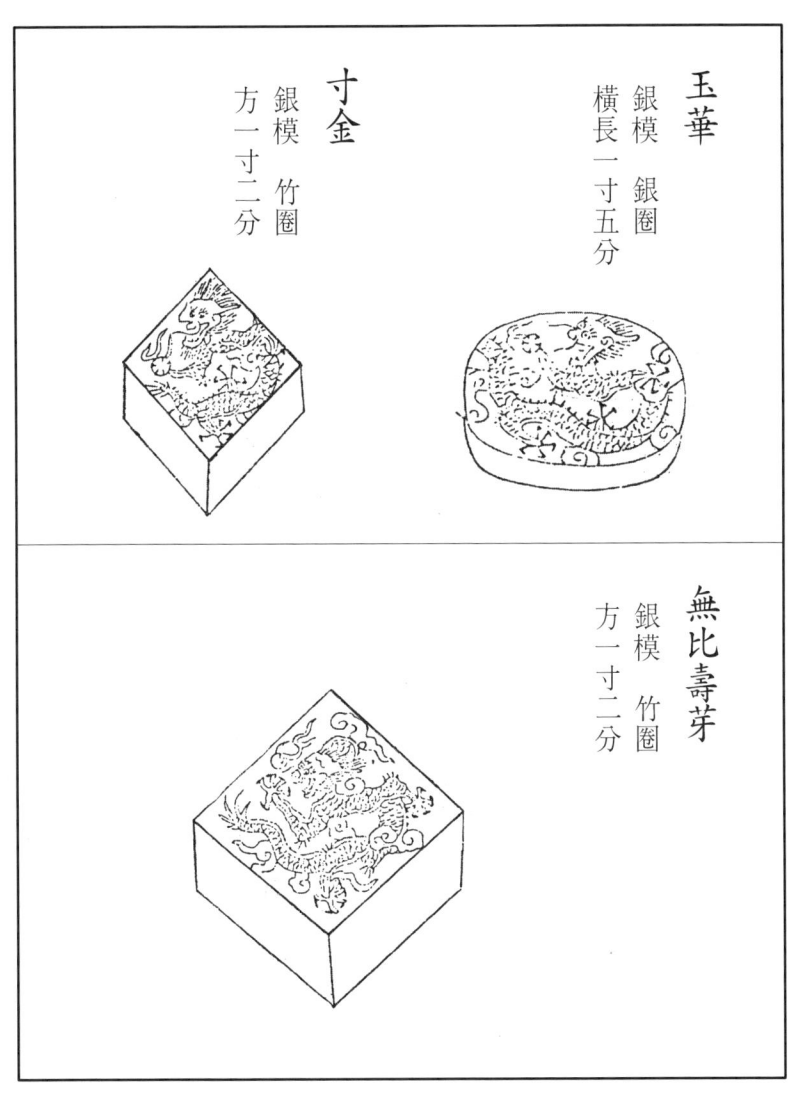

玉華
銀模　銀圈
橫長一寸五分

寸金
銀模　竹圈
方一寸二分

無比壽芽
銀模　竹圈
方一寸二分

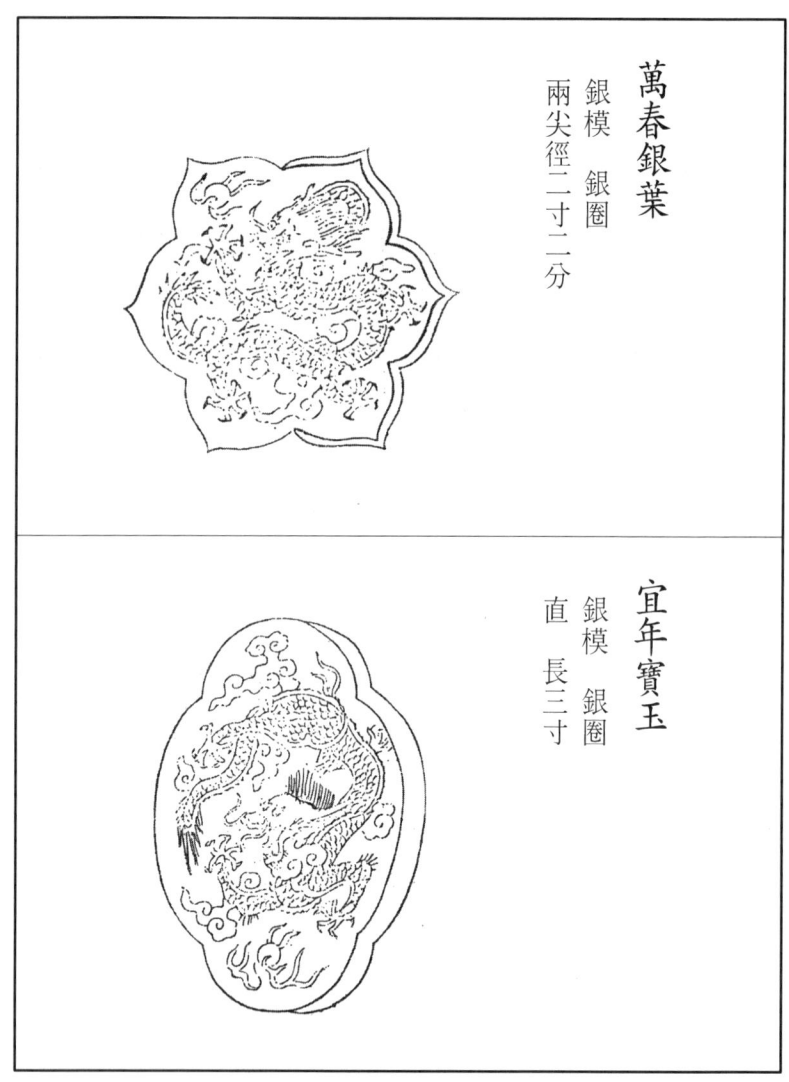

萬春銀葉
銀模　銀圈
兩尖徑二寸二分

宜年寶玉
銀模　銀圈
直　長三寸

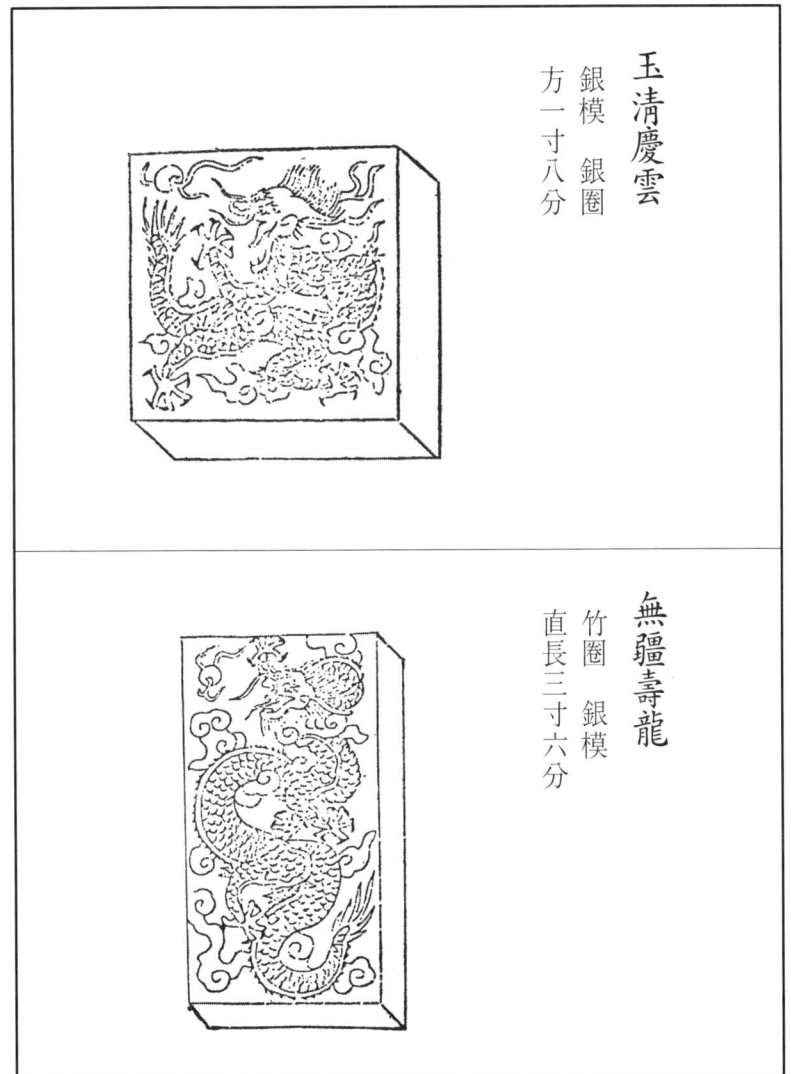

玉清慶雲
銀模　銀圈
方一寸八分

無疆壽龍
竹圈　銀模
直長三寸六分

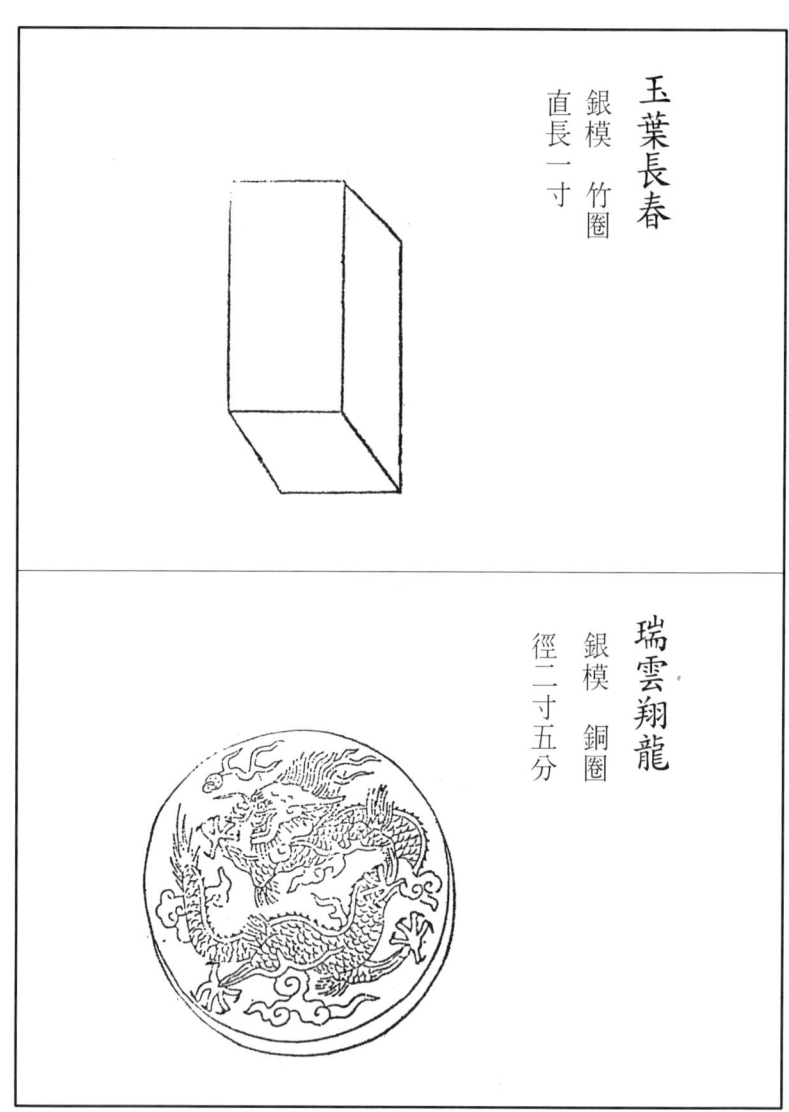

玉葉長春
銀模　竹圈
直長一寸

瑞雲翔龍
銀模　銅圈
徑二寸五分

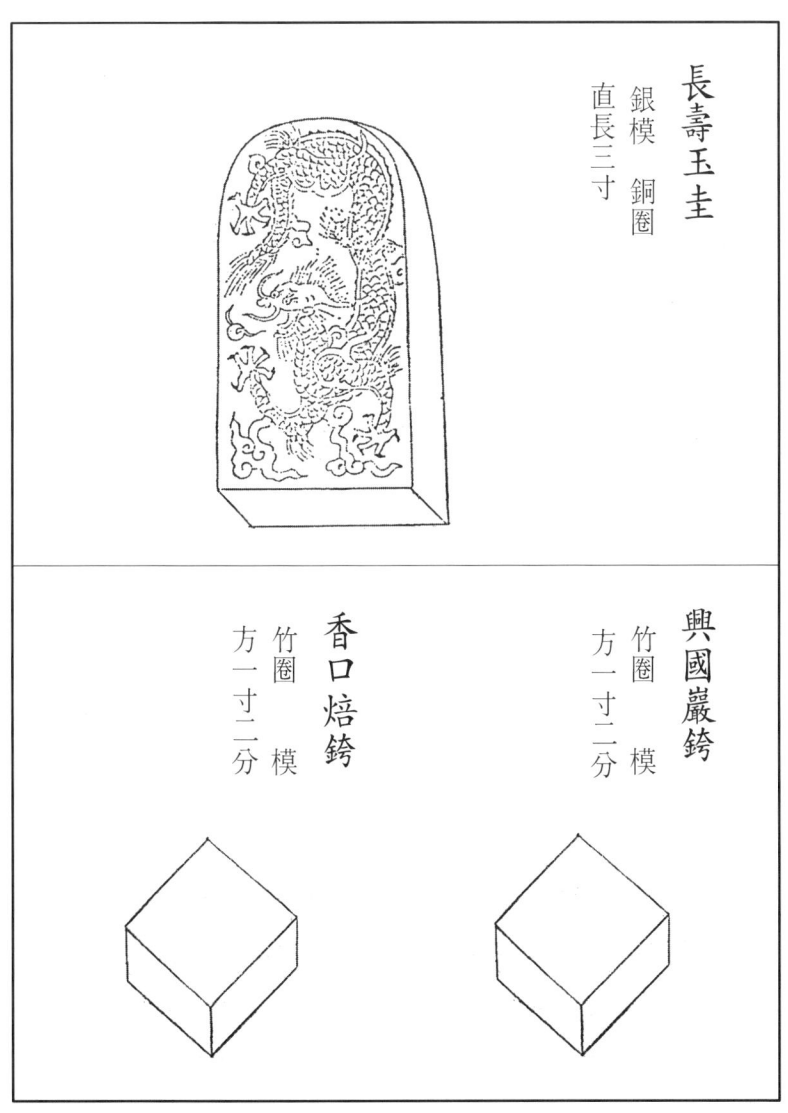

長壽玉圭
銀模　銅圈
直長三寸

興國巖銙
竹圈　模
方一寸二分

香口焙銙
竹圈　模
方一寸二分

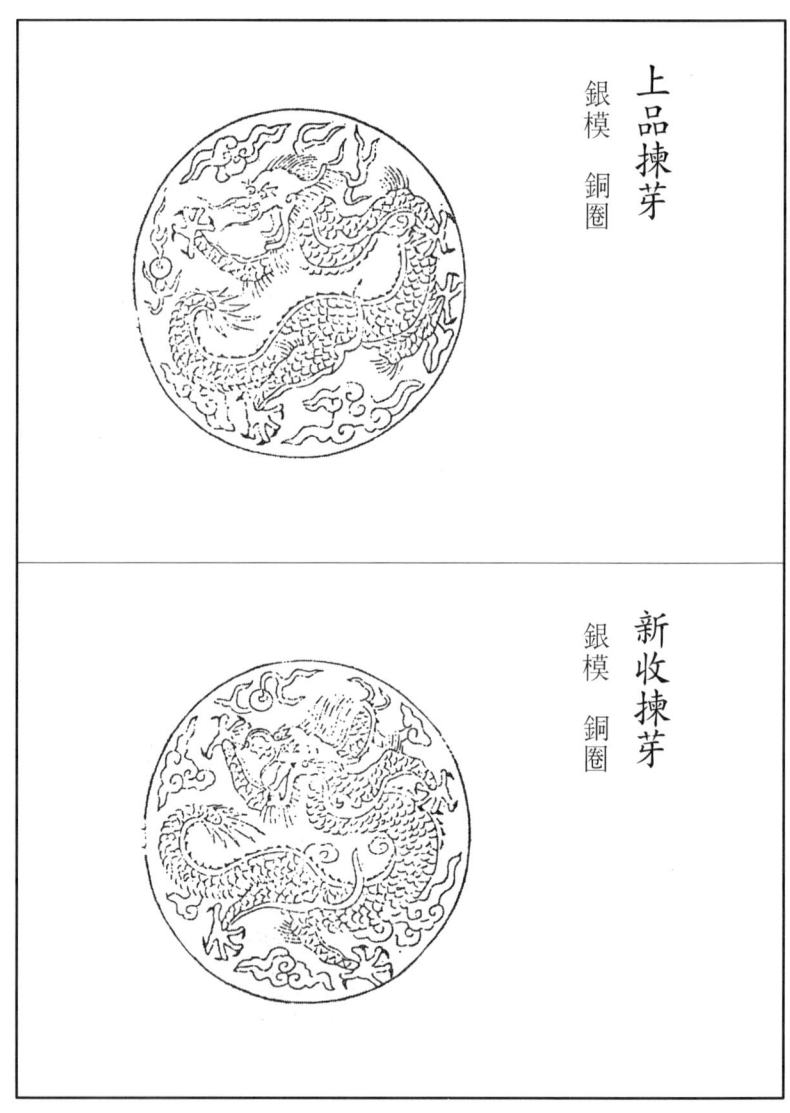

上品揀芽

銀模　銅圈

新收揀芽

銀模　銅圈

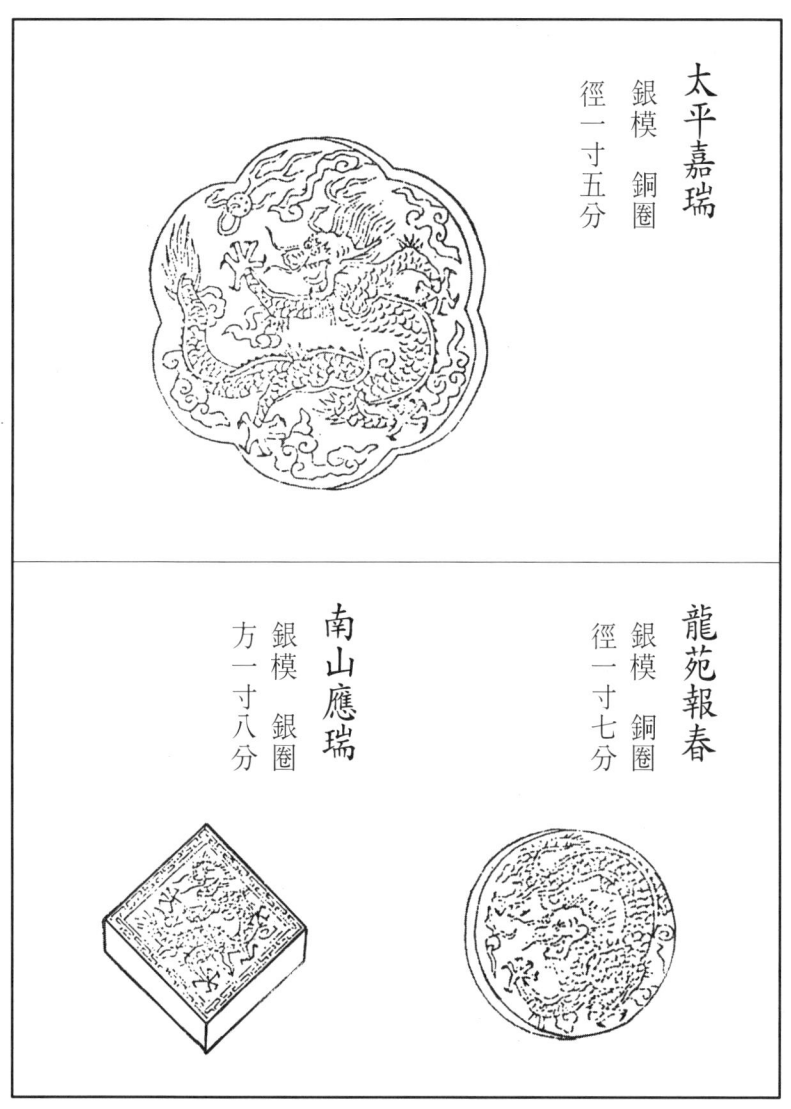

太平嘉瑞
銀模　銅圈
徑一寸五分

龍苑報春
銀模　銅圈
徑一寸七分

南山應瑞
銀模　銀圈
方一寸八分

興國巖揀芽

銀圈　銀模

徑三寸

小龍

銀圈　銀模

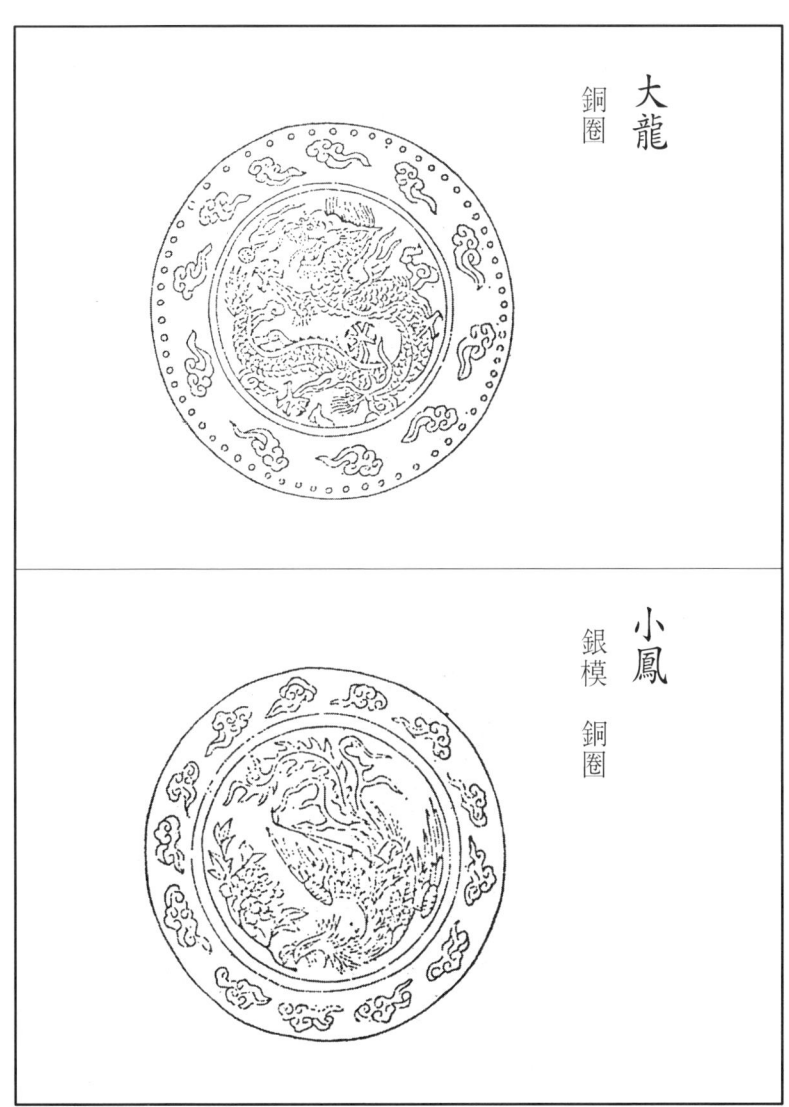

大鳳
銀模 銅圈

장수옥규(長壽玉圭) : 은모·동권 세로 길이 세치

향구배과(香口焙銙) : 죽권·□모 사방 한치 두푼

흥국암과(興國巖銙) : 죽권·□모 사방 한치 두푼

상품간아(上品揀芽) : 은모·동권 지름 두치 닷푼

신수간아(新收揀芽) : 은모·동권 사방 한치 닷푼

태평가서(太平嘉瑞) : 은모·은권 지름 한치 닷푼

남산응서(南山應瑞) : 은모·은권 사방 한치 팔푼

용원보춘(龍苑報春) : 은모·동권 지름 한치 칠푼

흥국암간아(興國巖揀芽) : 은권·은모 지름 세치

소룡(小龍) : 은권·은모 사방 한치 여덟푼

대룡(大龍) : 동권

소봉(小鳳) : 은모·동권

대봉(大鳳) : 은모·동권

〈천자의 동산에서 차 따는 노래〉 열 수(御苑採茶歌十首)[57) [번역
생략]

돌아가신 아버지[58)가 《선화북원공다록》을 지으신 것은 곧 바치는
차가 극히 왕성하려고 할 때라 무릇 40여 종류나 있었다.

소흥(남송 고종의 연호)의 무인년(고종 28, 1158)에는 내(熊克)가

---

57) 천자의 동산에서 차 따는 노래 열 수(御苑採茶歌十首) : 서문에 따르면 철종조에
전운사를 지낸 봉수목(封修睦, 스스로 아호를 退士라고 하였다)이 지은 〈천자의
동산에서 차 따는 노래 열 수〉는 사람들에게 전해지고 있었다. 그러나 오늘날 어
용차밭의 제도는 옛날과 견주면 더욱 왕성한데 퇴사가 못본 것이 애석하다. 그래
서 웅번이 삼가 옛일을 좇아 퇴사의 원운(元韻)을 그대로 사용하여 또한 열 수의
시가를 읊어서 전운사에게 바쳤던 것이다.

58) 돌아가신 아버지(先人) : 웅극의 아버지인 웅번을 가리키는 말이다.

북원까지 겸직하게 되어 최근에 바쳐지는 바를 하나하나 수효를 세어 확인하여 보았더니, 모두가 묵은 사례 그대로를 따르고 있었으며, 바치는 앞뒤의 차례 또한 마찬가지였다. 다만 달라졌다면 용원승설차를 흰 차의 위에 올렸다는 것과 홍국암·소룡·소봉이 없어진 정도이다.

아마도 건염 원년(1127)에 서울이 남쪽으로 옮겨지면서59) 천자의 의향에 따라서 공물의 3분의 1을 덜었을 때 이것들도 덜어 없어졌으리라.

돌아가신 아버지께서는 다만 그 이름과 별호만을 저술하셨을 따름이니, 나(웅극)는 이제 다시 그 만들어진 모양을 베껴서, 이 책을 보아주시는 많은 사람들에게 원한을 남기는 일이 없도록 하였다.

이보다 앞선 임자(소흥 2년, 1132) 봄에 전운사가 또 다시 차를 다스리는 일(茶政)을 겸쳐 보게 되매, 13년을 넘겨서 옛 수량의 한도를 그대로 회복하고 또한 정화(휘종의 연호, 1111~1117)의 옛일로 말미암아 차 2만 그루를 보태어 심기도 하였다. 〔정화 연간에는 일찍이 3만 그루를 심었었다.〕

해를 이어서 (전운사는) 차를 바치는 임무를 더욱 굳게 잡아쥐고, 마침내 늘어나는 품목도 만들어졌다. 역시 경정차를 바꾸어 대룡단차를 만들었기 때문에 이로 말미암아 대룡차가 대봉차보다도 많아졌다.

대저 이러한 것이 최근의 사정이지만 어떤 것은 지금도 역시 내가 아직 알지 못하는 것이 있으리라.

돌아가신 아버지께서는 또 일찍이 〈차를 바치는 노래 열 수〉를 지으셨는데 이것을 읽어보았더니 이전의 일들을 미루어 헤아릴 수가 있

---

59) 서울이 남쪽으로 옮겨지면서(南渡) : 남송의 고종이 즉위(1127)하자 금나라 군사의 세력을 피해서 서울인 변경(汴京, 開封)을 양자강 남쪽에 있는 임안(臨安, 杭州)으로 옮긴 것을 가리킨다.

다. 그러므로 아울러 취하여 끝에 붙여 두었다.

3월 초하루, 아들인 극60)이 북원의 임시로 사는 집에서 쓰다.

북원의 차바치기는 가장 왕성하다. 그러나 선배들의 기록은 경력(인종의 연호로서 1041~1048) 이전에 그치고 있다.

원풍(신종의 연호, 1078~1085)의 밀운룡차, 소성(철종의 연호, 1094~1097)의 서운상룡차 등 서로 이어서 빼어난 것이 나오자 만드는 법도 옛날보다 면밀하게 되었다.

그러나 아직은 이에 대한 호사자의 기록도 없고, 다만 시인의 시구 속에나 보일 뿐이다.

대관(휘종의 연호, 1107~1110)에 이른 이래로 신형의 고형차가 많이 만들어지게 되었으나 아직도 가린 싹으로 만들어지고 있었다.

그러나 선화 연간에 이르러 처음으로 수아가 있게 되었기 때문에 용원승설차와 흰 차가 늘어서서 해마다 시초의 차 바치기에 채워지게 되었다.

거듭하여 어원옥아차 이하로부터 그 이름은 참으로 많다. 돌아가신 아버지는 그 당시에 일어난 일들을 몸소 보시고 남김없이 적으신 것이다. 그렇게 이루어진 책은 온전하게 남아 있다.

지금 민중의 전운사가 펴낸《다록》은 미비한 것이 많은데, 이 책이 그 부족한 것을 증정(增訂)하기를 바란다.

순희(남송의 제2대 황제인 효종의 연호) 9년(1182) 겨울 12월 4일에 조산랑, 행비서랑겸국사편수관·학사원 권직인 웅극이 삼가 적노라.

---

60) 아들인 극(男克) : 웅극(熊克)의 자(字)는 자복(子復)으로 소흥 연간에 진사가 되었다. 저서로는《구조통략(九朝通略)》·《중흥소기(中興小紀)》·《제자정화(諸子精華)》 등이 있었으나 지금은《중흥소기》만 전할 뿐이다.

宣和北苑貢茶錄

北宋　熊　蕃

陸羽茶經　裴汶茶述　皆不第建品　說者但謂二子未嘗至閩　而不知物之發也　固自有時　蓋昔者山川尙閟　靈芽未露　至于唐末　然後北苑出爲之最　是時僞蜀詞臣毛文錫作茶譜　亦第言建有紫笋　而臘面乃産于福

五代之季　建屬南唐〔南唐保大三年　俘王延政　而得其地〕歲率諸縣民　採茶北苑　初造硏膏　繼造臘面〔丁晉公茶錄載　泉南老僧淸錫　年八十四　嘗視以所得李國主書　寄硏膏茶　隔兩歲方得臘面　此其實也　至景祐中　監察御史丘荷撰御泉亭記　乃云　唐季勅福建罷貢橄欖　但贄臘面茶　卽臘面産于建安明矣　荷不知臘面之號始于福　其後建安始爲之〕旣又製其佳者　號曰京鋌〔其狀如貢神金　白金之鋌〕

聖朝開寶末　下南唐　太平興國初　特置龍鳳模　遣使卽北苑造團茶　以別庶飮　龍鳳茶蓋始于此　又一種茶　叢生石崖　枝葉尤茂　至道初　有詔造之　別號石乳　又一種號的乳　又一種號白乳　蓋自龍鳳與京　石　的　白四種繼出　而臘面降爲下矣〔楊文公億談苑所記　龍茶以供乘輿及賜執政　親王　長主　其餘皇族　學士　將帥　皆得鳳茶　舍人　近臣賜京鋌　的乳　而白乳賜館閣　惟臘面不在賜品〕

蓋龍鳳等茶　皆太宗朝所制　至咸平初　丁晉公漕閩　始載之於茶錄〔人多言龍鳳團起于晉公　故張氏畵漫錄云　晉公漕閩　始創爲龍鳳團　此說得于傳聞非其實也〕慶曆中　蔡君謨將漕　創造小龍團以進　被旨仍歲貢之〔君謨北苑造茶詩　自序云　其年改造上品龍茶二十八片　纔一斤　尤極精妙　被旨仍歲貢之　歐陽文忠公歸田錄云　茶之品莫貴于龍鳳　謂之小

團 凡二十八片 重一斤 其價値金二兩 然金可有 而茶不可得 嘗南郊
致齋 兩府共賜一餠 四人分之 宮人往往鏤金花其上 蓋貴重如此] 自
小團出 而龍鳳遂爲次矣

元豊間 有旨造密雲龍 其品又加于小團之上[昔人詩云 小璧雲龍 不
入香 元豊龍焙乘詔作 蓋謂此也] 紹聖間 改爲瑞雲翔龍 至大觀初 今
上親製茶論二十篇 以白茶與常茶不同 偶然生出 非人力可致 於是白
茶遂爲第一[慶曆初 吳興劉異爲北苑拾遺云 官園中有 白茶五六株 而
壅焙不甚至 茶戶唯有王免者 家一巨株 向春常造浮屋以障風日 其後
有宋子安者 作東溪試茶錄 亦言 白茶民間大重 出于近歲 芽葉如紙
建人以爲茶瑞 則知白茶可貴 自慶曆始 至大觀而盛也]

旣又製三色細芽 及試新銙貢新銙[大觀二年 造御苑玉芽 萬壽龍芽
四年 又造無比壽芽及試新銙 政和三年造貢新銙 試新銙及貢新銙皆
創爲 此獻在歲額之外] 自三色細芽出 而瑞雲翔龍顧居下矣

凡茶芽數品 最上曰小芽 如雀舌鷹爪 以其勁直纖銳 故號芽茶 次曰
揀芽 乃一芽帶一葉者 號一槍一旗 次曰紫芽 乃一芽帶兩葉者 號一槍
兩旗 其帶三葉四葉 皆漸老矣 芽茶早春極少 景德中 建守周絳爲補茶
經 言芽茶只作早茶 馳奉萬乘嘗之可矣 如一槍一旗 可謂奇茶也 故一
槍一旗 號揀茶 最爲挺特光正

舒王送人官閩中詩云 新茗齋中試一旗 謂揀芽也 或者乃謂茶芽未
展爲槍 已展爲旗 指舒王此詩爲誤 蓋不知有所爲揀芽也[今上聖製茶
論曰 一旗一槍爲揀芽 又見王岐公珪詩云 北苑和香品最精 綠芽未雨
帶旗新 故相韓康公絳詩云 一槍已笑將成葉 百草皆羞未敢花 此皆詠
揀芽 與舒王之意同] 夫揀芽猶貴重如此 而况芽茶以供天子之新嘗者
乎 芽茶絶矣

至于水芽 則曠古未之聞也 宣和庚子歲 漕臣鄭公可簡 始創爲銀線
水芽 蓋將已揀熟芽再剔去 祇取其心一縷 用珍器貯淸泉漬之 光明瑩

潔　若銀線然　其製方寸新銙　有小龍蜿蜒其上　號新龍園勝雪　又廢白
的　石三乳鼎　造花銙二十餘色　初　貢茶皆入龍腦〔蔡君謨茶錄云　茶有
眞香　而入貢者微以龍腦和膏　欲助其香〕至是慮奪眞味　始不用焉　蓋
茶之妙　至勝雪極矣　故合爲首冠　然猶在白茶之次者　以白茶上之所好
也

異時　郡人黃儒撰品茶要錄　極稱當時靈芽之富　謂使陸羽數子見之
必爽然自失　蕃亦謂使黃君而閱今日　則前乎此者　未足詫焉　然龍焙初
興　貢數殊少〔太平興國初　纔貢五十片〕累增至元符　以片計者一萬八
千　視初已加數倍　而猶未盛　今則爲四萬七千一百片有奇矣〔此數皆見
范逵所著龍焙美成茶錄　逵　茶官也〕自白茶勝雪以次　厥名實繁　今列
於左　使好事者得以觀焉

貢新銙　大觀二年造　試新銙　政和二年造　白茶　政和三年造　龍園勝
雪　宣和二年造　御苑玉芽　大觀二年造　萬壽龍芽　大觀二年造　上林第
一　宣和二年造　乙夜淸供　宣和二年造　承平雅玩　宣和二年造　龍鳳英
華　宣和二年造　玉除淸賞　宣和二年造　啓沃承恩　宣和二年造　雪英　宣
和三年造　雲葉　宣和三年造　蜀葵　宣和三年造　金錢　宣和三年造　玉華
宣和三年造　寸金　宣和三年造　無比壽芽　大觀四年造　萬春銀葉　宣和
二年造　玉葉長春　宣和四年造　宜年寶玉　宣和二年造　玉淸慶雲　宣和
二年造　無彊壽龍　宣和二年造　瑞雲翔龍　紹聖二年造　長壽玉圭　政和
二年造　興國巖銙　香口焙銙　上品揀芽　紹聖二年造　新收揀芽　太平嘉
瑞　政和二年造　龍苑報春　宣和四年造　南山應瑞　宣和四年造　興國巖
揀芽　興國巖小龍　興國巖小鳳

已上號細色

揀芽　小龍　小鳳　大龍　大鳳

已上號麤色

又有瓊林毓粹　浴雪呈祥　壑源拱秀　貢篚推先　價倍南金　暘谷先春

壽巖都勝　延平石乳　清白可鑑　風韻甚高　凡十色　皆宣和二年所製　越
五歲省去

　右歲分十餘綱　惟白茶與勝雪　自驚蟄前興役　浹日乃成　飛騎疾馳　不
出中春　已至京師　號爲頭綱　玉芽以下　卽先後以次發　逮貢足時　夏過
半矣　歐陽文忠公詩曰　建安三千五百里　京師三月　嘗新茶　蓋異時如此
以今較昔　又爲最早　因念草木之微　有瓌奇卓異　亦必逢時而後出　而況
爲士者哉　昔昌黎先生　感二鳥之蒙採擢　而自悼其不如　今蕃于是茶也
焉敢效昌黎之感賦　姑務自警　而堅其守　以待時而已

貢新銙	竹圈	銀模	方一寸二分
龍園勝雪	竹圈	銀模	方一寸二分
試新銙	竹圈	銀模	方一寸二分
御苑玉芽	銀圈	銀模	徑一寸五分
白茶	銀圈	銀模	徑一寸五分
上林第一	圈	模	方一寸二分
萬壽龍芽	銀圈	銀模	徑一寸五分
承平雅玩	竹圈	模	方一寸二分
乙夜清供	竹圈	模	方一寸二分
玉除清賞	圈	模	方一寸二分
龍鳳英華	圈	模	方一寸二分
雪英	銀圈	銀模	橫長一寸五分
啓沃承恩	竹圈	模	方一寸二分
蜀葵	銀模	銀圈	徑一寸五分
雲葉	銀模	銀圈	橫長一寸五分
玉華	銀模	銀圈	橫長一寸五分
金錢	銀模	銀圈	徑一寸五分
寸金	銀模	竹圈	方一寸二分

無比壽芽	銀模	竹圈	方一寸二分
萬春銀葉	銀模	銀圈	兩尖徑二寸二分
宜年寶玉	銀模	銀圈	直長三寸
玉淸慶雲	銀模	銀圈	方一寸八分
玉葉長春	銀模	竹圈	直長一寸
無疆壽龍	竹圈	銀模	直長三寸六分
瑞雲翔龍	銀模	銅圈	徑二寸五分
長壽玉圭	銀模	銅圈	直長三寸
香口焙銙	竹圈	模	方一寸二分
興國巖銙	竹圈	模	方一寸二分
上品揀芽	銀模	銅圈	徑二寸五分
新收揀芽	銀模	銅圈	方一寸五分
太平嘉瑞	銀模	銅圈	徑一寸五分
南山應瑞	銀模	銀圈	方一寸八分
龍苑報春	銀模	銅圈	徑一寸七分
興國巖揀芽	銀圈	銀模	徑三寸
小龍	銀圈	銀模	方一寸八分
大龍	銅圈		
小鳳	銀模	銅圈	
大鳳	銀模	銅圈	

御苑採茶歌十首幷序(全刪一編譯者)

先人作茶錄　當貢品極盛之時　凡有四十餘色　紹興戊寅歲　克攝事北苑閱近所貢皆仍舊　其先後之序亦同　惟躋龍園勝雪於白茶之上　及無興國巖　小龍　小鳳　蓋建炎南渡　有旨罷貢三之一　而省去也

先人但著其名號 克今更寫其形製 庶覽之者無遺恨焉 先是 壬子春
漕司 再葺茶政 越十三載 仍復舊額 且用政和故事 補種茶二萬株〔政
和間曾種三萬株〕次年益虔貢職 遂有創增之目 仍改京鋌爲大龍團 由
是大龍多於 大鳳之數 凡此皆近事 或者猶未之知也 先人又嘗作貢茶
歌十首 讀之可想 見異時之事 故併取以附於末 三月初吉 男克北苑寓
舍書

北苑貢茶最盛 然前輩所錄 止于慶曆以上 自元豐之密雲龍 紹聖之
瑞雲翔龍 相繼挺出 制精于舊 而未有好事者記焉 但見于詩人句中 及
大觀以來 增創新銙 亦猶用揀芽 蓋水芽至宣和始有 故龍園勝雪與白
茶角立 歲充首貢 復自御苑玉芽以下 厥名實繁 先子親見時事 悉能記
之 成編具存 今閩中漕臺所刊茶錄 未備此書 庶幾補其闕云

淳熙九年冬十二月四日 朝散郎行秘書郎兼國史編修官學士院權直
熊克謹記

11. 북원별록(北苑別錄)

남송(南宋) 조 여 려(趙汝礪)

건안1) 동쪽 30리에 봉황이라는 산이 있는데, 그 기슭이 바로 북원으로, 곁에는 여러 차공장2)들이 잇닿았다.

그 토양은 붉은 흙3)이고 차는 오로지 으뜸 중의 으뜸이다.

태평흥국(976~984) 연간에는 처음으로 어용 차공장으로 되더니 해마다 용과 봉황새의 본으로 박아내어 공물을 대광주리에 담아서 바침으로써 진기하고 이상한 물건이라는 것을 더욱 나타내었다.

경력(1041~1048) 연간에 전운사는 그 일을 더욱 중하게 여겨서 품목과 수량은 날로 늘어나고 만드는 법도 면밀하게 되었다.

오늘날의 차로서는 북원으로부터 진상되는 것이 천하에서 홀로 으뜸가는 것이라 항간에서는 얻을 수 있는 것이 못된다.

바야흐로 봄의 벌레들이 움직여서 의좋게 모여들4) 때가 되면 천

---

1) 건안(建安) : 지금의 복건성 남평전구의 건구현이다.
2) 여러 차공장(諸焙) : 송자안의 《동계시다록》에 따르면 정씨(丁氏)의 옛 기록에는 관영·민영의 차공장이 1,336개나 된다고 적혀 있었다 한다.
3) 붉은 흙(赤壤) : 송자안의 《동계시다록》에도 민 지방의 토양에 대하여 '그 땅은 붉은 언덕'이라고 적혀 있다. 차나무가 자랄 수 있는 토질에 대해서는 육우의 《다경》에 다음과 같이 적혀 있다. '그 지질로 말하면 상품은 문드러진 돌멩이 땅에서 나며, 중품은 조약돌이 섞인 땅에서 나며, 하품은 누른 땅에서 난다.'
4) 의좋게 모여들(蟄) : 이것은 경칩(驚蟄)을 가리키는 말이다. 경칩이란 24절기의

명이나 되는 일꾼이 천둥이 울리듯이 와글와글 떠들어대어 한때의 성
황은 참으로 훌륭한 경치가 아닐 수 없다. 그러기에 건안 사람들은
이르기를, "건안에 와서도 북원에 가보지 않는다면 안와 본 것이나
마찬가지이다."라고 하는 것이다.

　나는 북원의 일을 관할하므로 말미암아 마침내 그 내력을 연구하여
알게 되었다. 그래서 잠시 그 대개를 주워 모으고 10여 무리로 조리
를 세워 《북원별록》이라고 부르는 것이다.

천자를 위한 차밭(御園)

　*구과십이롱(九窠十二隴)　*맥과(麥窠)　*양원(壤園)　용유과(龍遊
窠)　*소고죽(小苦竹)　고죽리(苦竹裏)　*계수과(雞藪窠)　*고죽(苦竹)
고죽원(苦竹源)　*오서과(鼯鼠窠)　*교련롱(敎煉隴)　*봉황산(鳳凰山)
대소한(大小焊)　횡갱(橫坑)　원유롱(猿遊隴)　*장갱(張坑)　*대원(帶園)
배동(焙東)　*중력(中歷)　동제(東際)　*서제(西際)　*관평(官平)　*상
하관갱(上下官抗)　석쇄과(石碎窠)　호슬과(虎膝窠)　누롱(樓隴)　초과
(蕉窠)　신원(新園)　대루기(大樓基)　완갱(阮坑)　*증갱(曾坑)5)　황제(黃
際)　*마안산(馬鞍山)　*임원(林園)　화상원(和尙園)　*황담과(黃淡窠)
오언산(吳彦山)　나한산(羅漢山)　수상과(水桑窠)　사고원(師姑園)　동

하나로서 땅속에서 겨울잠을 자던 벌레들이 놀라서 깨어난다는 양력 3월 5일 경
이다. 당나라의 노동(盧同)이 읊은 〈붓을 움직여 맹간의가 부친 햇차에 사례하
다〉라는 차 노래에도 '듣자니 새해에 산속에 들어간즉 겨울잠 자던 벌레들이 놀
라서 봄바람이 일어난다네'라는 구절이 보인다. 한편 휘종의 《대관다론》(〈하늘이
주는 좋은 때〉조)과 웅번의 《선화북원공다록》에도 차따는 철은 경칩 전후로 적
혀 있다.
5) 증갱(曾坑) : 송자안의 《동계시다록》에 따르면 증갱은 봉황산의 동남쪽으로 멀
리 떨어진 차용 차밭이었다. 고려의 원감국사(圓鑑國師, 1226~1292)가 읊은 〈금
장대사가 주신 햇차를 사례하다(謝金藏大師惠新茶)〉라는 다게(茶偈)에도 증갱차
의 이름이 보인다.

장(銅場) 영자(靈滋) 범마원(范馬園) 고여(高畬) 대과두(大窠頭) 소산(小山). 〔*는 송자안의 《동계시다록》(〈북원〉 증갱·석갱조)에 보이는 것임〕

이상 46개소의 땅 넓이는 동서남북이 30여 리인데, 관평 위를 안밭(內園)이라 하고, 관갱 밑을 바깥밭(外園)이라고 한다.

봄에 영묘한 싹이 터져서 떨어지는 것은 언제나 민간의 차밭보다 열흘 남짓 앞서고, 구과십이롱·용유과·소고죽·장갱·서제는 천자를 위한 차밭(禁園)에서도 앞선다.

차판 벌이기(開焙)

경칩철에는 만물이 처음으로 움이 트므로 해마다 언제나 그 3일 전에 차판을 벌인다. 윤년을 만났거든 이와는 반대로 하는데, 그 기후가 조금 늦어지기 때문이다.

차따기(採茶)

차를 따는 법은 모름지기 새벽을 침노하며 해를 보아서는 아니된다.[6] 새벽을 침노하면 밤 이슬이 덜 마르고, 찻싹이 살찌고 젖어 있기 때문이다. 해가 보이면 양기가 엷어져서 싹의 기름진 기름기가 속으로 없어지게 되어 물을 받았을 때 선명치가 않다.[7]

그러므로 날마다 언제나 오경(오전 4시)에 북을 쳐서 일꾼의 무리를 봉황산(산에는 북을 치는 정자가 있다)에 모아 놓고, 차따는 감독

---

6) 차를 따는 법~해를 보아서는 아니된다(採茶之法 須是侵晨 不可見日) : 우리나라에서도 밤에 차를 딸 때 부르던 노래가 있다. 〔휘종황제 지음 《대관다론》(〈차따기와 가리기〉조)의 각주 19) 참조〕

7) 차를 따는 법~선명치가 않다(採茶之法~至受水而不鮮明) : 이 대목과 같은 것이 《북원별록》(1186)보다 먼저 저술된 송자안의 《동계시다록》(1064년 안뭐)에도 보인다.

관(監採官)이 일꾼들에게 패조각 하나를 주어 산에 들여보낸다.

진시(辰刻, 오전 8시)가 되면 다시 꽹과리를 울려서 모이게 한다. 그것은 시간이 넘었는데도 많이 일해서 손에 넣을 것을 탐낼까 두려워하기 때문이다.[8] 대저 차를 따는 것도 모름지기 손에 익어야 하므로 일꾼을 뽑을 때는 반드시 토착민으로서 환히 알고 외는 사람이라야 하는 것이다.

그것은 차의 이르고 늦은 곳을 특별히 알 뿐만 아니라, 따는 데 있어서도 손가락의 놀림새까지도 알고 있기 때문이다.

대저 손톱으로 따지 않고 손가락으로 따면 많이 따뜻해져서 손상되기 쉬우며, 손가락으로 따지 않고 손톱으로 따면 얼른 끊겨서 부드럽지가 못하다.[9] 〔옛말에 따랐다〕 그러므로 차 따는 일꾼이 숙달되기를 바라는 것도 바로 이 때문이다. 〔차 따는 일꾼은 하루에 225인을 부린다.〕

찻잎 가리기(揀茶)

차에는 소아(小芽)·중아(中芽)[10]·자아(紫芽)·백합(白合)·오체(烏蔕)가 있다는 것을 미리 알아두지 않으면 안된다.

소아라는 것은 그 작기가 매손톱과 같은데, 처음에 만드는 용원승설과 흰 차[11]는 그 소아로 만든다. 먼저 쪄서 익힌 다음 물동이 속에

---

8) 시간이 넘었는데도~두려워하기 때문이다(恐其踰時貪多務得也) : 해가 돋아서 따지 못하게 된 시간에도 다투어서 많이 따려는 폐단이 일어나는 원인은 정해진 책임량이 있었기 때문으로 짐작된다.

9) 대저 손톱으로~부드럽지가 못하다(蓋以指而不以甲 則多溫而易損 以甲而不以指 則速斷而不柔) : 이 대목과 같은 내용이 《북원별록》보다 먼저 나온 《대관다론》(1107)의 〈차따기와 가리기〉조에도 보인다.

10) 중아(中芽) : 웅번의 《선화북원공다록》에서 말하는 '가린 싹(揀芽)'이다.

11) 처음에 만드는 용원승설과 흰 차(初造龍園勝雪白茶) : 이 두 종류의 차가 새해의

담가두었다가 겨우 침(鍼, 의료용의 침)과 같이 작으며 맑고 질이 좋은 것만을 발라낸 것을 수아(水芽)[12]라고 부르는데, 이것이 소아 중에서 가장 아름다운 것이다.

중아는 옛날에 일창일기라고 부르던 것이다.

자아[13]는 잎이 자줏빛 나는 것이다.

백합[14]은 소아에 이를 받들듯이 자라는 두 잎이다.

오체[15]는 차의 체두(蔕頭)이다.

대저 차는 수아를 으뜸으로 삼으며, 소아가 버금가며, 중아가 또 그 다음간다. 자아·백합·오체는 모두 취할 바가 못된다.

싹을 면밀하게만 가리면 차의 빛깔과 맛이 좋지 않은 것이 없으나 만일 취할 바가 못되는 것[16]을 섞으면 찻물의 표면은 고르지 않게 되며, 빛깔은 흐리고 맛은 무거워진다.

첫머리에 진상된다는 것은 웅번의 《선화북원공다록》에 보인다.

12) 수아(水芽) : 수아를 만드는 순서가 《북원별록》에 적힌 것과 《선화북원공다록》에 적힌 것과는 정반대이다. 즉 《북원별록》에 적힌 방법은 '찻싹을 물동이에 담근 다음에 작은 것을 발라내는 것'이다. 그런데 《선화북원공다록》에 적힌 방법은 '찻싹에서 질이 좋은 작은 것을 발라낸 다음 물에 담그는 것'이다. 남송의 도관(姚寬)이 지은 《서계총화(西溪叢話)》의 권상(卷上)에도 '소심아를 남겨서 물속에 담근 것을 수아라 부른다(留小心芽 置於水中 呼爲水芽)'고 적혀 있다. 만들어진 제품의 품질에는 차이가 없을지라도 만들기 쉬운 것은 《북원별록》에 적힌 방법이 될 것이다.

13) 자아(紫芽) : 조여려가 《북원별록》에서 말하는 '자아'란 육우가 《다경》에서 말하는 자순(紫笋)과는 다르다. 또 웅번은 《선화북원공다록》에서 한 싹에 두 잎이 달린 '일창양기'를 자아라고 하였다.

14) 백합(白合) : 도관의 《서계총화》에는 '수아라고 하는 것은 먼저 찌고 뒤에 가린다. …… 또 다음에 두 어린 잎을 따는데 이것을 백합이라 한다'고 적혀 있다.

15) 오체(烏蔕) : 도관의 《서계총화》에는 오체에 대하여 '한 싹마다 먼저 바깥에 붙어 있는 21장의 작은 잎을 제거하는데 이것을 오체라 한다'고 적혀 있다.

16) 취할 바가 못되는 것(所不取) : 자아·백합·오체를 가리킨다.

찻잎찌기(蒸茶)

찻싹은 네 번이나 씻어서 깨끗하게 한 것을 취한 뒤, 시루에 넣고
물이 끓기를 기다렸다가 이것을 찐다.

그러나 찌기에는 지나치게 익는 병과 덜 익는 병이 있다. 지나치게
익으면 빛깔은 누르고 맛은 담백하다. 덜 익으면 빛깔은 파랗고 가라
앉기 쉬우며17) 풀과 나무의 냄새가 있다.18) 다만 중용을 이룬 것이
알맞는다.

차짜기(榨茶)

차가 이미 익은 것을 다황(茶黃)이라고 부른다. 모름지기 물을 뿌
리면서 몇번 씻는다. 〔식기를 바라서이다〕 바야흐로 작은 짜는 틀에
넣고 물기를 뺀다. 또 큰 짜는 틀에 넣고 진액을 짜내는데, 〔수아를
높은 압력으로 누르는 것은 싹이 어리기 때문이다〕 이보다 앞서서,
헝겊으로 싸고 대껍질로 묶은 다음 큰 짜는 틀에 넣고 누른다.

밤중에 꺼내어 고르게 주물러 부드럽게 하고 다시 먼저처럼 짜는
틀에 넣는 것을 번드쳐짜기(翻榨)라고 하는데, 밤을 새워 용기를 내
어 쳐서 반드시 깨끗이 마를 때까지19) 할 뿐이다.

대저 건안차는 맛이 멀고도 효험이 커서 강남차는 비교도 안된다.

---

17) 덜 익으면~가라앉기 쉬우며(不熟則色青易沈) : 황유의 《품다요록》(〈덜 익혀 찌
기〉조)에도 ‘〔차를〕 시험할 때 빛깔이 파랗고 가라앉기 쉬우며 맛이 복숭아씨 냄
새가 나는 것은 덜 익혀 찌는 병이다’라고 적혀 있다.

18) 풀과 나무의 냄새가 있다(而有草木之氣) : 송자안의 《동계시다록》(〈차병〉조)에도
‘싹 찌기가 덜 익으면 풀과 나무의 냄새가 있다’고 적혀 있다.

19) 마를 때까지(至于乾淨) : 《품다요록》의 〈청고(清膏)〉조에도 ‘짜기는 그 진액을 다
없어지게 하기를 바란다. 진액이 다 없어진 것은 마른 대잎의 빛깔과 같다’고 적
혀 있다.

그러기에 강남차는 진액이 흐르는 것을 두려워하지만, 건안차는 오직 그 진액이 다 없어지지 않는 것을 겁내는 것이다.20) 진액이 다 없어지지 않았다면 빛깔과 맛이 무겁고 흐리다.

차갈기(硏茶)

차를 가는 연장은 모밀잣밤나무로 만든 절굿공이(杵)와 진흙으로 구워 만든 질동이다. 이것으로 큰 찻덩어리를 여럿으로 나눈 뒤에 물을 따르면서 가는데, 그 물에도 모두가 일정한 수량이 있게 마련이다. 위로는 승설 흰 차는 16잔, 밑으로는 가린 싹이 6잔, 소용봉이 4잔, 대용봉이 2잔이며, 그 나머지는 모두가 12잔이다.

12잔 이상은 하루에 한 덩어리를 갈고, 6잔 이하는 하루에 세 덩어리에서 일곱 덩어리까지 간다.

잔마다 반드시 물이 마르고 차가 한도에 이를 때까지 갈 뿐이다. 물이 마르지 않으면 차가 한도에 이르지 않고, 차가 한도에 이르지 않으면 완성된 차의 표면이 고르지 못하고 시험삼아 달였을 때 가라앉기가 쉽다. 그러므로 차갈이 일꾼(硏夫)은 강하고 힘이 있는 사람을 더욱 귀하게 여긴다.

일찍이 생각컨대, 천하의 이치로서 서로 기다리지 않고 이루어진 것은 아직까지 없었으니, 북원차가 있다는 것도 용정의 물이 있은 뒤로부터이다. 그 깊이는 한 길이 되지 못하나 맑고도 달며 밤낮으로 길어도 물이 마르지 않는다.

대저 북원으로부터 진상되는 차는 모두가 이 물에 의지하고 있다.

---

20) 건안의 차는~겁내는 것이다(蓋建茶味遠而力厚 非江茶之比 江茶畏流其膏 建茶惟恐其膏之不盡) : 《품다요록》의 〈후론(後論)〉조에도 '대저 초차(草茶)는 맛이 짧고 담백하기에 언제나 진액이 사라질까 두렵다. 건안차는 효험이 크고 달기에 오직 진액이 사라지기를 바란다'고 적혀 있다.

이것 또한 촉강의 비단21)과 같고, 아정(阿井)의 아교22)같이 어찌 믿
지 않으리오.

차만들기(造茶)

차를 만드는 곳은 묵은 사례에 따르면 네 구획(四局)으로 나뉘어져
있었으나, 장인들에게 이기는 것을 좋아하는 마음이 일어나 서로 자
랑하는 폐단을 없애지 못하여 마침내 합쳐서 둘로 만들었다. 그래서
찻집(茶堂)에는 동국(東局)과 서국(西局)의 이름이 있고, 고형차에도
동국의 작품(東作)과 서국의 작품(西作)이라는 이름이 있다.

대저 가는 동이(研盆)에서 처음으로 꺼낸 차는 손가락으로 부딪혀
평미레질하고, 주물러서 매끄럽게 한다. 그런 뒤 우리(圈, 위에서 누
르는 틀)에 넣고 고형차를 만들어 갈대로 겨른 삿자리에 널었다가 불
위에 통과시켜서 말리게 된다.23)

네모난 차(方銙)도 있고 꽃모양의 차(花銙)도 있고 대룡도 있고 소
룡도 있는데, 품종도 같지 않고 그 이름 또한 다르다.

그러므로 바치는 차를 올려보내는 차례대로 동여매어서 뒤에 적어
두는 것이다.24)

차말리기(過黃)

차를 말리는 것은 처음에는 세찬 불에 넣고서 불에 쬐어 말리고,

---

21) 촉강의 비단(錦之於蜀江) : 촉강은 사천성 성도의 남쪽을 흐르는 강으로서 예로
    부터 이 강물로 비단을 빨아야만 품질이 좋았다고 한다.
22) 아정의 아교(膠之於阿井) : 아정(阿井)은 산동성의 옛 양곡현 북쪽에 있는 동아성
    의 진북문 안에 있는 우물인데, 아교를 삶기에 알맞다고 한다.
23) 불 위에 통과시켜서 말리게 된다(過黃) : 삿자리에서 햇볕과 바람에 건조된 차를
    다음 장의 〈과황(過黃)〉조에 보이는 방법대로 말리는 것이다.
24) 뒤에 적어 두는 것이다 : 이 대목이 원문에는 없으나 뒷장에 나오는 〈강차(綱
    次)〉를 가리키는 말이기에 덧붙인 것이다.

다음에는 끓는 물에 통과시켜서 목욕시킨다. 무릇 이와 같은 과정을 세 차례 되풀이한 다음, 하룻밤을 불에 묵혀서 이튿날에는 마침내 연배(煙焙)25)에 통과시킨다. 그러나 연배의 불이란 세차서는 안된다. 세차면 차의 표면이 타서 빛깔이 검게 되는 것이다.

또 그을려서도 안된다. 그을리면 향기는 다 없어지고 탄내가 난다. 다만 따끈따끈하게 할 따름이다.

대체로 보아 연배에 넣어두는 일수26)의 많고 적음은 모두가 고형차의 두텁기와 얇기를 엿보아서 하게 된다.

두터운 고형차는 10일에서 15일까지이며, 얇은 고형차는 6일에서 8일까지이다. 일수가 이미 가득 찬 뒤에는 끓인 물 위를 통과시켜서 빛깔을 낸다. 빛깔을 낸 뒤에는 마땅히 밀폐된 방에 두고 부채로 급히 부채질하면 윤기가 자연히 밝게 빛난다.

올리는 차례(綱次) (번역 생략)

고운 종류의 다섯 차례(細色五綱)

고운 종류의 차로서는 공신과(貢新銙)를 으뜸으로 삼는데, 차판을 벌인 지 10일 만에 바치기에 들어간다. 그리고 용원승설을 가장 아름다운 것으로 삼는다. 건안 사람들에게는 값이 4만 전27)이라는 말이

---

25) 연배(煙焙) : 연배의 구조에 대한 구체적인 설명은 없으나, 육우의 《다경》에 보이는 '배로(焙爐)'를 연상케 한다. '땅을 깊이 두자, 너비 두자 다섯치, 길이 한길로 뚫어 위에다 짧은 담장을 만들고 두자 높이의 진흙을 바른다.' 그런데 원문의 설명에 따르면 연료는 섶나무를 땠던 모양이어서, 불길이 세차면 차가 타고 연기가 나면 그을리는 폐단이 있었던 것이다.

26) 연배에 넣어두는 일수(火數) : 《북원별록》의 〈강차(綱次)〉조에는 진상차를 만들 때 연배에 넣어두는 일수가 적혀 있다.

27) 값이 4만 전(直四萬錢) : 13세기 후반에 지어진 원나라 주밀(周密)의 《건순세시

있다.

대저 공물로 들어가는 차는 부들잎(蒻葉)으로 동여 매어 누런 비단을 바른 작은 상자28)에 넣고 꽃상자29)에 담아서 겹으로 된 대광주리로써 감싼 다음 은 자물쇠로 잠근다. 꽃상자의 안팎은 또 누런 비단으로 덮어씌운다. 열 겹으로 싼 보배라고 할 수 있다.

거칠은 종류의 일곱 차례(麤色七綱)

가린 싹은 40떡(餅)을 1각(角)으로 삼으며, 소용봉은 20떡을 1각으로 삼고, 대용봉은 8떡을 1각으로 삼는다. 부들잎으로 동여 매고 붉은 실로 묶은 다음 붉은 종이로 싸서 선명한 비단으로 봉한다. 다만 가린 싹만은 모두 누런 빛깔로 한다.

차밭 일구기(開畬)30)

초목이란 여름이 되면 더욱 무성하다. 그러므로 나서 자라는 기세를 인도하여 비와 이슬의 은혜를 스미게 하기를 바라는 것이다.

해마다 6월에 일을 일으켜서 차나무의 밑동을 비우고 흙을 북돋우며, 널리 뻗은 풀이나 가로막는 우거진 나무는 남김없이 제거한다. 정말로 이것이 나서 자라는 기세를 인도하여 비와 이슬의 은혜를 스미게 하는 것이라, 이를 차밭 일구기(開畬)라고 일컫는다.

기(乾淳歲時記)》에 따르면 '한 개의 값이 40만(전?)인데 겨우 몇 사발 마실 것을 제공할 수 있을 뿐이다'라고 하였다.

28) 누런 비단을 바른 작은 상자(黃斗) : 주밀의 《건순세시기》에는 '황두(黃斗)'가 '황라연록(黃羅軟盝)'으로 적혀 있는데, 녹(盝)은 방물상자를 가리키는 말이다.

29) 꽃상자(花箱) : 주밀의 《건순세시기》에는 '화상(花箱)'이 '주칠소갑(朱漆小匣)'으로 적혀 있고, 《고려사》 문종 32년조의 기록에는 주칠갑으로 적혀 있기도 하다.

30) 차밭 일구기(開畬) : 《북원별록》에 인용된 《건안지(建安志)》에 따르면 '개여(開畬)'에는 해마다 여름햇살이 따가울 때 풀뿌리를 제거하거나 차나무의 뿌리 근처에 거름을 주는 일 등도 포함되었다.

오직 오동나무라면 남겨 둔다. 오동나무의 성미는 차와 어울리기 알맞는다. 그런데 또 차나무는 겨울이 되면 추위를 두려워하고, 오동나무가 가을을 바라며 기다릴 때는 먼저 잎을 떨어뜨리거니와[31] 차는 여름이 되면 햇살을 두려워하지만, 오동나무는 봄이 되면 점점 우거지므로[32] 이치에도 맞는 것이다.

바깥 차판(外焙)

석문(石門)·유길(乳吉)·향구(香口)[33] 이상의 세 공장에서는 언제나 북원보다 5, 7일 늦게 일을 일으킨다. 매일 따낸 차는 찌기와 짜기에서 말리기까지 모두 북원에 보내서 함께 만든다.

사인(舍人)인 웅공(熊公)은 견문이 넓고 옛 일에 널리 통하여 일찍이 경사(經史)의 여가에 돌아가신 아버지가 지은 《북원공다록》을 편집하고 여러 목판을 새겨서 펴냄으로써 후세에 전하였다.

복건로전운사·한림시강인 왕공이 그 책을 얻고 기뻐하시며 베껴새길 것을 명령하여 널리 전하고자 하였다. 그래서 여려는 왕공에게 여쭈어 아뢰기를, "이 책은 바치는 일의 근본과 여줄가리, 만드는 연혁을 적은 것으로써 참으로 요령있고도 잘 갖추어진 것입니다. 다만

---

31) 오동나무가~잎을 떨어뜨리거니와(桐木望秋而先落) : 나무에서 떨어진 잎은 차밭에 유기질의 공급원으로 도움이 된다.

32) 차는 여름이 되면~우거지므로(茶至夏而畏日 桐木至春而漸茂) : 이러한 해가림 나무를 심으면 차나무가 받는 광선의 약 절반이 줄고, 나무에 엉기어 뭉쳐진 안개의 물기는 수분 절약에 유익하며, 쓰고 떫은 카페인과 탄닌의 성분을 줄이는 대신 달콤한 아미노산 성분을 증가시키는 효과도 있다.

33) 석문(石門)·유길(乳吉)·향구(香口) : 송자안의 《동계시다록》에는 석문과 유길을 제외한 향구만 보인다. 다만 《동계시다록》에 인용된 《정씨구록》(丁氏舊錄, 丁謂의 《建安茶錄》인 것 같다)에는 '유귤(乳橘)'이라는 이름이 보일 뿐이다.

물잔의 수량에 늘어남과 줄어듦이 있고, 불길 맞추기에 길고 짧음이 있고, 올리는 차례에 앞뒤가 있고, 품종에도 많고 적음이 있다는 것도 빠져서는 안될 것입니다."라고 하였더니, 공도, "그렇소."라고 하였다.

그래서 마침내 책방에서 펴낸《수공록(修貢錄)》에서 말하는 물잔의 수량·불에 묵히는 날짜·올리는 차례·품목 등 약간을 주워 모은 것을 조목대로 열거하였다. 또 차따기와 가리기, 제조에 관한 가르침들을 책(《선화북원공다록》) 끝에 아울러 수록하고 《북원별록》이라 이름하여 책을 펼쳤을 때 소상히 다 알 수 있도록 하였다. 이 또한 도움이 없지는 않을 것이다.

순희(남송 효종의 연호) 병오년(13년, 1186) 맹하(음력 4월) 망일(보름날)에 문생·종정랑·복건로전운사 주관장사인 조여려는 삼가 쓰노라.

北苑別錄

北宋　趙汝礪

建安之東三十里　有山曰鳳凰　其下直北苑　旁聯諸焙　厥土赤壤　厥茶
惟上上　太平興國中　初爲御焙　歲模龍鳳　以羞貢篚　益表珍異　慶曆中
漕臺益重其事　品數日增　制度日精　厥今茶自北苑上者　獨冠天下　非人
間所可得也　方其春蟲震蟄　千夫雷動　一時之盛　誠爲偉觀　故建人謂至
建安而不詣北苑　與不至者同　僕因攝事　遂得研究其始末　姑摭其大槩
條爲十餘類　目曰北苑別錄云

　御園

九窠十二隴　麥窠　壤園　龍遊窠　小苦竹　苦竹裏　雞藪窠　苦竹　苦竹
源　鼯鼠窠　敎煉壠　鳳凰山　大小焊　橫坑　猿遊隴　張坑　帶園　焙東　中
歷　東際　西際　官平　上下官坑　石碎窠　虎膝窠　樓隴　蕉窠　新園　大樓
基　阮坑　曾坑　黃際　馬鞍山　林園　和尙園　黃淡窠　吳彦山　羅漢山　水
桑窠　師姑園　銅場　靈滋　范馬園　高畲　大窠頭　小山　右四十六所　方廣
袤三十餘里　自官平而上爲內園　官坑而下爲外園　方春靈芽莩坼　常先
民焙十餘日　如九窠十二隴　龍遊窠　小苦竹　張坑　西際　又爲禁園之先
也

　開焙

驚蟄節萬物始萌　每歲常以前三日開焙　遇閏則反之　以其氣候少遲
故也

　採茶

採茶之法　須是侵晨　不可見日　侵晨則夜露未晞　茶芽肥潤　見日則爲

陽氣所薄　使芽之膏腴內耗　至受水而不鮮明　故每日常以五更撾鼓　集
羣夫于鳳凰山〔山有打鼓亭〕監採官人給一牌入山　至辰刻則復鳴鑼以
聚之　恐其踰時貪多務得也　大抵採茶亦須習熟　募夫之際　必擇土著及
諳曉之人　非特識茶早晚所在　而於採摘亦知其指要　蓋以指而不以甲
則多溫而易損　以甲而不以指　則速斷而不柔〔從舊說也〕故採夫欲其
習熟　政爲是耳〔採夫日役　二百二十五人〕

揀茶

茶有小芽　有中芽　有紫芽　有白合　有烏蔕　此不可不辨　小芽者　其小
如鷹爪　初造龍園勝雪白茶　以其芽先次蒸熟　置之水盆中　剔取其精英
僅如鍼小　謂之水芽　是小芽中之最精者也　中芽　古謂一槍一旗是也　紫
芽　葉之紫者是也　白合　乃小芽有兩葉抱而生者是也　烏蔕　茶之蔕頭是
也　凡茶以水芽爲上　小芽次之　中芽又次之　紫芽　白合　烏蔕　皆在所不
取　使其擇焉而精　則茶之色味無不佳　萬一雜之以所不取　則首面不均
色濁而味重也

蒸茶

茶芽再四洗滌　取令潔淨　然後入甑　俟湯沸蒸之　然蒸有過熟之患　有
不熟之患　過熟則色黃而味淡　不熟則色青易沈　而有草木之氣　唯在得
中之爲當也

榨茶

茶旣熟　謂茶黃　須淋洗數過〔欲其冷也〕方入小榨以去其水　又入大榨
出其膏〔水芽以高榨壓之　以此芽嫩故也〕先是包以布帛　束以竹皮　然
後入大榨壓之　至中夜　取出揉勻　復如前入榨　謂之翻榨　徹曉奮擊　必
至于乾淨而後已　蓋建茶味遠而力厚　非江茶之比　江茶畏流其膏　建茶
惟恐其膏之不盡　膏不盡　則色味重濁矣

研茶

研茶之具　以柯爲杵　以瓦爲盆　分團酌水　亦皆有數　上而勝雪白茶

以十六水 下而揀芽之水六 小龍鳳四 大龍鳳二 其餘皆以十二焉 自十二水以上 曰研一團 自六水而下 曰研三團至七團 每水研之 必至于水乾茶熟而後已 水不乾則茶不熟 茶不熟則首面不勻 煎試易沈 故研夫尤貴於强而有力者也 嘗謂天下之理 未有不相須而成者 有北苑之芽而後有龍井之水 其深不以丈尺 淸而且甘 晝夜酌之而不竭 凡茶自北苑上者 皆資焉 亦猶錦之於蜀江 膠之於阿井 詎不信然

造茶

造茶舊分四局 匠者起好勝之心 彼此相誇 不能無弊 遂併而爲二焉 故茶堂有東局西局之名 茶銙有東作西作之號 凡茶之初出研盆 盪之欲其勻 揉之欲其膩 然後入圈製銙 隨笪過黃 有方銙 有花銙 有大龍有小龍 品色不同 其名亦異 故隨綱繫之於貢茶云

過黃

茶之過黃 初入烈火焙之 次過沸湯濫之 凡如是者三 而後宿一火 至翌日遂過煙焙焉 然煙焙之火不欲烈 烈則面炮而色黑 又不欲煙 煙則香盡而味焦 但取其溫溫而已 凡火數之多寡 皆視其銙之厚薄 銙之厚者有十火 至於十五火 銙之薄者 八火至於六火 火數旣足 然後過湯上出色 出色之後 當置之密室 急以扇扇之 則色自然光瑩矣

綱次〔全刪〕

細色五綱

貢新爲最上 後開焙十日入貢 龍園勝雪爲最精 而建人有直四萬錢之語 夫茶之入貢 圈以箬葉 內以黃斗 盛以花箱 護以重篚 扁以銀鑰 花箱內外 又有黃羅幕之 可謂什襲之珍矣

麤色七綱

揀芽以四十餅爲角 小龍鳳以二十餅爲角 大龍鳳以八餅爲角 圈以箬葉束以紅縷 包以紅楮 緘以蒨綾 惟揀芽俱以黃焉

開畬

　草木至夏益盛　故欲導生長之氣　以滲雨露之澤　每歲六月興工　虛其
本　培其土　滋蔓之草　遏鬱之木　悉用除之　政所以導生長之氣　而滲雨
露之澤也　此之謂開畬　惟桐木則留焉　桐木之性與相宜　而又茶至冬則
畏寒　桐木望秋而先落　茶至夏而畏日　桐木至春而漸茂　理亦然也

　外焙

　石門　乳吉　香口

　右三焙常後北苑五　七日興工　每日採茶蒸榨以過黃　悉送北苑併造

　舍人熊公　博古洽聞　嘗于經史之暇　輯其先君所著北苑貢茶錄　鋟諸
木以垂後　漕史侍講王公得其書而悅之　將命摹勒以廣其傳　汝礪白之
公曰　是書紀貢事之源委　與制作之更沿　固要且備矣　惟水數有贏縮　火
候有淹亟　綱次有後先　品色有多寡　亦不可以或闕　公曰然　遂摭書肆所
刊修貢錄曰幾水曰火幾宿　曰某綱　曰某品若干云者條列之　又以所採
擇製造諸說　併麗於編末　目曰北苑別錄　俾開卷之頃　盡知其詳　亦不爲
無補

　淳熙丙午　孟夏望日　門生從政郎福建路轉運司主管帳司趙汝礪敬書

12. 다구도찬(茶具圖贊)

남송(南宋)　심안노인(審安老人)

차연장 열두 선생의 성명과 자호

위홍려	문정	경양	사창한수
목대제	이제	망기	격죽거인
금법조	연고	원개	옹지구민
	역고	중갱	화금선생
석전운	착치	천행	향옥은군
호원외	유일	종허	저월선옹
나추밀	약약	부사	사은료장
종종사	자불	불유	소운계우
칠조비각	승지	이지	고대노인
도보문	거월	자후	토원상객
탕제점	발신	일명	온곡유로
축부수	선조	희점	설도공자
사직방	성식	여소	결재거사

함순 기사 오월 하지 후 오일 심안노인 쓰다

위에서 위홍려를 설명하면, 위(韋)가 성(姓), 홍려(鴻臚)가 관명(官

名), 문정(文鼎)이 명(名, 諱), 경양(景暘)이 자
(字), 사창한수(四窓閒叟)가 별호(別號, 雅號)
이다.

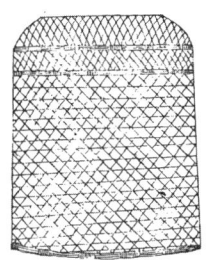

위홍려[1] ——— (명)문정[2] (자)경양[3]

(호)사창한수[4]

위홍려

찬사에 이르기를, 불을 맡은 신이 여름을 살
피고[5] 만물을 태워 녹인다.[6] 곤강에 불이 나면
옥과 돌이 구별 없이 함께 타버려도[7] 너는 참여하지 않아도 된다.[8]

---

1) 위홍려(葦鴻臚) : 위(葦)는 '성 위'자로서 '갈대 위(葦)'자의 변형이다. 홍려(鴻臚)
   는 당나라 때의 벼슬 이름인 홍려시(鴻臚寺)이다. 외국에 관한 사항, 조공(朝貢),
   내빙(來聘) 따위를 맡아보았다. 이 갈대 바구니는 연고차(研膏茶)와 초차(草茶)
   를 보관하는 데 사용되었다.

2) 문정(文鼎) : 문(文)은 그물처럼 날과 씨가 비껴 엇갈리는 무늬(紋)일 것이다. '솥
   정(鼎)'자에는 '화로 로(爐)'자의 뜻도 담고 있는 것 같다. 왜냐하면 홍로(烘爐)의
   역할도 하기 때문이다.

3) 경양(景暘) : '볕 경(景)'자에는 '햇살, 햇볕'이라는 뜻도 있다. '해돋이 양(暘)'자에
   는 '말리다'는 뜻도 있다. 차를 햇볕에 말린다는 뜻이다.

4) 사창한수(四窓閒叟) : 사창(四窓)은 '네 창문'이고, 한(閒)은 '한가할 한, 틈 간, 사
   이 간'자이며, 수(叟)는 '움직이는 모양 수'자이다. 네 창문 사이로 움직이는 모양
   (바람)을 받아들인다는 뜻이다. 햇볕과 바람으로 차를 말리는 것이다.

5) 불을 맡은 신이 여름을 살피고(祝融司夏) : 축융(祝融)은 '여름의 신, 불을 맡은 신'
   이다. '맡을 사(司)'자에는 '엿보다, 살피다'라는 뜻이 있고, 하(夏)는 '여름 하'자이다.

6) 태워 녹인다(焦爍) : '그을릴 초(焦)'자에는 '애태우다'라는 뜻이 있고, '빛날 삭
   (爍)'자에는 '녹다, 녹이다'라는 뜻이 있다. 초삭은 '태워 녹인다'는 뜻이다.

7) 곤강에 불이 나면 옥과 돌이 구별 없이 함께 타버려도(火炎昆岡 玉石俱焚) : 화
   염(火炎)은 '불이 탐'이라는 뜻이고, 곤강(昆岡)은 옥(玉)의 산지인 곤륜산(崑崙
   山, 강소성 송강현 서북에 있다)을 가리킨다. 옥석(玉石)은 옥과 돌이고, 구분(俱
   焚)은 '함께 타다'라는 뜻이다. 이 글귀는 《서경(書經)》에 적혀 있다.

8) 너는 참여하지 않아도 된다(爾無與焉) : 이 글귀는 《춘추좌씨전(春秋左氏傳)》의
   양공(襄公) 14년조에 '내일 아침의 일에 너는 참여하지 않아도 된다(詰朝之事 爾
   無與焉)'에서 인용된 것이다.

바꾸어 말하면 산골짜기의 뛰어난 것9)으로 하여
금 흙탕물과 숯불10)에 떨어뜨리지 않게 하는 것은
자네가 참여하니 힘이 있다. 상경11)의 호는 자못
작은 칭호를 나타낸다.

목대제12) —— (명)이제13) (자)망기14)

(호)격죽거인15)

목대제

하늘16)은 하늘에 벌여 있는 많은 별에 따라 움직이고17) 만민은 구

---

9) 산골짜기의 뛰어난 것(山谷之英) : '꽃부리 영(英)'자에는 '뛰어난 것, 질이 좋은
물건'이라는 뜻이 있다. 차(茶)를 가리킨다.

10) 흙탕물과 숯불(塗炭) : '진흙 도(塗)'자와 '숯 탄(炭)'자이다. 《서경(書經)》제2장
중훼지고(仲虺之誥)에 '백성들은 도탄에 빠졌다(民墜塗炭)'고 적혀 있다. 차를 말
릴 때 땅바닥이나 숯불에 떨어뜨리지 않게 한다는 뜻이다.

11) 상경(上卿) : 정1품과 종1품의 판서(判書). 주나라 때 상급의 경(卿)이다. 홍려경
(鴻臚卿)이 구경(九卿)의 하나라는 뜻이다.

12) 목대제(木待制) : '나무 목(木)'자는 재질을 가리킨다. 대제(待制)는 '조서(詔書)가
내리는 것을 기다린다'는 뜻이다. 당(唐)나라 때의 벼슬 이름으로 문관 6품(六品)
이상의 관리가 윤번으로 대기하였다가 조서가 내리면 쓰거나 정치에 관한 고문에
응하였다. 송나라 때는 용도각, 천장각과 같은 모든 전각에 대제의 관리를 두었
다. 연고차를 부수는 절구와 방망이이다.

13) 이제(利濟) : 이름인 이제는 《역경(易經)》계사하전(繫辭下傳)에 적혀 있는 '절구
와 공이의 이로움은 만민을 구제한다(臼杵之利 萬民以濟)'에서 인용되었다.

14) 망기(忘機) : '세속의 일을 잊음, 욕념을 잊음'이라는 뜻이다.

15) 격죽거인(隔竹居人) : 격죽(隔竹)은 '대나무와 사이가 뜨다'라는 뜻이다. 거인(居
人)은 '재덕을 겸비하였으나 벼슬을 아니하는 선비'를 가리키는 거사(居士)와 같
은 뜻이리라. 당나라의 유종원(柳宗元, 773~819)은 〈여름낮 우연히 짓다(夏晝偶
作)〉에서 '산의 동자는 대나무와 사이를 떼어 차절구를 두드렸네(山童隔竹敲茶
臼)'라고 읊었다.

16) 하늘(上) : '위 상(上)'자는 '하늘(上天)'을 뜻한다.

17) 하늘에 벌여 있는 많은 별에 따라 움직이고(應列宿) : '당할 응(應)'자에는 '따라
움직이다'라는 뜻이 있다. 열수(列宿)는 '하늘에 벌여 있는 많은 별'로서 열성(列
星)이라고도 한다. 낭관(郎官)의 벼슬 이름이기도 하다. 《후한서(後漢書)》명제기

제된다. 품성이 강직하여 강한 가시나무를
꺾고 부러뜨린다. 네모를 따르거나 동그라미
를 좇는 무리들18)로 하여금 그 몸을 보호할
수 없게 한다. 소중히 여기면 소중하다. 그
러나 법조19)의 도움과 추밀20)의 도움이 아
니면, 또한 능히 그 공을 이룰 수 없다.

금법조

금법조21) ―― (명)연고22)　(자)원개23)　(호)옹지구민24)
　　　　　　　역고　　　　중개　　　　화금선생

(明帝紀)에 '낭관이 하늘의 열성을 따라 움직여 재상이 백 리를 나간다(郎官 上
應列宿 出宰百里)'라고 적혀 있다.

18) 네모를 따르거나 동그라미를 좇는 무리들(隨方逐圓之徒) : 상황에 적응하거나 융
통성이 있는 것을 수방취원(隨方就圓)이라고 한다. 북송인 웅번(熊蕃)의 《선화북
원공다록(宣和北苑貢茶錄)》에 수록된 연고차의 그림에는 네모난 용원승설(龍園
勝雪)차와 동그란 만수용아(萬壽龍芽)차가 보인다.

19) 법조(法曹) : 《다구도찬》에서 세번째의 다구인 금법조(金法曹, 무쇠 차방아)의 준
말이다. 목대제에서 부순 연고차의 부스러기를 금법조의 도움으로 가루내야만 된
다는 뜻이다.

20) 추밀(樞密) : 《다구도찬》에서 여섯번째의 다구인 나추밀(羅樞密, 찻체)의 준말이
다. 금법조에서 갈아낸 찻가루를 찻체의 도움으로 미세한 가루만 쳐내야만 된다
는 뜻이다.

21) 금법조(金法曹) : 성(姓)인 '쇠 금(金)'자는 쇠붙이(무쇠)로 만들었다는 뜻이다. 법
조(法曹)는 사법관(司法官)이라는 뜻이지만 '구유 조(槽)'와 관련이 있다. '구유
조'에는 '절구'라는 뜻이 있다. 휘종(徽宗, 1082~1135)황제의 《대관다론(大觀茶
論)》에는 절구(槽)에 관하여 다음과 같이 적혀 있다. '무릇 맷돌을 만드는 데에는
절구는 깊숙하고 높게, 바퀴는 날카롭고도 얇게 하는 것이 바람직하다. 절구통이
깊숙하고도 높으면 바닥이 도랑이 되므로 차는 늘 거기에 모인다.' 금법조를 닮은
그림은 하북성 선화현 하팔리촌에서 출토된 요대(遼代)의 벽화에 보인다(《農業
考古》1994년 2號, 中國茶文化專號 7, 《文物》1995년 제2기) 이 금법조(무쇠
차방아)는 연고차의 부스러기를 가루내는 데 사용된다.

22) 연고(研古)·역고(轢古) : '갈 연(研)'자와 '옛 고(古)'자에 '삐걱거릴, 수레바퀴에
치일 역(轢)'자이다. 목대제에서 부스러뜨린 연고차의 부스러기가 금법조의 수레
바퀴(연알)에 치어(깔려)서 갈아 부서진다는 뜻이다.

부드러워도 또한 먹지 않으며, 단단하여도 또
한 내뱉지 않는다.25) 둥근 틀26)을 움직여 쓰니
한결같이 모두 법도가 있다. 강하고 굳센 놈으
로 하여금 궤도를 다르게 하여 바퀴자국의 어지
럽힘을 얻지 못하게 한다. 어찌 옳지 않으랴.

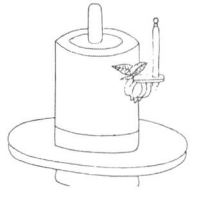

석전운

석전운27) ── (명)착치28) (자)천행29) (호)향옥은군30)

---

23) 원개(元鐈)·중갱(仲鏗) : '으뜸 원(元)'자에는 '근본, 시초, 우두머리'라는 뜻이 있
  고, '쇠 개(鐈)'자에는 '질이 좋은 쇠, 단단(견고)하다'라는 뜻이 있다. 금법조가
  '질이 좋은 쇠의 으뜸'이라는 뜻이리라. '버금 중(仲)'자에는 '둘째, 가운데'라는 뜻
  이 있고, '금옥소리 갱(鏗)'자에는 '금옥이 부딪혀 나는 소리, 거문고를 타는 소리'
  라는 뜻이 있다. 금법조의 연알을 굴려서 연고차를 갈아낼 때 나는 소리를 '금옥
  소리, 악기 소리(鏗鏘)'에 비유한 것으로 생각된다.

24) 옹지구민(雍之舊民)·화금선생(和琴先生) : 호(號)인 옹지구민·화금선생은 거문
  고(琴)와 관련이 있다. 옹지구민은 거문고의 명인(名人)인 옹문주(雍門周)가 거
  문고로써 제(齊)나라의 재상인 맹상군(孟嘗君)을 감탄시킨 옹문고금(雍門鼓琴)
  의 옛일을 함축하고 있다(《說苑》善說). 화금선생은 금법조의 연알을 굴려서 연
  고차를 갈아내는 소리가 거문고 소리와 화합된다는 뜻으로 해석된다. 춘추시대
  초(楚)나라의 음악가인 종자기(鍾子期)는 백아(伯牙)의 거문고 소리를 듣고 그의
  악상(樂想)을 모두 알아맞혔다고 한다(졸저, 《日本의 茶道》서울 : 保林社, 1987.
  262~264면).

25) 부드러워도 또한 먹지 않으며, 단단하여도 또한 내뱉지 않는다(柔亦不茹 剛亦不
  吐) :《시경(詩經)》대아(大雅) 증민(烝民, 온 백성)조에 '부드러운 것은 먹고, 딱
  딱한 것은 뱉으라 하였네'라고 적혀 있다. '단단하여도 또한 내뱉지 않는다'는 것
  은 차방아가 연고차의 딱딱한 조각도 내뱉지 않고 부순다는 뜻이다.

26) 둥근 틀(圓機) : 차방아에 굴리는 둥근 쇠인 연알이다. 연알 중심의 좌우에 굴대
  (軸)를 달고 두 손으로 굴려서 연고차를 부수는 기구이다.

27) 석전운(石轉運) : '돌 석(石)'자는 차맷돌의 재질인 돌을 가리킨다. 전운(轉運)에는
  '운행하여 그치지 아니함'이라는 뜻이 있다. 당대의 전운사는 수륙 수송의 책임관
  이었고, 송대의 전운사는 도로와 경제를 관장하였다. 《건안다록(建安茶錄)》(3권)
  을 지은 정위(丁謂, 998~1003)와 《다록(茶錄)》을 지은 채양(蔡襄, 1012~1067)
  은 복건로전운사(福建路轉運使)로서 북원(北苑, 복건성 건구현 동쪽)의 어용 차

굳센 성질을 안고 진심을 품는다. 뛰어나고 맛이 좋은 것을 먹다가 입을 다물고[31] 두루 움직이며[32] 게으르지가 않다. 산에서 딴 이익을 맡아서 처리하고,[33] 배로 실어나르는 권세[34]의 중요함을 잡는다. 순환하여 스스로 떳떳하고, 바른 것을 버리고 다른 데는 가지 않는다. 비록 이가 없어도 원망하는 말이 없다.[35]

밭을 관리하였다. 국립중앙박물관에는 신안의 바다 밑에서 건져올린 송대의 차맷돌이 있다. 석전운은 초차(草茶)와 같은 잎차를 가루내는 차맷돌이다. 석전운의 그림에는 맷손에 부착된 잎사귀와 과일과 같은 장식물이 보이는데, 그 이름과 용도를 아직은 모른다.

28) 착치(鑿齒) : '뚫을 착(鑿)'자와 '이 치(齒)'자이다. 즉 차맷돌의 마찰면에 새긴 이(磨齒)를 가리킨다.

29) 천행(邅行) : '빠른 천(邅)'자와 '갈 행(行)'자이다. 행(行)자에는 '움직이다'라는 뜻도 있다. 빠르게 움직인다는 뜻이다.

30) 향옥은군(香屋隱君) : 향옥(香屋)은 향기로운 집이고, 은군(隱君)은 세상을 피하여 숨어사는 사람이다. 차맷돌에서 갈아낸 잎차의 향기가 은군자(隱君子, 명예를 구하지 아니하는 군자) 같다는 뜻으로 해석된다.

31) 뛰어나고 맛이 좋은 것을 먹다가 입을 다물고(啖嚅英華) : '먹을 담(啖)'자에는 '음식을 먹다, 담박한 음식'이라는 뜻이 있다. '선웃음칠 유(嚅)'자에는 '입을 다물다'라는 뜻이 있다. '꽃부리 영(英)'자에는 '뛰어나다, 질이 좋은 물건'이라는 뜻이 있고, '꽃 화(華)'자에는 '맛이 좋다'라는 뜻이 있다. 영화(英華)는 위홍려(韋鴻臚)의 '산곡지영(山谷之英)'처럼 찻잎을 가리킨다.

32) 두루 움직이며(周行) : 주행(周行)은 '두루 돌아다님'이라는 뜻이 있다. '두루 주(周)'자에는 '돌다'라는 뜻이 있고, '갈 행(行)'자에는 '움직이다'라는 뜻이 있다. 차맷돌이 '돌아 움직이다(회전하다)'라는 뜻이다.

33) 맡아서 처리하고(幹) : '주관할 관(幹)'자에는 '맡아서 처리하다, 주관하다'라는 뜻이 있다.

34) 배로 실어나르는 권세(漕權) : '배로 실어나를 조(漕)'자와 '저울추 권(權)'자에는 '권세, 권력'이라는 뜻이 있다.

35) 비록 이가 없어도 원망하는 말이 없다(雖沒齒無怨言) : 《논어(論語)》 헌문(憲問) 조에 있는 '수몰치무원언'에서 인용한 것이다. '이 치(齒)'자는 원래 '나이'라는 뜻이지만, 여기에서는 차맷돌에 새긴 이를 가리킨다.

호원외36) ── (명)유일37) (자)종허38)

(호)저월선옹39)

돌아다니고 원을 그리기에 알맞고40) 그 한가함을

넘지 않는다.41) 동정에 정해진 바가 있어42) 성품이

호원외

---

36) 호원외(胡員外) : '오랑캐 호(胡)'자와 '밥그릇 로(盧)'자의 호로(胡盧)도 '호리병
박, 조롱박'이고, 마늘 호(葫)자에도 '호리병박, 조롱박'이라는 뜻이 있다. 또 호
(葫)자와 '갈대 로(蘆)'자로 구성된 호로(葫蘆)에도 '박과에 딸린 한해살이덩굴풀
로서 열매 껍질은 허리가 잘룩한 조롱박(호리병박)이 된다'라는 뜻이 있다. '박
포(匏)'자와 '갈대 로(蘆)'자로 구성된 포로(匏蘆)에도 '조롱박'이라는 뜻이 있다.
원외(員外)는 수나라 때 상서성(尙書省)에 두었던 정원(定員) 외의 관직인 원외
랑(員外郞)의 준말이다. 이 조롱박은 굳어진(울결된) 말차를 가루내는 데 사용되
었을 것이다.

37) 유일(惟一) : '오직 하나'라는 뜻이다. 《서경(書經)》 대우모(大禹謨)의 '오직 한 가
지 일에 마음을 쏟고, 그 중정을 진실로 잡아야 하오(惟精惟一 允執闕中)'에서
인용되었다.

38) 종허(宗許) : 고대 중국의 고사(高士)인 '허유(許由)를 제사 지낸다(宗)'는 뜻이다.
《금조(琴操)》에 '허유가 표주박을 걸다(許由掛瓢)'라는 옛일과 관련지은 것 같다.

39) 저월선옹(貯月僊翁) : 호(號)인 저월(貯月)은 북송의 소식(蘇軾, 1036~1101)이
읊은 〈강물을 길어서 차를 달이다(汲江煎茶)〉에서 '큰 표주박에 달을 저장하여
봄독에 돌아오고(大瓢貯月歸春甕)'를 인용한 것이다. 다음의 선옹(僊翁)에서 '춤
출 선(僊)'자에는 선인(仙人)이라는 뜻이 있고, 옹(翁)은 '늙은이 옹'자이다. '신선
늙은이'라는 뜻인데 누구를 가리키는지 모르겠다.

40) 돌아다니고 원을 그리기에 알맞고(周旋中規) : 주선(周旋)에는 '돌아다님'이라는
뜻도 있다. '맞을 중(中)'자에는 '알맞다'는 뜻이 있고, '법 규(規)'자에는 '원을 그
리다'라는 뜻이 있다. 이 대목은 《예기(禮記)》 제13 옥조(玉藻)에 '몸을 되돌릴
때에는 둥근 원을 그리는 것 같고, 좌우로 구부러질 때에는 직각을 그리는 것 같
다(周還中規 折還中矩)'는 글을 바꾸어 표현한 것이다.

41) 그 한가함을 넘지 않는다(不踰其閒) : '한가할 한(閒)'자는 '한가한 시간'이라는 뜻
이 있는 '막을 한(閑)'자와 통한다. 불유기한(不踰其閒)은 《논어(論語)》 제19 자
장편(子張篇)에 적힌 '큰 덕에서 한가함을 넘지 않는다(大德不踰閑)'에서 인용되
었다.

42) 동정에 정해진 바가 있어(動靜有常) : '항상 상(常)'자에는 '정해진 바'라는 뜻이
있다. 《예기(禮記)》 악기(樂記)에 '동정에 상칙(常則)이 있고, 작고 큰 차별이 있

그 뛰어남에 괴로워한다. 울결의 근심 모두 능
히 이를 지운다.43) 비록 안에 가진 것이 없더라
도 바깥은 능히 연구44)한다. 그 정밀하고 자세
함45)은 둥근 틀의 일46)을 바라기에 모자란다.

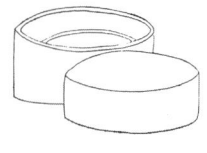

나추밀

나추밀47) ── (명)약약48) (자)부사49) (호)사은료장50)

중요한 일은 비밀을 지키지 않으면 실패로 돌아간다.51) 이제 높은
것은 이를 억누르고, 아랫것은 이를 올려서,52) 정밀함과 거칠음으로
하여금 뒤섞여 분간할 수 없기에53) 이르지 않게 한다. 사람은 그 모
든 것을 어렵다고 한다. 어찌하랴. 조그마한 행실을 아끼고54) 소란 피

───────────────

다(動靜有常 小大殊矣)'고 적혀 있다.《역경(易經)》계사상(繫辭上)에도 '동정유
상(動靜有常)'이라고 적혀 있다.

43) 울결의 근심 모두 능히 이를 지운다(鬱結之患 悉能破之) : 울결(鬱結)은 '가슴이
답답하고 막힌다'는 뜻이다.《장자(莊子)》에도 '날씨가 화합되지 않으면, 땅의 기
운이 울결된다(天氣不和 地氣鬱結)'고 적혀 있다. 울결이란 말차(末茶)가 수분(水
分)을 흡수하여 굳어지는 현상이다. '깨뜨릴 파(破)'자에는 '지우다'는 뜻이 있다.

44) 연구(研究) : '갈 연(研)'자와 '궁구할 구(究)'자이다. 말차를 잘게 간다는 뜻이다.

45) 정밀하고 자세함(精微) : 조롱박으로 굳어진 말차를 문질러서 부스러뜨린 가는 찻
가루의 상태를 가리킨다.

46) 둥근 틀의 일(圓機之士) : 둥근 틀(圓機)은 금법조(金法曹, 무쇠 차방아)의 둥근 연
알이다. '선비 사(士)'자에는 '일(事)'이라는 뜻이 있다. 구실・역할이라고 해석된다.

47) 나추밀(羅樞密) : '새그물 라(羅)'자에는 '비단'이라는 뜻이 있다. 당나라 육우의
《다경》에 따르면 체(羅)의 바퀴에 성기고 얇은 비단(紗絹)으로 메었다. 송나라
채양의 《다록》에 따르면 찻체(茶羅) 바퀴에 촘촘한 그림용의 비단(畵絹之密者)
을 쳇불로 메었다. 그림에 보이는 두 개의 찻체는 굵은 쳇불과 가는 쳇불로 메운
것 같다. 가루를 받는 그릇은 아니다. 추밀(樞密)은 군사나 정부에 관한 중요한
기밀, 정치상의 기밀을 처리하는 곳이다. 추밀원(樞密院)의 장관은 추밀원사(樞
密院使) 또는 추밀사(樞密使)로서 당나라 때부터 처음 둔 벼슬이다. 후당(後唐)
에 이르러 재상(宰相)과 동등한 지위가 되고, 송나라 때에 이르러 병마(兵馬)의
추기(樞機, 나라의 大政)를 관장하여 재상과 대립하였다.

48) 약약(若藥) : '같을 약(若)'자와 '약 약(藥)'자이므로 '약과 같다'는 뜻이다. 차에는
다음과 같은 성분과 효능이 있기 때문이다.

우기55)를 섬기다니 이를 가엾게 생각한다.

성 분	함 량	효 능
카 테 킨	10~18%	항산화성, 항돌연변이, 항암, 혈중 콜레스테롤 저하, 항균, 항궤양, 혈압상승 억제, 혈소판 응집 억제작용, 항바이러스, 충치예방, 항알러지, 소취작용
플라보놀	0.6~0.7%	모세혈관벽 강화, 항산화성, 혈압강하, 소취작용
카 페 인	2~4%	중추신경 흥분, 수면방지, 강심, 이뇨, 항천식, 대사항진
다 당 류	0.6%	혈당상승 억제(항당뇨)
비타민C	150~250mg%	항괴혈병, 항산화성, 암예방
비타민E	25~70mg%	항산화성, 암예방, 항불임
β-카로틴	13~29mg%	항산화성, 암예방, 면역력 증강
GABA	100~200mg%	혈압상승 억제
사 포 닌	0.1~0.7%	항암, 항염증
불 소	90~350ppm	충치예방
아 연	35~75ppm	미각이상 방지, 피부염 방지, 면역력 저하 억제
셀 레 늄	1.0~1.8ppm	항산화성, 암예방, 심근장해 방지

49) 부사(傅師) : '스승 부(傅)'자에는 '후견인, 시중들다, 붙다(부착하다)'라는 뜻도 있다. 어쩌면 '스승 사(師)'자와 '체 사(篩)'자와 소리가 같으므로 '체에 부착하다(傅篩)'라는 뜻으로 사용된 것인지도 모른다.

50) 사은료장(思隱寮長) : '생각할, 생각 사(思)'자, '숨길 은(隱)'자(隱士), '벼슬아치 료(寮)'자(동료, 집), '길 장, 어른 장(長)'자(어른, 우두머리, 존귀한 사람)이다. 심안노인은 석전운(차맷돌)의 호(號)인 향옥은군(香屋隱君)에서 은군을 차의 비유로 사용한 전례가 있다. 따라서 사은료장도 '은사(차)를 생각하는 집의 어른'으로 해석된다.

51) 중요한 일은 비밀을 지키지 않으면 실패로 돌아간다(幾事不密則害成) : 《역경(易經)》 계사상(繫辭上)에서 인용된 것이다.

52) 높은 것은 이를 억누르고, 아랫것은 이를 올려서(高者抑之 下者揚之) : 찻체를 위아래로 흔드는 체질이다.

53) 뒤섞여 분간할 수 없기에(混淆) : '섞을 혼(混)'자와 '뒤섞을 효(淆)'자이다. '뒤섞여 분간할 수 없게 된다'는 뜻이다.

54) 조그마한 행실을 아끼고(矜細行) : '불쌍히 여길 긍(矜)'자에는 '아끼다'라는 뜻이 있다. '가늘 세(細)'자에는 '잘다, 자세하다'라는 뜻이 있다. 행(行)은 '행실 행'자이다. 세행(細行)은 '조그마한 행실, 사소한 예법'이다. 《서경(書經)》 제7장 여오(旅獒)조에서 '잘다란 행동을 삼가지 않으면, 마침내는 큰 덕에 누를 끼치게 될 것이니(不矜細行 終累大德)'를 인용한 것이다.

종종사56) —— (명)자불57) (자)불유58)
　　　　　(호)소운계우59)

공자 문하의 뛰어난 제자들은 물 뿌리고 소제
하며, 손님 응접을 당하여, 일의 말단자도 또한 버
리지 않는 바이다.60) 또 하물며 능히 이미 흩어진
것을 모아서 이미 남은 것을 줍기에 있어서랴.61)

종종사

---

55) 소란 피우기(誼譁) : '잊을 훤(誼)'자와 '시끄러울 화(譁)'자에는 '떠들썩하다'라는
　　뜻이 있다. '소란을 피운다'는 뜻이다.

56) 종종사(宗從事) : 성(姓)인 '마루 종(宗)'은 '종려나무 종(椶·棕)'자를 가리킨다.
　　종려(棕櫚)는 열대와 아열대 원산인 야자(종려)과의 늘푸른교목이다. 종사(從事)
　　란 '(일정한 일에) 마음과 힘을 다하여 한다'는 뜻이다. 지방관의 보좌역이기도
　　하다. 종종사란 종려나무의 털로 만든 비(帚)이다.

57) 자불(子弗) : '아닐 불(弗)'자에는 '떨어버리다(祓)'라는 뜻이 있다. '떨 불(拂)'자에
　　는 '먼지떨이(拂子·拂塵)'라는 뜻이 있다. 백곰털, 말총 따위를 다발지어 자루에
　　부착한 것이다. 원래는 인도의 승려가 모기나 파리를 쫓던 것이다.

58) 불유(不遺) : '아닐 불(不)'자에 '끼칠·보낼 유(遺)'자이다. 유(遺)자에는 '남기다'
　　라는 뜻이 있다. 불유는 '남기지 않는다'는 뜻이다.

59) 소운계우(掃雲溪友) : '쓸 소(掃)'자에는 '비로 쓸다'라는 뜻이 있다. '구름 운(雲)'
　　자에는 '많음의 비유, 구름같이 덩이져 보이는 것의 비유'라는 뜻이 있다. 금법조
　　나 석전운에서 갈아낸 말차를 가리킨다. '시내 계(溪)'자에는 '텅 비다'라는 뜻이
　　있다. '벗 우(友)'자에는 '벗, 벗하다, 우애 있다'라는 뜻이 있다. 그러나 계우(溪
　　友)에는 '세속을 피하여 산골짜기에서 살고 있는 풍류의 벗'이라는 뜻도 있다. 종
　　려비로써 많은 차를 텅 비게 쓸어내는 벗이라는 뜻으로 해석된다.

60) 공자 문하의 뛰어난 제자들은 물 뿌리고 소제하며, 손님 응접을 당하여, 일의 말
　　단자도 또한 버리지 않는 바이다(孔門高弟 當酒掃應對 事之末者 亦所不棄) : 이
　　말은《논어(論語)》자장(子張) 제19에서 인용된 것이다. '자유가 말하기를, "자하
　　의 문인 제자들은 물 뿌리고 소제하며, 손님을 응접하며, 들어가고 물러나는 것과
　　같은 작은 예절에 있어서는 볼 만한 점이 있지마는 그것은 말단의 일이다. 근본
　　적인 학문에 있어서는 아무것도 보잘것없으니, 이 일을 어찌 하겠느냐?"(子游曰
　　子夏之門人弟子 當酒掃應對進退則可矣 抑末也 本之則無 如之何)'

61) 또 하물며 능히 이미 흩어진 것을 모아서 이미 남은 것을 줍기에 있어서랴(又況
　　能萃其既散 拾其已遺) : 금법조(무쇠 차방아)나 석전운(차맷돌)에서 갈아낸 찻가
　　루가 날아서 흩어지거나 줍다가 남은 것을 종려비로써 쓸어모은다는 뜻이다.

극히 조금을 움직여서 주변의 티끌로 하여금
날지 않게 하는 것은 공로 또한 훌륭하도다.

칠조비각[62]──── (명)승지[63] (자)이지[64]

(호)고대노인[65]

칠조비각

위태로워도 잡지 않으며, 넘어져도 돕지 않

---

62) 칠조비각(漆雕秘閣) : '옻 칠(漆)'자와 '독수리 조(雕)'자의 칠조(漆雕)라는 복성
(複姓)은 《논어(論語)》 공야장(公冶長) 제5에 적힌 칠조개(漆雕開)가 유명하다.
이 칠조는 옻을 겹겹이 칠한 공예품에 갖가지 무늬를 새긴 조칠(雕漆)의 뜻으로
사용되었다. 나무에 옻을 겹으로 칠하는 기법을 척홍(剔紅), 척흑(剔黑)이라고 하
며, 퇴주(堆朱), 퇴홍(堆紅), 퇴흑(堆黑)이라고도 한다. '숨길 비(秘)'자와 '문설주
각(閣)'자의 비각(秘閣)은 중요한 문서 따위를 비장(秘藏)해 두는 궁정(宮廷)의
서고(書庫)로서 우두머리는 비서감(秘書監)이었다. 비(秘)자에는 '신비로울, 그윽
할, 은근할, 심오할'이라는 뜻이 있고, 각(閣)자에는 '얹을, 선반(시렁), 다락, 이층
집, 놓을'이라는 뜻이 있다. '신비로운 다락'이라는 뜻으로 사용되었는지도 모른다.
이 칠조비각은 나무를 조각하여 만든 찻잔의 잔대에 옻을 두껍게 칠한 것이다.
심안노인이 남긴 칠조비각의 모양과 무늬가 일치하는 유물은 없지만 유사품(類似
品)에는 다음과 같은 것이 있다.
屈輪堆朱天目台(德川美術館 所藏)
德川美術館·根津美術館(編), 天目(名古屋 : 德川美術館,
東京 : 根津美術館, 1979), 116面.

油滴天目茶碗添台(靜嘉堂文庫美術館藏)《茶の美術》(東
京 : 靜嘉堂文庫美術館, 1994), 134面.

굴륜퇴주천목대

傳 南宋 剔犀漆茶托(大英博物館 所藏) 廖寶秀,《宋代喫茶法與茶器之研究》(臺
北 : 國立故宮博物院, 1996), 240面.

63) 승지(承之) : '받들 승(承)'자에는 '받아들이다'는 뜻이 있다. 찻사발 받침대 위에
찻사발을 받아들인다는 뜻이다.

64) 이지(易持) : '쉬울 이(易)'자와 '가질 지(持)'자이다. '지(持)'자에는 '손에 쥐다'라
는 뜻이 있다. 손에 쥐기 쉽다는 뜻이다.

65) 고대노인(古臺老人) : '옛 고(古)'자에는 '예스럽다, 예스러운 것'이라는 뜻이 있다.
'돈대 대(臺)'자에는 '물건을 얹는 대, 남을 높이어 이르는 말'이라는 뜻이 있다.
'늙을 노(老)'자에는 '품위가 있다, 노숙하다'라는 뜻이 있다. 예스럽고 품위가 있
는 (찻사발) 받침대라는 뜻으로 짐작된다.

는 것은66) 곧 저는 이에 아직도 잘할 믿음이 없기 때문입니다.67) 그 뜨거움을 잡는 근심을 잊어버리고68) 마당 가운데 우묵하게 팬 땅의 뒤집힘이 없을 터이니69) 따라서 마땅히 보문70)으로부터 힘을 빌려서 군자와 친근할지어다.

도보문

도보문71) —— (명)거월72) (자)자후73) (호)토원상객74)

---

66) 위태로워도 잡지 않으며, 넘어져도 돕지 않는 것은(危而不持 顚而不扶):《논어(論語)》계씨(季氏) 제16에서 인용되었다. '공자 말씀하시기를 ……그대가 지금 나라가 위태로워도 바로잡지 못하고 전복이 되어도 붙들지 못한다면, 장차 어떻게 그의 보상으로 있을 수 있겠는가(孔子曰……危而不持 顚而不扶 則將焉用彼相矣).'

67) 저는 이에 아직도 잘할 믿음이 없기 때문입니다(吾斯之未能信):《논어(論語)》공야장(公冶長) 제5에서 인용되었다. '공자가 칠조개에게 벼슬을 하라 하였더니, 그는 대답하기를, "저는 아직 벼슬할 자신이 없습니다."라고 하였다. 공자께서 기뻐하셨다.(子使漆雕開仕 對曰 吾斯之未能信 子說).'

68) 뜨거움을 잡는 근심을 잊어버리고(弭執熱之患) : '활고자 미(弭)'자에는 '잊다, 잊어버리다'라는 뜻이 있다. 찻잔받침(茶托子)은 당나라 덕종의 건중 연간(780~783)에 촉상(蜀相)인 최녕(崔寧)의 딸이 찻잔에 손가락이 데는 것을 근심하여 고안 발명하였다(李匡乂,《資暇集》卷下, 茶托子).

69) 마당 가운데 우묵하게 팬 땅의 뒤집힘이 없을 터이니(無坳堂之覆) : '팬 곳 요(坳)'자와 '집 당(堂)'자의 요당(坳堂)은 '마당 가운데 우묵하게 팬 땅'이다. '뒤집힐 복(覆)'자에는 '뒤집히다'라는 뜻이 있다.《장자(莊子)》소요유(逍遙遊)에서 '마루 위 오목한 데 한잔의 물을 엎지르면 티끌이 (떠서) 배가 된다(覆杯水於坳堂之上 則芥爲之舟)'를 인용한 것이다. 집(堂)의 잠자리에 팬 곳이 있는 경우라도 찻사발 받침대에 찻사발을 얹으면 뒤집힐 걱정이 없다는 뜻이다.

70) 보문(寶文) : 다음에 나오는 오지그릇(陶器)의 찻사발인 도보문(陶寶文)의 준말이다.

71) 도보문(陶寶文) : 성(姓)인 '질그릇 도(陶)'자는 오지그릇(陶器)을 가리킨다. 보문(寶文)에서 '보배 보(寶)'자에는 '보배롭게 여기다, 소중히 여기다'라는 뜻이 있고, '무늬, 꾸밀 문(文)'자에는 '무늬・채색(빛깔)・아름다운 외관'이라는 뜻이 있다. 그러므로 도보문(陶寶文)이란 '아름다운 외관을 보배롭게 여기는 오지그릇'이

황하의 물가에서 나오니 그릇이 거칠고 비뚤어진 것이 없다.[75] 날

라는 뜻으로 해석된다. 유신(儒臣)들이 경서(經書)를 강론(講論)하던 보문각(寶文閣)과는 관련성이 거의 없는 것 같다. '아름다운 외관'이란 호(號)인 토원상객(兎園上客)에서 해설한 검은빛 잿물(黑釉)을 발라서 가마에서 구워낸 토끼털 무늬를 가리키며, 오지그릇은 찻사발을 가리킨다.

72) 거월(去越) : 춘추시대 월(越)나라 공신인 범려(范蠡)의 자(字)는 소백(少伯)이다. 문종(文種)과 함께 월왕(越王)인 구천(句踐)을 도와 오왕(吳王)인 부차(夫差)를 쳐 회계(會稽)의 치욕을 씻었다. 훗날 재상을 그만두고 월(越)나라에서 사라져 (去) 제(齊)를 거쳐 도(陶)에 들어가 거부(巨富)가 되었으며, 스스로 도주공(陶朱公)이라고 일컬었다. 화식(貨殖, 재화를 불림)의 재능에 뛰어나 세 번 천금(千金)을 모았다 한다. 도주공과 의돈(猗頓)의 부(富)라는 말도 있다[《사기(史記)》화식열전(貨殖列傳)].

73) 자후(自厚) : '스스로 자(自)'자를 '질그릇 계(垍)'자와 통하게 하였다. 계(垍)는 대동(戴同)의 《육서고(六書故)》에 '지금 세상의 사람은 질그릇을 오지그릇이라고 한다(今人以垍爲陶器)'고 적혀 있다. 계후(垍厚)에서 '두터울 후(厚)'자에는 '두껍다'라는 뜻도 있으므로 두꺼운 질그릇 찻사발을 가리킨다. 북송의 황정견(黃庭堅, 1045~1105)도 〈왕자후에게 답하는 편지(答王子厚書)〉제3에서 '두꺼운 질그릇 잔(厚垍盞)'이라고 하였다. 북송의 채양(蔡襄, 1012~1067)도 《다록(茶錄)》의 〈찻잔〉조에서 '그 잔은 약간 두꺼워서 불에 쬐면 오래도록 뜨거우며 식지를 않으므로 요긴하게 쓰기에 제일이다(其坏微厚 燴之久熱難冷 最爲要用)'라고 하였다.

74) 토원상객(兎園上客) : '토끼 토(兎)'자와 '동산 원(園)'자의 토원(兎園)은 전한(前漢, 기원전 202~208)시대 양(梁) 효왕(孝王)이 문인(文人)을 모이게 한 별장 이름이다. 토원은 복건성 전강전구의 덕화현에 있던 건주요(建州窯)에서 구워낸 흑유(黑釉)의 토끼털 무늬 찻사발(兎毫紋茶甌)과 연관된다. 두번째의 호(號)인 '위 상(上)'자와 '손객(客)'자의 상객(上客)은 '지위가 높은 손님·윗자리에 모실 만한 손님'을 뜻한다. 토끼털 무늬의 검은 찻사발이 상객의 대우를 받는 이유는 채양의 《다록》에 '차의 빛깔

건요흑유토호문다잔
(建窯黑釉兎毫紋茶盞
남송. 일본 동경국립
박물관 소장)

은 회기에 검은 잔이 알맞다. 건안에서 만든 것은 검푸른빛인데 무늬는 토끼털과 같고, 그 잔은 약간 두꺼워서 불에 쬐면 오래도록 뜨거우며 식지 않으니 요긴하게 쓰기에 제일이다'라고 적혀 있다.

75) 황하의 물가에서 나오니 그릇이 거칠고 비뚤어진 것이 없다(出河濱而無苦窳) : '강 이름 하(河)'자에는 '황하(黃河)'라는 뜻이 있고, '물가 빈(濱)'자이다. '쓸 고

실과 씨실의 모양76)이다. 단단함과 부드러움의 이치77)가 빛나서 그것
이 안에 가득 차다.78) 사심을 없애어 마음을 비게 하고, 물건을 기다
리며,79) 겉모습을 꾸미지 않는다. 지위는 비각보다 높으니80) 마땅히
부끄러움이 없어야 한다.

(苦)'자에는 '거칠다'라는 뜻이 있고, '비뚤 유(窳)'자에는 '그릇이 비뚤어지다'라는
뜻이 있다. 이 글의 출전으로 가장 오래된 것은 전한(前漢) 초기에 사마천(司馬
遷, 기원전 145~86)이 지은 《사기(史記)》 오제본기(五帝本記)에 '순임금 때 황
하의 물가에서 질그릇을 만들었다. 황하 물가의 그릇은 모두 거칠거나 비뚤어진
것이 없다〔(舜) 陶(於) 河濱(呂氏春秋) 河濱器皆不苦窳〕'고 적혀 있다.

76) 날실과 씨실의 모양(經緯之象) : '날 경(經)'자에는 '날실, 세로'라는 뜻이 있고,
'씨 위(緯)'자에는 '씨실, 가로'라는 뜻이 있다. 경위(經緯)에는 '날과 씨, 세로와
가로, 경선(도)과 위선(도), 사건의 전말'이라는 뜻이 있다. '코끼리 상(象)'자에는
'모양'이라는 뜻이 있다. 건주요에서 구워낸 찻사발의 토끼털 무늬를 직물(피륙)
의 줄무늬에 비유한 것 같다.

77) 단단함과 부드러움의 이치(剛柔之理) : '굳셀 강(剛)'자에는 '단단하다'라는 뜻이
있고, '부드러울 유(柔)'자에는 '부드럽다'는 뜻이 있다. 강유(剛柔)란 '단단함과
부드러움, 양(陽)과 음(陰)'이다. 《역경(易經)》에도 '양과 음은 서로 변천한다(剛
柔相推)'라고 적혀 있다. 건주요에서 구워낸 찻사발의 내벽에 있는 줄무늬를 역
학의 점괘처럼 본 것 같다. '다스릴 리(理)'자에는 '조리'라는 뜻이 있다.

78) 빛나서 그것이 안에 가득 차다(炳其彌中) : '밝을 병(炳)'자에는 '빛나다'라는 뜻이
있고, '찰 팽(彌)'자에는 '가득 차다'라는 뜻이 있다.

79) 사심을 없애어 마음을 비게 하고, 물건을 기다리며(虛己待物) : '빌 허(虛)'자에는
'비워두다'라는 뜻이 있고, '자기 기(己)'자에는 '사삿일, 사욕(私欲)'이라는 뜻
이 있다. 허기(虛己)는 '사심을 없애고 마음을 비우게 함'이라는 뜻이다《韓詩外
傳》). '기다릴 대(待)'자와 '만물 물(物)'자에서 물(物)자에는 '물건'이라는 뜻이
있다. 대물(待物)은 '물건을 기다린다'는 뜻으로, 찻사발에 물건(찻가루와 끓인
물) 담기를 기다린다는 뜻으로 해석된다.

80) 지위는 비각보다 높으니(位高秘閣) : '자리 위(位)'자에는 '자리, 순서'라는 뜻이
있다. '높을 고(高)'자에는 '신분이 높다, 높은 위치, 높이'라는 뜻이 있다. 비각은
칠조비각의 준말로서 찻사발 받침대를 가리킨다. 찻사발(도보문)을 받침대 위의
오목 패인 곳에 얹어 놓기 때문에 지위가 높다는 것이다.

탕제점81)───(명)발신82) (자)일명83)

(호)온곡유로84)

호연의 활동력을 튼튼하게 하며85) 물이 끓어오

탕제점

---

81) 탕제점(湯提點) : '끓인 물 탕(湯)'자이다. '끌 제(提)'자에
   는 '손에 들다, 휴대하다'라는 뜻이 있다. '점 점(點)'자에
   는 '따르다, 붓다'라는 뜻이 있다. 손에 들고(提) 찻사발에
   따르는(點) 끓인 물병(湯瓶)이라는 뜻이다. 제점(提點)은 제거점검(提擧點檢)의
   준말로서 송대에는 제점이 붙은 벼슬이름이 많다. 《다구도찬》의 열두 가지 중에
   서 다른 열한 가지의 다구들은 재질을 성(姓)으로 나타냈다. 그러나 탕병인 탕제
   점의 재질에 관해서는 아무런 언급도 없다. 중국의 다서(茶書)와 출토유물을 살
   피건대 탕병의 재질은 금, 은, 동, 철, 연, 도자, 돌 따위가 사용되었다. 탕제점의
   재질은 단언하기가 어렵다. 도자기일 것으로 추측된다.

82) 발신(發新) : '쏠 발(發)'자에는 '나타나다, 흩어지다'라는 뜻이 있다. '새 신(新)'자
   에는 '새로운, 새롭게'라는 뜻이 있다. 이 '새롭게 나타난다(發新)'는 어구(語句)는
   북송의 소식(蘇軾, 1036~1101)이 〈시원의 차달이기(試院煎茶)〉 시에서 '불꽃
   솟는 불을 따라서 새로운 샘이 나타남을 귀하게 여김을(貴從活火發新泉)'이라고
   읊은 시구에서 인용된 것이다.

83) 일명(一鳴) : '한 일(一)'자에는 '한 번, 처음'이라는 뜻이 있다. '울 명(鳴)'자에는
   '울리다'라는 뜻이 있다. 일명(一鳴)이라면 '한 번 울리다'라는 뜻이다. 탕병에서
   물이 끓는 소리(솔바람 소리, 생황 소리 따위)를 가리킨다. 사마천의 《사기(史
   記)》에는 '한 번 분기하면 사람들을 깜짝 놀라게 할 만한 일을 할 수 있다(一鳴
   驚人)'고 적혀 있다.

84) 온곡유로(溫谷遺老) : '따뜻할 온(溫)'자에는 '온천'이라는 뜻이 있고, '골 곡(谷)'
   자에는 '골짜기, 계곡'이라는 뜻이 있다. 온곡(溫谷)은 '온천이 나오는 골짜기'이
   다. '끼칠, 보낼 유(遺)'자에는 '남다, 음식을 대접하다'라는 뜻이 있고, '늙을 로
   (老)'자에는 '늙은이, 품위가 있다, 노련하다'라는 뜻이 있다. 유로(遺老)에는 '살
   아남은 노인, 전조(前朝) 또는 망국의 구신(舊臣)'이라는 뜻이 있다. '온천이 나오
   는 골짜기(溫谷)'는 탕병의 기능을 상징한다. 유로(遺老)는 '노련하게 음식(차)을
   대접한다'는 뜻인지도 모른다.

85) 호연의 활동력을 튼튼하게 하며(養浩然之氣) : '기를 양(養)'자에는 '튼튼하게 하
   다, 건전하게 하다'라는 뜻이 있다. '클 호(浩)'자에는 '사물의 형용'이라는 뜻이
   있고, '그러할 연(然)'자에는 '형용하는 말, 종결사'라는 뜻도 있다. '기운 기(氣)'
   자에는 '심신(心身)의 근원이 되는 활동력'이라는 뜻이 있다. 호연지기(浩然之氣)

르는 소리를 낸다.[86] 중용의 길을 지키는 능력으로써[87] 끓는 물이 완성되는 덕을 돕는다.[88] 손님과 주인 사이에 마실 것을 퍼내니[89] 공로는 중숙어[90]보다 뛰어나다. 그러나 아직은 바깥부터 뜨거운 근심[91]을 벗어나지 못한다. 다시 내열의 병[92]이 있는 것을 어찌하랴.

는 '썩 넓고 크며 온 세상에 가득 차서 넘치는 원기(元氣), 도의에 뿌리를 박고 공명정대하여 조금도 부끄러울 바 없는 도덕적 용기'이다《맹자》공손추 상).

86) 물이 끓어오르는 소리를 낸다(發沸騰之聲) : 탕병에서 물이 끓는 소리를 듣고 물 온도의 적부(適否)를 가늠하는 기준은 송풍(松風)과 회우(檜雨) 소리가 닥쳐오는 시초였다(宋 羅大經,《鶴林玉露》茶瓶湯候條).

87) 중용의 길을 지키는 능력으로써(以執中之能) : 집중(執中, 중용의 길을 지킴)은 《서경(書經)》제3장 대우모(大禹謨)조의 '정신 차리고 오직 하나로 모아 그 중용을 진실로 잡아야 하오(惟精惟一 允執厥中)'에서 인용된 것이다.《맹자(孟子)》에도 집중(執中)이라는 어구(語句)가 네번이나 나온다.

88) 끓는 물이 완성되는 덕을 돕는다(輔成湯之德) : '덧방나무 보(輔)'자에는 '돕다, 도움'이라는 뜻이 있다. '이룰 성(成)'자에는 '완성되다, 익다'라는 뜻이 있다. 성탕(成湯)이라면 상(商)나라(뒤의 殷나라)를 세운 임금으로, 하(夏)나라 임금인 걸(桀)이 무도(無道)하므로 쳐 내쫓고, 임금이 된 사람을 가리키기도 한다. 그러나 여기에서는 '끓는 물이 완성된다'는 뜻이다.

89) 마실 것을 퍼내니(斟酌) : '술 따를 침(斟)'자에는 '마실 것'이라는 뜻도 있다. '따를 작(酌)'자에는 '액체를 퍼내다'라는 뜻도 있다. 침작(斟酌)이란 '술잔을 주고받음, 어림쳐서 헤아림, 처분함'이라는 뜻이 있다. 그러나 여기에서는 손님을 앞에 놓인 말차가 담긴 찻사발에 탕병의 끓인 물을 따르면서 돌리는 것을 가리킨다.

90) 중숙어(仲叔圉) : 춘추시대 위(衛)나라의 공어(孔圉)이다.《논어(論語)》헌문(憲問) 제14에 공자(孔子, 기원전 552~479)가 위나라 정치의 장점으로 '중숙어는 외국 손님을 잘 접대할 줄 알아서 나라와 나라 사이에 원한이 없고'라고 하였다는 기록이 보인다.

91) 바깥부터 뜨거운 근심(外爍之憂) : '빛날 삭(爍)'자에는 '뜨겁다'는 뜻이 있다. '근심할 우(憂)'자에는 '근심, 고통'이라는 뜻이 있다.

92) 내열의 병(內熱之患) : '근심 환(患)'자에는 병(病)이라는 뜻이 있다.《장자(莊子)》칙양(則陽)에 '장의라는 사람이 있었는데……먹은 나이 40에 내열의 병으로 죽었다(有張毅者……行年四十而有內熱之病以死)'라고 적혀 있다. 여기에서는 끓인 물이 뜨거워지는 것을 내열의 병이라고 하였다.

축부수93) —— (명)선조94) (자)희점95)

(호)설도공자96)

수양의 주린 사내 전쟁이 들끓을 때에 군세게
간언하였다.97) 방금 솥에서 끓는 물을 올려,98) 능

축부수

---

93) 축부수(竺副帥) : '대나무 축(竺)'자는 찻솔(茶筅)의 재질
을 가리킨다. '버금 부(副)'자와 '장수 수(帥)'자의 부수
(副帥)란 부장군(副將軍)이다. 현존하는 일본 최고(1573년 이전)의 찻솔은 후쿠
이 현립 아사구라씨 유적자료관(福井縣立朝倉氏遺跡資料館)에 소장되어 있다(布
目潮渢, 《中國茶文化と日本》東京 : 汲古書院, 1998. 100~101面). 중국의 회화
자료에는 유송년(劉松年)의 〈연다도(撚茶圖)〉와 나선등(羅先登)의 〈속문방도찬〉
이 있다(張宏庸, 《茶藝》臺北 : 幼獅文化事業公司, 1987. 68~73面).

94) 선조(善調) : '착할 선(善)'자에는 '잘(교묘히), 묘하다(잘하다, 훌륭하다)'라는 뜻이
있다. '고를 조(調)'자에는 '고르다(적당하도록 조절하다), 갖추다(준비하다)'라는
뜻이 있다. 차를 잘 갖춘다는 뜻이다.

95) 희점(希點) : '말차 달이기(點茶)를 바라다(希)'라는 뜻으로 해석된다.

96) 설도공자(雪濤公子) : '눈 설(雪)'자에는 '희다'는 뜻이 있다. '큰 물결 도(濤)'자에
는 '물결치다'라는 뜻이 있다. 도설(濤雪)이란 '큰 파도가 흰 거품을 일으키며 물
결치는 모양'을 가리킨다. 찻사발에 말차를 넣은 다음 끓인 물을 붓고 찻솔로 휘
저으면 차거품(乳花)이 일어나는 현상을 가리키는 것 같다. 공자란 '제후(諸侯)
의 자제·딸, 귀한 집안의 나이 어린 자제'이다. 찻솔을 귀공자로 본 것이다.

97) 수양의 주린 사내 전쟁이 들끓을 때에 군세게 간언하였다(首陽之餓夫 毅諫於兵
沸之時) : 수양산(산서성 영제현 남쪽)에서 굶어 죽은 사람은 주대(周代) 고죽군
(孤竹君)의 두 아들인 백이(伯夷)와 숙제(叔齊)이다. 형인 백이는 아버지가 동생
인 숙제에게 임금 자리를 물려줄 뜻이 있음을 알고 아버지가 돌아가신 뒤 나라를
사양하고 달아나니, 숙제도 형인 백이에게 나라를 사양하고 달아났다. 훗날 주
(周)의 태조인 무왕(武王)이 상(商)의 주왕(紂王)을 토벌할 때 형제가 말고삐를
잡고 신하의 도리가 아님을 간언(諫言)하였으나 듣지 않으므로, 주의 녹 먹기를
부끄럽게 여기어 수양산에 들어가 고사리를 꺾어 먹으며 숨어살다가 굶어 죽었다
는 것이다(사마천, 《사기》 백이열전). '대나무 축(竺)'자는 백이 숙제가 고죽국(孤
竹國, 은나라 때부터 있었다)의 왕자라는 것과 관련성이 있다. '전쟁이 들끓다'는
병비(兵沸)는 병란(兵亂)과 끓는 물(沸湯)과 관련성이 있다.

98) 솥에서 끓는 물을 올려(鼎揚湯) : 탕병(湯瓶)인 탕제점(湯提點)에서 끓인 물을
찻사발에 붓고, 찻솔로 휘젓는 것을 가리킨다.

히 그 끓는 것을 살피는 사람은 거의 드물다.99) 자
네의 청렴결백한 절조100)가 홀로 몸뚱이로써 시험한
다. 어려움을 만나서 돌보지 않는 사람이 아니라면
누가 너를 보겠느냐.101)

사직방102) ── (명)성식103) (자)여소104)
　　　　　(호)결재거사105)

사직방

---

99) 거의 드물다(幾希) : '기미 기(幾)'자에는 '거의'라는 뜻이 있고, '바랄 희(希)'자
　　에는 '드물다, 희소하다'라는 뜻이 있다. 거의 없다시피 하다는 것이다.

100) 자네의 청렴결백한 절조(子之淸節) : '아들 자(子)'자에는 '너, 당신, 자네'라는 뜻
　　이 있다. '맑을 청(淸)'자와 '마디 절(節)'자의 청절(淸節)에는 '청렴결백한 절조'
　　라는 뜻이 있다. 절(節)자에도 '절개'라는 뜻이 있거니와 사군자(四君子 : 매, 난,
　　국, 죽)에서도 대나무의 대쪽 같은 절개를 상징한다.

101) 누가 너를 보겠느냐(疇見爾) : '밭두둑 주(疇)'자에는 '누구'라는 뜻이 있다.

102) 사직방(司職方) : 사(司)라는 성(姓)은 소리가 같은 '실 사(絲, 명주실)'와 통한
　　다. 직방(職方)은 지방 강계(疆界) 및 토지 통계와 지도 공물(貢物)을 관장하던
　　벼슬이다. 직방은 《주례(周禮)》 하관(夏官) 직방씨(職方氏)에 보이며, 당송대(唐
　　宋代)에는 6부(部) 중 병부(兵部) 아래 사사(四司)의 하나로서 직방랑중(職方郎
　　中)을 두고, 지도・성황(城隍, 성을 지키려고 성 둘레에 파 놓은 물이 없는 해
　　자)・방인(防人)을 관장하였다. 여기에서도 직(職)을 '짤 직(織)'자와 통하게 하
　　여 네모난 직물의 뜻을 담고 있다. 행주이다.

103) 성식(成式) : '이룰 성(成)'자에는 '갖추어지다, 구비되다'라는 뜻이 있고, '법 식
　　(式)'자에는 '닦다, 걸레질하다'라는 뜻이 있다. 성식이란 '걸레질이 갖추어지다'
　　라는 뜻으로 해석된다.

104) 여소(如素) : '같을 여(如)'자와 '흴 소(素)'자이다. 소(素)자에는 '생명주'라는 뜻
　　이 있다. 여소는 '생명주 같다'는 뜻이다.

105) 결재거사(潔齋居士) : '깨끗할 결(潔)'자와 '재계할 재(齋)'자이다. 재(齋)자에는
　　'마음과 몸을 깨끗이 하고 부정한 일을 멀리하는' 재계하다라는 뜻이 있다. 결재
　　(潔齋)에도 '제사가 있든지 신에게 기도를 해야 할 때 며칠 전부터 주색을 금하
　　고 잡념을 버려 심신을 깨끗이 하는 일'이라는 뜻이 있다. '있을 거(居)'자와 '선
　　비 사(士)'자의 거사(居士)는 '재덕(才德)을 겸비하였으나 벼슬을 하지 아니하는
　　선비'로서 처사(處士)라고도 한다.

호향의 어린 사내아이를 성인조차 또한 그 나아감을 도왔다.106) 하물며 얌전하고 바르며 꾸밈이 없고,107) 날과 씨에 무늬가 있고,108) 한 평생 검은물을 들여도 검게 물들지 않는 것109)임에 있어서랴. 이는 공자가 깨끗함을 좋아하는 까닭이다.110)

---

106) 호향의 어린 사내아이를 성인조차 또한 그 나아감을 도왔다(互鄕童子 聖人猶且 與其進) : 《논어(論語)》술이(述而) 제7에 '호향은 말 못할 나쁜 동네이다. 이 동네에 사는 한 젊은애가 공자에게 찾아와 뵈오니, 제자들은 선생님께서 왜 이런 나쁜 애를 다 만나 보실까 하고 의심하였다. 공자 말씀하시기를, "오는 사람은 맞아들일 것이요, 가는 사람은 막지 말 것이니 그대들은 왜 그렇게 속이 좁으오. 어떤 사람이든지 제 몸을 깨끗이 해가지고 오면, 그 깨끗함을 받아들일 것이요, 과거의 잘못은 묻지 말 것이오."라고 하였다(互鄕難與言 童子見 門人 惑 與其進也 不與其退也 唯何甚 人潔己以進 與其潔也 不保其往也).'라고 적혀 있다. 호향(互鄕)은 강소성(江蘇省) 패현(沛縣)인데 옛날에는 풍기가 문란했던 곳이라 한다. 찬문(贊文)의 호향은 육우 《다경》제4장 찻그릇의 〈수건(巾)〉조에 적혀 있는 호용(互用)과 관련성이 있는 것 같다. '수건(행주)'은 성긴 비단으로 만든다. 길이는 두자이다. 두장을 만들어 서로 넘나들며 사용하여 모든 그릇을 깨끗이 한다(巾 以絁布爲之 長二尺 作二枚 互用之 以潔諸器).' 성인(聖人)은 만세(萬世)의 사표(師表)가 되는 사람으로 여기에서는 공자를 가리킨다.

107) 얌전하고 바르며 꾸밈이 없고(端而質素) : '바를 단(端)'자와 '모 방(方)'자의 단방(端方)은 '얌전하고 바르다'는 단정(端正)과 뜻이 같다. '바탕 질(質)'자와 '흴 소(素)'자의 질소(質素)는 '꾸밈이 없는 일'이라는 뜻이다. 소(素)는 여소(如素)에서처럼 수건의 재질이 '생명주'임을 나타낸다.

108) 날과 씨에 무늬가 있고(經緯有理) : 경위(經緯)에는 '날과 씨'라는 뜻이 있다. '다스릴 리(理)'자에는 '결, 물건의 표면에 있는 무늬'라는 뜻이 있다.

109) 검은물을 들여도 검게 물들지 않는 것(涅而不緇者) : '개흙 날(涅)'자에는 '검게 물들이다'라는 뜻이 있고, '검을 치(緇)'자에도 '검게 물들이다'라는 뜻이 있다. 《논어(論語)》양화(陽貨) 제17에서 '공자 말씀하시기를 ……극히 흰 물건이라고 말하지 않겠느냐. 검은 흙빛으로 물을 들여도 검어지지 않는다고 하였으니(子曰 ……不曰白乎 涅而不緇)'를 인용한 것이다. 몇번 사용하더라도 빨면 흰빛을 유지한다는 뜻이다.

110) 이는 공자가 깨끗함을 좋아하는 까닭이다(此孔子之所以與潔也) : 이(以)자에는 '까닭'이라는 뜻이 있고, 소이(所以)에도 '까닭'이라는 뜻이 있다. '줄 여(與)'자에는 '돕다, 좋아하다'라는 뜻이 있다. 공자가 깨끗함을 좋아한 이야기는 각주 106)에 인용된 《논어》술이 제7을 참조.

茶具圖贊

南宋　審安老人

茶具十二先生姓名字號

韋鴻臚	文鼎	景暘	四窓閒叟
木待制	利濟	忘機	隔竹居人
金法曹	研古	元鍇	雍之舊民
	轢古	仲鏗	和琴先生
石轉運	鑿齒	遄行	香屋隱君
胡員外	惟一	宗許	貯月僊翁
羅樞密	若藥	傅師	思隱寮長
宗從事	子弗	不遺	掃雲溪友
漆雕秘閣	承之	易持	古臺老人
陶寶文	去越	自厚	兎園上客
湯提點	發新	一鳴	溫谷遺老
竺副帥	善調	希點	雪濤公子
司職方	成式	如素	潔齋居士

咸淳己巳五月夏至後五日審安老人書

韋鴻臚 ——(名)文鼎 (字)景暘 (號)四窓閒叟

贊曰 祝融司夏 萬物焦爍 火炎昆岡 玉石俱焚 爾無與焉 乃若不使
山谷之英墮於塗炭 子與有力矣 上卿之號 頗著微稱

木待制 ——(名)利濟 (字)忘機 (號)隔竹居人

上應列宿 萬民以濟 禀性剛直 摧折强梗 使隨方逐圓之徒 不能保其

身 善則善矣 然非佐以法曹 資之樞密 亦莫能成厥功

    金法曹 —— (名)研古 (字)元鍇 (號)雍之舊民
              轢古   仲鏗   和琴先生

柔亦不茹 剛亦不吐 圓機運用 一皆有法 使强梗者不得殊軌亂轍 豈
不韙與

    石轉運 —— (名)鑿齒 (字)遄行 (號)香屋隱君

抱堅質 懷直心 啖嚅英華 周行不怠 幹摘山之利 操漕權之重 循環
自常 不捨正而適他 雖沒齒無怨言

    胡員外 —— (名)惟一 (字)宗許 (號)貯月僊翁

周旋中規而不踰其閒 動靜有常而性苦其卓 鬱結之患 悉能破之 雖
中無所有而外能研究 其精微不足以望圓機之士

    羅樞密 —— (名)若藥 (字)傅師 (號)思隱寮長

幾事不密則害成 今高者抑之 下者揚之 使精粗不致於混淆 人其難
諸 奈何 矜細行而事誼譁 惜之

    宗從事 —— (名)子弗 (字)不遺 (號)掃雲溪友

孔門高弟 當洒掃應對 事之末者 亦所不棄 又況能萃其既散 拾其已
遺 運寸毫而使邊塵不飛 功亦善哉

    漆雕秘閣 —— (名)承之 (字)易持 (號)古臺老人

危而不持 顚而不扶 則吾斯之未能信 以其弭執熱之患 無坳堂之覆
故宜輔以寶文而親近君子

    陶寶文 —— (名)去越 (字)自厚 (號)兔園上客

出河濱而無苦窳 經緯之象 剛柔之理 炳其繢中 虛己待物 不飾外貌
位高秘閣 宜無愧焉

    湯提點 —— (名)發新 (字)一鳴 (號)溫谷遺老

養浩然之氣 發沸騰之聲 以執中之能 輔成湯之德 斟酌賓主之間 功
邁仲叔圉 然未免外爍之憂 復有內熱之患 奈何

    竺副帥 —— (名)善調 (字)希點 (號)雪濤公子

首陽之餓夫 毅諫於兵沸之時 方今鼎揚湯 能探其沸者幾希 子之淸節 獨以身試 非臨難不顧者 疇見爾

司職方 —— (名)成式 (字)如素 (號)潔齋居士

互鄕童子 聖人猶且與其進 況端方質素 經緯有理 終身涅而不緇者 此孔子之所以與潔也

13. 제다신보(製茶新譜)

명(明)   전 춘 년(錢椿年)

차나무의 대략(茶略) 1)

차는 남녘의 아름다운 나무이다.2) 한자, 두자에서 수십자3)에 이르
는 나무도 있다. 파산4) · 협천5)에는 두 사람이 안을 만한 것6)도 있는
데, 이런 것은 가지를 베어서 잎을 줍는다.7) 나무는 과로8)와 같고,

---

1) 차나무의 대략(茶略) : 여기에 포함된 글은 육우 《다경》의 제1장인 〈차의 근원(茶
   之源)〉에서 끌어온 것이다.

2) 차는~나무이다(茶者 南方嘉木) : 차나무의 원산지는 남쪽이라는 뜻이다. 지금까
   지 중국의 사천성과 운남성, 인도의 아샘 지방이 원산지인 것으로 추정되어 왔는
   데 운남성이 유력시되고 있다.

3) 한자~수십자(自一尺 二尺至數十尺) : 키가 낮은 관목인 중국의 소엽종은 나무의
   높이가 3m이다. 그리고 키가 높은 교목인 중국의 대엽종은 나무의 키가 32m나
   된다.

4) 파산(巴山) : 섬서성과 사천성의 경계선에 동남으로 뻗은 산맥을 대파산이라고
   한다.

5) 협천(峽川) : 대파산의 서남단에 있는 삼협(서릉협 · 황우협 · 명월협) 지방을 가리
   킨다.

6) 두 사람이 안을 만한 것(兩人抱者) : 운남성 서쌍판납(西雙版納)의 남유산(南糯
   山)에는 두 아름드리의 묵은 차나무가 있다.

7) 가지를 베어서 잎을 줍는다(伐而掇之) : 태국의 북부 지방과 미얀마에서도 나무에
   올라가서 차를 따거나 가지를 찢어 떨어뜨려서 찻잎을 따는 풍습이 있다.

잎은 치자와 같으며, 꽃은 흰 장미와 같고, 열매는 병려9)와 같으며, 꼭지는 정향10)과 같고, 뿌리는 호두와 같다.

차의 품격(茶品)

천하에서 나는 차는 많다. 검남에는 몽정의 석화, 호주에는 고저의 자순, 협주에는 벽간·명월11), 공주에는 화정·사안12) 거강에는 박편13), 파동에는 진향14), 복주에는 백암15), 홍주에는 백로16)가 있다.

---

8) 과로(瓜蘆) : 차나무의 품종.

9) 병려(栟櫚) : 야자 무리의 식물인데, 껍질은 밧줄로 사용된다.

10) 정향(丁香) : 인도네시아에 있는 몰루카 제도의 원산물로서, 향신료(香辛料)와 소화 촉진 및 정장을 위한 약재로도 사용된다.

11) 검남에는~벽간·명월(劍南有蒙頂石花 湖州有顧渚紫筍 峽州有碧澗明月) : 이 대목은 당나라 이조의 《당국사보》(권중)에서 끌어온 글이다.

  • 검남은 검각산(劍閣山)의 남쪽인 촉(사천성의 서부) 지방이며, 몽정은 사천성 아남현·명산현·여산현에 걸터앉은 몽산의 정수리라는 뜻이다. 《다담(茶談)》에 따르면 몽산의 다섯 정수리에서 나는 차 중에서 중간 정수리에서 나는 석화차가 으뜸간다고 하였다.

  • 호주는 지금의 절강성 호주시 근방이며, 고저산은 호주의 장흥현에 매어 있었다.

  • 협주는 지금의 호북성 의창시 근방이다. 명월에 대해서는 〈대청일통지(大淸一統志)〉에 '명월산은 파동현의 서북쪽으로 40리에 있는데, 그곳에서 나는 차 이름이다'라고 하였다. 그리고 《다보》에 따르면 '협주에 있는 소강원·명월·벽간료(碧澗寮)·수유에서는 모두 차가 난다. 그 중에서도 벽간차가 가장 좋다'고 하였다.

12) 공주에는 화정·사안(邛州有火井思安) : 공주는 지금의 사천성 공래현 근방이다. 화정에 대해서는 송자안의 《동계시다록》에 '화정차는 공래현 서남쪽의 산골짜기에서 난다'고 적혀 있다. 그리고 사안에 대해서는 북송 사람인 왕존(王存) 등이 지은 《원풍구역지(元豐九域志)》에 '대창(大昌)에는 대읍(大邑)과 사안의 두 다장(茶場)이 있는데, 다만 대읍의 화정차가 사안차보다 품질이 뛰어났다'고 적혀 있다. 남송 사람인 위료옹(魏了翁, 1178~1237)의 《공주선다기(邛州先茶記)》가 전해지고 있다.

13) 거강에는 박편(渠江有薄片) : 이 대목도 모문석의 《다보》에서 끌어온 듯하다. 거강은 사천성 광안현에서 거현으로 흐르는 강이다. 박편에 대해서는 모문석의

또 상주의 양선17), 무주의 거암18), 요산의 양파19), 용안의 기화20),
검양의 도유·고주21), 노주의 납계·매령22) 등의 여러 차도 그 이름

《다보》에 '거주(강)의 박편은 한근이 80장이다'라고 적혀 있다.

14) 파동에는 진향(巴東有眞香) : 이 대목도 모문석이 지은 《다보》의 각주에 인용된
《동군약록(桐君藥錄)》에서 끌어온 것 같다.
  • 《동군약록》-파동에는 따로 참차(眞茶)가 있는데, 달여 마시면 사람으로 하여금
   잠을 자지 않게 한다.

15) 복주에는 백암(福州有柏巖) : 이 대목도 모문석의 《다보》에서 인용된 것 같다. 복
주는 지금의 복건성 민후현 근방이다. 백암차에 대해서는 《민사구침(閩事鉤沈)》
과 《민잡기(閩雜記)》에도 '무이산에서 나는 차를 제외하면 민(복건성)차 중에서
는 백암차가 가장 좋다'고 적혀 있다.

16) 홍주에는 백로(洪州有白露) : 이 대목도 모문석의 《다보》에서 인용된 것 같다. 복
주는 지금의 강서성 남창시 주변이다. 백로차에 대해서는 《죽창야화(竹窓夜話)》
에 '홍주의 백로차는 품질이 중등품이다'라고 적혀 있다.

17) 상주의 양선(常州之陽羨) : 상주는 지금의 강소성 무진현 주변이다. 양선차는 당
나라 때부터 이름난 차로서, 지금의 강소성 의흥현에 있는 남산 골짜기에서 산출
된다.

18) 무주의 거암(婺州之擧巖) : 이 대목도 모문석의 《다보》에서 인용된 것 같다. 무주
는 지금의 절강성 금화현이다. 거암차에 대해서는 《기명휘기(奇茗彙記)》에 '금화
에는 거암차가 있는데 높은 벼랑에서 난다'고 적혀 있다.

19) 요산의 양파(了山之陽坡) : 요산은 지금의 안휘성 의성현에 있는 산이다. 《다
보》에 따르면 '의성현에는 요산이 있는데, 그 동쪽은 아침 햇살이 밝은 곳을 양
파라고 한다. 그 차가 가장 뛰어났기에 태수가 동락인사에게 추천하면서 맨 앞
머리에 이르기를, 요산 양파의 횡산차(橫山茶)라고 하였다'라는 내용이 적혀 있
다. 또 《동계시다록》에 따르면 '횡문차는 곧 요산차, 또는 양파차라고 하는데 빛
깔이 맑고 맛이 달다'고 적혀 있다.

20) 용안의 기화(龍安之騎火) : 이 대목도 모문석의 《다보》에서 인용된 것 같다. 용안
은 지금의 사천성 안현의 동북쪽에 있던 고을 이름이다. 기화차란 화전도 화후도
아닌 화시(火時, 금화 한식 때인 양력 4월 5, 6일 경의 3일간)를 말타듯이 걸터
앉아서 딴 차를 가리킨다.

21) 검양의 도유·고주(黔陽之都濡高株) : 검양은 지금의 호남성 검양현이다. 《제다신
보》의 저자인 전춘년의 시에 '검양의 산수는 빼어나고 올차에서는 맑은 향기가
난다네'라고 하였다. 그리고 검양차에 대해서는 《기명휘기》에 '검양차에는 어렴풋
한 향기가 있고 맛이 뛰어났다. 그것은 고주와 도유에서 나는데, 두 곳의 차가 가

이 모두 두드러진다.

이것들을 품평하여 차례를 매긴다면, 석화가 가장 으뜸이고, 자순이 버금가며, 또 그 다음가는 것이라면 벽간·명월의 무리이다.

애석한 일은 모든 차를 끌어들일 수가 없다는 것이다.

차심기(藝茶)23)

차를 심어서 우거지기를 바라거든 외심기24)를 본받으면 세해 만에 딸 수가 있다. 양지 바른 언덕의 그늘진 숲에서25) 자줏빛 나는 것이 으뜸이요, 초록빛 나는 것이 버금간다.

차따기(採茶)

단황차에는 일기이창의 이름이 있는데26) 한 잎에 두 싹이 달린 것

장 좋다'라고 적혀 있다.

22) 노주의 납계·매령(瀘州之納溪梅嶺) : 노주는 지금의 사천성 노현 주변이다. 납계 는 지금도 노현의 남쪽에 납계현으로 남아 있다. 그리고 매령이란 납계에 속한 작은 성채(堡) 이름이다.

23) 차심기(藝茶) : 이 대목들은 육우가 지은《다경》의 제1장 〈차의 근원〉조의 글을 윤색하였거나 원문 그대로를 옮겨 담은 것이다. 즉 '차를 심어서 우거지기를 바라 거든(藝茶欲茂)'이라는 대목은《다경》에 있는 '대저 차는 씨앗을 뿌려도 부실하 며 심어도 우거지기가 드물다(凡藝而不實植而罕茂)'라는 대목을 윤색한 글이다. 그러나 '외심기를~버금간다'라는 대목은《다경》의 글대로 인용한 글이다.

24) 외심기(種瓜) : 위나라 고양군(산동성)의 태수인 가사협(賈思勰)이 지은《제민요 술(齊民要術)》에는 외심기에 대하여 '구덩이의 깊이와 너비를 한자로 파고 네 알 의 씨앗을 직파한다'고 적혀 있다.

25) 양지 바른 언덕의 그늘진 숲에서(陽崖陰林) : 차나무는 반양반음(半陽半陰)의 재 배 환경이 이상적이다.

26) 단황차에는 일기이창의 이름이 있는데(團黃有一旗二槍之號) : 단황차의 이름은 당나라 이조의《당국사보》에 보이지만, 이 대목은 오대 모문석의《다보》에서 인 용된 글이다. 단(團)은 덩어리를 가리키고, 황(黃)은 덩어리차를 가루내어 달여 놓았을 때의 누른 빛깔을 가리킨다.

을 말한다. 대저 일찍 딴 것을 차라 하고, 늦게 딴 것을 늦차(荈)라고 한다.27) 곡우28) 전후에 거둔 것이 좋은데 거칠거나 고운 것도 모두 쓸 수가 있다. 다만 딸 때 날씨가 개고 맑으며, 덖어서 불에 쬐어 말리는 것이 알맞고, 법도대로 담아서 저장하여야 되는 것이다.

차의 저장(藏茶)29)

차는 부들잎과 알맞지만 향과 약을 두려워한다. 따뜻하고 마른 것을 좋아하지만 차갑고 축축한 것을 꺼린다.

그러므로 거두어 간직하는 집에서는 부들잎으로 싸서 봉하여 배로(焙爐)에 넣고 2,3일마다 한 차례씩 불로써 사람의 몸처럼 훈훈하게 하는 것이 마땅하다. 그렇게 하면 젖는 것을 막지만 만약 불기가 많으면 차는 탄내가 나서 먹을 수가 없게 된다.

차굽기(炙茶)30)

차는 간혹 해가 지나면 향기·빛깔·맛이 모두 손상되는 수가 있다. 그런 묵은 차는 깨끗한 그릇에서 끓인 물에 담근다. 표면의 고유가 한 겹이나 두 겹이 벗겨지면 멈추고, 찻집게에 끼워서 약한 불에 구워서 말린 다음 부수어 맷돌에 간다. 만약 그 해에 만든 햇차라면

---

27) 일찍 딴 것~늦차라고 한다(早取爲茶 晚取爲荈) : 이 대목은 육우의 《다경》(제1장 〈차의 근원〉조)에 인용된 진나라 곽박(郭璞, 276~324)의 《이아(爾雅)》에 나오는 글이다.

28) 곡우(穀雨) : 한 해를 24절기로 나눈 여섯번째 절기로서 양력 4월 20~21일 경이다. 곡우 직전에 따서 만든 차를 우전차(雨前茶), 직후에 따서 만든 차를 우후차(雨後茶)라고 한다.

29) 차의 저장(藏茶) : 이 대목은 송나라 채양이 지은 《다록》의 〈차의 저장〉조를 고스란히 옮긴 것이다.

30) 차굽기(炙茶) : 이 대목도 채양이 지은 《다록》의 〈차굽기〉조에서 전문을 옮긴 것이다. 명나라 고원경(顧元慶)이 편간한 《다보(茶譜)》에는 이 대목이 빠져 있다.

이런 방법은 쓰지 않는다.

차를 만드는 모든 방법(製茶諸法)[31]

• 등자차(橙茶) : 등자의 껍질을 가는 실처럼 썰어서 한 근을 만들고, 좋은 차 닷 근을 불에 쬐어 말린 것을 등자채에 넣고 섞어서 맛을 조절한다.

촘촘한 삼베를 불궤에 빠지도록 가까이 대고, 차를 그 위에 놓고 뜨겁게 그을린 다음, 깨끗한 이불로 4, 6시간을 덮어씌워 둔다. 그리고 건연지[32]로 된 주머니에 싸서 봉하고, 거듭 이불로 덮어씌우고 불에 쬐어 말려서 거두어 사용한다.

• 연꽃차 : 해가 아직 돋지 않았을 때, 방긋이 피어난 연꽃의 꽃봉오리를 헤쳐 열고, 가는 차 한 움큼[33]을 꽃술 속에 가득히 넣은 다음, 삼 껍질로 대강 잡아매어 하룻밤을 묵힌다. 다음날 일찍이 꽃을 따서 찻잎을 기울여 쏟아내고 건연지에 싼 차를 불에 쬐어 말린다. 재차 먼저와 같은 방법으로 또 다른 꽃술 속에 찻잎을 넣는다. 이처럼 여러 차례 한 것을 꺼내어 불에 쬐어 말린 다음 거두어 사용한다. 말할수 없이 좋은 향기와 맛이 난다.

목서(木樨) · 말리(茉莉)[34] · 매괴(玫瑰)[35] · 장미 · 난초 · 혜초[36] · 귤꽃

---

31) 차를 만드는 모든 방법(製茶諸法) : 이 대목 중에서 등자차를 제외한 부분은 남송 사람인 조희곡(趙希鵠)이 지은 《조섭류편(調燮類編)》의 권5에서 인용된 글이다. 그리고 이 대목은 명나라 고원경(顧元慶)의 《운림유사(雲林遺事)》와 정영소(程榮所)의 《다보(茶譜)》에도 인용되어 있다.

32) 건연지(建連紙) : 건(建)은 복건성의 건녕(建寧)을 가리키며, 연지(連紙)는 지면이 매끄러워서 인쇄용으로 알맞은 건사지(建史紙)의 준말이다.

33) 한 움큼(一撮) : 원래 촬(撮)은 용량의 단위인데, 승(升)의 1천분의 1, 60속(粟), 네 숟가락의 양인 1작(勺)의 10분의 1이다.

34) 말리(茉莉) : 인도가 원산인 목서과의 상록 관목이다. 잎은 타원형인데 7월 경의 오전 7시쯤에 흰 동이 모양의 오판화가 피는데 향기가 그윽하다. 이 자스민꽃

37) · 치자 · 목향(木香)38) · 매화는 모두 차를 만들 수가 있다.

이러한 꽃이 필 때 절반은 머금고 절반은 피어나서 꽃술의 향기가 온전한 것을 딴 다음, 찻잎의 많고 적음을 헤아려 따온 꽃을 차와 함께 섞는다.

꽃이 많으면 향기가 심하여 차의 운치가 줄어든다. 꽃이 적으면 향기가 없고 맛도 충분히 나타나지 않는다. 찻잎 셋에 꽃 하나 꼴이 비로소 알맞는 정도이다.

가령 목서꽃 같으면, 모름지기 그 가지나 꼭지와 먼지나 때와 미물을 제거하고 사기 그릇39)에 차 한 켜, 꽃 한 켜씩 서로 갈마들어서 가득히 채우고, 종이와 대 껍질로 단단히 잡아맨 다음 냄비에 넣고 중탕(重湯)40)으로 삶는다. 들어내서 식기를 기다렸다가 종이로 싸고 봉하여 불 위에서 쬐어 말리고 거두어 사용한다. 그밖의 꽃도 이대로 본받는다.

(Jasmine)을 약 발효차인 포종차(包種茶)에 흡착시킨 것이 꽃차(花茶, Jasmine Tea)이다. 꽃차의 명산지는 소주 · 복주 · 성도 · 휘주 · 광주 등이다.

35) 매괴(玫瑰) : 장밋과의 낙엽관목으로 해변에 자생하는 때찔레꽃이다. 홍자색이나 흰빛의 큰 꽃은 향수나 약용으로도 쓰인다.

36) 혜초(蕙) : 난초의 일종인데, 한 줄기에 꽃 한 송이가 달리는 것이 난초이고, 한 줄기에 여러 송이의 꽃이 피는 것이 혜초이다.

37) 귤꽃(橘花) : 이능화(李能和, 1869~1943)의 《조선불교통사》에는 백두산의 백산차(白山茶), 김해 백월산의 죽로차(竹露茶)와 함께 제주도의 명산품인 귤꽃차(橘花茶)도 적혀 있다.

38) 목향(木香) : 엉거싯과에 속하는 다년초로서, 초여름에는 희거나 진한 노란 빛깔의 꽃이 핀다. 한방에서는 건위제로 쓰인다.

39) 사기 그릇(磁罐) : 자(磁)는 사기 그릇을 뜻하고, 관(罐)은 두레박을 가리킨다.

40) 중탕(重湯) : 끓는 물 속에 음식이나 생약제를 담은 그릇을 넣고 익히거나 데우는 일이다.

차를 달이는 네 가지 요점(煎茶四要)

① 물 가리기(擇水)[41]

대저 샘물이 달지 않으면 능히 범하기 어려운 차맛을 손상시킨다.
그러므로 옛사람들은 물고르기를 가장 중요하게 여겼다.

산의 물이 으뜸이요, 강물이 버금가며, 우물물이 하등이다.

산의 물은 젖샘[42]이 게으르게 흐르는 것이 으뜸이다.

폭포의 물솟음이나 양치질 소리가 나는 여울물을 마시지 말지어다.
오래 마시면 사람으로 하여금 목병이 나게 한다.

강물은 사람들과 멀리 떨어진 것을 취하며, 우물물은 많이 긷는 것
을 취한다.

게의 뱃속에 있는 누른 장[43]이 있거나 잡것이 섞이어 흐리거나 짜
고 쓴 물은 모두 쓰지를 말지어다.

② 차씻기(洗茶)[44]

대저 차를 달이려면 먼저 뜨거운 물로 찻잎을 씻어서 먼지나 때와

---

41) 물고르기(擇水) : '산의 물이 으뜸이요'에서 '우물물은 많이 긷는 것을 취한다'까지
는 육우가 지은 《다경》의 제5장 〈차달이기〉에서 끌어온 글이다.

42) 젖샘(乳泉) : 명나라 전예형의 《자천소품》(〈젖샘〉조)에 '젖샘이란 종유석(鍾乳石)
의 샘이며, 산골(山骨)의 고수(膏髓)이다. 샘의 빛깔은 희고 비중은 무겁다. 매우
달고 향기로워서 마치 감로와 같다'고 적혀 있다.

43) 게의 뱃속에 있는 누른 장(蟹黃) : 남송 사람인 주휘(周輝)가 지은 《청파잡지(淸
波雜誌)》에는 '태주(泰州, 지금의 강소성)에 해황수(蟹黃水)가 솟는 우물이 있는
데, 다른 용도에는 견디기 어렵지만 술을 빚으면 맛이 있다'는 대목이 보인다.

44) 차씻기(洗茶) : 잎차를 씻는 차씻기는 명나라의 문진형(文震亨)이 지은 《장물지
(長物志)》의 〈다세(茶洗)〉조에 적혀 있다. 즉 차씻개는 주발 두 낱을 상하 2층으
로 포갠 구조이다. 윗층의 주발에 잎차를 넣고 온수를 부으면 바닥에 뚫린 구멍
으로 먼지나 모래가 씻겨서 빠진다.(허차서 《다소》 참조)

차가운 기운을 사라지게 한 다음 달이면 맛이 좋다.

③ 끓는 물 살피기(候湯)

대저 차는 모름지기 느린 불로 굽고, 생기있는 불에 달일지어다. 생기있는 불이란 불꽃이 있는 숯불을 일컫는다. 물을 억지로 끓이게 하지 않는 것이 마땅하다. 바라건대 차를 양생(養生)시키는 것이 좋다.

처음에는 물고기눈(魚目)과 같은 물거품이 흩어 뿌려지다가 어렴풋한 소리가 난다.

복판은 네 가장자리에서 샘 같은 물이 끓어오르고, 길게 이어진 구슬이 서로 잇닿은 것처럼 되다가, 마지막에는 물결이 뛰어오르고 북치듯이 넘실거리다가 물의 기세가 완전히 사라지는 것을 쇤물이라고 일컫는다. 세 번 끓이는 법은 생기있는 불이 아니면 이룰 수가 없는 것이다.[45]

대저 차는 적고 끓인 물이 많으면 구름발(雲脚)이 흩어지고, 끓인 물은 적고 차가 많으면 젖 같은 액이 표면(乳面)에 모인다.[46]

④ 물품 고르기(擇品)

대저 병은 작은 것이어야만 물이 끓는 상태를 살피기가 쉽고, 또 차를 달일 때에는 따르는 끓인 물의 수량을 어림잡을 수가 있는 것이다.[47]

---

45) 차는 모름지기~이룰 수가 없는 것이다(茶須緩火炙~非活火不能成也) : 이 대목은 찻가루를 마시던 당나라의 온정균(溫庭筠)이 지은 《채다록(採茶錄)》과 조인(趙璘)의 《인화록(因話錄)》에 보이는 이약(李約)의 활화론(活火論)을 고스란히 옮긴 것이다.

46) 대저 차는 적고~표면에 모인다(凡茶少湯多~則乳面聚) : 이 대목도 찻가루를 마시던 송나라의 채양이 지은 《다록》의 〈차달이기(點茶)〉조에서 옮긴 것이다.

47) 병은~있는 것이다(瓶要小者易候湯 又點茶注湯有應) : 이 대목은 채양이 지은

만약 병이 크면 마실 것이 머무른 상태로 계속해 있어서 오래 쉬게 되어 맛이 지나치게 우러나오므로 좋지가 않은 것이다. 차냄비(茶銚)・차병(茶瓶)은 은이나 주석으로 된 것이 으뜸이요, 오지나 돌로 된 것이 버금간다.48)

차의 빛깔은 희기 때문에 검은 잔이 어울린다. 건안에서 만든 것은 짙은 남빛을 띤 검은빛인데 무늬는 토끼털과 같고, 그 잔은 정묘하고 두꺼워서 불에 쬐면 오래도록 뜨거우며 차가워지지를 않으므로 요긴하게 쓰기에 가장 좋다. 다른 곳에서 나오는 것은 얇거나 빛깔이 달라서 모두 이에 미치지 못한다.49)

차를 달이는50) 세 가지 요점(點茶三要)

① 그릇 씻기(滌器)

찻병51)・찻잔・찻술이란 녹이 나면 차맛을 손상시키므로, 반드시 사용할 때에는 앞서서 깨끗이 씻으면 좋다.

② 잔 데우기(熁盞)

대저 차를 달이려면 먼저 잔을 불에 쬐어서 뜨겁게 하여야 한다.52)

《다록》의 〈탕병(湯瓶)〉조에서 끌어온 글이다.

48) 만약~버금간다(若瓶大啜存~瓷石次之) : 이 대목은 저자인 전춘년이 보태어 적은 것이지만, 앞 대목에서 채양이 가루차를 달이기 위하여 찻사발에 물을 붓는 탕병을 말한 데 비하여, 전춘년은 끓인 물과 잎차를 융합하는 다관(茶罐)을 말하고 있기 때문에 앞뒤의 연결이 안된다.

49) 차의 빛깔은~미치지 못한다(茶色白~皆不及也) : 이 대목도 채양이 지은《다록》의 〈찻잔〉조에서 끌어온 글이다.

50) 차를 달이는(點茶) : 이것은 찻가루 달이기를 뜻하는 것이다.

51) 찻병(茶瓶) : 밑에 이어지는 찻잔과 찻술은 찻가루에 사용되는 찻그릇이므로, 잎차를 우려내기 위한 찻병은 차냄비(茶銚)의 착오인지도 모른다.

52) 대저~뜨겁게 하여야 한다(凡點茶 先須熁盞令熱) : 이 대목도 채양이 지은《다

뜨거우면 차의 표면에 젖 같은 액이 모이지만53) 차가우면 차의 빛깔이 뜨지를 않는다.54)

③ 실과 가리기(擇果)

차에는 천성의 향기가 있고, 좋은 맛이 있고, 바른 빛깔이 있으므로 달일 때 진귀한 실과나 향내나는 풀을 섞는 것55)은 알맞지 않다.

그 향기를 빼앗는 것은 솔씨·감자(柑)·등자(橙)·살구씨의 알맹이(杏仁)·연씨(蓮心)·목향·매화·말리(자스민)·장미·목서 따위이다.

그 맛을 빼앗는 것은 소젖(우유)·오랑캐 복숭아(番桃)·여지(荔枝)56)·원안(圓眼)57)·물배(水梨)·비파(枇杷) 따위이다.

그 빛깔을 빼앗는 것은 곶감(柿餠)·마른 대추(膠棗)·화도(火桃)·양매(楊梅)58)·등자·귤 따위이다.

대저 좋은 차를 마시려거든 실과를 물리치는 것이 지극히 깨끗한

록》의 〈잔 데우기〉조에서 인용된 것이다.

53) 뜨거우면~모이지만(則茶面聚乳) : 이 대목은 전춘년이 보탠 말이다.

54) 차가우면~뜨지를 않는다(冷則茶色不浮) : 이 대목도 채양이 지은 《다록》의 〈잔 데우기〉조에서 인용된 글인데, 다만 빛깔(色)이라는 말만 전춘년이 추가한 것이다.

55) 진귀한~섞는 것(以珍果香草雜之) : 차에 실과 등을 섞어 마시는 풍습은 육우가 지은 《다경》의 제7장 〈차의 옛일〉에 보인다. 육우도 이러한 폐습을 배격하였던 것이다.

56) 여지(荔枝) : 무환자과(無患子科)에 속하는 상록교목으로, 남방이 원산이다. 송나라 사람인 도곡이 지은 《천명록(荈茗錄)》의 〈누영춘(漏影春)〉조에도 여지를 섞는 차의 풍습이 보인다. 채양의 《여지보》도 있다.

57) 원안(圓眼) : 무환수과에 속하는 상록교목으로, 중국의 남부가 원산지이다. 원안의 열매는 식용과 약용으로 쓰인다. 원안은 일명 용안(龍眼)이라고도 하는데, 용안다식을 만드는 재료로 쓰인다.

58) 양매(楊梅) : 소귀나무라고도 하는데, 딸기와 같이 맺히는 열매를 양매라고 한다.

느낌을 갖게 된다. 실과를 섞게 되면 분간이 안된다.

　만약 꼭 섞기에 알맞는 것을 말한다면 호두·개암·수박씨·대추씨·마름쌀(菱米)·감람씨·밤·계두(雞頭)·은행·마(山藥)·마른죽순·지마(芝麻)·거호(莒蒿)·상추·미나리 따위는 정제하면 어쩌다가 쓸 수도 있다.

차의 효능(茶効)

　사람이 참차(眞茶)를 마시면 갈증을 멈추고, 먹은 음식을 삭이고, 가래를 제거하고, 잠을 적게 하고, 오줌 누기를 편하게 하고, 눈을 밝게 하며, 생각하는 데 유익하다.〔《본초습유》에서 나옴59)〕

　번민을 제거하고 기름기를 물리치는 데 있어서 사람이란 원래 하루도 차가 없어서는 안되는 것이다. 그러나 어쩌다가 꺼리는 일이 있어서 안마시게 되는 수도 있으리라. 끼니가 끝날 때마다 진한 차로 입을 양치질하면 번민과 기름기는 사라지고 비위는 저절로 누그러진다.

　대저 이 사이에 낀 고기를 차로 양치질하여 씻어버리면 다 삭으며 줄어들어서 모르게 빠지는 것이므로 번거롭게 쑤셔서 긁어낼 필요도 없는 것이다.

　그리고 이(齒)의 성미는 쓴 것을 좋아하므로 이러한 인연으로 점점 튼튼하고 편안하게 되어 좀먹는 해독도 절로 낫는 것이다. 그러나 이런 용도에는 중등과 하등품의 차를 쓴다.〔소의 글에서 나옴60)〕

---

59)《본초습유》에서 나옴(出本草拾遺) : 당나라의 진장기(陳藏器)가 739년에 지은 책이다.

60) 소의 글에서 나옴(出蘇文) : 이 대목은 송나라 소식(蘇軾, 1036~1101)이 지은《동파잡기(東坡雜記, 1083)》의 〈수다설(漱茶說)〉을 약간 윤색해서 인용한 글이다.

製茶新譜

明 錢椿年

茶略

茶者 南方嘉木 自一尺 二尺至數十尺 其巴峽有兩人抱者 伐而掇之 樹如瓜蘆 葉如梔子 花如白薔薇 實如栟櫚 蒂如丁香 根如胡桃

茶品

茶之産於天下多矣 若劍南有蒙頂石花 湖州有顧渚紫筍 峽州有碧澗明月 邛州有火井思安 渠江有薄片 巴東有眞香 福州有柏巖 洪州有白露 常州之陽羨 婺州之擧巖 了山之陽坡 龍安之騎火 黔陽之都濡高株 瀘川之納溪梅嶺 之數者 其名皆著 品第之 則石花最上 紫筍次之 又次 則碧澗明月之類是也 惜皆不可致耳

藝茶

藝茶欲茂 法如種瓜 三歲可採 陽崖陰林 紫者爲上 綠者次之

採茶

團黃有一旗二槍之號 言一葉二芽也 凡早取爲茶 晩取爲荈 穀雨前後收者爲佳 粗細皆可用 惟在採摘之時 天色晴明 炒焙適中 盛貯如法

藏茶

茶宜蒻葉 而畏香藥 喜溫燥 而忌冷濕 故收藏之家 以蒻葉封裹入焙中 兩三日一次 用火當如人體溫溫 則禦濕潤 若火多 則茶焦不可食

炙茶

茶或經年 則香色味皆陳 於淨器中以沸湯漬之 刮去膏油一兩重乃止 以鈐箝之 微火炙乾 然後碎碾 若當年新茶 則不用此說

製茶諸法

- **橙茶**：將橙皮切作細絲 一劬以好茶五劬焙乾 入橙絲間和 用密麻布襯墊火箱 置茶於上烘熱 以淨綿被罨之 三兩時隨用建連紙袋封裏 仍以被罨焙乾收用

- **蓮花茶**：於日未出時 將半含蓮花撥開 放細茶一撮 納滿藥中 以麻皮略縶 令其經宿 次早摘花 傾出茶葉 用建紙包茶焙乾 再如前法 又將茶葉入別藥中 如此者數次 取其焙乾收用 不勝香美

  木樨 茉莉 玫瑰 薔薇 蘭蕙 橘花 梔子 木香 梅花皆可作茶 諸花開時 摘其半含半放藥之香氣全者 量其茶葉多少 摘花爲茶 花多則太香而脫茶韻 花少則不香而不盡美 三停茶葉一停花始稱 假如木樨花 須去其枝蒂及塵垢蟲蟻 用磁罐一層茶一層花投間至滿 紙箬縶固 入鍋重湯煮之 取出待冷 用紙封裏 置火上焙乾收用 諸花倣此

煎茶四要

一. **擇水**：凡水泉不甘 能損茶味之嚴 故古人擇水 最爲切要 山水上 江水次 井水下 山水乳泉漫流者爲上 瀑湧湍激勿食 食久令人有頸疾 江水取去人遠者 井水取汲多者 如蟹黃混濁鹹苦者皆勿用

二. **洗茶**：凡烹茶 先以熱湯洗茶葉 去其塵垢冷氣 烹之則美

三. **候湯**：凡茶 須緩火炙 活火煎 活火謂炭火之有焰者 當使湯無妄沸 庶可養茶 始則魚目散布 微微有聲 中則四邊泉湧 纍纍連珠 終則騰波鼓浪 水氣全消 謂之老湯 三沸之法 非活火不能成也

  凡茶少湯多 則雲脚散 湯少茶多 則乳面聚

四. **擇品**：凡瓶要小者易候湯 又點茶注湯有應 若瓶大啜存 停久味過 則不佳矣 茶銚茶瓶 銀錫爲上 瓷石次之

茶色白 宜黑盞 建安所造者紺黑 紋如兎毫 其坯微厚 熁之久
熱難冷 最爲要用 出他處者 或薄或色異 皆不及也

點茶三要

一. 滌器 : 茶瓶茶盞茶匙生鉎[音星] 致損茶味 必須先時洗潔則美

二. 熁盞 : 凡點茶 先須熁盞令熱 則茶面聚乳 冷則茶色不浮

三. 擇果 : 茶有眞香 有佳味 有正色 烹點之際 不宜以珍果香草雜
之 奪其香者 松子 柑橙 杏仁 蓮心 木香 梅花 茉莉 薔薇 木樨
之類是也 奪其味者 牛乳 番桃 荔枝 圓眼 水梨 枇杷之類是也
奪其色者 柿餅 膠棗 火桃 楊梅 橙橘之類者是也 凡飮佳茶 去
果方覺淸絶 襍之則無辨矣 若必曰所宜 核桃 榛子 瓜仁 棗仁
菱米 欖仁 栗子 雞頭 銀杏 山藥 笋乾 芝麻 苣蕒 萵苣 芹菜之
類精製 或可用也

茶効

人飮眞茶 能止渴消食 除痰少睡 利水道 明目益思 〔出本草拾遺〕
除煩去膩 人固不可一日無茶 然或有忌而不飮 每食已 輒以濃茶漱口
煩膩旣去 而脾胃自淸 凡肉之在齒間者 得茶漱滌之 乃盡消縮 不覺脫
去 不煩刺挑也 而齒性便苦 緣此漸堅密 蠹毒自已矣 然率用中下茶
〔出蘇文〕

14. 자천소품(煮泉小品)

명(明)　전 예 형(田藝蘅)

《자천소품》에의 인도

옛날 우리 전은옹(田隱翁)이 일찍이 몸소 자세하게 말하였다.

"산수를 즐기는 것이 정도에 지나치면 마치 고칠 수 없는 병처럼 된다.

아! 대저 고치기 어려운 병(膏肓之病)이라는 것은 원래가 귀신같이 병을 잘 고치는 뛰어난 의원도 고칠 수가 없는 것이다.

그런데 산수를 지나치게 즐기는 것(泉石)은 그 병 또한 진실로 이상야릇한 것이다.

나는 젊을 때 이 병에 걸려서 기분상으로는 이미 잊어버린 것 같아도, 사람들은 모두 나의 병이 낫지 않았다고 책망하는 것이었다.

그래서 의술에 관한 책을 두루 살펴보아도 이 병에 듣는 약이 없다는 것이 근심거리였다.

그런데 때때로 산속에서 살 때 담약수(淡若叟)를 만났는데, 나에게 이르기를, '이 병은 원래가 근심할 것이 없소. 그대가 이것을 고치려고 할 것 같으면 곧 반드시 맑은 흰 돌에 달인 샘물에 차를 첨가하여 오래 마시세요. 오래 마시면 곡식 먹기를 폐하고 신선이 되기를 바라게 될지언정, 어찌 난치병을 앓겠소.'라고 하는 것이었다.

나는 정중하게 머리를 조아려 가르침을 받고서 마침내 가르침에 의하여 갖추어서 마셔 보았더니, 그 효력이 날마다 두드러지는 것을 스스로 느끼게 되었다.

이로 말미암아 그 뜻을 넓히고 조목마다 모아서 책을 이루어, 차솥을 맡아보는 산살이의 어린아이에게 건네어 주고, 같은 병이 있는 손님을 만나면 곧바로 이것을 올리게 하였다.

만약 황금이나 주옥과 같은 귀중한 찻물만을 달이는 사람이 왔을 때는 그분의 비웃음을 사기 때문에 삼가고 내놓지를 않는다."

때는 가정 갑인(1554)년 초가을(음력 7월) 중원(보름)날에 전당의 전예형이 머리말을 적는다.

샘의 근원(源泉)

음(陰)의 기운이 쌓여서 물이 된다.[1] 물의 바탕을 근원이라 하고, 근원을 샘이라고 한다.

水(물)라는 글자는 본디 로 만들어 많은 물이 함께 흐르고 속에 숨은 양의 기운이 있는 모양으로 본뜬 것인데 간략하게 水로 만들었다. 원(源)은 본디 原으로 만들고, 또 厵으로도 만들거니와 泉(샘)이 厂(언덕) 밑에서 솟구쳐 나오는데 말미암은 것이다. 厂(언덕)은 산의 바위에 사람이 거처할 수 있는 것이다.

아무튼 原을 생략해서 原으로 만들었는데 지금은 源으로 만든다. 泉은 본디 으로 만들어 물이 흘러나와서 川(내)을 이루는 모양을 본뜬 것이다. 이 세 글자의 뜻을 안다면 샘의 품격에 대해서는 절반 이상 아는 것이나 마찬가지로 생각한다.

산 밑에서 나오는 샘을 몽(蒙)이라고 한다.[2] 몽이란 어리다(稚)는

1) 음의 기운이 쌓여서 물이 된다(積陰之氣爲水) : 《회남자(淮南子)》 천문훈(天文訓)에 '음기가 물이 된다(陰氣爲水)'라고 적혀 있다.

것이다.3) 사물이 어리면 천성이 온전하고 물이 어리면 맛이 온전하다.

그러기에 홍점(육우)이 '산의 물이 으뜸'이라 하고, '젖샘과 돌못에서 게으르게 흐르는 것'이라고 한 것도 몽을 일컫는 것이니, '폭포의 물솟음이나 양치질 소리가 나는 여울물'은 몽이 아닌 것이다. 그래서 사람이 '먹어서는 안된'고 타이르는 것이다.4)

콸콸 솟아나는 샘에는 모두 신령이 살고 있으며, 이를 주재하신다. 원래 이 세상에 만물을 내놓는 일은 하늘의 신령이 떠맡는다고 하지만, 한나라 때의 책에는 세 신령(三神)5)이 맡는 것으로 되어 있는데, 산악도 그 중의 하나인 것이다.

근원의 샘은 반드시 무거운 것이지만 좋은 샘은 더욱 무겁다. 여항(절강성)에 사는 서은 늙은이께서 일찍이 나에게 말씀하시기를, '봉황산6)의 샘물을 아모돈7)의 백화천(百花泉)과 비교하면 닷돈(약 17그램)이나 가볍느니라'고 하셨다. 신선이 사는 곳은 뛰어났다는 것을 말하는 것이리라.

산이 두터우면8) 샘도 두텁고, 산이 기이하면 샘도 기이하며, 산이 맑으면 샘도 맑고, 산이 그윽하면 샘도 그윽한데 모두가 좋은 것이다.

---

2) 산 밑에서~몽(蒙)이라고 한다(山下出泉曰蒙) : 이 대목은 《역경》 몽괘(蒙卦)의 상사(象辭)에 있는 '산 밑에서 나오는 샘이 있는 것은 몽이다(山下出泉蒙)'라고 한 글을 활용한 것이다.

3) 몽이란 어리다는 것이다(蒙稚也) : 이 대목도 《역경》의 서괘전(序卦傳)에 있는 '만물이 날 때는 반드시 어리다. 몽은 어두운 것이요, 만물의 어린 것이다(物生必蒙 蒙蒙也 物稺)'라는 글을 활용한 것이다.

4) 그러기에~타이르는 것이다(故鴻漸曰~故戒人勿食之) : 이 대목 중에 보이는 육우의 말은 그가 지은 《다경》의 제5장 〈차달이기〉에서 인용된 글이다.

5) 세 신령(三神) : 하늘의 신(天神), 토지의 신(地神), 산의 신(山神)을 가리킨다.

6) 봉황산(鳳凰山) : 절강성 항주시의 남쪽에 있는 산.

7) 아모돈(阿姥墩) : 절강성 항주시에 속한 임안현에 아모돈이 있다.

8) 산이 두터우면(山厚者) : 산이 두텁다는 것은 깊고 크다는 뜻이다.

산이 두텁지 않으면 샘도 얇고, 기이하지 않으면 샘도 어리석고, 맑지 않으면 샘도 흐리고, 그윽하지 않으면 샘도 떠들썩하다. 이러한 곳에는 반드시 좋은 샘이 없는 법이다.

산에 머무르는 곳이 없으면 물에도 영락없이 머무르는 곳이 없다. 만약 머무르는 것은 곧 근원이 없는 물이다. 가뭄은 반드시 물을 말리는 것이다.

돌에서 흐르는 물(石流)

돌은 산의 뼈이다. 흐름(流)이란 물이 가는 것이다. 산은 기운을 펴서 만물을 낳는다. 기운이 펴지면 물줄기가 길다. 그러기에 '산의 물이 으뜸'9)이라고 하는 것이다.

《박물지》10)에 이르기를, '돌은 금의 근본이요, 돌에서 흐르는 정기는 물을 낳는다'라고 하였으며, 또 이르기를, '산의 샘은 땅의 기운을 끌어당긴다'고도 하였다.

돌에서 나오지 않은 샘은 반드시 좋지 못하다. 그러므로 《초사》11)에는 '돌샘을 마시고 소나무와 잣나무 그늘에 있네'라고 하였으며, 황보증12)의 〈육우를 보내는 시〉13)에는 '비밀히 약속한 산의 절은 멀고,

---

9) 산의 물이 으뜸(山水上) : 육우가 지은 《다경》의 제5장 〈차달이기〉에서 끌어온 글이다.

10) 박물지(博物志) : 서진(西晉)의 장화(張華, 232~300)가 3세기 경에 지은 박물서이다. 《자천소품》에 인용된 글은 《박물지》 권1의 〈산〉조와 〈물산〉조에 있다.

11) 초사(楚辭) : 초나라 굴원(屈原, 기원전 343~277?)의 사부(辭賦)와 문하생 및 후세 사람의 작품을 모아 놓은 책.

12) 황보증(皇甫曾) : 황보염(皇甫冉)의 자(字)는 무숙(茂叔)인데, 당나라 현종의 개원 2년(714), 유주의 단양현에서 태어났다. 천보 15년(756)에 진사가 되어 무석현의 현위(縣尉)로 있을 때 안녹산의 반란 때문에 상주의 양선산으로 피난을 가서 육우와 만나 친하게 지냈다. 훗날 그는 조정에 들어가서 벼슬이 좌보궐까지 이르렀으나 대력 2년(767) 자기 집에서 병으로 죽었다. 《황보염 시집》이 전한다.

들에서 밥을 먹는데 돌샘이 맑구나'라고 하였으며, 매요신14)의 〈벽소봉 차시〉15)에 이르기를, '달이는 곳의 돌샘이 맛좋네'라고 하였으며, 또 이르기를, '잔돌의 돌샘 젊은 맛이 남아 있네'라고 하였다. 참으로 찬양할 만한 감상이라고 말할 수가 있다.

함(咸)괘는 감응(感應)한다는 것이다.16) 산에 진펄(澤)이 없으면 반드시 무너진다. 진펄이 감응하고 산이 응하지 않으면 성내어 홍수가 된다.

샘에는 이따금 모래와 흙 속을 스며서 흐르는 것이 있는데, 물을 퍼내어 보아 마르지 않았거든 마셔도 된다. 그렇지 않으면 스며서 괸 빗물이니, 맑아도 먹지 말지어다.

멀리서 흘러온 물이라면 맛이 담박하다. 모름지기 깊은 소(潭)에 물이 괴어서 그 맛이 회복된 것은 먹어도 된다.

흐르지 않는 샘은 먹으면 해로움이 있다. 《박물지》17)에는 '산에 사는 백성에게는 혹과 부스럼병이 많다.18) 산에서는 흐르지 않는 샘물

---

13) 육우를 보내는 시(送陸羽詩) : 이 시의 완전한 이름은 '차를 따고 서로 지나치는 산사람인 육우 홍점을 보내다(送陸羽鴻漸山人采茶相過)'이다.

14) 매요신(梅堯臣) : 북송의 매요신(1002~1060)은 안휘성 태생으로 자(字)를 성유(聖兪)라고 하였다. 구양수(歐陽脩)의 시우(詩友)로서 《완릉집(宛陵集)》이라는 시문집이 전하고 있다.

15) 벽소봉 차시(碧霄峰茗詩) : 송나라 정위(丁謂,《茶錄》의 저자)가 지은 〈영공이 남긴 벽소봉차(穎公遺碧霄峰茗)〉라는 시도 있다.

16) 함괘는 감응한다는 것이다(咸感也) : 이 대목은 《역경》 함괘(咸卦)의 단사(彖辭, 각 괘의 뜻을 풀어놓은 것)에 '함(咸)은 감(感)이다'라고 한 것을 인용한 글이다. 함(咸)을 《역경》에서 끌어온 것은 함은 겸(鹹, 빠져들다)과 통하고, 겸은 택(澤)과도 통하기 때문이리라.

17) 박물지(博物志) : 여기에 인용된 글은 권1 〈오방인민(五方人民)〉조에 있다.

18) 혹과 부스럼병이 많다(多癭腫疾) : 물을 잘못 마시면 병이 된다는 말은 다른 찻책에도 보인다. 즉 육우 《다경》의 제5장 〈차달이기〉에는 '폭포의 물솟음이나 양치질 소리가 나는 여울물은 마시지 말지어다. 오래 마시면 사람으로 하여금 목병이

을 마시는 탓이다'라고 하였다.

대수롭지도 않은 곳에서 솟아나는 샘을 '분(濆)'19)이라고 한다. 곳곳에서 진주천이라고 하는 것으로서, 모두 기운이 왕성하여 물줄기가 솟구쳐 나올 뿐이므로 삼가 먹어서는 안된다. 어쩌면 술빚기에는 효험이 있을지도 모른다.

샘에는 물이 솟구쳐 나오다가 더러는 갑자기 물이 마르는 것이 있다. 그것은 만물 생성의 근원인 기(氣)에 의한 조화현묘(造化玄妙)의 이치이다.

유우석20)의 시에 있듯이 '샘솟던 우물, 지금은 솟구쳐 나오지를 않네'라고 한 것이 이것이다. 그렇지 않다면, 샘을 옮겨 물이 마르게 한 것은 과연 요술의 속임수이던가.

샘으로서 위에서 아래로 물이 쏟아지듯이 사이가 멀리 뜬 것을 '옥천(沃)'이라고 하며, 사납게 떨어지는 것을 '폭포(瀑)'라고 하는데 모두 먹을 수는 없다. 그러나 여산의 발물21)·홍주22)나 천태산의 폭포

있게 한다'고 적혀 있다. 또 명나라 서헌충(徐獻忠)이 지은 《수품전질(水品全秩)》의 제1장 〈근원(源)〉조에도 산동 지방의 샘에 많은 표돌수(豹突水)를 마시면 목에 혹이 나며, 여주(汝州)와 난주(蘭州)에는 바닥에 아교처럼 흐린 샘물이 있는데 그 물을 마시면 혹이 난다고 하였다.

19) 분(濆) : 물이 솟구쳐 나오는 분천(噴泉)을 가리킨다.

20) 유우석(劉禹錫) : 유우석(772~842)의 자(字)는 몽득(夢得)이요, 당나라의 중산 태생이다. 백거이(白居易)와도 사귀었는데 시호(詩豪)라는 칭송을 받고 있다. 그의 시문집인 《유빈객문집(劉賓客文集)》이 전해지고 있으며, 그의 찻시인 〈서산의 절에서 차달이기를 시험하는 노래(西山蘭若試茶歌)〉는 우리나라의 찻시에도 영향을 끼쳤다. 그의 관직 경력은 정원(貞元) 연간(785~804)에 진사가 된 뒤 감찰어사가 되고, 순종 때에는 둔전원외랑, 헌종 때에는 주객랑·집현전학사·태자빈객·검교예부상서 등을 역임하였다.

21) 여산의 발물(廬山水簾) : 장우신의 《전다수기》에는 첫번째로 꼽히는 물로 적혀 있다. 바꾸어 말하면 여산(강서성 구강시의 남쪽 20리)의 강왕곡에서 쏟아지는 폭포의 발물을 가리킨다. 발물에 대해서는 명나라 서헌충이 지은 《수품전질》의

물23)은 모두 물의 품격에 들어갔어도24), 육우의 《다경》과는 상반된다.25)

장곡강26)의 〈여산폭포〉 시에는 '내 듣자니 산 아래가 어두운데, 지금 곧 숲과 산봉우리가 나타나네. 물건의 성질에 남다른 것을 구하는 극성스러움이 있어도 어찌 대지가 어지럽히는 데 힘쓰랴. 말없이 이를 두고 물러가니, 뉘라서 능히 변화를 깨달을 것인가'라 하였다. 그렇다면 유식한 사람들은 굳이 먹지를 않았던 것이다. 그러나 폭포는 실로 산살이에게는 구슬로 꾸민 발이요, 비단 막이다. 귀와 눈요기에 제공되는 것을 누가 마다하겠는가.

맑음과 차가움(淸寒)

'맑다(淸)'는 것은 '밝다(朗)'는 것이요, '고요하다(靜)'는 것으로서 맑아진 물의 모습이다. '차다(寒)'는 것은 '몹시 차갑다(冽)'는 것이요, '춥다(凍)'는 것으로서 겹쳐진 얼음의 모습이다.

샘이란 맑아지기는 어렵지 않지만 차가워지기는 어려운 것이다. 그 여울이 험하고 흐름이 빠르고도 맑은 것, 바위가 깊숙하고 응달에 모

제1장 〈근원〉조에 '쏟아지는 물이 동굴의 어귀에 드리우는 것을 발이라고 하는데, 그 형상을 가리키는 것으로서, 강왕곡과 같은 것이 이것이다'라고 적혀 있다.

22) 홍주(洪州) : 지금의 강서성 남창시의 주변이 옛날의 홍주이다. 홍주의 폭포는 장우신의 《전다수기》에 보이는 서산의 서동폭포를 가리킨다.

23) 천태산의 폭포물(天台瀑布) : 천태산은 절강성 천태현의 북쪽에 있으며, 그 폭포는 장우신의 《전다수기》에 보이는 서남봉에 있는 천길 폭포이다.

24) 모두 물의 품격에 들어갔어도(皆入水品) : 장우신의 《전다수기》에 보이듯이 차를 달이기에 알맞는 20등급의 물에 들어가 있다는 말이다. 즉 '여산 강왕곡의 발물'은 제1등, '천태산 서남봉의 천길 폭포'는 제17등으로 적혀 있다.

25) 육우의 《다경》과는 상반된다(與陸經背矣) : 육우가 《다경》의 제5장 〈차달이기〉에서 '폭포의 물솟음이나 양치질 소리가 나는 여울물은 마시지 말지어다'라고 말한 것과 상반된다는 뜻이다.

26) 장곡강(張曲江) : 당나라 사람으로, 이름은 구령(九齡)이다.

여서 차가운 것은 또한 좋은 품격이 아니다.

　돌은 적은데 흙이 많거나, 모래는 매끄럽고 진흙이 굳어진 것은 영락없이 맑거나 차갑지가 않다.

　《역경》에 있는 몽괘(蒙卦)의 상사(象辭)에 이르기를, '행실을 이루다.'27)라고 하였고, 정괘(井卦)의 상사에 이르기를, '찬샘(寒泉)'28)이라고 하였다. 이루어지지를 않으면 만물 생성의 근원인 기(氣)가 막혀서 빛은 맑아지지를 않는다. 차갑지를 않으면 성품은 말라서 맛은 영락없이 인색하다.

　얼음은 굳어진 물이다. 깊은 골짜기에는 음의 기운이 모인다. 이것이 새지만 않는다면 맺혀서 삼복에도 얼음이 된다.

　땅에 있는 것으로 영명한 것은 오직 물이지만, 얼음은 맑고도 차갑다. 이것은 원래 지극히 맑고 차가운 것이다.

　사강락의 시29)에는 '얼음을 끓여서 아침밥을 익히네'라고 하였으며, 《습유기》30)는 '봉래산의 얼음물을 마시는 사람은 천년을 산다네'라고 하였다.

　땅 밑에 있는 유황이 솟아올라서 온천이 된 것은 곳곳에 있다. 또 같은 구렁에서 나와도 절반은 따뜻하고 절반은 차가운 것도 곳곳에

---

27) 행실을 이루다(果行) : 이 대목은 《역경》의 '산 밑에서 나오는 샘이 있는 것은 몽이다. 군자는 행실을 이룸으로써 덕을 기른다'는 대목에서 인용된 것이다.

28) 찬샘(寒泉) : 이 대목도 《역경》의 '찬샘이 먹혀지는 것은 중정(中正)이기 때문이다'라는 대목에서 인용된 것이다.

29) 사강락의 시(謝康樂詩) : 육조(六朝) 송(宋)나라의 시인인 사강락의 본명은 사영운(謝靈運)인데, 강락공(康樂公)으로 습봉(襲封, 제후가 선대의 封地를 세습함)하여 사강락이라고 한다. 여기에 인용된 시는 〈고한행(苦寒行)〉 두 수(首) 중의 두번째 수이다.

30) 습유기(拾遺記) : 이 책의 원저자는 진(秦)나라의 방사(方士)인 왕가(王嘉)라고 하나 전하는 책이 없고, 현존하는 것은 양나라의 소기(蕭綺)가 증보한 것으로서, 인용된 대목은 권10의 〈봉래산〉조에 있다.

있는데, 모두 먹지 못하는 품격들이다.

다만 신안에 있는 황산[31]의 주사탕천(朱砂湯泉)은 먹을 수가 있다.

《도경》[32]에 이르기를, '황산의 옛 이름은 이산인데, 동쪽 봉우리 밑에 있는 주사탕천으로는 차를 달일 수가 있다. 봄에는 빛깔이 어렴풋하게 붉어진다'고 하였다. 이것은 자연의 단액(丹液, 늙지도 죽지도 않는 약)이다.

《습유기》에는 '봉래산의 끓는 물(온천)을 마시는 사람은 천 살을 산다'고 하였는데, 이것 또한 신선의 음료이다.

황금이 있는 곳의 물은 반드시 맑고, 빛이 아름다운 구슬이 있는 곳의 물은 반드시 풍치가 아름답다. 장구벌레나 붕어가 있는 곳의 물은 반드시 비리거나 썩은 냄새가 난다.

이무기와 용이 있는 곳의 물은 반드시 빛이 검다. 착하고 아름다운 것과 나쁜 것을 분별하지 않으면 안된다.

맛좋은 것과 향기(甘香)

'달다(甘)'는 것은 '맛이 좋다(美)'는 것이요, '향기롭다(香)'는 것은 '좋은 향기가 난다(芳)'는 것이다.

《상서》[33]에 '곡식을 심고 거두는 일(농사)은 맛좋은 것을 짓는다'고 하였다.

'기장 서(黍)'와 '달 감(甘)'을 합치면 '향기 향(香)'[34]이라는 글자가

---

31) 신안에 있는 황산(新安黃山) : 신안은 안휘성 흡현의 옛 이름이고, 황산은 그 서북쪽에 있다.

32) 도경(圖經) : 산수의 지세를 그렸고, 해설 등을 곁들인 신안 지방의 지리책으로 보여진다.

33) 상서(尙書) : 요·순시대부터 주대까지의 정사에 대한 문헌을 공자가 엮은 책으로, 한대에는 《상서》, 송대부터는 《서경》이라고 하였다. 인용된 대목은 〈홍범조〉에 있다.

된다. 기장은 오로지 달고 향기롭다. 그러기에 능히 사람을 기른다. 샘도 달고 향기로운 것이다. 그러기에 이것 또한 능히 사람을 기른다. 그러나 단샘은 얻기 쉽지만 향기로운 샘은 얻기가 어렵다. 아직 향기가 없는 것은 달지가 않은 것이다.

맛이 좋은 샘을 단샘(甘泉)이라고 하며, 냄새가 향기로운 샘을 향기로운 샘(香泉)이라고 한다. 곳곳에 많이 있다.

샘 위에 나쁜 나무가 있으면 잎의 즙(진액)과 뿌리의 물기가 모두 능히 단맛과 향기를 손상한다. 심한 것은 능히 독기의 액체를 빚는다. 이러한 나쁜 일일수록 더욱 제거하는 것이 마땅하다.

단물(甜水)이란 달아서 일컬어진 것이다. 《습유기》에 '원교의 북쪽은 단물로 에워싸여, 맛이 꿀처럼 달다'고 하였으며, 《십주기》[35]에 '원주에 있는 현간의 물은 꿀물과 같아서 이것을 마시면 나이는 천지와 함께 끝난다'라고 하였으며, '생주의 물맛은 엿으로 만든 단술과 같다'고도 하였다.

물 속에 있는 약(丹, 늙지도 죽지도 않는 약)은 그 맛이 마땅하지 않고 이상하여 능히 수명을 연장시키며 질병을 물리친다.

명산대천(名山大川)의 여러 신선 늙은이들이 수련한 곳에는 이것이 있다.

갈현[36]은 어릴 때 임원의 현령(縣令)이 되었는데, 이 고을의 요씨

---

34) 향기 향(香) : 후한(後漢)의 허신(許愼)이 엮은 《설문해자(說文解字)》의 향(香)자는 서(黍)와 감(甘)을 합친 香자로 되어 있다.

35) 십주기(十洲記) : 이 책의 완전한 이름은 《해내십주기(海內十洲記)》인데, 한나라의 동방삭(東方朔)이 지었다고 하며, 육조시대 사람의 가탁서(假託書)라고도 한다. 인용된 글의 출전은 앞대목이 〈원주(元洲)〉조, 뒷대목이 〈생주(生洲)〉조이다.

36) 갈현(葛玄) : 오(吳)나라 사람으로 《신선전(神仙傳)》의 저자인 갈홍(葛洪)은 그의 종손(從孫)이다. 인용된 대목은 갈홍이 지은 《포박자(抱朴子)》 권10의 〈선약(仙藥)〉조에 있다.

집안은 여러 대를 이어서 목숨이 길었다. 그는 그 집의 우물물이 유달리 붉은 것을 의심하여, 시험삼아서 우물의 왼쪽과 오른쪽을 파보았다.

그랬더니 옛사람이 묻은 단사(丹砂) 수십 곡(斛, 10말)을 얻게 되었다. 그리고 서호37)의 갈정(葛井)은 치천(稚川, 葛洪)38)이 약을 만들었던39) 곳으로 마씨 집의 동산 뒤에 있는데, 우물을 치웠더니 돌궤가 나왔고 속에는 가시연밥의 열매와 같은 약(丹)이 여러 장 있었다. 먹어 보았으나 맛이 없기에 버렸더니 시어옹이라는 사람이 한 알을 주워 먹었는데 106세까지 살았다는 것이다. 이러한 약물(丹水)은 사실 얻기 쉬운 것이 아니다. 대저 깨끗하지 못한 그릇으로 길어서는 절대로 안된다.

차에 마땅한 것(宜茶)

차는 남녘의 아름다운 나무이다.40) 날마다 적게 써서는 안되는 것이다. 품질에는 본디 좋고 나쁜 것이 있으나, 만약 알맞은 물을 얻지 못하고, 알맞음을 얻지 못하게 달이면, 제아무리 좋은 차라 할지라도 좋지가 않게 되는 것이다.

차는 아름다운 여자와 같다고 한다. 이 견해가 묘할지라도, 다만 산림 사이에서는 걸맞지가 않을까 염려스러울 따름이다.

---

37) 서호(西湖) : 절강성 항주시의 서쪽에 있는 명성호(明聖湖)인데, 전당호(錢塘湖)라고도 하였다. 서호에는 호포천(虎跑泉)을 비롯한 삼대명천(三大名泉)이 있다.

38) 치천(稚川) : 동진시대의 인물인 갈홍(葛洪)의 자(字)이다. 서호의 산에는 갈령(葛嶺)이 있다.

39) 약을 만들었던(煉) : 연단(煉丹)의 준말로, 도사가 진사(辰砂)로 불로장생(不老長生)의 약을 만들었다는 연단술이다.

40) 차는~나무이다(茶南方嘉木) : 이 대목은 육우 《다경》의 제1장 〈차의 근원〉조에서 끌어온 것이다.

그 옛날 소자첨의 시41)에 '이제까지 좋은 차는 아름다운 여자를 닮았다'고 한 것과, 증다산42)의 시에 '사람을 바꾸는 미인43)이라 많은 사람들이 자랑하며 말하네'라고 한 것이 이것이다.

만약 이것이 산림에서 일컬어지기를 바란다면 모녀나 마고44)에 필적하는 것이다.

그리하여 자연히 선풍과 도골이 갖추어져서 연기와 놀(산수의 경치)이 더럽혀지지를 않아도 된다.

만약 반드시 복숭아꽃과 같이 아름다운 얼굴45)에 미인의 가는 허리어야만 알맞겠다고 하는 패거리가 있다면, 재빠르게 금박을 흐트린 휘장 속에 감추어 두는 것이 좋겠다. 우리들의 산수 경치에는 속된 것이 없는 것이다.

홍점(육우)이 이르기를, '차란 나는 곳에서 달이면 좋지 않은 것이 없다. 아마도 물과 흙이 어울리기 때문일 것이다'46)라고 하였는데, 이것은 참으로 묘한 견해이다.

---

41) 소자첨의 시(蘇子瞻詩) : 소자첨은 소식(蘇軾)의 자(字)이다. 인용된 시의 제목은 〈조언보가 부친 학원에서 처음 만든 햇차 시에 화답하다(和曹彦輔寄壑源試焙新茶)〉이다.

42) 증다산(曾茶山) : 자(字)는 길보(吉甫)요, 이름은 기(幾)요, 송나라 감주(贛州) 태생이다. 송나라 고종의 소흥 연간(1131~1162)에는 절강제형(浙江提刑)과 예부시랑(禮部侍郎)을 역임하였고, 한때는 임시로 다산에 산 일이 있어서 다산거사(茶山居士)라고 이름하였다. 그의 《다산집(茶山集)》에도 몇편의 찻시가 보인다.

43) 미인(尤物) : 우물(尤物)이라는 말은 《춘추좌씨전(春秋左氏傳)》에 나오는 글귀(夫有尤物足以移人)로서, 미인을 가리킨다.

44) 모녀나 마고(毛女麻姑) : 모녀는 《열선전(列仙傳)》에 보이며, 손톱이 길었다는 선녀인 마고는 《신선전(神仙傳)》에 보인다.

45) 복숭아꽃과 같이 아름다운 얼굴(桃臉) : 도검(桃臉)은 도화검(桃花臉)의 준말이다.

46) 홍점이~때문일 것이다(鴻漸有云~蓋水土之宜也) : 이 대목은 장우신의 《전다수기》에 육우가 남긴 말로 적혀 있다.

하물며 차를 따는 족족 삶아서 차와 물이 새로워지게 함에 있어서랴.

《다보(茶譜)》47)에도 이르기를, '몽산의 중간 정수리에서 나는 차를 만약 한 냥(약 37그램)을 얻어서 본 고장의 물로 달여 마시면 곧 능히 묵은 병을 물리친다'고 한 것도 이것이다.

지금 무림48)의 여러 샘에서는 오직 용홍49)만이 등급에 들어가는데, 차 또한 오직 용홍산의 것만이 으뜸이다. 대저 이 산은 깊고도 두터우며 높고도 크며, 아름답고도 빼어나고 뛰어나서 남북 두 산의 주인으로 삼는다. 그러므로 그 샘은 맑고도 차가우며, 달고도 향기로워서 원래가 차를 달이기에 알맞은 것이다.

우백생50)의 시에 '다만 표주박 속의 맑고 푸른 초목의 그림자와 많은 산봉우리를 본다네. 삶아서 달이는 황금의 찻싹은 곡우 뒤에 따지를 않노라'라고 하였으며, 도공수51)의 시에 '고저차52)의 품격을 맛보니 기세가 이에 떨어지고, 《다경》에 시들어 떨어지니 그대를 어찌하랴'라고 하였다. 이에 이른다면 용홍의 풍미도 알 수 있으리라.

또한 하물며 이곳이 갈선 늙은이53)가 약을 만들었던 곳임에 있어서랴. 또한 그 위는 노용홍54)으로 차갑고 푸르기가 용홍의 갑절이나 된다. 그 땅에서 나는 차는 남북산에서 월등하게 뛰어난 물품이다.

---

47) 다보(茶譜) : 오대 촉(蜀)의 모문석이 지은 책.

48) 무림(武林) : 절강성 항주시의 옛 이름.

49) 용홍(龍泓) : 용홍샘은 흔히 말하는 용정(龍井)을 가리킨다. 용정차의 이름도 이 우물에서 비롯되었다. 용정은 절강성 항주시의 서남에 있는 풍황령(風篁嶺)의 남쪽 기슭에 있다.

50) 우백생(虞伯生) : 원나라 사람으로, 이름은 집(集).

51) 도공수(姚公綬) : 명나라 사람으로, 이름은 수(綬).

52) 고저(顧渚)차 : 고저산은 절강성 장흥현의 서북쪽에 있다.

53) 갈선 늙은이(葛仙翁) : 《신선전》과 《포박자》의 저자인 갈홍(葛洪)을 가리킨다.

54) 노용홍(老龍泓) : 절강성 항주시 풍황령에 있는 사자봉의 앞에 있다.

홍점은 전당의 천축·영은55)차의 차례를 매겨서 하등품으로 삼았으나56) 이는 미처 용홍차를 몰랐던 탓이었을 뿐이다. 그리고《군지》에도 다만 보운·향림·백운의 여러 차57)를 칭찬할 뿐이지만, 이것들은 모두가 용홍차의 맑은 향내와 뛰어난 맛(雋永)에는 이르지 못한다.

나는 일찍이 하나하나를 시험하여 보았는데, 그 차나 샘물이 둘이면서도 월등하게 뛰어난 물품을 가린다면 절강에서는 서로 벗할 것이 드물다.

용홍을 지금 용정이라고 부르는 것은 그 우물이 깊은 까닭이다.《군지》에는 용이 살고 있기 때문이라고 하였으나 그렇지가 않다.

대저 무림(항주)의 산은 모두가 물을 비롯하여 흐르는 근원이 천목산인 것은 용이 날고 봉황새가 춤을 추는 조짐58) 때문으로, 그러기에 서호의 산에는 용의 이름을 사용한 산이 많다.

그러나 정말 용이 사는 것은 아니다. 용이 있다면 샘물은 먹을 수

---

55) 전당의 천축·영은(錢塘天竺靈隱) : 전당은 절강성의 항주시에 들어간다. 항주시의 서쪽에 있는 서호의 서쪽인 영은산에 영은사가 있다. 그리고 영은산의 남쪽에 있는 천축산에 세 개의 천축사가 있다.

56) 차의 차례를 매겨서 하등품으로 삼았으나(第錢塘天竺靈隱者爲下品) : 육우가《다경》의 제8장〈차의 산출〉에서 절서(절강성의 서부)에서 항주의 차는 하등품이라고 하였다.

57) 보운·향림·백운의 여러 차(寶雲香林白雲諸茶) : 보운차는 보운산에서 나는 차요, 향림차는 하천축사의 향림동에서 나는 차요, 백운차는 상천축사의 백운봉에서 나는 차를 가리킨다.

58) 용이 날고 봉황새가 춤을 추는 조짐(龍飛鳳舞之讖) : 이것은 오대 오월왕(吳越王)인 전류(錢鏐)와 얽힌 옛 이야기에서 나온 말이다. 즉 진나라의 곽박(郭璞, 276~324)이 지은《임안지(臨安志)》에는 천목산 앞의 지세는 용이 날고 봉황새가 춤을 추는 형세로 전당(錢塘)에 이르러 해문산이 일어나서 가로누워 방석을 이루고 있는데, 5백년 뒤에 성이 다른 왕이 나온다는 예언이 적혀 있었다. 그런데 과연 이 예언대로 5백년 뒤에 전당 근처의 임안 태생인 전류가 왕이 되더라는 것이다.

가 없는 것이다.

그런데 용홍 위의 다락집은 재빠르게 철거하는 것이 좋겠다. 완화의 여러 못들은 당장 밑바닥을 파서 처내는 것이 좋다.

홍점(육우)이 차를 품평해서 또 이르기를, '항주차는 하등품인데 더구나 천목산에서 나는 임안·오잠 고을의 차는 서주차와 같다'[59]라고 하였다. 서주와 같다는 것은 원래 차등품이라는 것이다. 그리고 섭청신[60]이 이르기를, '전당에 우거지는 차로는 경산[61] 것이 희한하다'고 하였다.

그러나 지금은 천목산의 것이 경산보다 훨씬 뛰어났고, 샘 또한 하늘과 땅 같은 격차가 있다. 동소[62]는 경산에 버금간다.

엄자뢰(嚴子瀨)[63]는 일명 칠리탄(七里灘)이라고도 한다. 대저 모래와 돌 위에 흐르는 것을 '여울 뢰(瀨)'라고 하며, '여울 탄(灘)'이라고도 한다. 이러한 여울을 뭉뚱그려서 점강(漸江)[64]이라고 하는데, 다만 밀물과 썰물이 닿지 않고 또한 깊고 맑아서 육우의 품격[65]에 들어갔

---

59) 항주차는~서주차와 같다(杭州下~與舒州同) : 이 대목은 육우 《다경》의 제8장 〈차의 산출〉에 있는 글을 약간 윤색 인용한 것이다.

60) 섭청신(葉淸臣) : 송나라 남양 사람으로 《술자다소품(述煮茶小品, 1040년 안팎)》을 남겼다. 《자천소품》에 인용된 대목은 《술자다소품》에 있는 글이다.

61) 경산(徑山) : 천목산에서 갈라진 산으로, 여항현의 서북 50리, 임안현의 남쪽 50리 지점에 있는데, 천목산의 동북쪽으로 갈라진 봉우리에 해당된다.

62) 동소(洞霄) : 여항현의 서쪽인 천주산에 있다. 송나라 때에 동소궁이 있던 자리이다.

63) 엄자뢰(嚴子瀨) : 절강성 항주시에 매인 동려현(桐廬縣)의 남쪽에 있는 여울이다. 후한 때 광무제(光武帝)의 옛 친구로 은사(隱士)인 엄광(嚴光, 字는 子陵)이 낚시질을 하였던 곳으로, 동군산(동여산) 밑에는 그가 살았다는 석실도 남아 있다.

64) 점강(漸江) : 절강(浙江)을 가리키며, 지금의 전당강(錢塘江)이다.

65) 육우의 품격(陸品) : 장우신의 《전다수기》에는 육우가 말했다는 20등급의 물이 열거되어 있고, '동려의 엄릉여울'은 19위에 들어가 있다. 이것이 육우의 견해가 아닐 것이라는 의문은 구양수와 전예형이 함께 품고 있었다.

을 뿐이다.

나는 일찍이 맑은 가을날 낚시 돈대[66) 밑에 묵었을 때 주머니 속에서 무이[67)와 금화[68)의 두 가지 차를 꺼내어 시험하여 보았다. 원래 물은 같은 것이다.

무이차는 누래서 마르고 차가운데, 금화차는 푸르고도 맑은 향기가 났다. 이에, 물을 고르듯이 마땅히 차도 골라야 한다는 것을 알게 되었다.

홍점은 무주(금화)차를 차등품으로 삼았으며,[69) 섭청신은 백유차를 무이차의 윗자리로 삼았는데,[70) 지금은 우열이 갑자기 뒤집혔다.

마음 속으로 생각하건대, 이것이 이른바 차가 산지를 떠나면 물의 공덕이 절반으로 준다[71)는 것이 아니겠는가.

차는 절강에서 북쪽으로는 모두 비교적 뛰어났다. 다만 민(복건성) · 광(광동성)의 남쪽에서는 물을 경솔하게 마셔서는 안되며, 차 또한 마땅히 삼가야 된다.

옛날에 홍점은 영남의 여러 차를 자세히 모르면서 '이따금 얻는데 그 맛은 매우 좋다'[72)고 말하였다.

---

66) 낚시 돈대(釣臺) : 동려현의 서남쪽에 있는 부춘산 기슭에 수백 길이나 되는 높은 곳에 두 개의 낚시 돈대가 있다.

67) 무이(武夷) : 복건성 숭안현의 남쪽에 있는 무이산에서 나는 차를 가리킨다.

68) 금화(金華) : 절강성 금화현의 북쪽에 있는 금화산에서 나는 차이다.

69) 홍점은~차등품으로 삼았으며(鴻漸以婺州爲次) : 육우가 《다경》의 제8장 〈차의 산출〉조에서 '무주는 버금간다. 무주 동양현의 동백산 것은 형주와 같다'고 말한 것을 가리킨다. 전예형은 당나라 때의 금화는 무주에 속했다는 것을 드러내려고 인용한 것이다.

70) 섭청신은~윗자리로 삼았는데(清臣以白乳爲武夷之右) : 이 대목은 섭청신의 《술자다소품》에 적혀 있다.

71) 차가 산지를~절반으로 준다(離其處水功其半者耶) : 이 대목은 장우신의 《전다수기》에서 끌어온 것으로, 《자천소품》의 〈차에 마땅한 것(宜茶)〉조에도 인용되어 있다.

내가 보건대, 그 지방은 장려의 기운73)이 많은데, 초목에 물들어 붙어서 북녘 사람이 마시면 흔히 병에 걸리게 되므로, 차도 마땅히 삼가야 된다고 말하는 것이다. 요컨대 모름지기 차 따기에 마땅함을 얻어야 하는데, 해가 돋아서 산이 개고 이슬이 걷힌 다음74) 아지랑이가 맑아지기를 기다려야 되는 것이다.

덩어리차(團者)나 납작한 조각차(片者)75)는 모두 맷돌(碾磑)에서 가루가 되어 나오는 것만으로도 이미 참맛이 손상된 데다가, 다시 그 위에 기름과 때가 첨가되므로 좋은 것이 못되고, 모두 지금의 잎차에는 미치지를 못한다.

대저 자연 그대로의 상태가 절로 뛰어난 것이다.

증다산의 〈일주차〉 시76)에는 '보과77)는 저절로 모자라지 않으나, 산에서 따온 차78)가 어찌 없을까보냐'라고 한 것이나, 소자첨의 〈학

---

72) 옛날에 홍점은~매우 좋다(昔鴻漸~其味極佳) : 이 대목은 육우 《다경》의 제8장 〈차의 산출〉조에서 인용된 것이다.

73) 장려의 기운(瘴癘之氣) : 장(瘴)이란 습하고 더운 땅에서 생기는 독기로서 풍토병을 가리킨다. 장려란 장기를 마셔서 일어나는 풍토병이다.

74) 해가 돋아서~이슬이 걷힌 다음(日出 山霽 露收) : 차를 따기에 알맞은 환경요소와 시간에 대하여, 육우는 《다경》에서 이슬을 무릅쓰고 딸 것을 권하였다. 그리고 송대의 《대관다론》과 《북원별록》에는 해가 돋기 이전인 새벽에 딸 것을 권하고 있다. 그리고 같은 명나라 사람이라도 장원(張源)의 《다록(茶錄)》에는 밤새도록 '이슬에 젖은 것을 딴 것이 으뜸이요, 햇볕에서 딴 것이 다음간다'고 적혀 있다.

75) 덩어리차나 납작한 조각차(茶之團者片者) : 단(團)은 덩어리 단, 둥글 단이지만, 육우의 《다경》과 웅번의 《선화북원공다록》에 보이듯이 차의 모양에는 네모, 동그라미, 꽃모양 등이 있었다. 그러므로 단차(團茶)란 덩어리차인 것이다. 그리고 편차(片茶)도 《송사》의 〈식화지〉나 원나라 마단림의 《문헌통고》에 보이듯이 고형차인 것이다.

76) 일주차 시(日鑄茶詩) : 일주차는 절강성 소흥현의 동남쪽에 있는 일주령에서 나는 차이다. 인용된 시의 제목은 〈조카가 보낸 일주차를 말하다(述姪餉日鑄茶)〉이다.

77) 보과(寶銙) : 《다습(茶拾)》에는 '보과차란 바치는 차 중의 한 가지인데, 매우 귀한 명품이다'라고 적혀 있다.

원에서 처음 만든 햇차〉시79)에 '깨끗한 마음 속 좋아함을 알아야 하
네. 이는 기름을 발라서 표면이 새로워진 것이 아니어라'라고 한 것이
그것이다. 또한 찻가루를 달이면 가루가 엉겨서 밝지가 못하다. 맛을
아는 사람은 마땅히 스스로 분별이 있어야 한다.

잎차는 불로 만든 것이 버금가며, 날잎(生葉)을 햇볕에 쬐어 말린
것이 으뜸간다. 이 또한 더욱 자연에 가깝고 또 연기와 불기운과 단
절되었기 때문이다. 더욱더 불로 만들 때는 사람의 손이나 그릇이 깨
끗하지를 않거나, 불의 상태가 마땅함을 잃으면 모두 그 향기와 빛깔
이 손상된다.

날잎을 햇볕에 쬐어 말린 차80)를 사발 속에서 우려내면 찻잎과 싹
이 천천히 펴져서 맑은 푸르름이 선명하여 더욱 즐길 만하다.

당나라 사람들은 차를 달이는 데 흔히 생강이나 소금을 썼다.81)

---

78) 산에서 따온 차(山芽) : 육우가 《다경》에서 말한 야생의 목차(木茶)이다. 즉 육우
   는 《다경》의 제1장인 〈차의 근원〉조에서 '들에서 나는 것이 으뜸이요, 밭에서 나
   는 것이 버금간다'고 하였다. 또 제8장인 〈차의 산출〉조에서는 '청성현에는 산차
   (散茶)와 목차(木茶)가 있다'고 하였다.

79) 학원에서 처음 만든 햇차시(壑源試焙新茶詩) : 이 시의 제목은 〈조언보가 부친
   학원에서 처음 만든 햇차에 화답하다(和曹彦輔寄壑源試焙新茶)〉이다.

80) 햇볕에 쬐어 말린 차(生曬茶) : 햇볕에 쬐어 말리는 제다법은 육우의 《다경》 제5
   장 〈차달이기〉조에도 '만약 불에 말린 것은 불기에 데워지면 멈추고, 햇볕에 말
   린 것은 부드러워지면 멈춘다'라고 적혀 있다.
      또 우리나라에서는 다산 정약용의 《독백서》에 일쇄차(日晒茶)가 보인다.
      다산-"올라올 때 올차(早茶)를 따서 햇볕에 쬐어 말렸느냐?"
      제자-"미처 못하였습니다."
      그리고 '햇볕에 쬐어 말린 차'의 명칭에 대하여 전예형의 《자천소품》에는 '생려
   차(生曬茶)'로 적혀 있으나, 같은 명나라 도융(屠隆)의 《다전(茶箋)》에는 '일쇄차
   (日晒茶)'로 적혀 있다. 한편 영조 42년(1766)에 유중림(柳重臨)이 엮은 《증보
   (增補) 산림경제(山林經濟)》의 〈다탕(茶湯)〉조에는 '차란 불에 쬐어 말리기에 알
   맞고 햇볕에 쬐어 말리기에는 알맞지가 않다'고 적혀 있기도 하다.

81) 당나라~소금을 썼다(唐人煎茶多用薑鹽) : 이것을 뒷받침하는 기록이 육우의 《다

　　그러기에 홍점은 '처음 끓으면 물을 분량에 맞추고 소금맛으로 조절한다'[82]고 하였으며, 〈설능의 시〉[83]에 '소금의 손해는 맛을 더하는데 늘 경계할 일이요, 생강의 알맞음은 맛을 곁들이는데 다시 자랑할 일이라네'라고 하였으며, 소자첨[84]은 '중등의 차를 생강으로 달이면 진실로 좋다. 소금은 좋지가 않다'라고 하였던 것이다. 그러나 나는 두 물건이 모두 물의 재앙이라고 여긴다.

　　만약 산에 살면서 물을 마실 때는 이 두 물건을 조금 떨구어 넣고 산기운을 줄이는 것도 더러는 좋으리라. 그러나 차가 있다면 이러한 짓은 굳이 할 필요가 없는 것이다.

　　지금 사람들은 모두 다과[85]를 떨구어 넣고 차를 천거하는데 이것

　　경》 제6장 〈차마시기〉에 '혹은 파·생강·대추·귤껍질·수유·박하를 넣고 백번을 끓인다'라고 적혀 있다.

82) 처음 끓으면~소금맛으로 조절한다(初沸水合量　調之以鹽味) : 이 대목은 육우 《다경》의 제5장 〈차달이기〉조에서 인용된 것이다. 육우는 차에 야채·과일·약재를 넣는 방법을 버리고 소금만으로 차의 맛을 조절하였다.

83) 설능의 시(薛能詩) : 설능(?~888)은 당나라 분주 태생으로 자를 대졸이라고 하였다. 무종의 회창 연간(841~846)에 진사가 되어 의종의 함통 연간(860~874)에는 가주자사를 거쳐서 공부상서까지 지냈다. 그의 문집으로는 《강산집》과 《허창집》이 전한다. 인용된 시의 제목은 〈촉주의 정사군이 부친 새부리차〉이다. 그가 읊은 〈유상공이 부친 천주차를 사례하다〉라는 찻시도 전한다.

84) 소자첨(蘇子瞻) : 송나라의 소식(蘇軾)을 가리킨다. 여기에 인용된 글의 앞뒤에 있는 대목을 그의 《동파지림》(권10)에서 옮기면 다음과 같다. 즉 소식은 그의 글에 설능의 시를 인용함으로써 당나라 때에 소금을 썼다는 것을 고증한 다음에 '근세에는 이 세 가지 물건을 쓰는 사람이 있으면 크게 웃는다. 소금은 안되지만 그러한 차의 중등품에 만약 생강을 사용하여 달이면 참으로 좋다'고 하면서 다음과 같은 시를 읊었다.
　　〈장기가 부친 차에 화답하다〉
　　늙은 아내와 어린 자식은 즐길 줄 모르는 것을
　　반쪽을 이미 넣은 생강과 소금에 달이네.
　　(老妻稚子不知愛　一半已入薑鹽煎)

85) 다과(茶果) : 차에 섞는 실과에 대해서는 전춘년이 지은 《제다신보》의 〈실과 가리

은 유별나게 저속한 것이다. 이러면 좋은 차로 시중들더라도 곧잘 참
맛을 해치게 되므로 역시 물리치는 것이 마땅하다.

또한 실과를 떨구어 넣자면 반드시 숟가락을 써야 하는데, 만약 금
과 은이라면 산살이의 그릇으로서는 크게 잘못된 것이고, 구리는 비
린내가 나므로 모두 맞지 않는다.

가령 옛날 북녘 사람들은 (차에) 소락을 섞고,86) 촉(蜀, 사천성) 지
방의 사람들은 흰 흙을 넣는다87)고 일컫는 것은 모두가 오랑캐 풍속
의 마시는 방법이라 굳이 책망할 것이 못된다.

사람에 따라서는 매화·국화·말리화(자스민꽃)를 넣은 차를 권하
는 수도 있는데, 그 풍도(風度)와 운치(韻致)는 가상하나, 역시 차맛
을 해치므로 좋은 차가 있으면 이러한 일은 하지 않는 것이 좋다.

물이 있고 차가 있어도 불이 없어서는 안된다. 그러나 불이 없는
것이 아니라, 상태 맞추기가 있다는 것이다.

이약(李約)88)이 이르기를, '차는 모름지기 느린 불로 굽고 산불로

---

86) 북녘 사람들은 소락을 섞고(北人和以酥酪) : 이 이야기는 육우의 《다경》에 인용
된 《후위록》에서 끌어온 것 같다. '《후위록》에는 낭야의 왕숙은 남조를 섬겼는데,
차마시기와 순채국을 즐겼다. 북녘 땅으로 돌아옴에 이르러서는, 또다시 양고기와
낙장을 즐겼다. 사람들이 간혹 이를 물어서, "차와 타락과는 어느 것이 좋소."라
고 하면 숙이 말하기를, "차는 타락의 종이 되기를 견디지 못하오."라고 하였다.'

87) 촉 지방의 사람들은 흰 흙을 넣는다(蜀人入以白土) : 송나라의 소식(蘇軾)이 읊
은 〈장기가 부친 차에 화답하다〉라는 찻시에도 '촉 지방의 사람들은 깨(脂麻)와
흰 흙(白土)으로 차를 달인다'고 적혀 있다.

　　또 송나라의 매요신(梅堯臣)이 읊은 〈영숙이 맛본 햇차에 차운하다(次韻永叔
嘗新茶)〉라는 시에도 '다만 흰 흙을 풀어서 지마와 섞는다'고 적혀 있다. 우리나
라에도 전남의 해남 지방에는 차에 흰 흙을 섞어서 달이는 유습이 있었다고 한
다. 조선시대의 정동유(鄭東愈)가 지은 《주영편(晝永編)》에도 영종 을해년(1755)
과 임오년(1762)에 있었던 흉년에는 영남에서 흰 쌀가루와 같은 흰 흙으로 흰 떡
을 만들어 굶주림을 면하였다는 대목이 보인다.

88) 이약(李約) : 당나라 조인(趙璘)의 《인화록(因話錄)》에 이약의 됨됨이와 활화론

달일지어다. 산불이란 불꽃이 있
는 숯불이다'라고 하였으며, 소식
의 시[89]에 '산불은 역시 산물(活
水)[90]을 기다려서 삶을지어다'라
고 한 것이 이것이다.

소식(蘇軾, 소동파)

그러나 나로서는 산속에서라면
숯을 얻을 수가 없고, 죽은 불이
기도 하므로, 그렇지 않으면 마
른 솔가지를 쓰는 것이 묘책이라
고 생각한다. 만일 추운 겨울철에
솔방울[91]을 많이 쌓아두고 차를 달이면 더욱 고상함이 갖추어진다.

사람들은 다만 끓는 물 살피기(湯候)만 알고, 불길 살피기(火候)를
모른다. 불이 타면 물은 건성으로 끓기 마련이다. 이에 불 보기가 물
보기보다 앞서는 것이다.

《여씨춘추》[92]에는 이윤[93]이 탕왕[94]에게 다섯 가지의 맛을 아뢰어

(活火論)이 보인다. 병부원외랑(兵部員外郞)을 지낸 그는 당나라의 왕족이자 재
상의 아들이었다. 그는 야인다운 취향이 있고, 평생 여자를 가까이하지 않았으며,
선천적으로 차를 즐겼다. 찾아온 손님이 있을 때면 잔수의 제한이 없었고, 온종
일 차그릇 만지기를 쉬지 않았다. 일찍이 공무 출장으로 협석현의 동쪽에 가서
거수의 맑은 물을 사랑하다가 열흘이나 출발이 늦어졌다고 한다.

89) 소식의 시(蘇軾詩) : 소동파(蘇軾)가 읊은 〈길은 강물로 차달이기(汲江煎茶)〉에
　　나오는 시구이다.

90) 산물(活水) : 활(活)에는 '물이 콸콸 흐르다'라는 뜻이 있기도 하지만, 활수(活水)
　　라면 '흘러서 움직이는 물'을 가리킨다. 원나라의 해창가(海昌賈)와 명문정(銘文
　　鼎)이 지은 《음식수지(飮食須知)》의 〈천리수(千里水)〉조에 따르면 '천리수란 곧
　　멀리서 온 활수'라고 적혀 있다.

91) 솔방울(松實) : 다산 정약용이 유배지인 강진의 다산초당에서 읊은 사경시(四景
　　詩) 중에서 차부뚜막(茶竈)에도 솔방울(松子)을 주워 모아 차를 달였다는 시구가
　　보인다.

아홉 번 끓여서 아홉 번 변하는 것이 불의 근본이라고 하였다.

끓는 물이 어리면 차의 맛은 나오지 않으며, 지나치게 끓으면 물이 쇠하여 차는 버린다.95) 오로지 꽃모양의 물거품이 있되 살갗이 없을 때가 곧 달이기에 맞는 상태이다.96)

당나라 사람들은 꽃을 앞에 두고 마주 대하여 차를 마시는 것을 매몰하고 흥취가 없다고 하였다.97) 그러기에 왕개보(왕안석)의 시98)에

---

92) 여씨춘추(呂氏春秋) : 전국시대 말기에 하남의 갑부로 이름난 여불위(呂不韋, ?~ B.C.235)가 진나라 때 상국(相國)이 되었는데, 3천 명의 식객으로 하여금 짓게 한 역사책이다.

93) 이윤(伊尹) : 은나라 때 요리사인 유선(有侁)이 뽕밭에 버려진 어린아이를 데려다 가 양자로 기른 것이 이윤이다. 청운의 뜻을 품은 이윤은 거위의 통구이를 미끼로 탕왕을 만나서 본미론(本味論)을 펼치면서 천하의 맛있는 음식을 얻기 위해서는 천하를 통일하여야 된다는 것을 충동하였다. 그리하여 마침내 탕왕은 한나라를 통합하였고 이윤은 은왕 3대의 재상이 되었다.

94) 탕왕(湯王) : 섬서성을 지배하였던 상(商)나라의 설(契)로부터 14대째 되는 왕이 은나라의 탕왕이다.

95) 끓는 물이 어리면~차는 버린다(湯嫩則茶味不出 過沸則水老而茶乏) : 어린 물과 쇠한 물의 용례는 같은 명나라 사람인 장원의 《다록》에 '쇠한 물과 어린 물 쓰기(湯用老嫩)'에서 찾아볼 수가 있다.

96) 꽃모양의 물거품~맞는 상태이다(花而無衣 乃得點瀹之候耳) : 명나라의 찻책에는 물 끓이기의 적정 수준에 대하여 이비설(二沸說)과 오비순숙탕(五沸純熟湯)의 두 갈래로 적혀 있는데, 《자천소품》의 저자인 전예형은 이비설을 주장하는 입장이다. 즉 꽃(花)이란 끓는 물에 기포가 생기는 일비, 이비의 단계를 가리킨다. 그리고 옷(衣)은 물이 끓기 시작하여 표면에 옷(표피)이 입혀지는 삼비의 단계를 가리키는 것이다. 그리고 전예형처럼 이비설을 주장한 것은 《다소》를 지은 명나라의 허차서이며, 오비순숙탕을 주장한 것은 《다록》의 저자인 장원과 《다사》의 저자인 청나라의 유원장이다.

97) 당나라 사람들은~흥취가 없다고 하였다(唐人以對花啜茶爲殺風景) : 이 대목은 송나라 위경지(魏慶之)의 《시인옥설(詩人玉屑)》에 인용된 당나라 이상은(李商隱)의 《의산잡찬(義山雜纂)》에 있는 글을 끌어온 것이다. 그리고 《대동야승》에도 이상은의 살풍경조가 인용되어 있다.

98) 왕개보의 시(王介甫詩) : 여기에 인용된 시의 제목은 〈차를 부쳐서 평보에게 주

도 '금곡의 수많은 꽃, 부질없이 달이지 말지어다'라고 한 것이다. 마음이 꽃에 가있을 뿐 차에는 가있지 않기 때문이다.

나로서도 금곡의 꽃 앞에서라면 진실로 걸맞지가 않는다고 생각한다. 그러나 만약 한 사발의 차를 들고 산의 꽃을 마주 대하여 마신다면 마땅히 더욱 풍경을 돕게 될 것이다. 또한 새끼양을 고아서 빚은 술99)인들 무슨 필요가 있단 말인가.

차달이기가 마땅하여도 마실 줄 모르는 사람이라면 젖샘100)을 길어서 개사철쑥이나 누린내풀에 붓는 것처럼 죄가 말할 수 없이 큰 것이다.

그리고 단숨에 다 마셔버리는 방법도 맛을 분간할 겨를이 없으니 저속하기 막심하다.

영험 있는 물(靈水)

'신령하다(靈)'는 것은 '불가사의한 것(神)'이다. 하늘이 처음으로 낳은 물은 깨끗하고 맑으며 흐리지가 않다. 그러므로 하느님으로부터 내리는 은혜가 참으로 영험 있는 물(靈水)인 것이다. 옛날에 하늘 못(上池)의 물이라던 것도 이것과 서로 닮은 것이 아닐런지. 요컨대 모두가 신선의 음료인 것이다.

다〉인데, 평보란 왕안석(개보)의 동생인 왕안국이다. 이 시의 다른 시구는 이인로(李仁老, 1152~1220)의 《파한집(破閑集)》에도 인용되어 있다. 시구에 나오는 금곡원은 진나라의 갑부인 석숭(石崇)의 별장이었는데, 하남성 낙양의 서북쪽에 있다. 석루산(石樓山) 같은 곳에서는 차를 마셔도 좋지만, 금곡원의 꽃밭에서는 마시지 말라는 뜻이다.

99) 새끼양을 고아서 빚은 술(羔兒酒) : 전예형이 지은 《자천소품》의 〈영험이 있는 물(靈水)〉조에 보이는 송나라의 도곡(陶穀)과 얽힌 당희(黨姬)의 옛일에도 이 '고아주(羔兒酒)'가 등장한다.

100) 젖샘(乳泉) : 《자천소품》의 〈이상한 샘(異泉)〉에 있는 젖샘을 참조할 것.

'이슬(露)'이란 양기(陽氣)가 넘쳐서 흩어진 것이다.101) 빛깔이 짙은 것을 감로라고 하는데, 기름처럼 엉기고 엿처럼 맛이 있다. 따로 부르는 이름을 '맛이 좋은 이슬(膏露)'이라고 하며, '하늘이 내린 물(天酒)'이라고도 한다. 《십주기(十洲記)》에 보이는 '황제의 보배로운 이슬'102)이나 《동명기(洞冥記)》에 보이는 '다섯 빛깔의 이슬'103)도 모두 영험이 있는 이슬인 것이다.

《장자》104)에 이르기를, '고야산의 신통력을 가진 사람은 다섯 가지 곡식을 먹지 않고 바람을 들이쉬고 이슬을 마신다'라고 하였으며, 《산해경》105)에 '신선이 사는 마을에는 진홍색 이슬이 있어 신선들은 늘 이것을 마신다', 《박물지》106)에 '옥저의 벌판 백성들은 단이슬을 마신다', 《습유기》107)에 '함명의 나라에서는 이슬을 받아서 마신다', 《신이

---

101) 이슬이란 양기가 넘쳐서 흩어진 것이다(露者陽氣勝而所散也) : 이 대목은 전한(前漢)의 대덕(戴德)이 지은 《대대례(大戴禮)》의 권5 〈증자천원편(曾子天圓篇)〉에서 인용되었다.

102) 《십주기》에 보이는 황제의 보배로운 이슬(十洲記 黃帝寶露) : 《십주기》에 대해서는 맛좋은 것과 향기(甘香)의 단물(甛水)에 붙인 각주 35)를 참조할 것. 황제(黃帝)는 기원전 3천년경 탁록(涿鹿, 하북성)의 땅에 여나라를 세운 천자이다. 보배로운 이슬에 대해서는 황제 때 마노(瑪瑙, 아름다운 옥)로 만든 독에 늘 단이슬이 가득히 차서 마르지 않았다는 것으로, 《해내십주기》에 적힌 '보배로운 독의 새김 글(寶甕銘)'과 《습유기》의 〈고신(高辛)〉조에 적혀 있다.

103) 《동명기》에 보이는 다섯 빛깔의 이슬(洞冥記 五色露) : 《동명기》는 후한(後漢)의 곽헌(郭憲)이 지은 것이다. 이 책의 권2에는 한나라 동방삭의 말이라는 '다섯 빛깔의 이슬' 이야기가 적혀 있다. 즉 동극(東極)의 나라에서는 구름의 기운으로 길흉의 점을 쳤는데, 만약 좋은 일이 있게 되면 길한 구름이 일어나서 다섯 빛깔로 빛나며, 이것이 초목에 묻으면 다섯 빛깔의 이슬 구슬이 된다는 것이다.

104) 장자(莊子) : 여기에 인용된 글은 《장자》의 소요유편(逍遙遊篇)에 있다.

105) 산해경(山海經) : 저자를 알 수 없는 중국에서 가장 오래된 지리책이다. 그러나 이 책에는 인용된 대목이 보이지 않는다.

106) 박물지(博物志) : 《자천소품》의 〈돌에서 흐르는 물(石流)〉조에 붙인 각주 10)을 참조할 것. 인용된 글은 〈외국〉조에 보인다.

107) 습유기(拾遺記) : 《자천소품》 〈맑음과 차가움〉의 〈얼음〉조에 붙인 각주 30)을

경》108)에 '서북쪽 바다의 바깥에 있는 사람은 키가 2천리인데 날마다 하늘이 내린 물 다섯 말을 마신다',《초사》109)에 '아침에 목란에서 떨어지는 이슬을 마신다'라고 하였다. 이슬은 마실 수가 있는 것이다.

눈(雪)은 하늘과 땅의 찬 기운이 쌓인 것이다.110) 범승지의 책111)에 '눈은 다섯 가지 곡식의 정기이다'라고 하였다.

《습유기》112)에는 '목왕이 동쪽으로 순행하여 대희곡에 이르자, 서왕모가 와서 겸주의 단눈(甛雪)을 바쳤다'고 하였는데, 이것은 영험스러운 눈이다.

도곡은 눈 녹은 물(雪水)을 받아서 덩어리차를 달였다.113)

참조할 것. 인용된 글은 권10의 〈봉래산〉조에 보인다.

108) 신이경(神異經) : 한나라의 동방삭(東方朔)이 지은 책이라지만 진나라 이후의 가탁서로 보고 있다. 인용된 글은 〈서북황경(西北荒經)〉의 〈서북해외(西北海外)〉조에 보인다.

109) 초사(楚辭) :《초사》에 대해서는 〈돌에서 흐르는 물(石流)〉의 돌에서 나오지 않은 〈샘〉조에 붙인 각주 11)을 참조할 것. 인용된 글은 〈이소(離騷)〉조에 있는 대목이다.

110) 눈은~쌓인 것이다(雪者天地之積寒也) : 당나라의 서견(徐堅)이 엮은 《초학기(初學記)》의 권2 〈눈(雪)〉조에 인용된 《대대례(大戴禮)》에는 '하늘과 땅의 음기가 쌓인 것이 따뜻하면 비가 되고 차가우면 눈이 된다'고 적혀 있다. 위에서 '음기가 쌓인 것(積陰)'을 '찬 기운이 쌓인 것(積寒)'으로 간추린 모양이다.

111) 범승지의 책(范勝之書) : 한나라의 범승지가 지은 농업서적인데, 전하는 것이 없다.

112) 습유기(拾遺記) : 여기에 인용된 대목의 출전은 권3의 주목왕(周穆王) 36년조이다. 서왕모는 곤륜산에 살며 죽지 않는 약을 가졌다는 신화 속의 여자 신선이다.

113) 도곡은~차를 달였다(陶穀取雪水 烹團茶而) : 도곡은 송나라 신평 태생으로, 자(字)는 수실(秀實)이다. 원래는 당안겸(唐顔謙)의 손자인데 진나라로 피난간 선대의 휘자가 바뀌었다고 한다.《천명록(荈茗錄)》의 저자로도 유명한 그는 한림학사, 형부·호부·예부의 상서를 역임하였다. 도곡은 당태위(黨太尉) 집의 첩을 얻고 나서 눈을 만나 눈물을 받아 덩어리차를 달이면서 당씨 집에서도 이런 풍류가 있었더냐고 물었다. 그러자 그 첩이 이르기를, "그(당씨)는 곰살갑지 못한 사람이니 어찌 이러한 풍류를 알겠나이까. 다만 금박을 흐트린 휘장 안에서

정위의 〈차달이기〉 시114)에 '몹시 애석하게 여기면서 책 상자에 저장하고, 굳게 지켜 눈이 내리는 날을 기다리네'라고 하였으며, 이허기115)의 〈건안차를 학사에게 드리다〉 시116)에는 '막 시험하려는 양원117)의 눈, 달이면 움직이는 건계118)의 봄'이라고 하였다. 대저 눈은 더욱 차 마시기에 알맞는 것이다. 처사(육우)가 이것을 하위의 품격에 늘어 놓은 것은 무슨 까닭일까? 마음속으로 생각하건대, 그 맛이 말랐기 때문일까? 만약 매우 차갑기 때문이라고 한다면 그렇지가 않다.

비는 음양이 화합된 것이요,119) 하늘과 땅이 베푸는 은혜요, 구름을 따라 내려온 물은 씨뿌리기를 도와서 키우고 기르는 것이다. 부드러운 바람에 순조로운 비요, 밝은 구름에 달착지근한 비로다.

《습유기》에 '향기로운 구름이 두루 은혜를 입으면 향기로운 비를 이룬다'고 한 것은 모두가 영험스러운 비이다.

원래 마셔도 되는 것이다. 그러나 만약 하늘의 용이 하는 짓으로

얕게 잔질하고 낮게 노래부르면서 새끼양을 고아 빚은 술을 마실 뿐이랍니다." 라고 말하더라는 것이다. 당씨란 송나라 마읍 사람으로 개보 연간(968~975)에는 태원 정벌에 공을 세웠으며, 충무군 절도사를 지낸 당진을 가리킨다.

114) 정위의 차달이기 시(丁謂煎茶詩) : 정위는 송나라 장주 사람으로 자를 공언이라고 하였다. 송나라 태종의 순화 연간(990~994)에 진사가 되어 관계에 진출하여 진국공으로 책봉되었다. 그가 복건로 전운사로 있을 때 지었다는 《다도(茶圖)》(건안다록/북원다록)는 전하지 않는다. 여기에 인용된 시는 〈우전차를 시험하다〉라는 것이다.

115) 이허기(李虛己) : 송나라 사람.

116) 건안차를 학사에게 드리다라는 시(建茶呈學士詩) : 이 찻시의 완전한 제목은 〈건안차를 사군 학사에서 드리다(建茶呈使君學士)〉이다.

117) 양원(梁苑) : 한대 양나라의 효왕이 세운 토원(兎園)으로, 두보(杜甫)의 시에도 등장한다.

118) 건계(建溪) : 복건성 건구현에 있던 건안(建安)의 동계(東溪)를 가리키는 말이다.

119) 비는 음양이 화합된 것이요(雨者陰陽之和) : 전한의 대덕이 지은 《대대례》(권5)의 증자천원편에 '음양의 기운이 화합하면 비가 된다'고 적혀 있다.

내린 비, 모질고 오래 내리는 비, 가문 뒤에 세차게 퍼붓는 비, 비린
내나고 더러워진 비, 처마의 낙수받이는 모두 마실 수가 없는 것이다.

《문자》120)에 이르기를, '물의 이치란 하늘은 비와 이슬을 만들고 땅
은 큰 강을 만든다'고 하였는데, 모두가 같은 물이다. 그러기에 특히
영험스러운 품격을 밝혀 두는 것이다.

이상한 샘(異泉)

'이상하다(異)'는 것은 '기이하다(奇)'는 것이다. 땅속에서 나온 물
로 보통 것과 같지 않은 것은 모두가 이상한 샘인 것이다. 이 또한 신
선의 음료이다.

• **예천**(醴泉, 단샘) : '단술(醴)'이란 '하룻밤 묵은 술(一宿酒, 단술)'
이다. 샘물의 맛이 이 술처럼 달다.

덕망이 높은 임금이 위에 계시고, 덕이 하늘과 땅에 널리 미치며,
형벌과 포상이 알맞으면 단샘이 나온다. 이것을 먹으면 사람으로 하
여금 오래 살게 한다.

• **옥천**(玉泉) : 옥돌의 정액이다.

《산해경》에는 '밀산에서 약물(丹水)이 나오는데, 물속에는 흰 옥이
많다. 대저 진액 같은 것이 있고, 그 근원이 콸콸 솟아오르는 것인데,
황제가 마신 것이다'라고 하였다.

《십주기》에 '영주의 옥돌은 높이가 천길인데, 솟아나는 샘물은 술과
같으며 맛이 달다. 이름하여 옥단샘(玉醴泉)이라고 하는데, 이것을 마
시면 오래 산다'라고 하였다. 또 방장주에는 옥돌샘(玉石泉)이 있으
며, 곤륜산에는 옥수(玉水)가 있다.

《시자》121)에 이르기를, '대저 물살이 직각으로 꺾인 곳에는 옥이 있

---

120) 문자(文子) : 저자는 분명치 않으나 주나라의 신근(辛銒)이 《노자》를 부연하여
　　지은 2권의 책이라고 한다. 인용된 글은 원도편(原道篇)에 있다.

다'고 하였다.

· 유천(乳泉) : 종유석(鍾乳石)의 샘이요, 산골(山骨)의 고수(膏髓)이다. 그 샘물의 빛깔은 희고 몸(비중)이 무겁다. 지극히 달고도 향기로워 마치 단 이슬과 같다.

· 주사천(朱砂泉) : 샘 밑에서는 주사122)가 난다. 그 빛깔은 붉고 성미는 온화하며, 이것을 마시면 목숨이 늘고 병을 물리친다.

· 운모천(雲母泉) : 샘 밑에서는 운모가 난다. 밝고 광택이 나며 불려서 고약을 만들 수가 있다. 샘물은 미끄럽고도 달다.

· 복령천(茯苓泉) : 오래 묵은 소나무가 있는 산에서는 흔히 복령123)이 난다.

《신선전》에는 '송진이 땅속에 스며들어가서 천년이 지나면 복령이 된다'고 하였다. 그 샘물은 붉기도 하고 희기도 한데, 달고도 향기로운 것이 보통 것의 갑절이나 된다. 또 출천(朮泉)124)도 이와 같다. 구기자나 국화가 샘 위에 나는 것과는 다르다.125)

---

121) 시자(尸子) : 전국시대 초나라의 시교(尸佼)가 20편으로 엮었다는 책인데, 지금은 전하지 않는다.

122) 주사(朱砂) : 본초에 따르면 주사를 단사(丹砂)·진사(辰砂)라고도 하는데, 우리 나라에서는 주석(朱石)이라고도 하였다. 한방에서 경면주석(鏡面朱石)이라고 하면 결정체의 주석을 가리키는데, 그 성분은 적색의 유화수은(硫化水銀)이다. 한편 영사(靈砂)는 수은과 유황의 화합물이다.

123) 복령(茯苓) : 소나무의 뿌리에 기생하는 담자균류(擔子菌類)로 뭉쳐지는 버섯의 한 가지이다. 복령의 복판에 소나무 뿌리가 박혀 있는 것을 복신(茯神)이라고 한다. 복령과 복신은 한방에서 위내정수, 심계항진, 근육의 경련, 현기증 등에 약으로 쓰인다.

124) 출천(朮泉) : 출(朮)은 엉거싯과에 속하는 다년초로서 한방에서 약재로 쓰이는 삽주를 가리킨다. 샘의 주변에 삽주가 많아서 그 약의 성분이 샘물에 스며서 나온다는 뜻인 것 같다.

125) 구기자나~다르다(非若杞菊之産于 泉上者也) : 명나라 서헌충이 지은 《수품전질》의 〈근원〉조에 '전기에 말하기를, 샘의 근원에 구기자와 국화가 있으면 능히

쇠와 돌의 신령스러운 샘이나 풀과 나무의 질이 좋은 샘까지 두루 말할 수는 없다. 이러한 샘들은 방사(方士)가 약으로 만든 음료와 짝하는 맛이 좋은 샘(美泉)으로서 범상한 샘과는 비교가 안된다. 그러므로 이상한 물의 품격으로 삼은 것이다.

강물(江水)

'강(江)'이란 '공변됨(公)'을 말한다. 많은 물이 함께 그 안으로 들어가는 것이다. 물이 하나로 합치면 맛이 섞인다.

그러므로 홍점(육우)은 '강물이 중품이요'라고 하였으며, '사람들과 멀리 떨어진 것을 취한다'126)고도 하였다.

대저 사람들과 멀리 떨어진 것은 맑고도 깊으며, 흔들거리고 넘치지 않아서 엷을 따름이다.

샘은 골짜기로부터 비롯되어 시내가 되고 강이 되고 바다가 되는데, 힘이 점점 약해지고 기운도 점점 엷어지고 맛도 점점 짜지는 것이다. 그러기에 '물을 윤하라고 하며, 윤하는 짠 것을 만든다'127)고 말하는 것이다. 또 《십주기》에 '부상(扶桑)128)의 푸른 바닷물은 이미 짜지도 쓰지도 않고, 정녕 푸른 빛깔을 이루어 달고 향기롭고 맛이 좋다'고 하였는데, 이것은 원래 신선이 먹던 것이다.

밀물과 썰물이 가까운 땅에는 영락없이 좋은 샘이 없다. 대저 염분

사람의 목숨을 늘인다고 하였다'는 대목이 적혀 있다.

126) 홍점은~취한다(鴻漸曰 江水中 其曰 取去人遠者) : 이 대목은 육우가 지은 《다경》의 제5장 〈차달이기〉에서 인용된 것이다.

127) 물을~짠 것을 만든다(水曰潤下 潤下作鹽) : 이 대목은 《서경》의 홍범(洪範)조에서 인용된 것이다. '윤하'란 물건을 적시면서 낮은 데로 흐른다는 뜻으로, 물을 가리키는 말이다.

128) 부상(扶桑) : 중국의 전설에서 동쪽 바닷속에 신목(神木)이 있다는 나라를 가리킨다.

이 많은 땅은 짠맛을 유인하는 것이다.

천하의 밀물과 썰물에서 오직 무림(지금의 절강성 항주시)이 가장 강하다. 그래서 좋은 샘이 없다고 하지만, 서호의 산속에는 이것이 있다.

양자는 원래가 강이다.[129] 그 강의 남령[130]이라면 돌에 끼어서 못 물이 괴어 특히 첫째가는 등급에 들어간다.

나는 일찍이 이 물을 시험하여 보았는데, 참으로 산의 샘물과 차이가 없었다. 오송강[131]과 같은 것은 물의 최하품이다. 그런데 또 다시 등급에 들어갔다는 것[132]은 참으로 이해할 수가 없다.

우물물(井水)

'우물(井)'이란 '맑은 것(淸)'이요, 샘물의 정갈한 것이다. 두루 통하는 것이요 일반에 공통되게 쓰이는 것이요 법이요 알맞음이다. 사는 사람을 법으로 제정하고, 음식을 알맞게 하여 한없이 물이 마르지 않는다.[133] 그 맑은 것은 어둠에서 나와 그 두루 통하는 것은 흐린 곳에도 들어간다. 그 법과 알맞음은 부득이한 까닭이다.

---

129) 양자는 원래가 강이다(揚子固江也) : 중국에서는 황하(黃河)처럼 북쪽에 있는 것은 하(河)라 하고, 양자강(揚子江)처럼 남쪽에 있는 것을 강(江)이라고 한다. 육우는 《다경》의 제5장 〈차달이기〉에서 일반적으로 '강물이 중품'이라고 말하였다. 그러나 장우신의 《전다수기》에 보이듯이 양자강의 남령수만은 예외라는 뜻이다.

130) 남령(南泠) : 장우신의 《전다수기》에 붙인 각주 '남령'을 참조할 것.

131) 오송강(吳淞江) : 강소성의 태호(太湖)에서 흘러나오는 강 중에서 가장 큰 강으로, 오강(吳江)·송강(松江)·송릉강(松陵江)이라고도 한다.

132) 등급에 들어갔다는 것(入品) : 장우신의 《전다수기》에 따르면 오송강의 물은 유백추가 제6위에 열거하였으며 육우는 제16위에 열거하였다.

133) 두루 통하는 것이요~마르지 않는다(通也~無窮竭也) : 후한(後漢)의 유희(劉熙)가 지은 《석명(釋名)》이나, 후한의 응소(應劭)가 지은 《풍속통의(風俗通義)》에서 인용한 대목이다.

우물의 물줄기는 어둡고 맛은 쓸모없게 된다.

그러기에 홍점(육우)은 '우물물이 하등품이다'라고 하였고, '우물은 많이 긷는 것을 취한다'[134]고 하였던 것이다. 대저 많이 길어가면 기운이 유통되어 두루 돌아다녀 생기가 있기 때문이다. 결국은 좋은 것이 아니므로 먹지 말아야 한다.

시중의 가게 거리에 뭇사람이 살고 있는 곳의 우물은, 밥짓는 연기가 촘촘하고 빽빽하여 더러운 것이 개먹어들어가서 다만 괴어 있는 물일 따름이다. 들판에 있는 우물은 바람직하다.

깊은 우물에는 흔히 독기가 있다.

갈홍(葛洪)은 5월 5일을 당하여 닭털을 시험삼아 우물 안에 던져보아서 털이 곧장 내려가면 독이 없으나, 만약 네 개의 변에 빙빙 돌아서 떨어지면 먹어서는 안된다고 말하였다.

우물을 치는 방법은 대나무로 만든 체(篩)를 물 밑으로 내려서 바닥을 치는 것이 옳다.

만약 산에 사는데 샘이 없어서 우물을 파서 얻은 물은 모두 먹어도 된다.

우물의 물맛이 짜고 빛깔이 푸른 것은 그 근원이 바다와 통하는 것이다. 묵은 사례에 이르기를, '동녘 바람이 불 때 우물을 파면 바닷물의 줄기와 통한다'고 하였는데, 어쩌면 조리에 맞을런지도 모른다.

우물에는 이상한 것이 있다. 불우물(火井)[135] · 가루우물(粉井)[136] · 구름우물(雲井)[137] · 바람우물(風井)[138] · 소금우물(鹽井)[139] · 아교우

---

134) 홍점은~긷는 것을 취한다(鴻漸曰~井取汲多者) : 육우 《다경》의 제5장 〈차달이기〉조에서 인용된 것이다.

135) 불우물(火井) : 임공현(臨邛縣, 사천성 공래현)에 있다.

136) 가루우물(粉井) : 임공현에 있다.

137) 구름우물(雲井) : 후한의 《동명기》(권2) 원정 5년조에 보이는 동방삭의 말에 구름우물이 나온다. 즉 장안의 동쪽에 있는 부상을 지난 7만리에 운산(雲山)이 있

물(膠井)140)처럼 낱낱이 들어서 말할 수가 없다.

　그런데 얼음우물(氷井)141)은 또한 순일한 음기142)가 차갑게 얼어붙은 것이다. 모두 알아두는 것이 마땅하다.

나머지 말(緖談)

　대저 좋은 샘에 나아가면 허술하게 양치질을 하거나 때를 씻어서는 안된다. 이것을 어기면 매양 산신령이 미워한다.

　샘 구덩이는 모름지기 달을 거듭하여 쳐야 한다. 옛것을 고치고 새롭게 하는143) 묘한 운으로 보아서 당연한 것이다.

　산의 나무는 원래 무성하고 그늘이 지기를 바라는 것이지만, 만약 번잡하고 추하면 샘을 손상시킨다. 지금 향기로운 풀과 아름다운 꽃을 그 위에서 바람에 나부끼게 할 수는 없을지라도, 밋밋이 자란 대(修竹)와 그윽하고 품위 있는 난초(幽蘭)는 스스로 적어서는 아니된다.

　지붕을 만들어 샘을 덮는 것은 살풍경일 뿐만 아니라 양기가 들어가지 않으므로, 능히 음기로 손상되니 삼가고 삼갈 일이다. 만약에 작은 샘이라면 대보쌈(竹罩)을 만들어서 포괄(包括)하면 더러운 것이 침범하는 것을 막아주니, 지붕보다 훨씬 뛰어난 것이다.

―――――――――――――――

고, 그 산꼭대기에 우물이 있는데, 그 속에서 구름이 솟아난다. 만약 흙의 덕이 있는 왕이라면 누른 구름, 불의 덕이 있는 왕이라면 붉은 구름, 물의 덕이 있는 왕이라면 검은 구름, 금의 덕이 있는 왕이라면 푸른 구름이 나온다는 것이다.

138) 바람우물(風井) : 여름에는 바람이 나오고, 겨울에는 바람이 들어간다는 우물이다.

139) 소금우물(鹽井) : 소금이 나오는 우물이다.

140) 아교우물(膠井) : 산동성에 있는 아정(阿井)처럼 아교를 만들기에 알맞는 우물물을 가리키는 것 같다.

141) 얼음우물(氷井) : 낭야(瑯琊), 산동성 제성현)에 있는데, 얼음의 두께가 한길(一丈) 남짓이라고 한다.

142) 순일한 음기(純陰) : 《서경》의 홍범조에 '순음'은 물을 뜻하는 말로 적혀 있다.

143) 옛것을~새롭게 하는(革故鼎新) : 《역경》의 잡괘전에 있는 대목이다.

샘 속에 새우·게·장구벌레가 있어서 매우 비린 맛이 날 때는 재빠르게 쳐서 깨끗이 하는 것이 마땅하다.

중이 사는 집(절)에서는 비단으로 물을 걸러서 마시는데, 산사람을 손상시킬까 두려워서라고는 하지만, 또한 깨끗한 것을 취하는 것이기도 하다.

포유사(包幼嗣, 당나라 사람으로 이름은 何이다)는 〈정율원(淨律院)〉 시에서 '물을 걸러서 물 대면 새로움이 더한다'[144]고 하였으며, 마대(馬戴, 당나라 사람)는 〈선원(禪院)〉 시에서 '샘물을 걸러 달을 볼품없게 하고 일어나네'라고 하였으며, 승려 간장(簡長)의 시에 '꽃병에 거른 물을 보태네'라고 한 것이 이것이다.

그리고 우곡(于鵠, 당나라 사람)이 〈장로의 동산에 있는 숲을 방문하다〉 시에서 '물을 걸러 밤에 꽃에 물을 주네'라고 하였으니, 절의 계율만 그런 것이 아니라 도를 닦는 사람에게도 당연한 것이었다.

샘이 점점 멀어서 그것을 산집의 부엌으로 끌어들이기를 바란다면 대나무를 이어 맞추면 된다.

물은 기이한 돌로 받아들이며, 저장은 깨끗한 항아리에 한다. 그 소리는 더욱 맑고 졸졸 흐르는 것이 사랑스럽다.

낙빈왕(駱賓王, 당나라 초기의 시인)의 시에, '나무를 도려내어[145] 받는 샘물 멀기도 하구나'라고 한 것도 대나무를 이어 맞추었다는 뜻이다.

샘물을 거두어들이기가 더 멀어서 몸소 길어올 수가 없으면, 반드시 성실한 산동자를 보내서 받아오게 하여 석두성 밑의 거짓[146]에서

---

144) 물을~새로움이 더한다(濾水澆新長) : 이것은 정율원에 있는 도마나무(桄)를 읊은 시구이다.

145) 나무를 도려내어(刳木) : 《역경》에도 '나무를 도려내어 배를 만든다(刳木爲舟)'는 대목이 보인다.

벗어나야 된다.

소자첨은 옥녀동147)의 물을 즐겨서, 중에게 물 맞춤 조각(調水
符)148)을 맡겨두고 받아오게 하였는데, 이 또한 흐르는 물을 베개로
삼지 못할 것을149) 가엾게 생각한 탓이다. 그러므로 증다산도 〈혜산
의 샘물150) 보낸 것을 사례하다〉 시에서 '옛적의 물 전하기151)는 경
영을 해친다'라고 하였던 것이다.

---

146) 석두성 밑의 거짓(石頭城下之僞) : 당나라 조인(趙璘)의 《인화록(因話錄)》에 나
　　오는 일화이다. 즉 당나라의 찬황공(贊皇公)인 이덕유(李德裕, 787~849)가 조
　　정에 있을 때, 어느 날 사명을 받들고 경구(京口, 강소성 진강)로 가는 친지가
　　있었다. 이덕유가 친지에게 이르기를, 돌아오는 날 금산 아래 양자강 남령의 물
　　을 한 병 떠다 달라고 하였다. 그런데 친지가 노를 들던 날 술에 취해서 잊어버
　　리고, 배를 띄워 석성(石城) 밑에 이르렀을 때에야 문득 생각이 나기에, 곧 강의
　　복판에서 한 병을 길어다 서울로 돌아가서 바쳤다. 이공이 그 물을 마신 뒤 뜻
　　밖의 일에 탄식하고 수상히 여기며 이르기를, 요사이에는 강 표면의 물맛이 달
　　라져서 이 물도 건업(남경) 석두성 밑의 물을 자못 닮았다고 말하였다. 그랬더
　　니 친지는 자기의 온당하지 못한 것을 사과하더라는 것이다.
147) 옥녀동(玉女洞) : 옥녀동은 섬서성 주지현의 남쪽에 있는 선유담 곁의 바위 위에
　　자리한 중흥사 안에 있다.
148) 물 맞춤 조각(調水符) : 송나라의 소식(蘇軾)이 읊은 〈조수부(調水符)〉라는 시에
　　서 인용된 대목이다. '나는 옥녀동의 물을 즐겨서 대나무를 쪼개어 증표를 만든
　　다음, 절의 중으로 하여금 그 한쪽을 간직케 하여 왕래의 신표(信標)로 삼아서
　　조수부라고 부른다.'
149) 흐르는 물을 베개로 삼지 못할 것을(其不得枕流) : '침류(枕流)'란 '침류수석(枕
　　流漱石)'의 준말이다. 즉 진나라의 손초(孫楚)와 얽힌 옛일로서 흐르는 물을 베
　　개삼고 돌로 양치질한다는 뜻인데, 매우 지기를 싫어한다는 뜻으로도 쓰이는 말
　　이다.
150) 혜산의 샘물(惠山泉) : 강소성 무석시의 서쪽 5리에 있는 혜산 첫봉우리에 있는
　　샘물을 가리킨다.
151) 물 전하기(水遞) : 당나라와 송나라 때에 성행되었던 풍습이다. 당자서(唐子西)
　　의 〈투다설(鬪茶說)〉에는 '당나라의 재상인 이위공(李衛公, 이덕유)이 혜산의
　　샘물을 즐겨 마셔서, 역참(驛站)을 두고 수천 리 길을 멀다 않고 전하여 보냈다'
　　라고 적혀 있다.

옮겨 온 물은 돌로 썻는다. 이 또한 흔들려 움직이는 더러운 앙금을 없애고 그 맛이 드러나거나 주는 것을 고친다.

옮겨 온 물과 골라 온 자갈을 병 속에 넣어 두면 곧잘 그 맛을 기르고, 또한 물을 맑게 하며 흐리게 하지를 않는다.

황노직152)이 〈혜산의 샘물〉 시153)에서 '석곡의 차가운 샘154)은 길쭉한 돌과 함께 있다'라고 한 것이 이것이다.

물속의 깨끗하고 맑은 흰 돌을 골라내어 샘물과 함께 끓이면155) 매우 신통하다.

샘물을 길어오는 길이 멀면 반드시 원래의 맛을 잃는다.

당자서(唐子西)156)가 이르기를, '차는 둥글거나 꽃모양이거나를 묻지 않는다. 요컨대 햇차라면 귀하게 여긴다. 물은 강물이거나 우물물이거나를 묻지 않는다. 요컨대 활수라면 귀하게 여긴다'고 하였다. 또 이르기를, '병을 손에 들고 용당157)까지 달려 가봤자 수천 걸음도 안

---

152) 황노직(黃魯直) : 북송의 분령 태생으로 이름은 정견(庭堅), 자는 노직(魯直), 호를 산곡(山谷)·배옹(涪翁)이라고 하였다. 황정견(1045~1105)은 철종의 소성(1094~1097) 초년에 소식의 천거로 악주의 지사가 되었으나, 왕안석의 신법파에 눌려서 배주로 좌천되었다. 배옹이라는 호도 그때 지은 것이었다. 휘종 초년에는 다시 태평주의 지사로 기용되었으나 의주에서 사망하였다. 강소시파의 시조인 그는 소문사학사(蘇門四學士)·소황(蘇黃) 등으로 일컬어진다.

153) 혜산의 샘물 시(惠山泉詩) : 이것은 항주의 서호에서 차를 달이면서 읊은 시인데, 인용된 대목은 이 시의 첫 구절에 있다.

154) 석곡의 차가운 샘(錫谷寒泉) : '석곡'이란 무석 혜산의 골짜기라는 뜻이다. '차가운 샘'이란 장우신의 《전다수기》에 보이는 혜산사의 돌샘물을 가리킨다.

155) 흰 돌을~샘물과 함께 끓이면(白石帶泉煮之) : 중국에서는 동진(東晉)의 갈홍(葛洪)이 지은 《신선전(神仙傳)》에 '늘 흰 돌을 달여서 양식으로 한다'고 적혀 있을 만큼 청천백석탕(淸泉白石湯)의 역사는 오래되었다. 그런데 청천백석차에 대해서는 명나라 고원경(顧元慶)의 《운림유사(雲林遺書)》에 적혀 있다.

156) 당자서(唐子西) : 송나라 사람으로 이름은 경(庚), 자는 자서(子西)이다. 여기에 인용된 글은 그가 지은 《투다기(鬪茶記)》이다.

157) 용당(龍塘) : 용당은 용당허(龍塘墟)의 준말. 용당허는 광동성 창원현의 동남 20

되고 그 물은 차에 알맞아 [옛사람들이] 청원협(淸遠峽)158)보다 낮지 않다고 하는 것이다. 그리하여 바닷길로 가면 건안159)까지는 며칠 안 걸려서 당도할 수 있으니, [해마다] 햇차는 3월을 넘기지 않아서 닿는다'라고도 하였는데, 이제 설명하는 바에 의거하건대 이미 칭찬하여 가릴 것이 못된다.

대저 건안은 모두가 맷돌로 맷돌질하여 가는 차로 또한 반드시 3월이 되어야만 비로소 얻을 수 있는 것이므로, 지금의 잎차라는 것이 청명160)이나 곡우 이전에 높은 데 올라가 따가지고 내려와서 달이는 것만 같지 못하다.

그리고 몇천 걸음 만에 받는 용당의 물을 새로 길어온 돌샘물과 비교하면 왼쪽에는 구기(액체를 푸는 기구)를, 오른쪽에는 솥을 둔 것 같으니 어떨지.

나는 일찍부터 두 가지의 갖추기 어려운 것(좋은 샘물과 차)을 누리는 것은 참으로 산살이의 복이라고 생각한다.

산에 사는 사람은 원래가 물을 소중히 여기거늘, 하물며 좋은 샘은 다시 쉽게 얻어지는 것이 아니므로 더욱 소중히 하는 것도 복을 받는 것이다.

장효표(章孝標, 당나라의 시인)는 〈솔샘〉 시에서 '병에 따르니 운모161)가 윤이 나고, 이를 양치질하니 복령162)이 향기롭네. 들에 사는

리에 있는 대연수(大燕水)의 왼쪽 강 언덕에 있다.

158) 청원협(淸遠峽) : 광동성 청원현의 동쪽에 있는 협산을 꿰뚫어 흐르는데, 중숙협(中宿峽)이라고도 한다.

159) 건안(建安) : 복건성 건구현으로, 송나라 때는 황제에게 바치는 차를 만들었다.

160) 청명(淸明) : 24절기의 하나로, 동지 후 101일째 되는 날인데, 양력 4월 5, 6일 경이다.

161) 운모(雲母) : 이것은 《자천소품》의 〈이상한 샘〉에 나오는 운모천을 가리킨다.

162) 복령(茯苓) : 이것도 《자천소품》의 〈이상한 샘〉에 나오는 복령천을 가리킨다.

나그네는 차달이기를 즐기고, 산의 중은 마루 깨끗이 하는 것을 아끼네'라고 하였다. 대저 즐긴다는 것은 참으로 소중한 것이요, 아낀다는 것은 천하게 쓰지 않는다는 것이다.

어찌 이러한 나그네나 중과 만나서 이웃이 되지 않을손가.

산살이에게는 샘이 여러 곳이 있다. 냉천(冷泉)·오월천(午月泉)·일작천(一勺泉) 같은 것인데, 모두 등급에 넣을 수 있는 것으로 호구의 돌샘물163)과 견주면 거의 주인과 하인에 가깝다.

그러나 아깝게도 아직은 명망이 있는 사람들에게 찬양받지를 못하고 있다.

샘에게도 행복과 불행이 있단 말인가. 요컨대 작은 산이나 궁벽한 들판에 숨겨져서 드러나지 않을 따름이다.

경릉자(竟陵子, 육우)는 '한 잔의 물을 끓여서 서로 함께 푸른 소나무의 그늘에서 흰 돌에 앉아, 뜬 구름이 나는 것을 우러러보아야 한다'는 것을 《다경》에 문득 써 두는 것이 마땅하였다.

---

163) 호구의 돌샘물(虎丘石水) : 장우신의 《전다수기》에 보이는 돌샘물인데, 강소성 소주시의 서북쪽에 있다.

煮泉小品

明　田藝蘅

煮泉小品引

昔我田隱翁 嘗自委曰泉石膏肓 噫 夫以膏肓之病 固神醫之所不治
者也 而在于泉石則 其病亦甚奇矣 余少患此病 心已忘之 而人皆咎余
之不治然徧檢方書 苦無對病之藥 偶居山中 遇淡若叟 向余曰 此病固
無恙也 子欲治之 卽當煮淸泉白石 加以苦茗 服之久 久雖辟穀可也
又何患于膏肓之病邪 余敬頓首受之 遂依法調飮自覺其効日著 因廣
其意 條輯成編 以付司鼎山童 俾遇同病之客來 便以此薦之 若有如
煎金玉湯者來 愼弗出之 以取彼之鄙笑.

時 嘉靖甲寅 秋孟 中元日 錢唐 田藝蘅序

源泉

積陰之氣爲水 水本曰源 源曰泉 水本作𣱼象 衆水竝流 中有微陽之
氣也 省作水 源本作原 亦作𠪱 從泉出厂下 厂山岩之可居者 省作原
今作源 泉本作𤽄象 水流出成川形也 知三字之義 而泉之品思過半矣

山下出泉曰蒙 蒙稚也 物稚則天全 水穉則味全 故鴻漸曰 山水上
其曰 乳泉 石池慢流者 蒙之謂也 其曰 瀑湧湍漱者 則非蒙矣 故戒人
勿食之

混混不舍 皆有神以主之 故天神引出萬物 而漢書三神山嶽其一也

源泉必重 而泉之佳者尤重 餘杭徐隱翁嘗爲余言 以鳳凰山泉 較阿
姥墩百花泉 便不及五錢 可見仙源之勝矣

山厚者泉厚 山奇者泉奇 山淸者泉淸 山幽者泉幽 皆佳品也 不厚則

薄 不奇則蠢 不清則濁 不幽則喧 必無佳泉

山不亭處水必不亭 若亭卽無源者矣 旱必易涸

石流

石山骨也 流水行也 山宣氣以産萬物 氣宣則脈長 故曰山水上 博物志 石者金之根 甲石流精以生水 又曰山泉者 引地氣也

泉非石出者必不佳 故楚辭云 飲石泉兮蔭松柏 皇甫曾送陸羽詩 幽期山寺遠 野飯石泉淸 梅堯臣碧霄峰茗詩 烹處石泉嘉 又云 小石冷泉留早味 誠可謂賞鑑矣

咸感也 山無澤則必崩 澤感而山不應 則將怒而爲洪

泉往往有伏流沙土中者 挹之不竭卽可食 不然則滲瀦之潦耳 雖淸勿食 流遠則味淡 須深潭淳畜 以復其味 乃可食

泉不流者食之有害 博物志山居之民多癭腫疾 山于飲泉之不流者

泉湧出曰濆 在在所稱珍珠泉者 皆氣盛而脈湧耳 切不可食 取以釀酒或有力

泉有或湧而忽涸者 氣之鬼神也 如劉禹錫詩 沸井今無湧是也 否則徙泉渴水 果有幻術邪

泉縣出曰沃 暴溜曰瀑 皆不可食 而廬山水簾 洪州天台瀑布 皆入水品與陸經背矣 故張曲江廬山瀑布詩 吾聞山下蒙 今乃林巒表 物性有詭激 坤元曷紛矯 默然置此去 變化誰能了 則識者固不食也 然瀑布實山居之珠箔錦幙也 以供耳目 誰曰不宜

淸寒

淸朗也 靜也 澄水之貌 寒洌也 凍也 覆氷之貌 泉不難于淸 而難于寒 其瀨峻流駛而淸 岩奧陰積而寒者 亦非佳品

石少土多 沙膩泥凝者 必不淸寒

蒙之象曰 果行 井之象曰 寒泉 不果則氣滯而光不澄 不寒則性燥而味必嗇

氷堅水也 窮谷陰氣所聚沍洩則結 而爲伏陰也 在地英明者 惟水而
氷 則精而且冷 是固淸寒之極也 謝康樂詩 鑿氷煮朝飧 拾遺記 蓬萊
山氷水 飮者千歲

下有石硫黃者 發爲溫泉 在在有之 又有其出一壑 半溫半冷者 亦在
在有之 皆非食品 特新安黃山朱砂湯泉可食 圖經云 黃山舊名黟山 東
峰下有朱沙湯泉可點茗 春色微紅 此則自然之丹液也 拾遺記 蓬萊山
沸水 飮者千歲 此又仙飮

有黃金處水必淸 有明珠處水必媚 有孑鮒處水必腥腐 有蛟龍處水
必洞黑 嫩惡不可不辨也

甘香

甘美也 香芳也 尙書 稼穡作甘黍 甘爲香 黍惟甘香 故能養人 泉惟
甘香 故亦能養人 然甘易而香難 未有香而不甘者也

味美者曰甘泉 氣芳者曰香泉 所在間有之 泉上有惡木 則葉滋根潤
皆能損其甘香 甚者能釀毒液 尤宜去之

甜水以甘稱也 拾遺記 員嶠山北甜水遶之 味甜如蜜 十洲記 元州玄
澗水如蜜漿 飮之與天地相畢 又曰生洲之水味如飴酪

水中有丹者 不惟其味異常 而能延年卻疾 須名山大川諸仙翁修煉
之所有之 葛玄少時爲臨沅令 此縣廖氏家世壽 疑其井水殊赤 乃試掘
井左右 得古人埋丹砂數十斛 西湖葛井 乃稚川煉所 在馬家園後 淘井
出石匣 中有丹數枚 如茨實 啖之無味棄之 有施漁翁者 拾一粒食之
壽一百六歲 此丹水尤不易得 凡不淨之器 切不可汲

宜茶

茶南方嘉木 日用之不可少者 品固有嫩惡 若不得其水 且煮之不得
其宜 難佳弗佳也 茶如佳人 此論雖妙 但恐不宜山林間耳 昔蘇子瞻詩
從來佳茗似佳人 曾茶山詩 移人尤物衆談誇是也 若欲稱之山林當如
毛女麻姑 自然仙風道骨不 烟霞可也 必若桃臉柳腰 宜亞屛之銷金

帳中　無俗我泉石

鴻漸有云　烹茶于所産處無不佳　蓋水土之宜也　此誠妙論　況旋摘旋
瀹　兩及其新邪　故茶譜亦云　蒙之中頂茶　若獲一兩　以本處水煎服　卽
能袪宿疾是也

今武林諸泉　惟龍泓入品　而茶亦惟龍泓山爲最　蓋玆山深厚高大　佳
麗秀越　爲兩山之主　故其泉淸寒甘香　雅宜煮茶

虞伯生詩　但見瓢中淸　翠影落羣岫　烹煎黃金芽　不取穀雨後

姚公綏詩　品嘗顧渚風斯下　零落茶經奈爾何　則風味可知矣

又況爲葛仙翁煉丹之所哉　又其上爲老龍泓寒碧倍之　其地産茶爲南
北山絶品

鴻漸第錢塘天竺靈隱者爲下品　當未識此耳　而郡志亦只稱寶雲　香
林　白雲諸茶　皆未若龍泓之淸馥雋永也　余嘗一一試之　求其茶泉雙絶
兩浙罕伍云

龍泓今稱龍井　因其深也　郡志稱有龍居之　非也　蓋武林之山　皆發源
天目　以龍飛鳳舞之讖　故西湖之山多以龍名　非眞有龍居之也　有龍則
泉不可食矣　泓上之閣　亟宜去之　浣花諸池尤所當浚

鴻漸品茶又云　杭州下　而臨安　於潛生于天目山與舒州同　固次品也
葉淸臣則云　茂錢塘者以徑山稀　今天目遠勝徑山　而泉亦天淵也　洞霄
次徑山

嚴子瀨　一名七里灘　蓋沙石上曰瀨曰灘也　總謂之漸江　但潮汐不及
而且深澄　故入陸品耳

余嘗淸秋泊釣臺下　取囊中武夷　金華二茶試之　固一水也　武夷則黃
而燥冽　金華則碧而淸香　乃知擇水當擇茶也　鴻漸以婺州爲次　而淸臣
以白乳爲武夷之右　今優劣頓反矣　意者所謂離其處水功其半者耶

茶自浙以北皆較勝　惟閩廣以南　不惟水不可輕飮　而茶亦當愼之　昔
鴻漸未詳嶺南諸茶　仍云往往得之　其味極佳　余見其地多瘴癘之氣　染

着草木 北人食之 多致成疾 故謂人當愼之 要須採摘得宜 待其日出山
霽 露收嵐淨可也

茶之團者片者 皆出于碾磑之末 旣損眞味 復加油垢 卽非佳品 總不
若今之芽茶也

蓋天然者自勝耳 曾茶山日鑄茶詩 寶銙自不乏 山芽安可無 蘇子瞻
壑源試焙新茶詩 要知玉雪心腸好 不是膏油首面新是也

且末茶瀹之有屑 滯而不爽 知味者當自辨之

芽茶以火作者爲次 生曬者爲上 亦更近自然 且斷烟火氣耳 況作人
手器不潔 火候失宜 皆能損其香色也 生曬茶瀹之甌中 則旗槍舒暢 淸
翠鮮明尤爲可愛

唐人煎茶多用薑鹽 故鴻漸云 初沸水合量 調之以鹽味 薛能詩 鹽損
添常戒 薑宜着更誇 蘇子瞻以爲茶之中等用薑煎信佳 鹽則不可 余則
以爲二物皆水厄也 若山居飮水 少下二物 以減嵐氣或可耳 而有茶則
此固無須也

今人薦茶 類下茶果 此尤近俗 是縱佳者 能損眞味 亦宜去之 且下
果則必用匙 若金銀大非山居之器 而銅又生腥 皆不可也 若舊稱北人
和以酥酪 蜀人入以白土 此皆蠻飮 固不足責

人有以梅花 菊花 茉莉花薦茶者 雖風韻可賞 亦損茶味 如有佳茶
亦無事此

有水有茶不可無火非無火也 有所宜也 李約云 茶須緩火炙活火煎
活火謂炭火之有焰者 蘇軾詩 活火仍須活水烹是也 余則以爲山中不
常得炭 且死火耳 不若枯松枝爲妙 若寒月多拾松實蓄爲煮茶之具 更
雅

人但知湯候 而不知火候 火燃則水乾 是試火先于試水也 呂氏春秋
伊尹說湯五味 九沸九變爲之紀

湯嫩則茶味不出 過沸則水老而茶乏 惟有花而無衣 乃得點瀹之候

耳

唐人以對花啜茶爲殺風景　故王介甫詩　金谷千花　莫漫煎　其意在花
非在茶也　余則以爲金谷花前　信不宜矣　若把一甌　對山花啜之　當更助
風景　又何必羔兒酒也

煮茶得宜　而飮非其人　猶汲乳泉以灌蒿藋　罪莫大焉　飮之者一啜而
盡不暇辨味　俗莫甚焉

靈水

靈神也　天一生水　而精明不淆　故上天自降之澤　實靈水也　古稱上池
之水者非與　要之皆仙飮也

露者陽氣勝而所散也　色濃爲甘露　凝如脂　美如飴　一名膏露　一名天
酒　十洲記　黃帝寶露　洞冥記　五色露　皆靈露也　莊子曰　姑射山神人
不食五穀　吸風飮露　山海經　仙丘絳露　仙人常飮之　博物志　沃渚之野
民飮甘露　拾遺記　含明之國　承露而飮　神異經　西北海外人　長二千里
日飮天酒五斗　楚辭　朝飮木蘭之墜露　是露可飮也

雪者天地之積寒也　范勝之書　雪爲五穀之精　拾遺記　穆王東至大䗁
之谷　西王母來進嵊州眠雪　是靈雪也　陶穀取雪水　烹團茶　而丁謂煎
茶詩　痛惜藏書篋　堅留待雪天　李虛已　建茶呈學士詩　試將梁苑雪　煎
動建溪春　是雪尤宜茶飮也　處士列諸末品何耶　意者以其味之燥乎　若
言太冷則不然矣

雨者陰陽之和　天地之施　水從雲下　輔時生養者也　和風順雨　明雲甘
雨　拾遺記　香雲遍潤則成香雨　皆靈雨也　固可食　若天龍所行者　暴而
靈者　旱而凍者　腥而墨者及檐溜者　皆不可食

文子曰　水之道　上天爲雨露　下地爲江河　均一水也　故特表靈品

異泉

異奇也　水出地中　與常不同　皆異泉也　亦仙飮也

醴泉　醴一宿酒也　泉味眠如酒也　聖王在上　德普天地　刑賞得宜　則

醴泉出 食之令人壽考

玉泉 玉石之精液也 山海經 密山出丹水 其中多白玉 是有玉膏 其源沸沸湯湯 黃帝是食 十洲記 瀛洲玉石高千丈 出泉如酒味甘 名玉體泉 食之長生 又方丈洲有玉石泉 崑崙山有玉水 尸子曰 凡水方折者有玉

乳泉 石鍾乳 山骨之膏髓也 其泉色白而體重 極甘而香 若甘露也

朱砂泉 下產朱砂 其色紅 其性溫 食之延年卻疾

雲母泉 下產雲母 明而澤 可煉爲膏 泉滑而甘

茯苓泉 山有古松者 多產茯苓 神仙傳 松脂淪入地中 千歲爲茯苓也 其泉或赤或白而甘香倍常 又尤泉亦如之 非若杞菊之產于泉上者也

金石之精草木之英 不可殫述與瓊漿竝美 非凡泉比也 故爲異品

江水

江公也 衆水共入其中也 水共則味雜 故鴻漸曰 江水中 其曰 取去人遠者 蓋去人遠 則澄深而無盪瀁之漓耳

泉自谷而溪而江而海 力以漸弱 氣以漸而薄 味以漸而鹹 故曰水 曰潤下 潤下作鹹旨哉 又十洲記 扶桑碧海 水旣不鹹苦 正作碧色 甘香味美 此固神仙之所食也

潮汐近地必無佳泉 蓋斥鹵誘之也 天下潮汐 惟武林最盛 故無佳泉 西湖山中則有之

揚子固江也 其南泠則夾石淳淵 特入首品 余嘗試之 誠與山泉無異 若吳淞江則水之最下者也 亦復入品甚不可解

井水

井淸也 泉之淸潔者也 通也 物所通用者也 法也 節也 法制居人 令節飮食 無窮竭也 其淸出于陰 其通入于淆 其法節由于不得已 脈暗而味滯 故鴻漸曰 井水下 其曰井取汲多者 蓋汲多則氣通而流活耳 終非

佳品勿食可也

市塵民朹瓷井 烟爨稠密 汗穢滲漏 特潢潦耳 在郊原者庶幾

深井多有毒氣 葛洪方 五月五日 以雞毛 試投井中 毛直下無毒 若
廻四邊不可食 淘法以竹篩下水 方可下浚

若山居無泉 鑿井得水者 亦可食

井味鹹色綠者 其源通海 舊云 東風時鑿 井則海通 脈理或然也

井有異常者 若火井粉井雲井風井鹽井膠井 不可枚擧 而氷井 則又
純陰之寒沍也 皆宜知之

緖談

凡臨佳泉 不可容易漱濯 犯者每爲山靈所憎

泉坎須越月淘之 革故鼎新 妙運當然也

山木固欲其秀 而蔭若叢惡則傷泉 今雖未能使瑤草瓊花 披拂其上
而修竹幽蘭自不可少

作屋覆泉不惟殺盡風景 亦且陽氣不入 能致陰損 戒之戒之 若其小
者 作竹罩以籠之 防其不潔之侵 勝屋多矣

泉中有鰕蟹子虫 極能腥味 亟宜淘淘淨之 僧家以羅濾水而飮 雖恐
傷生 亦取其潔也 包幼嗣淨律院詩 濾水澆新長 馬戴禪院詩 濾泉侵月
起 僧侶簡長詩 花壺濾水添是也 于鵠過張老園林詩 濾水夜澆花 則不
惟僧家戒律爲然 而修道者 亦所當爾也

泉稍遠 而欲其自入于山廚 可接竹引之 承之以奇石 貯之以淨缸 其
聲尤淨琮可愛 駱賓王詩 刳木取泉遙 亦接竹之意

去泉再遠者 不能自汲 須遣誠實山童取之 以免不石頭城下之僞 蘇
子瞻愛玉女洞水 付僧調水符取之 亦惜其不得枕流焉耳 故曾茶山 謝
送惠山泉詩 舊時水遞費經營

移水而以石洗之 亦可以去其搖盪之濁滓 若其味則愈揚愈減矣

移水取石子置瓶中 雖養其味 亦可澄水 令之不淆 黃魯直 惠山泉詩

錫谷寒泉　石俱　是也

　擇水中潔淨白石　帶泉煮之　尤妙尤妙

　汲泉道遠　必失原味　唐子西云　茶不問團銙　要之貴新　不問江井　要
之貴活　又云　提缾走龍塘無數千步　此水宜茶　不減淸遠峽　而海道趨建
安不數日可至　故新茶不過三月至矣　今據所稱　已非嘉賞　蓋建安皆碾
磑茶　且必三月而至始得　不若今之芽茶　淸明穀雨之前　陟采而降煮也
數千步取塘水　較之石泉新汲　左杓右鐺　又何如哉　余嘗謂二難具享　誠
山居之福也

　山居之人　固當惜水　況佳泉更不易得　尤當惜之　亦作福事也　章孝標
松泉詩　注缾雲母滑漱齒茯苓香　野客偸煎茗　山僧惜淨牀　夫言偸則誠
貴矣　言惜則不賤用矣　安得斯客斯僧也　而與之爲鄰耶

　山居有泉數處　若冷泉午月泉一勺泉　皆可入品　其視虎丘石水　殆主
僕矣　惜未爲名流所賞也　泉亦有幸有不幸邪　要之　隱于小山僻野　故不
彰耳　竟陵子　可作便當煮一盂水　相與蔭靑松坐白石　而仰視浮雲之飛也

15. 고반여사(考槃餘事)

명(明)　도　융(屠隆)

1) 다전(茶箋)

차의 품격(茶品)

차의 품격이 《다경》[1]과는 약간씩 다르다. 지금의 차 달이는 법도 채양[2]이나 육우[3]와 같은 이전 사람과는 같지가 않다.

• 호구(虎丘)차[4] : 가장 교묘하고도 뛰어난 것으로 불리우며, 천하

---

1) 다경(茶經) : 당나라 육우(陸羽)가 지은 인류 최초의 찻책이자 중국 다도의 경전으로 〈차의 근원〉을 비롯한 10장의 구성 내용이 3권(상·중·하)에 수록되어 있다. 육우의 《다경》에 나타나는 차의 품격은 《다경》의 제6장 〈차마시기〉조에 '마시기에는 추차(觕茶)·산차(散茶)·말차(末茶)·병차(餠茶)가 있다'고 한 것을 가리키는 것이다.

2) 채양(蔡襄) : 북송의 홍화선유(복건성 선유현) 태생으로, 자를 군모(君謨)라고 하였다. 진종의 대중 상부 5년(1012)에 태어나 벼슬이 단명 전학사에 올랐다가 영종의 치평 4년(1067)에 세상을 떠났다. 채양의 《다록》에 등장하는 차는 상품용차(上品龍茶)라고 하는 연고차이기 때문에, 도융이 《다전》에서 말하는 잎차와는 만드는 방법과 달이는 방법에 차이가 있다.

3) 육우(陸羽) : 당나라 경릉 태생으로 자를 홍점(鴻漸)이라고 하였다. 《다경》의 저자로 이름났고, 중국 다도를 성립시킨 시조로서 다신(茶神) 또는 다성(茶聖)으로 숭앙받고 있다.

4) 호구(虎丘)차 : 강소성 소주시의 서북에 호구산이 있고, 산 위에는 호구사가 있는데, 차와 물이 고루 유명하다.(《죽창야화》) 호구차의 품질에 대해서는 《품명기(品

의 으뜸으로 삼지만, 아깝게도 많이 나지를 않는다. 모두 그 고장에서 세력을 떨치는 사람들이 차지하는 바가 되어, 적막한 산집(山家)에서는 사들일 길이 없다.

• **천지**(天池)**차**5) : 짙푸른 녹색에 꽃다운 향기가 나서 마시면 마음이 즐겁고 냄새만 맡아도 갈증이 사라지니6) 참으로 선품(仙品)이라 일컬어질 만하다. 여러 산의 차는 탓하여 물리쳐 버리는 것이 마땅하다.

• **양선**(陽羨)**차**7) : 속된 이름은 나개(羅岕)차8)인데, 절강의 장흥9)

茗記)》에 '호구차는 저절로 참맛이 있어서 맑은 향기는 입에 댈 만하다'고 적혀 있다.

5) 천지(天池)차 : 천지는 강소성 오현(소주시)의 서쪽에 있는 화산의 중턱에 자리한 연못이다. 《기명휘기(奇茗彙記)》에 '천지차는 좋은 품질이라고 일컬어진다. 그러나 많이 마시기에는 마땅치가 않다. 많이 마시면 반드시 병이 난다'고 적혀 있다. 명나라 허차서의 《다소》에도 천지차는 조금만 지나치게 마셔도 배가 부풀어오른다고 적혀 있다.

6) 갈증이 사라지니(消渴) : 원래 한방에서 말하는 소갈병이란 당뇨병을 가리킨다. 그러나 여기에서 말하는 소갈이란 갈증이 사라진다는 뜻이다.

7) 양선(陽羨)차 : 양선은 지금의 강소성 의흥현 남쪽에 있던 당나라 때의 고을 이름(縣名)이다. 남송의 호자(胡仔)가 지은 《초계어은총화(苕溪漁隱叢話)》에 인용된 〈당나라 의흥현에서 중수한 차창고의 기록(唐義興縣重修茶舍記)〉에 따르면 양선차는 《다경》을 지은 육우의 천거에 따라 천자에게 바쳐지게 되었다고 한다. 당나라의 노동(盧同, ?~835)이 읊은 〈붓을 움직여 맹간의가 부쳐준 햇차에 사례하다(走筆謝孟諫議寄新茶)〉라는 시에도 양선차가 등장한다.

8) 나개(羅岕)차 : 나개차에 대해서는 명나라의 허차서가 지은 《다소》의 〈산다(產茶)〉조에 다음과 같이 적혀 있다. '근자에 좋아하는 것은 장흥의 나개차이다. 산의 중간에 끼어 있는 것을 개(岕)라고 하는데, 나씨가 숨어 있었기 때문에 나(羅)라고 이름한 것이다.' 나개차에 관한 찻책으로는 명나라 웅명우(熊明遇)의 《나개다기(羅岕茶記)》・주고기(周高起)의 《동산개다계(洞山岕茶系)》・풍가빈(馮可賓)의 《개다전(岕茶牋)》 등이 있다. 《나개다기》에 따르면 나개차는 입하 때 따서 만든 차였다.

9) 장흥(長興) : 절강성에 있는 고을 이름(縣名)으로, 나개차의 명산지이다.

것이 좋고, 형계[10]는 조금 떨어진다. 가는 것은 그 값이 천지차의 두 곱이나 되어서 아깝게도 얻기가 어려우니 모름지기 몸소 따서 거두어 가지는 것이 신기하다.

- **육안**(六安)**차**[11] : 품질 또한 정교하여 약에 넣으면 가장 효험이 있다. 다만 잘 덖지를 않으면 향기가 나지 않고 맛이 쓰다. 차의 본성은 참으로 좋은 것이다.

- **용정**(龍井)**차**[12] : 열아믄 묘(畝)[13]에 지나지 않는다. 이밖에도 차가 있으나 모두 미치지 못하는 것 같다.

대저 하늘이 용홍의 맛있는 샘을 열었기에 산신령도 특히 좋은 차를 나게 하여 이에 곁따른 것이다.

산속에 겨우 한둘이 있는 집에서 덖는 법은 참으로 정교하다. 근래 산중이 덖은 것이 있는데 이것 또한 희한하다. 진짜는 천지차도 미칠 수가 없다.

- **천목**(天目)**차**[14] : 천지와 용정차에 버금가는데 역시 좋은 것이다. 《지리지》에 이르기를 '산속의 차가운 기운은 일찍부터 혹독하여 산중들은 9월이 되면 바로 감히 나가지를 못한다. 겨울에는 눈이 많이

---

10) 형계(荊溪) : 강소성의 진릉(晉陵)에 있는 강 이름이다.

11) 육안(六安)차 : 안휘성 육안현 지방을 육안이라고 한다. 《양신외집(楊愼外集)》에 따르면 소현산에 있는 육안주에서 나는 차를 육안차라고 한다. 그리고 《원순당 필기(援鶉堂筆記)》에 따르면 육안차(陸安茶)는 곽산(霍山)에서 난다고 하였다. 또 《노학암필기(老學庵筆記)》에 따르면 육안차는 예로부터 벽돌차로 만들어서 몽고·티베트·러시아에 수출하였다고 한다.

12) 용정(龍井)차 : 용정차에 대해서는 《초음잡화(蕉陰雜話)》에 '용정차는 항주 서천 문 남쪽의 높은 봉우리에서 난다'고 적혀 있다. 그리고 《기명휘기》에 따르면 용 정차의 빛깔은 벽청(碧靑)인데, 민(복건성)의 차와는 다르다고 하였다."

13) 묘(畝) : 명나라 때의 한 묘는 5.80326a였다.

14) 천목(天目)차 : 절강성 항주시 임안현의 서쪽에 있는 천목산에서 나는 차를 천목 (산)차라고 한다.

와서 3월 뒤에나 통행하게 된다. 차의 싹이 트는 것도 비교적 늦다'고 하였다.

차따기(採茶)

너무 가늘 필요도 없다. 가는 것은 싹이 처음 트는 것이어서 맛이 모자란다.

너무 푸를 필요도 없다. 푸른 것은 이미 쇤 것이어서 엷은 맛이 모자란다.

곡우절의 전후를 기다렸다가, 아름다운 녹색의 잎이 달린 줄거리가 이루어진 것을 구하여 찾는데, 둥글고도 두터운 것을 으뜸으로 삼는다.

또 반드시 하늘빛이 개고 맑을 때 따는 것이 가지런하고 교묘하다.

민(閩, 복건)·광(廣, 광주)·영남처럼 장려(瘴癘)15)의 기운이 많은 곳에서는 반드시 해가 나서 산이 개고 안개나 가로막힌 남기(嵐氣)16)가 깨끗이 걷히기를 기다렸다가 따는 것이 좋다.

곡우날 개고 맑을 때 딴 것은 능히 담수(痰嗽)를 낫게 하며, 백 가지의 질병을 고친다.

• **햇볕에 쬐어 말린 차**(日曬茶) : 차에는 햇볕에 쬐어 말림으로써 알맞는 것이 있다. 짙푸르고 향기가 깨끗하여 불에 덖은 것보다 뛰어나다.

• **덖음차**(焙茶) : 차를 딸 때에는 먼저 노구솥과 부뚜막을 몸소 지니고 산에 들어간다. 따로 방 하나를 세낸다.

차 장인(茶工)은 뛰어나게 훌륭한 사람을 가려 뽑아서 그 품삯을

---

15) 장려(瘴癘) : 장기(열병을 앓게 하는 산천의 나쁜 기운)를 마셔서 일어나는 병이다.
16) 남기(嵐氣) : 산에 가득 찬 산기운이다.

갑절이나 준다.

그리고 비비기와 문지르기를 타이르고 설어서 굳세게 하여서도 안 되며, 지나치게 그을려서도 안된다.

자세하게 덖어 말리고 부채질로 식힌 다음 바로 양병(甖) 속에 저장한다.

차의 저장(藏茶)

차는 얼룩 조릿대와는 (성미가) 맞지만, 향약(香藥)은 두려워한다. 따뜻하고 건조한 것은 좋아하나, 차고 축축한 것은 싫어한다.[17]

그러므로 거두어 저장하는 집에서는 먼저 청명 때에 얼룩 조릿대를 사들여, 가장 푸른 것을 가려 뽑아 미리 불에 쬐어 바싹 말린 다음 대실(竹絲)로 엮어, 네 토막마다 한덩이로 엮는 의견을 채택한다. 또 의흥의 새롭고 견고한 큰 양병으로 10근 이상의 차를 담을 수 있는 것을 사서 깨끗이 씻고 불에 쬐어 말리는 의견을 채택한다.

산속에서 덖은 차는 한번 덖어서 다시 본래의 상태로 돌이키고, 찻씨, 쇤잎, 말라서 탄 것과 줄기나 부스러기는 버린다.

큰 밑받침에 산 숯(生炭)을 파묻고, 아궁이 속을 두드려서 잘게 된 붉은 불로 덮으면, 이윽고 연기가 나지 않으며, 또 쉽게 과열되지도 않는다. 그 밑에 차말리개(茶焙)를 놓고 불에 쬐어 말리는데, 약 2근 정도를 한번으로 말린다.

따로 숯불을 큰 화로 속에 넣고, 그 위의 시렁에 양병을 걸어서 바싹 마르거든 그친다. 엮어 놓은 얼룩 조릿대를 양병 바닥에 깔고 말린 차를 부채질로 식혀서 먼저 양병에 쟁인다.

차의 마른 상태는 손가락으로 집어 비틀어 일으켜 세워서 곧 가루

---

17) 차는~싫어한다(茶宜箬葉~而忌冷濕) : 이 대목은 전춘년의 《제다신보》에서처럼 송나라 채양의 《다록》에서 인용된 글이다.

가 되는 것을 증험으로 삼는다. 불에 쬐어 말리는 대로 쟁여서 이윽고 가득 차면 또 얼룩 조릿대로 양병 위를 덮는다. 차 한근마다 대략 부들잎 두냥을 쓴다.

주둥이는 한자 여덟치의 종이를 불에 쬐어 말려서 대략 예닐곱 겹으로 굳게 봉한다. 그리고 또한 불에 쬐어 말린 두께 한치의 흰 널판 한덩이로 누른 뒤 맑고도 밝은 방의 높은 시렁에 간수한다. 쓸 때에는 새로 말린 의흥산의 작은 병에다 덜어내는데, 대략 네댓냥이 즐길 만하다. 그럴 때마다 곧 가지런하게 포장한다.

하지(夏至)[18] 사흘 뒤에 다시 한차례 불에 쬐어 말리며, 추분(秋分)[19] 사흘 뒤에 또 한차례 불에 쬐어 말리고, 동지(一陽)[20] 사흘 뒤에 또 불에 쬐어 말리는데, 산속에서 말리는 것까지 이어서 모두 다섯번 불에 쬐어 말리는 것이다. 그러면 햇차로 바꾸기에 이르도록 빛깔과 맛이 한결같다.

양병 속이 얕아지면 마른 얼룩 조릿대로 바꾸어 가득 채운다. 그렇게 하면 오래도록 젖지 않는다.

• **또 다른 방법**(又法) : 중간치의 단지에 차 열근으로 한 병을 채운다. 병마다 볏짚 태운 재를 큰 통에 넣고 찻병을 통 속에 앉힌 다음 재로 통의 사면을 채우고, 병 위를 재로 덮고 나서 가득 채워서 다진다.

차를 쓸 때마다 재를 휘저어 뒤섞어 병을 헤쳐내고, 차를 약간 덜어낸 다음 곧 다시 재를 덮으면 뜨거나 못쓰게 되는 일이 없다. 다음 해에 재를 갈아준다.

---

18) 하지(夏至) : 24절기의 하나로, 1년 중 해가 가장 긴 날인데, 양력 6월 21일경이다.

19) 추분(秋分) : 24절기의 하나로, 태양이 추분점에 이르러 밤낮의 길이가 같은 양력 9월 20일 전후이다.

20) 동지(一陽) : 일양(一陽)이란 동지(冬至)를 말한다. 동지에 양기(陽氣)가 처음으로 움직이기 때문이다.

• **또 다른 방법**(又法) : 빈 다락 안에 시렁을 달아매고, 찻병의 주둥이가 아래를 보게 열어서 엎어 놓으면 뜨지 않게 되는데, 증기란 하늘에서 밑으로 내려가기 때문이다.

꽃차(花茶)

• **연꽃차**(蓮花茶) : 해가 아직 돋지 않았을 때 방긋 피어난 흰 연꽃의 꽃봉오리를 헤쳐 열고, 가는 차 한 움큼을 꽃술 속에 가득히 넣은 다음 삼 껍질로 대강 잡아매어 하룻밤을 묵힌다. 다음날 일찍이 꽃을 따서 찻잎을 기울여 쏟아내고 건연지에 싼 차를 불에 쬐어 말린다. 다시 먼저와 같은 방법으로 생각대로 또 다른 꽃술로 만들어서 불에 쬐어 말린 다음 거두어 사용한다. 말할 수 없이 좋은 향기와 맛이 난다.

• **등자차**(橙茶) : 등자의 껍질을 가는 실처럼 썰어서 한 근을 만들고 좋은 차 닷 근을 불에 쬐어 말린 것을 등자채에 넣고 섞어서 맛을 조절한다.

촘촘한 삼베를 불꿰에 빠지도록 가까이 대고, 차를 그 위에 놓고 뜨겁게 그을린 다음, 깨끗한 이불로 4~6시간을 덮어씌워 둔다. 그리고 건연지로 된 주머니에 싸서 봉하고, 거듭 이불로 덮어씌우고 불에 쬐어 말려 거두어 사용한다.

목서·매과·장미·난초와 혜초·귤꽃·치자·목향·매화는 모두 차와 짝할 수가 있다.

이러한 꽃이 필 때 절반은 머금고 절반은 피어나서 향기가 온전한 것을 딴 다음, 차의 많고 적음을 헤아려 따낸 꽃과 섞는다.

꽃이 많으면 향기가 심하여 차의 운치가 줄어든다. 꽃이 적으면 향기가 없고 맛도 충분히 나타나지 않는다. 찻잎 셋에 꽃 하나 꼴이 비로소 알맞는 정도이다.

가령 목서꽃 같으면 모름지기 그 가지나 꼭지의 먼지나 때와 미물을 제거하고 사기 그릇에 차 한 켜, 꽃 한 켜씩 서로 갈마들여서 가득히 채우고, 종이와 대 껍질로 단단히 잡아맨 다음 냄비에 넣고 중탕으로 삶는다. 들어내서 식기를 기다렸다가 종이로 싸고 봉하여 불 위에서 쬐어 말리고 거두어 사용한다.

그렇게 하면 꽃향기가 가득하여 쾌적하고 차맛도 줄지 않는다. 그밖의 여러 꽃도 이대로 본받는다.

이상의 여러 꽃을 평등하게 가는 차와 섞어도 좋다. 차꽃을 차에 넣으면 본래의 빛깔·향기·맛이 더욱 뛰어난다.

• **말리꽃**(茉莉花) : 뜨거운 물 반 잔을 식혀서 약간의 구멍을 뚫은 대종이 한 겹을 잔 위에 펴서 덮는다. 늦은 때 처음 피는 말리꽃을 따서 구멍 안에 끼워 넣고 위에는 종이로 봉하여 기운이 새어나가지 못하게 한다. 밝은 날 새벽에 꽃은 들어서 머리에 꽂는데, 향기로운 물은 차를 넣기에 좋다.

물 가리기(擇水)

• **하늘의 샘물**(天泉) : 가을물이 으뜸이요, 매우[21]의 물이 버금간다. 가을물은 희고도 차가우며, 매우의 물은 희고도 달다. 달면 차맛을 약간 빼앗기지만 차가우면 차맛은 온전하다. 그러므로 가을물이 비교적 뛰어나게 차이가 난다.

봄과 겨울의 두 물에서 봄물은 겨울물보다 뛰어난데, 모두 온화한 바람과 단비가 하늘과 땅이 베푸는 바른 은혜를 얻은 것이라서 절묘한 것이다. 오로지 여름의 폭우만은 마땅치가 않다. 어쩌면 바람과 우레 때문에 이루어진 것으로서, 하늘과 땅에서 흐르는 노여움으로 가득 찬 것이기 때문이다.

---

21) 매우(梅雨) : 매실이 익을 무렵인 음력 4, 5월 경 양자강 유역에서 일본에 걸쳐 내리는 장맛비다.

용이 걸어간 물인 폭우와 장마, 가물다가 세차게 퍼붓는 비, 비린내 나고 검은 것은 모두 먹을 수가 없는 것이다. 눈은 다섯 가지 곡식의 정분(精分, 자양분)이다. 이것을 받아서 차를 달인다는 것은 세상을 피하여 숨어사는 사람에게는 하늘이 내리는 음료가 되는 것이다.

• **땅의 샘물**(地泉) : 양계의 혜산샘[22])처럼 게으르게 흐르는 젖샘을 받은 것이 가장 뛰어나다. 다음은 맑고 차가운 것을 취한다. 샘물이란 맑기는 어렵지 않아도 차갑기는 어려운 것이다. 돌은 적은데 흙이 많거나, 모래는 기름지고 진흙이 엉기는 샘은 반드시 맑거나 차갑지가 않다. 또 여울이 길고 흐름이 빨라서 맑거나, 바위 속에 음기가 쌓여 차가운 샘 또한 좋은 것이 아니다.

다음은 향기롭고 단 샘을 취한다. 샘이란 오직 향기롭고도 달아서 능히 사람을 양생하는 것이다. 그러나 달기는 쉬워도 향기롭기는 어려워 아직 향기는 있는데 달지 않은 샘은 없는 것이다.

다음은 돌에 흐르는 샘을 취한다. 샘 치고 돌에서 솟아 나오지 않은 것은 반드시 좋지 않다.

다음은 산맥이 구불구불한 곳의 샘을 취한다. 산줄기가 그치지 않는 곳에서는 물도 반드시 그치지를 않는 것이다. 만약 멈추어졌다면 그것은 곧 샘의 근원이 없는 탓이어서, 가뭄에는 반드시 쉽게 마르는 것이다. 이따금 모래와 흙 속에 스며 흐르는 샘도 있는데, 퍼내도 마르지 않는 것은 곧 먹어도 된다. 그렇지 않으면 웅덩이에서 흘러나와서 길바닥에 괸 물일 따름이니, 비록 물이 맑더라도 마시지를 말지어다.

폭포처럼 급하고 세차게 흐르는 샘물은 먹지를 말지어다. 오래 먹으면 사람으로 하여금 목병이 나게 한다.

여산의 발물[23])이나 홍주[24])와 천태산의 폭포물[25])은 참으로 산살이

---

22) 혜산샘(惠山泉) : 장우신의 《전다수기》에 2등품으로 등장한 물인데, 강소성 무석시의 서쪽 5리에 있는 혜산 첫봉우리에 자리한 돌샘물이다.

에게는 구슬로 꾸민 발이요 비단 장막이 되니, 눈과 귀요기는 될 수 있을지언정 물의 등급에 넣기에는 마땅치 않다.

온천이 있는 것은 밑에 유황이 나기 때문이다. 똑같은 한 구렁에서 나왔어도 절반은 따뜻하고 절반은 찬 것이 있는데, 모두 먹을 것이 못된다. 멀리서 흘러온 것이 있는데, 멀면 맛이 담박하다. 깊은 병에 받은 다음 고정시켜서 간직하면 그 맛이 곧 회복된다. 흐르지 않는 것이 있는데, 이것을 먹으면 해롭다.

《박물지》26)에 이르기를, '산에 사는 백성들에게 혹병이 많은 것은 흐르지 않는 샘물을 마시기 때문이다'라고 하였다.

샘 위에 나쁜 나무가 있으면 잎이 번성하고 뿌리가 젖어서 능히 단맛과 향기를 해친다. 심한 것은 능히 독액을 빚어내니 없애는 것이 더욱 마땅하다. 남양의 국화소27) 같은 것이 손실이냐 이익이냐를 증험할 수가 있다.

• **강물**(江水) : 사람이 사는 곳에서 멀리 떨어져 있는 물을 취한다. 양자강 남령의 돌 사이에 끼어 머물러 있는 깊은 물은 특히 첫째 등급에 들어간다.

---

23) 여산의 발물(廬山水簾) : 장우신의 《전다수기》에 육우가 천거하는 1등품으로 등장하는 물인데, 여산은 강서성 구강시의 남쪽 20리에 있다.

24) 홍주(洪州) : 장우신의 《전다수기》에 따르면 홍주(강서성 남창시)에는 서산의 서동쪽에 폭포수가 있다.

25) 천태산의 폭포물(天台瀑布) : 장우신의 《전다수기》에는 천태산의 서남쪽 봉우리에 자리한 천길 폭포수가 17등급으로 적혀 있다.

26) 박물지(博物志) : 서진의 장화(張華)가 3세기 경에 지은 박물책이다.

27) 국화소(菊瀟) : 후한(後漢)의 응소(應劭)가 지은 《풍속통의(風俗通義)》에서 비롯되어, 진나라의 갈홍(葛洪)이 지은 《포박자(抱朴子, 갈홍의 호이다)》에도 적혀 있는 전설이다. '남양(하남성 남양현)의 여현에 감곡(甘谷)이 있다. 골짜기의 물은 맛이 달다. 그것은 상류에 있는 국화꽃이 강물에 떨어져서 흘러내려, 그 국화가 녹은 물을 골짜기마다 사는 사람들이 마셔서 모두 오래 사는데 1백 2, 30살이나 된다. 중간치의 사람이라도 1백살, 젊어도 7, 80살이다.'

· **긴 흐름**(長流) : 여기에도 샘구멍(泉竇)과 통한 것이 있는데, 길어서 저장하였다가 맑디맑아지기를 기다려서 먹는 것이 좋다.

· **우물물**(井水) : 물줄기가 보이지 아니하고, 성미가 엉기어 굳어지며, 맛이 짜고 빛깔이 흐린 것은 찻기(茗氣)에 방해가 된다. 차 한사발을 시험삼아 달여서 하룻밤 묵혀서 보면, 한 겹의 기름기가 맺혀 떠있다. 다른 물이라면 이러한 현상이 없으니, 이것이 그 명확한 증거이다.

그러나 많이 길어가는 물은 먹어도 된다고는 하지만, 끝내 좋은 등급은 못되는 것이다.

어쩌다가 평지에 우연히 파여진 어떤 우물이 마침 샘구멍(泉穴)과 통하여 물맛이 달고도 담박하며, 큰 가뭄에도 마르지 않는 것은 산의 샘물과 차이가 없는 것이니, 보통 우물물로 보아서는 안되는 것이다.

바닷가의 우물에는 결코 좋은 샘물이 없다. 대저 밀물과 썰물이 가까워서, 간석지(干潟地)이거나 갯벌이기 때문이다.

· **영험있는 물**(靈水) : 하늘에서 내린 은혜로서 윗못(上池), 하늘이 내린 물(天酒)[28]·단눈(甛雪), 단 향기로운 빗물(香雨) 따위는 세상에서 드물게 보이는 것이요, 아는 사람조차 드물다. 바꾸어 말하면 신선의 음료인 것이다.

· **약샘**(丹泉) : 이름난 산과 큰 내에서 늙은 신선이 약을 반죽하던 곳의 물 속에는 약(丹, 진사)이 있는데, 그 맛이 이상하고 능히 목숨을 늘이고 병을 물리칠 수도 있지만, 더욱 쉽게 얻을 수도 없는 것이다. 대저 깨끗하지 못한 그릇에는 심하게 길어서는 안된다.

---

28) 하늘이 내린 물(天酒) : 감로(甘露)를 가리키는 말이다. 전예형이 지은《자천소품》의 〈영험 있는 물〉조에 인용된《신이경》에도 '하늘에서 내린 물'이 보인다. 또《서응도(瑞應圖)》에도 다음과 같이 적혀 있다. '감로는 맛있는 이슬(美露)이다. 신령의 정기로서 어질고 상서로운 은혜이다. 기름처럼 엉기며, 엿처럼 달다. 이슬의 진액(膏露)이라고도 하며, 하늘에서 내린 물(天酒)이라고도 한다.'

신안 황산의 동쪽 봉우리 밑에 있는 주사천(硃砂泉)과 같은 것은 차를 달일 수가 있는데, 봄빛처럼 어렴풋한 분홍빛으로 이것이 자연의 약물(丹液)인 것이다. 임원의 요씨(廖氏) 집안은 대대로 오래 사는데, 뒤늦게 우물을 파 보았더니 주변에서 수십 곡(斛, 한곡은 열말이다)의 단사(丹砂)가 나왔다.

그리고 서호(西湖)에 있는 갈홍의 우물에는 돌독이 있는데, 처내었더니 가시연밥(芡實)과 같은 단사 몇 장이 나왔다. 먹어 보았으나 맛이 없기에 버렸더니, 시(施)라는 고기잡이 늙은이가 한 알을 주워 먹고는 106세까지 목숨을 누렸다.

맛이 좋은 것을 단샘(甘泉)이라 하며, 냄새가 아름다운 것을 향기로운 샘(香泉)이라고 한다. 오직 달기 때문에 능히 사람을 양생한다. 그러나 달기는 쉬워도 향기롭기는 어려우니, 아직은 향기가 있고도 달지 않은 것이 없다. 〔전예형의 《자천소품》〕

물의 양생(養水)

마땅한 흰 자갈을 골라 가지고 독 속에 넣어두면 능히 그 맛을 기르고 또한 물을 맑게 하며 흐리지 않게 한다.

차의 문서에 이르기를, '물을 양생하려거든 독 속에 자갈을 넣어두면 물에 효험이 있을 뿐만 아니라, 흰 돌과 푸른 샘물이 마음에 맞는 것도 멀지 않으리'라고 하였다. 대저 자갈은 물속에서 안팎이 속까지 훤히 트여 밝게 보이는 것을 취하는 것이 좋다.

마치 희기는 끊어낸 기름 같고, 붉기가 닭의 벼슬과 같고, 짙푸르기가 쪽찐 머리와 눈썹먹과 같고, 누르기가 삶은 밤과 같고, 검기가 아름다운 옷과 같이 비단무늬의 다섯 가지 빛깔이 독 속에서 밝게 비치니, 그 옆에서 왔다갔다하노라면 응접할 겨를이 없다. 이것은 다만 물에 도움이 될 뿐만 아니라〔도빈수의 《명급》29)에서〕 또한 마음까지

즐겁게 해주는 것이다.

• **차씻기**(洗茶)[30] : 대저 먼저 뜨거운 물로 차를 씻어서 먼지와 때를 제거하고 차가운 기운을 가신 다음 달이면 맛이 좋다.

• **끓는 물 살피기**(候湯) : 무릇 차는 모름지기 은근한 불로 굽고 산불(活火)로 달일지어다. 산불이란 불꽃이 있는 숯불을 말한다.

그러므로 타다 남은 땔나무의 연기나 여러 가지 더러운 기운을 제거하며, 또 끓는 물로 하여금 망령되게 끓지 않도록 하면, 차의 양생을 바랄 수 있게 되는 것이다.

처음에 물고기눈과 같은 기포가 생기면서 어슴푸레한 소리가 나는 것이 첫번째 끓음(一沸)이다. 샘물이 용솟음치고 탕관(湯罐)의 가장자리에 구슬이 이어지는 것은 두번째 끓음(二沸)이다.

큰 물결이 달리고 물방울이 튀어 흩어지는 것이 세번째 끓음(三沸)이다. 세번 끓이는 법은 산불(活火)이 아니면 이루어지지를 않는다.

소동파 늙은이[31]가 말하였듯이, "게눈(蟹眼)은 이미 지나고 물고기눈(魚眼)이 생기니, 우수수 솔바람 울림을 지으려 하네."[32]라고 한 것은 그 뜻을 잘 나타낸 것이다.

---

29) 도빈수의 《명급》(屠隱叟 茗笈) : 도빈수는 명나라의 근현 태생으로 자(字)는 전숙(田叔)이요, 이름은 본준(本畯)이요, 빈수는 그의 아호이다. 스스로 왈감선생(日憨先生)이라고도 하였던 그는 진주지부(辰州知府)의 벼슬을 지냈다. '찻책 상자'를 뜻하는 《명급》은 도본준이 1610년에 지은 책으로, 상·하편 16장으로 구성되어 있다. 그는 《전숙시초》도 남겼다.

30) 차씻기(洗茶) : 차씻개(茶洗)는 《다전》의 〈다구〉조에 '티끌 빠지개(沈垢)'로 나와 있다.

31) 소동파 늙은이(坡翁) : 동파(東坡)란 송나라 소식(蘇軾)의 호이다. 그가 황주단련부사(黃州團練副使)로 갔을 때 설당(雪堂)이란 집을 동파에 짓고 스스로 동파거사(東坡居士)라고 이름하였다.

32) 게눈은~지으려 하네(蟹眼~松風鳴) : 이 시는 소동파가 읊은 〈시원에서의 차달이기(試院煎茶)〉의 앞에서 인용한 시구이다.

만약 숯에 불이 막 옮겨 붙고, 물솥의 기세가 겨우 세차게 될 때에 얼른 들어서 빨리 기울여 따르면 물의 기세가 아직 약해지지를 않아 어리다(嫩)고 말한다.

만약 사람이 백살을 넘었듯이 물이 열번째 끓음이 넘은 것을 혹은 이야기 때문에 막히기도 하고, 볼일 때문에 내버려두었다가 비로소 들어서 사용하려고 하면 끓인 물은 이미 성품을 잃었으니 쇠었다(老)고 말한다. 쇤 물과 어린 물은 모두 나쁜 것이다.

• **끓인 물 따르기**(注湯) : 차가 이미 적셔졌거든 조화로써 그 모양을 이루기에 알맞다.

만약 손이 떨리며 팔이 휘늘어지고, 오직 심하게 따라질까만을 염려하여 찻병 주둥이의 끝에서 있는지 없는지 끓인 물이 이어지며 따라지지를 않는다면 차도 고르고 오롯하게 되지는 못한다. 이것을 '느리게 따르기(緩注)'라고 말한다.

한 사발의 차는 두돈(7.46그램)을 넘지 않아야 하며, 차와 잔의 분량을 알맞게 맞추어 끓인 물을 따르는 것은 여섯분을 넘기지 않는다.

만일 재빠르게 쏟아 부어서 깊이 쌓이면 차는 적고 끓인 물은 많아진다. 이것을 '급하게 따르기(急注)'라고 말한다. 느린 것도 빠른 것도 모두 치우치지 아니하지를 못한 찻물이다. 찻물의 중용을 바라거든 팔이 그 책임을 맡아야 한다.

평범한 일은 모두 남에게 맡겨놓고 다만 책망으로 효과를 달성할 뿐이다. 그러나 오직 차달이기만은 모름지기 몸소 자신이 일을 처리하여야 한다. 차를 달이는 데 몸소 처리하지 않으면 찻물이 좋기를 바란들 올바르게 될 리가 없다. 〔도빈수의 《명급》에서〕

그릇 가리기(擇器)

대저 찻병은 작은 것이라야만 끓는 물을 살피기에 쉬우며, 또 차를 달이거나 따르는 것도 감당할 수가 있다.

만약 찻병이 커서 마시던 나머지가 오래 머물어서 맛이 지나치면 좋지가 않다.

탕왕[33]의 왕업에 공을 세우는 방책으로는 금이나 은붙이가 뛰어나지만, 가난하고 천박한 사람으로서 갖추기가 어렵거든 오지나 돌로 된 것도 넉넉하게 여긴다. 오지병은 찻기를 빼앗기지 않으며, 세상을 피하여 숨어사는 사람(유인)이나 세속을 피하여 은거한 사람(일사)에게는 품위와 빛깔이 서로 어울린다.

돌은 하늘과 땅의 빼어난 기운이 응결되어 형체가 부여된 것이다. 이것을 쪼아 다듬어 그릇을 만들어도 빼어난 기운은 오히려 남아 있게 마련이니, 그 그릇에 담긴 물이 나쁠 리가 있겠는가.

그러나 진귀한 것을 자랑하고 호사스러운 냄새를 발보이는 공자(公子)에게 무지(無知)를 깨우칠 수는 없는 노릇이다.

구리·쇠·백랍(납과 주석의 합금)으로 된 그릇은 비리고 쓰고 또 떫다.

기름기 없는 진흙으로 구워 만든 병은 물이 스며들어서 흙냄새가 있으니, 그것으로 물을 끓여서 마시면 오래도록 더러운 냄새가 입에 배어서 사라지지를 않는다. 이것 또한 천한 사람(猥人)이나 속된 무리에게는 말할 필요도 없는 것이다.

선종조(1426~1435) 때의 찻잔이 있는데, 재료가 굳세고 형식이 아리따우며, 몸뚱이가 두꺼워서 잘 식지 않으며, 옥처럼 밝고 희어서 차의 빛깔을 시험하기에 가장 요긴하게 쓰이는 것이다. 채군모는 건안의 잔을 채용하였는데, 그 빛깔은 검푸러서 사용하기에 마땅치가 않은 것 같다.[34]

---

33) 탕(湯)왕 : 은나라의 탕왕을 가리킨다.

34) 채군모는~마땅치가 않은 것 같다(蔡君謨~似不宜用) : 채군모가 건안의 검푸른

그릇 씻기(洗器)

찻병·찻잔·찻술에 녹이 슬면 차맛을 손상시키므로 반드시 먼저 깨끗이 씻으면 맛이 좋다.

잔 데우기(熁盞)35)

대저 차를 달이려면 먼저 잔을 불에 쬐어서 뜨겁게 하여야 한다. 그렇게 하면 찻물의 표면에 젖빛 거품이 모인다. 차가우면 찻빛이 뜨지를 않는다.

땔감 가리기(擇薪)

모든 나무는 물을 끓일 수 있으니, 숯에 국한되는 것은 아니다. 그러나 오직 차의 맛을 조절하는 것은 끓인 물의 착하고 악함에 달려 있다. 그리하여 끓는 물에는 연기가 가장 나쁘기 때문에 숯이 아니면 안된다.

해로운 숯이나 기름 묻은 섶나무라든가 방을 가리어 덮는 짙은 연기는 참으로 차에 대한 마귀이다.

혹 땔나무 중의 밀기울 같은 부스러기 불, 타다 남은 약한 숯, 바람에 마른 조릿대나 나뭇가지의 끝을 태워서 솥에다 병을 걸면 자못 마음이 상쾌하고 기분이 좋을 것이다. 그러나 타고난 성품이 천박하고 경솔하여 중화의 기운이 없으니 이 또한 끓는 물의 벗이 아니다.

찻잔을 사용했다는 것은 그가 지은 《다록》의 〈찻잔〉조에 보인다. 그런데 검푸른 찻잔의 빛깔이 맞지 않다고 하는 것은 명나라 때 마신 잎차의 빛깔은 연둣빛이기 때문에 흰 자기의 잔이 맞는 까닭이다.

35) 잔 데우기(熁盞) : 이 대목도 송나라의 채양이 지은 《다록》의 〈잔 데우기〉조의 글을 윤색한 것이다. 잎차에는 맞지 않는 찻가루 내용이다.

실과 가리기(擇果)36)

차에는 천성의 향기가 있고, 좋은 맛이 있고, 바른 빛깔이 있으므로 달일 때 진귀한 실과나 향내나는 풀을 섞는 것은 알맞지가 않다. 그 향기를 빼앗는 것은 솔씨·감자(柑)·등자(橙)·살구씨의 알맹이(杏仁)·연씨(蓮心)·목향·매화·말리(자스민)·장미·목서 따위이다.

그 맛을 빼앗는 것은 오랑캐 복숭아(番桃)·양매(楊梅)37) 따위이다. 대저 좋은 차를 마시려면 실과를 물리치는 것이 지극히 깨끗한 느낌을 갖게 한다. 실과를 섞게 되면 차맛을 분간할 수가 없다.

만약 꼭 섞기에 알맞은 것을 말한다면 호두·개암·살구씨의 알맹이·감람씨·마름쌀·밤·계두·은행·햇죽순·연밥의 살38) 따위가 정제하면 간혹 쓸 수도 있다.

차의 효능(茶効)

사람이 참차(眞茶)를 마시면 갈증을 멈추고, 먹은 음식을 삭이고, 가래를 제거하고, 잠을 적게 하고, 오줌누기를 편하게 하고, 눈을 밝게 하며, 생각하는 데 유익하다.

번민을 제거하고 기름기를 물리치는 데 있어서〔《본초습유》에 나옴〕 사람이란 원래 하루도 차가 없어서는 안되는 것이다. 그러나 어쩌다가 꺼리는 일이 있어서 안마시게 되는 수도 있으리라.

끼니가 끝날 때마다 진한 차로 입을 양치질하면 번민과 기름기는 사라지고 비위는 저절로 누그러진다. 대저 이 사이에 낀 고기를 차로

---

36) 실과 가리기(擇果) : 이 대목도 전춘년이 지은 《제다신보》의 〈실과 가리기〉조에서 윤색 인용한 것이다.

37) 양매(楊梅) : 전춘년의 《제다신보》에는 양매가 차의 빛깔을 빼앗는 부류에 들어가 있다.

38) 햇죽순(新笋)·연밥의 살(蓮肉) : 전춘년의 《제다신보》에는 햇죽순이 마른 죽순(笋乾)으로 되어 있고, 연밥은 없었다.

양치질하여 씻어버리면 다 삭으며 줄어들어서 모르게 빠지므로, 번거롭게 쑤셔서 긁어낼 필요도 없는 것이다.

그리고 이의 성미는 쓴 것을 좋아하므로 이러한 인연으로 점점 튼튼하고 편안하게 되어 좀먹는 해독도 절로 낫는 것이다. 그러나 이런 용도에는 중등과 하등품의 차를 쓴다. 〔소식의 글에서 나옴〕

사람의 품위(人品)

차를 마시는 것은 행실이 바르고 덕을 닦은 사람에게 가장 알맞은 것이다.[39]

아울러 흰 돌과 맑은 샘물로 법도대로 달이며, 때 없이 마시기를 폐지하지 않고, 혹은 익숙하게 잘 익혀서 깊이 맛보면 흥겹기도 하려니와 정신이 명랑하고 마음이 쏠리어 열중하게 되며, 제호(醍醐)나 감로(甘露)와 저울대를 겨루는 것[40]을 깨닫게 되는 것이다. 이것이 곧 차를 잘 감상하는 사람이다.

모처럼의 좋은 차도 어울리지 않는 사람에게 마시게 하는 것은 마치 젖샘을 길어서 쑥이나 명아주풀에 붓는 것과 같으니, 죄가 더할 수 없이 크다. 그리고 차의 멋도 미처 모르는 사람이 단숨에 마셔 없애어 맛을 분간할 겨를이 없다면 저속하기가 막심하다.

사마온공(司馬溫公)[41]과 소자첨(蘇子瞻)[42]이 차와 먹을 좋아하였

---

39) 차를~알맞은 것이다(茶之爲飮~修德之人) : 육우 《다경》의 제1장 〈차의 근원〉에 있는 대목을 윤색 인용한 것이다.

40) 제호~겨루는 것(醍醐甘露抗衡) : 이것도 육우 《다경》의 제1장 〈차의 근원〉에서 윤색 인용한 것이다.

41) 사마온공(司馬溫公) : 북송의 정치가요 학자인 사마광(司馬光, 1018~1086)은 협주(陝州) 하현(夏縣) 태생으로 자(字)는 군실(君實)이다. 어려서부터 학문을 즐겼는데, 어느 날 독 속에 빠져서 죽어가는 어린이를 보고서 돌로 독을 깨어 목숨을 건져냈다고 한다. 인종을 섬기어 진사에 오르고 용도각직학사(龍圖閣直學士)

는데, 공(公)이 이르기를, "차와 먹은 참으로 상반되오. 차는 흰 것이 좋고 먹은 검은 것이 좋으며, 차는 무거운 것이 좋고 먹은 가벼운 것이 좋으며, 차는 새 것이 좋고 먹은 묵은 것이 좋소이다."라고 하였다. 그러자 소씨가 이르기를, "뛰어난 차(奇茶)와 신기로운 먹(妙墨)은 모두가 향기롭소이다."라고 하니, 공(公)도 그렇다고 하였다.

당나라의 무조(측천무후)43)는 학문이 넓어서 저술에 재능이 있었는데 타고난 천성이 차를 싫어하여 이를 비난하였다. 그것을 간추린다면, '(차가) 막힌 것을 풀어주고 메인 것을 녹여 없애는 것은 하루의 이로움이니, 잠시는 좋아도 기운을 줄이고 정기를 침노하는 것은 종

가 되었다. 신종 때에는 한림학사(翰林學士)가 되었는데, 왕안석의 신법(新法)에 반대하였으나 받아들여지지를 못하여 영종의 분부로 17년간을 《자치통감(資治通鑑)》을 엮는 데 몰두하였다. 그뒤 선인태후(宣仁太后)가 섭정(攝政)할 때는 국상(國相)으로 있으면서 왕안석의 신법을 모두 바꾸었으나 8개월 만에 병으로 죽자 태사온국공(太師溫國公)으로 책봉되었으며 문정(文正)이라는 시호가 내려졌다. 《연려여필(然藜餘筆)》에 따르면 사마온공은 별로 즐기는 일이 없었으나, 다만 수백 조각의 먹을 쌓아두었을 뿐이었다. 어떤 사람이 그 까닭을 묻자, 공은 이르기를, "나는 내가 이것으로 무엇을 하였던가를 자손들에게 알리고 싶소이다." 라고 하더라는 것이다.

42) 소자첨(蘇子瞻) : 북송의 소식(蘇軾, 1036~1101)의 자(字)이다. 《다전》에 인용된 차와 먹 이야기는 《동파선생전집(東坡先生全集, 권70)》의 〈차와 먹에 관한 온공의 평론을 적는다(記溫公論茶墨)〉에서 인용된 것이다.

43) 무조(武曌) : 무조는 67세에 주(周)나라를 세워서 15년간 통치한 측천무후(則天武后)의 본명이다. 형주도독(荊州都督)의 딸이었던 무조는 14세에 당나라 제2대 황제인 태종의 후궁으로 들어갔다. 그뒤 무조는 제3대 황제인 고종의 후궁을 거쳐서 32세 때는 무황후(武皇后)가 되었다. 무황후는 철(哲)과 단(旦)의 황자를 낳았는데, 고종이 붕어(崩御)하자 유칙(遺勅)에 따라 철(중종)이 황제로 즉위하였다. 그러나 실권은 여전히 어머니인 무황후가 쥐고 있었다. 무황후는 큰아들인 중종이 마음에 들지 않는다고 작은아들인 단(예종)으로 황제를 바꾸어 버리더니, 마침내 국호를 주나라로 바꾸면서 황제로 즉위하였다. 그뒤 측천무후가 병에 걸렸던 82세 때에 중종이 즉위하고 측천무후에게는 측천대성제(則天大聖帝)라는 경칭이 제수되었다. 측천무후의 저서로는 《신궤(臣軌)》 2권이 있다.

신(終身)의 해로움이라. 곧 크게 그르치는 것이다. 이득이 되는 것이 차의 효험이라고 공치사를 떠맡으면서 근심을 끼치는 것을 차의 재앙으로 여기지 않는 것은, 어찌 가까운 복은 알기 쉬워도 먼 화는 보기 어려운 것이 아니라 하겠는가'라고 하였다. [《세설신어44)》에서]

이덕유(李德裕)45)는 지나친 사치를 하였다. 중서로 있을 때 서울의 물은 마시지 않고 모두 혜산의 샘물만을 사용하였는데, 당시 이것을 물 전하기(水遞)46)라고 하였다. 맑은 운치는 좋다고 칭찬할 만하지만 천지의 왕성한 기운이 손상된다. [《지전록》47)에서]

전기48)에 이르기를, 육홍점(육우)은 문을 닫고 책을 짓거나 시를 외고 나무를 두드리기도 하였다. 타고난 천성이 차를 즐겼는데, 치수(淄水)와 승수(澠水)의 맛을 분간하였고, 청아한 품격과 아담한 정취는 옛날부터 지금까지 널리 사람들에게 칭찬을 받았다.

---

44) 세설신어(世說新語) : 남북조 송(宋)의 임천왕(臨川王)인 유의경(劉義慶)이 지은 3권의 책이다. 그러나 《다전》에 인용된 대목은 당나라의 유숙(劉肅)이 지은 《대당신어(大唐新語, 807)》에 있는 기무민(綦毋旻)의 글(代茶飮序)이다. 이 글은 남송의 조영시(趙令時)가 지은 《후청록(侯鯖錄)》의 권4에도 적혀 있다.

45) 이덕유(李德裕) : 당나라 헌종조의 재상인 이길보(李吉甫)의 아들로 찬황(贊皇, 하북성)에서 태어나 이찬황이라고도 하였고, 위국공(衛國公)으로 책봉되어 이위공(李衛公)이라고도 하였다.

46) 물 전하기(水遞) : 당·송시대에 유행되었던 수체의 풍습은 고려에도 있었다. 즉 《통도사 사리 가사 사적약록(通度寺舍利袈娑事蹟略錄)》에 의하면 언양에 있던 평교다소(坪郊茶所)에서는 양산의 통도사에 차·물·아궁이를 바쳤던 것이다. 그리고 이숭인(李崇仁, 1347~1392)은 정도전(鄭道傳, ?~1398)에게 차와 물을 선사한 〈차 한 봉지와 안화사의 샘물 한 병을 삼봉에게 드리다〉라는 시를 남겼다.

47) 지전록(芝田錄) : 명나라의 모우건(毛羽健)이 지은 책이다. 모우건은 공안(公安) 태생으로, 천계 2년(1622)에 진사가 되고 숭정 연간(1628~1644)에는 지현(知縣)으로부터 어사(御史)로 발탁되었다. 《지전록》은 당나라 정용회(丁用晦)의 저서라는 견해도 있다.

48) 전기(傳) : 북송의 구양수가 지은 《신당서(新唐書)》〈육우전(陸羽傳)〉에서 윤색 인용한 것이다.

차를 파는 사람들은 그 형상을 질그릇으로 만들기에 이르렀고, 불을 때는 굴뚝 사이에 놓고 차의 신령으로 제사를 지냈다. 존경과 숭배의 극치라고 말할 수 있겠다.

일찍이 살펴본 《만구지》49)에 이르기를, '육우가 월강의 차를 따다가 작은 종으로 하여금 불에 쬐어 말리는 것을 지켜보도록 하였는데, 종이 실수로 졸아서 차가 그을리고 타서 먹을 수가 없게 되었다. 육우는 성내어 철사를 꼬아서 만든 줄로 종을 묶어서 불 속에 던져 버렸다'고 하였다. 잔인하기가 이와 같았으니 그 이외의 것은 볼 나위도 없을 것이다.

차 마시기는 손님이 적은 것을 귀하게 여긴다. 손님이 많으면 떠들썩하고, 떠들썩하면 아취가 모자란다. 혼자 마시는 것을 그윽하다(幽)고 한다. 두 손님을 뛰어난 것(勝)이라고 한다. 셋넷을 멋(趣)이라고 한다. 대여섯을 넓다(汎)고 한다. 일고여덟을 베풀기(施)라고 한다.50) 〔동원51)의 《시다록》에서〕

다구(茶具)
• 고절군(苦節君) : 상수(湘水) 부근에서 나는 대로 만든 풍로.

---

49) 만구지(蠻甌志) : 저자는 알 수 없다. 이 글은 당나라 풍지(馮贄)의 《운선잡식(雲仙雜識)》에도 인용되어 있다. 장방기(張邦基)가 《묵장만록(墨莊漫錄)》에서 고증한 바에 따르면 《만구지》는 남송 사람인 왕질(王銍)의 가탁서라고 한다.

50) 차 마시기는~베풀기라고 한다(飮茶~七八曰施) : 이 대목은 명나라 장원(張源)의 《다록(茶錄)》과 도본준(屠本畯)의 《명급(茗笈)》에도 보인다.

51) 동원(東原) : 명나라 태조의 홍무 29년(1396)에 오(吳) 지방에서 태어났는데, 자는 용가(用嘉), 성명은 두경(杜瓊), 아호는 동원선생 · 녹관노인(鹿冠老人)이라고 하였다. 벼슬길에 나가지 않고 집에다 첨록정(瞻綠亭)이라는 정자를 짓고 글과 그림으로 살림을 꾸려 나갔다. 그림은 층만첩장(層巒疊嶂)의 화법을 잘하였다. 헌종의 성화 연간(1465~1487)에 사망하였는데, 《동원제집(東原齊集)》 · 《기선록(紀善錄)》 · 《경여잡록(耕餘雜錄)》을 남겼다.

• **건성**(建城) : 차를 저장하기 위하여 얼룩 조릿대로 만든 대그릇을 말한다.

• **상균배**(湘筥焙) : 차를 불에 쬐어 말리는 상자. 그 위를 덮어서 불기를 거두어들인다. 그 속에는 차를 담는 칸막이가 있다. 그 밑에 불을 넣어두고 차로부터 한자 가량 물리쳐서 차의 빛깔·향기·맛을 기르는 것이다.

• **운둔**(雲屯)52) : 샘물을 담는 장군(缶).

• **오부**(烏府) : 숯을 담는 대바구니.

• **수조**(水曹) : 그릇을 씻는 나무통.

• **명천**(鳴泉)53) : 차를 삶는 두레박.

• **품사**(品司) : 대나무로 결어서 드는 상자로, 각종 찻잎을 거두어 저장한다.

• **침구**(沉垢) : 묵은 차의 씻개.

• **분영**(分盈) : 나무 구기, 곧 《다경》의 물 구기(水則)로서 물 두 되마다 차 한 냥을 쓴다.

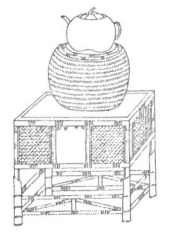

고절군(苦節君)
(풍로)

건성(建城)
(차바구니)

오부(烏府)
(숯바구니)

운둔(雲屯)
(물단지)

수조(水曹)
(개수통)

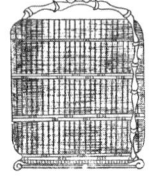

품사(品司)
(차를 저장하는 큰 상자)

---

52) 운둔(雲屯) : 물방구리.

53) 명천(鳴泉) : 물을 끓이는 탕관.

- **집권**(執權) : 차를 다는 저울인데, 차 한 냥마다 물 두되를 쓴다.
- **합향**(合香)[54] : 간직하는 날, 찻병을 받쳐서 품사에 저장하는 것이다.
- **귀결**(歸潔) : 대솔. 찻병을 씻는 데 쓴다.
- **녹진**(漉塵) : 차를 씻어 담는 대바구니.
- **상상**(商象) : 옛날 돌솥.
- **체화**(遞火)[55] : 구리 다리미.
- **강홍**(降紅) : 구리 부젓가락. 쇠사슬이 달린 것은 쓰지 않는다.
- **단풍**(團風) : 상강의 대부채.
- **주춘**(注春)[56] : 찻병.
- **정비**(靜沸) : 대받치개(竹架). 곧 《다경》의 솥받치개[57]이다.
- **운봉**(運鋒) : 과일을 깎는 칼.
- **철향**(啜香) : 찻사발.
- **요운**(撩雲) : 대나무 찻술.
- **감둔**(甘鈍)[58] : 나무로 만든 우뚝한 다듬잇돌.
- **납경**(納敬) : 상강의 대나무로 만든 차전대.
- **이지**(易持) : 찻잔을 잡기 쉽게 얹어 놓는 목공예품 찻잔대.[59]
- **수오**(受汚) : 닦고 지워 없애는 행주.

---

54) 합향(合香) : 해설문의 앞부분에 빠진 글이 있어서 논리적인 이해에 장애가 된다.
55) 체화(遞火) : 구리 다리미는 숯불을 담아서 나르는 기구.
56) 주춘(注春) : 끓인 물과 잎차를 융합하여 차의 성분을 우려내는 다관(茶罐).
57) 솥받치개(支鍑) : 육우가 《다경》에서 설명하는 교상(交床)이다.
58) 감둔(甘鈍) : 고형차를 차 맷돌에서 갈아내기 이전에 으깨는 나무 돈대를 가리킨 다면 잎차에는 불필요한 기구이다. (심안노인 지음 《다구도찬》의 목대제(木待制) 참조)
59) 찻잔대 : 칠조비각(漆雕秘閣). 나무 찻잔 받침대에 옻을 칠하고 조각한 것이다.(심 안노인 지음 《다구도찬》의 칠조비각 참조)

2) 산재전(山齋箋)

찻집(茶寮)[60]

썩 작은 방 하나를 서로 서재(書齋) 곁에 만든다. 안에는 찻그릇 (茶具)을 준비하여, 한 어린아이에게 오로지 차 일만을 주관하도록 가르쳐서, 해가 긴 날의 고상한 이야기와 겨울밤의 멍하니 앉은 자리 에 받들게 한다.

이것은 세상을 피하여 숨어사는 사람의 첫째가는 일로 잠시도 폐할 수가 없는 일이다.

3) 유구전(遊具箋)

손에 드는 풍로(提爐)

격식은 손에 드는 찬합(提盒)과 같다. 높이 한자 여덟치, 너비 한 자, 길이 한자 두치인데, 안에 3층의 칸막이를 만든다. 아래층의 한 격자는 네모난 갑과 같은데, 속에는 구리로 만든 물 끓이는 화로를 준비한다. 화로의 몸뚱이는 네모난 갑과 같은데, 갑에 끼워 넣어서 앉 힌다.

화로 내부의 중간을 두 구멍으로 나누어 왼쪽 구멍에는 불을 붙이 고 찻병을 얹어서 차를 만든다. 오른쪽 구멍에는 끓인 물을 쏟아 붓 고 한 나무통을 얹어서 뚜껑이 있는 작은 노구솥(鐺)을 끓인 물 속에 저장한다. 이것으로는 술을 데우거나, 해가 긴 날 오후의 여가가 되면 솥에 죽을 끓여 손님들에게 제공할 수가 있다. 옆에는 작은 구멍 하 나를 뚫어서 재를 꺼내거나 바람을 통하게 한다.

그 찻병과 솥이 화로 위로 나와서 빛나면 너무 드러나서 아담하지

---

60) 찻집(茶寮) : 이 대목은 《고자서재설(高子書齋說)》에 바탕을 둔 것이다.

못하므로, 바깥 아래 칸의 네모난 갑과 같은 것을 만든다. 다만 합에는 바닥을 준비하지 않고 가리워서 찻병과 솥이 밖에서 보이지 않도록 한다.

하나의 허(虛)와 하나의 실(實)이 함께하여 두 격자가 되는 것이다. 그 위에 한 격자를 추가하고 바닥에는 뚜껑을 안치하고 숯을 간직한다.

모두 세 칸으로 시렁 하나가 이루어지는데, 위에는 빗장을 질러서 닫으니, 제합(提盒)과 한 벌을 이루는 것이다.

●따로 찻병을 돕는 구리 바리때를 만들고 그 위에 매화모양의 구멍을 뚫어서 불기를 통하게 하여 김을 올린다.

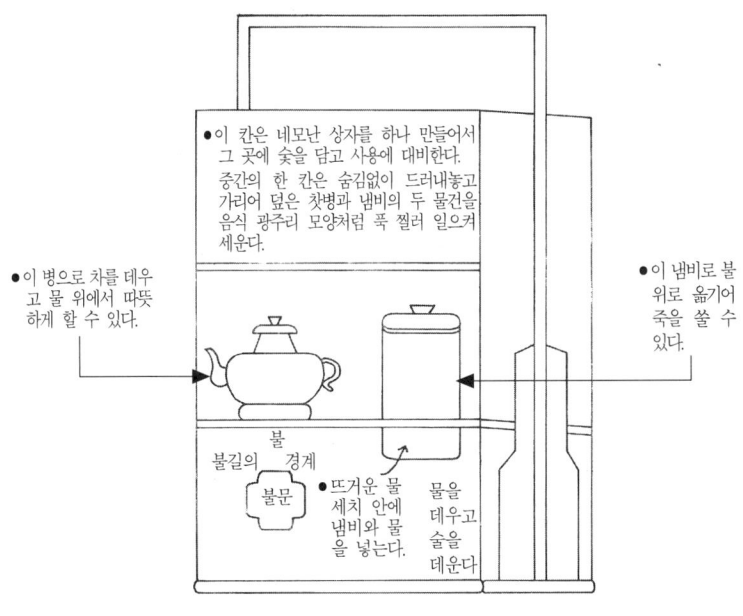

제로의 그림

考槃餘事

明　屠　隆

茶箋
茶品

與茶經稍異　今烹煮之法　亦與蔡陸諸前人不同矣

虎丘　最號精絶　爲天下冠　惜不多産　皆爲豪右所據　寂莫山家　無緣獲購矣

天池　青翠芳馨　啜之賞心　嗅亦消渴　誠可稱仙品　諸山之茶　尤當退舍

陽羨　俗名羅岕　浙之長興者佳　荊溪稍下　細者其價兩倍天池　惜乎難得　須親自採收方妙

六安　品亦精　入藥最效　但不善炒　不能發香而味苦　茶之本性實佳

龍井　不過十數畝　外此有茶　似皆不及　大抵天開龍泓美泉　山靈特生佳茗　以副之耳　山中僅有一二家　炒法甚精　近有山僧焙者亦妙　眞者天池不能及也

天目　爲天池龍井之次　亦佳品也　地誌云　山中寒氣早嚴　山僧至九月卽不敢出　冬來多雪　三月後方通行　茶之萌芽較晚

採茶

不必太細　細則芽初萌而味欠足　不必太青　青則茶已老而味欠嫩　須在穀雨前後　覓成梗帶葉微綠色　而團且厚者爲上　更須天色晴明　採之方妙　若閩廣嶺南　多瘴癘之氣　必待日出山霽　霧障嵐氣收淨　採之可也　穀雨日晴明採者　能治痰嗽　療百病

日曬茶　茶有宜以日曬者 青翠香潔 勝以火炒

焙茶　茶採時 先自帶鍋灶入山 別租一室 擇茶工之尤良者 倍其僱
值 戒其搓摩 勿使生硬 勿令過焦 細細炒燥扇冷 方貯罌中

藏茶

茶宜箬葉 而畏香藥 喜溫燥而忌冷濕 故收藏之家 先於淸明時收買
箬葉 揀其最靑者 預焙極燥以竹絲編之 每四片編爲一塊聽用 又買宜
興新堅大罌 可容茶十斤以上者洗淨 焙乾聽用 山中焙茶回 復焙一番
去其茶子老葉枯焦者及梗屑 以大盤埋伏生炭 覆以灶中敲細赤火 旣
不生烟 又不易過 置茶焙下焙之 約以二斤作一焙 別用炭火入大爐內
將罌懸其架上 至燥極而止 以編箬襯斤罌底 茶燥者 扇冷方先入罌 茶
之燥 以拈起卽成末爲驗 隨焙隨入 旣滿 又以箬葉覆於罌上 每茶一斤
約用箬二兩 口用尺八紙焙燥封固 約六七層 捆以方厚白木板一塊 亦
取焙燥者 然後於向明淨室高閣之 用時以新燥宜興小瓶取出 約可受
四五兩 隨卽包整 夏至後三日 再焙一次 秋分後三日 又焙一次 一陽
後三日 又焙之 連山中共五焙 直至交新 色味如一 罌中用淺 更以燥
箬葉貯滿之 則久而不浥

又法　以中罈盛茶十斤一瓶 每瓶燒稻草灰入于大桶 將茶瓶座桶中
以灰四面塡桶 瓶上覆灰築實 每用 撥開瓶取茶些少 仍復覆灰 再無蒸
壞 次年換灰

又法　空樓中懸架 將茶瓶口朝下放 不蒸 緣蒸氣自天而下也

諸花茶

蓮花茶　于日未出時 將半含白蓮花撥開 放細茶一撮 納滿藥中 以
麻皮略縶 令其經宿 次早摘花 傾出茶葉 用建紙包茶焙乾 再如前法
隨意以別藥製之 焙乾收用 不勝香美

橙茶　將橙皮切作細絲一斤 以好茶五斤焙乾 入橙絲間和 用密麻布
襯墊火廂 置茶於上烘熱 以淨綿被罨之三兩時 隨用建連紙袋封裹 仍

以被冪焙乾收用

木樨 玫瑰 薔薇 蘭蕙 橘花 梔子 木香 梅花 皆可作茶 諸花開時
摘其半含半放蘂 其香氣全者 量其茶多少 摘花爲伴 花多則太香 而脫
茶韻 花少則不香 而不盡美 三停茶葉一停花 始稱 假如木樨花 須去
其枝蒂 及塵垢蟲蟻 用磁罐 一層茶 一層花 投間至滿 紙箬繫固 入鍋
重湯煮之 取出待冷 用紙封裹 置火上焙乾收用 則花香滿頰 茶味不減
諸花倣此 已上諸平等細茶拌之可也 茗花入茶 本色香味尤嘉

茉莉花 以熱水半杯放冷 鋪竹紙一層 上穿數孔 晩時採初開茉莉花
綴於孔內 上用紙封 不令泄氣 明晨取花簇之水 香可點茶

擇水

天泉 秋水爲上 梅水次之 秋水白而洌 梅水白而甘 甘則茶味稍奪
洌則茶味獨全 故秋水較差勝之 春冬二水 春勝於冬 皆以和風甘雨 得
天地之正施者爲妙 惟夏月暴雨不宜 或因風雷所致 實天地之流怒也
龍行之水暴而霆者旱而凍者 腥而墨者 皆不可食 雪爲五穀之精 取以
煎茶 幽人淸況

地泉 取乳泉漫流者 如梁溪之惠山泉爲最勝 取淸寒者 泉不難於淸
而難於寒 石少土多 沙膩泥凝者 必不淸寒 且瀨峻流駛 而淸嚴奧陰
積而寒者 亦非佳品 取香甘者 泉惟香甘 故能養人 然甘易而香難 未
有香而不甘者 取石流者 泉非石出者必不佳 取山脉透迤者 山不停處
水必不停 若停 卽無源者矣 旱必易涸 往往有伏流沙土中者 挹之不竭
卽可食 不然 則滲滯之潦耳 雖淸勿飮 有瀑湧湍急者勿食 食久令人有
頸疾 如廬山水簾 洪州天台瀑布 誠山居之珠箔錦幃 以供耳目則可 入
水品則不宜矣 有溫泉 下生硫黃 故然 有同出一壑 半溫半冷者 皆非
食品 有流遠者 遠則味薄 取深罈停蓄 其味迺復 有不流者 食之有害
博物志曰 山居之民多癭腫 由於飮泉之不流者 泉上有惡木 則葉滋根
潤 能損甘香 甚者能釀毒液 尤宜去之 如南陽菊潭 損益可驗

江水 取去人遠者 揚子南泠夾石停淵 特入首品

長流 亦有通泉竇者 必須汲貯 候其澄澈可食

井水 脉暗而性滯 味鹹而色濁 有妨茗氣 試煎茶一甌 隔宿視之 則結浮膩一層 他水則無此 其明驗矣 雖然 汲多者可食 終非佳品 或平地偶穿一井 適通泉穴 味甘而淡 大旱不涸 與山泉無異 非可以井水例觀也 若海濱之井 必無佳泉 蓋潮汐近地斥鹵故也

靈水 上天自降之澤 如上池天酒甛雪香雨之類 世或希覯 人亦罕識乃仙飲也

丹泉 名山大川 仙翁修煉之處 水中有丹 其味異常 能延年卻病 尤不易得 凡不淨之器 甚不可汲 如新安黃山東峰下 有硃砂泉 可點茗春色微紅 此自然之丹液也 臨沅廖氏 家世壽 後掘井 人得丹砂數十斛西湖葛洪井中 有石瓮 淘出丹砂數枚 如芡實 啖之無味 棄之 有施漁翁者 拾一粒食之 壽一百六歲 味美曰甘泉 氣芳曰香泉 惟甘故能養人然甘易而香難 未有香而不甘者(田藝衡 煮泉小品)

養水

取白石子置瓮中 能養其味 亦可澄水不淆

茶記言養水置石子於甕 不惟益水 而白石淸泉 會心不遠 夫石子須取 其水中表裏瑩徹者佳 白如截肪 赤如雞冠 藍如螺黛 黃如蒸栗 黑如元漆 錦紋五色 輝映甕中 徙倚其側 應接不暇 非但益水也(屠闥叟茗笈) 亦且娛神

洗茶

凡先以熟湯洗茶 去塵垢 俟冷氣烹之則美

候湯

凡茶須緩火炙 活火煎 活火謂炭火之有焰者 以其去餘薪之煙 雜穢之氣 且使湯無妄沸 庶可養茶 始如魚目 微微有聲 爲一沸 緣邊湧泉連珠爲二沸 奔濤濺沫爲三沸 三沸之法 非活火不成 如坡翁云 蟹眼已

過魚眼生 颼颼欲作松風鳴 盡之矣 若薪火方交 水釜纔熾 急取旋傾 水氣未消 謂之嫩 若人過百息 水踰十沸 或以話阻事廢 始取用之 湯已失性謂之老 老與嫩 皆非也

注湯

茶已就膏 宜以造化成其形 若手顫臂軃 惟恐其深 瓶嘴之端 若存若亡 湯不順通 則茶不勻粹 是謂緩注 一瓶之茗 不過二錢 茗盞量合宜 下湯 不過六分 萬一快瀉而深積之 則茶少湯多 是謂急注 緩與急 皆非中湯 欲湯之中 臂任其責

凡事俱可委人 第責成效而已 惟瀹茗須躬自執勞 瀹茗而不躬執 欲湯之良 無有是處(屠隆曳 茗笈)

擇器

凡瓶要小者易候湯 又點茶注湯相應 若瓶大啜存 停久味過 則不佳矣 所以策功建湯業者 金銀爲優 貧賤者不能具 則甕石有足取焉 甕不奪茶氣 幽人逸士 品色尤宜 石凝結天地之秀氣而賦形 琢以爲器 秀瓶猶在焉 其湯不良 未之有也 然勿與誇珍衒豪臭公子道 銅鐵鉛錫 腥苦且澁 無油瓦瓶 滲水而有土氣 用以煉水飮之 逾時 惡氣纏口而不得去 亦不必與猥人俗輩言也

宣廟時有茶盞 料精式雅 質厚難冷 瑩白如玉 可試茶色 最爲要用 蔡君謨取建盞 其色紺黑 似不宜用

洗器

茶瓶茶盞茶匙生鉎 致損茶味 必須先時洗潔則美

熁盞

凡點茶必須熁盞令熱 則茶面聚乳 冷則茶色不浮

擇薪

凡木可以煮湯 不獨炭也 惟調茶在湯之淑慝 而湯最惡煙 非炭不可 若暴炭膏薪 濃煙蔽室 實爲茶魔 或柴中之麩火 焚餘之虛炭 風乾之竹

篠樹稍 燃鼎附甁 頗甚快意 然體性浮薄 無中和之氣 亦非湯友

擇果

茶有眞香 有佳味 有正色 烹點之際 不宜以珍果香草奪之 奪其香者
松子 柑橙 杏仁 蓮心 木香 梅花 茉莉 薔薇 木樨之類是也 奪其味者
番桃楊梅之類是也 凡飲佳茶 去果方覺淸絶 襍之則無辨矣 若必曰所
宜 核桃 榛子 杏仁 欖仁 菱米 栗子 鷄豆 銀杏 新笋 蓮肉之類 精製
或可用也

茶劾

人飲眞茶 能止渴消食 除痰少睡利水道 明目益思 除煩去膩 (出本
草拾遺) 人固不可一日無茶 然或有忌而不飲 每食已輒以濃茶漱口 煩
膩旣去 而脾胃自淸 凡肉之在齒間者 得茶滌之 乃盡消縮 不覺脫去
不煩刺挑也 而齒性便苦 緣此漸堅密 蠧毒自去矣 然率用中下茶(出蘇
文)

人品

茶之爲飮 最宜精行修德之人 兼以白石淸泉 烹煮如法 不時廢而或
興 能熟習而深味 神融心醉 覺與醍醐甘露抗衡 斯善賞鑒者矣 使佳茗
而飮非其人 猶汲乳泉以灌蒿萊 罪莫大焉 有其人而未識其趣 一吸而
盡 不暇辨味 俗莫甚焉

司馬溫公與蘇子瞻嗜茶墨 公云 茶與墨正相反 茶欲白 墨欲黑 茶欲
重 墨欲輕 茶欲新 墨欲陳 蘇曰奇茶妙墨俱香 公以爲然

唐武曌博學有著述才 性惡茶 因以詆之 其略曰 釋滯消壅 一日之利
暫佳 瘠氣侵精 終身之害斯大 獲益則收功茶力 貽患則不爲茶災 豈非
福近易知 禍遠難見(世說新語)

李德裕奢侈過求 在中書時 不飲京城水 悉用惠山泉 時謂之水遞 淸
致可嘉 有損盛德(芝田錄)

傳稱陸鴻漸闔門著書 誦詩擊木 性甘茗荈 味辨淄澠 淸風雅趣 膾炙

古今 鬻茶者至陶其形 置煬突間 祀爲茶神 可謂尊崇之極矣 嘗考蠻甌
志云 陸羽採越江茶 使小奴子看焙 奴失睡 茶燋爍不可食 羽怒以鐵索
縛奴 而投火中 殘忍若此 其餘不足觀也已矣

飮茶以客少爲貴 客衆則喧 喧則雅趣乏矣 獨啜曰幽 二客曰勝 三四
曰趣 五六曰汎 七八曰施(東原試茶錄)

茶具

苦節君 湘竹風爐 建城 藏茶箬籠 湘筠焙 焙茶箱蓋其上 以收火氣
也 隔其中以有容也 納火其下 去茶尺許 所以養茶色香味也 雲屯 泉
缶 烏府 盛炭籃 水曹 滌器桶 鳴泉 煮茶礶 品司 編竹爲撞 收貯各品
茶葉 沈垢 古茶洗 分盈 水杓卽茶經水則 每兩升 用茶一兩 執權 準
茶秤 每茶一兩 用水二升 合香 藏日支茶瓶 以貯品司者 歸潔 竹筭
用以滌壺 漉塵 洗茶籃 商象 古石鼎 遞火 銅火斗 降紅 銅火筯 不用
聯索 團風 湘竹扇 注春 茶壺 靜沸 竹架 卽茶經支鍑 運鋒 鑱果刀
啜香 茶甌 撩雲 竹茶匙 甘鈍 木碪墩 納敬 湘竹茶橐 易持 納茶漆雕
秘閣 受汚 拭抹布

山齋箋

茶寮

構一斗室 相傍書齋 內設茶具 敎一童子專主茶役 以供長日淸談 寒
宵兀坐 幽人首務 不可少廢者

遊具箋

提爐

式如提盒 高一尺八寸 闊一尺 長一尺二寸 作三撞 下層一格如方匣
內用銅造水火爐身如匣方坐嵌匣 內中分二孔 左孔注火置茶壺以供茶
右孔注湯置一桶子小鐺有蓋頓湯中 煮酒長日午餘止鑊可煮粥供客 傍

鑿一小孔出灰進風　其壺鑊逈出爐上太露不雅　外作如下格方匣一格
但不用底以罩之　使壺鑊不外見也　一虛一實共二格　上加一格　置底蓋
以裝炭　總三格成一架上可箚關　與提盒作一副也

提　爐

16. 다소(茶疏)

명(明)   허 차 서(許次紓)

연명의 《다소》에 대한 머리말

육우는 차를 품평하여 나의 고향인 고저에서 난 것을 으뜸으로 삼았다.[1] 그리하여 명월협이 원래 가장 으뜸가는 곳이다. 나는 그 안에 작은 차밭을 개간하고, 해마다 찻세[2]를 받을 때는 혼자서 판가름을 하였는데, 어려서부터 센머리가 되어서야 비로소 그 심오한 뜻에 이르게 되었다.

무림[3]에 사는 허연명공(許公然明)은 나와 굳게 사귀는 벗인데, 그

---

1) 육우는~으뜸으로 삼았다(陸羽~顧渚所産爲冠) : 육우가 고저차를 으뜸으로 삼았다는 출전은 두 가지이다. 즉 하나는 《다경》 제8장 〈차의 산출〉조에 '절서에서는 호주가 으뜸이다(호주 장성현의 고저 산골짜기에서 나는 것은 협주나 광주 것과 같다)'라고 적혀 있다. 또 하나는 육우의 《고저산다기(顧渚山茶記)》에 '육우는 석교연(釋皎然)이나 주방(朱放)과 차를 평론하고 고저차를 으뜸으로 삼았다'고 적혀 있다. 고저산은 절강성 장흥현의 서북쪽에 있다.

2) 찻세(茶租) : 당나라 온정균(溫庭筠)의 《채다록(採茶錄)》과 오대 모문석(毛文錫)의 《다보(茶譜)》에 따르면, 당나라의 육구몽(陸龜蒙)도 고저산 밑에 작은 차밭을 두고 해마다 찻세를 받아서 차를 마시는 비용에 충당하였다고 한다.

3) 무림(武林) : 항주시의 서쪽에 있는 무림산에서 유래된 항주의 옛 이름이다. 전예형이 지은 《자천소품》의 〈차에 마땅한 것(宜茶)〉조에도 '지금 무림의 여러 섬에서는 오직 용홍만이 등급에 들어가는데, 차 또한 오직 용홍산의 것만이 으뜸이다'

에게도 차를 즐기는 버릇이 있는지라 차를 마실 때마다 반드시 수레를 타고 말을 몰도록 명령을 내려 내 집에 와서는 맨 먼저 금사와 옥두의 두 샘물4)을 길어서 자세히 마시고 등급 정하기를 찾아내었다.

나는 평생 달이면서 손에 익힌 혼자만의 비결을 모두 전하여 주었다. 그러므로 연명은 차의 이치를 가장 밝고 자세하게 알고 돌아가서 《다소》 한 질을 지은 것이다. 그러나 나는 이것을 미처 모르고 있었다. 연명이 죽은 지가 3년쯤 되었다. 나는 찻주발을 손에 쥘 때마다 한없이 옛 정이 일어난다는 것을 도와서 지켜주는 것을 어쩔 수가 없었다.

정미년(1607) 봄에 허재보(許才甫)가 연명의 《다소》를 들고 와서 보여주었는데, 또한 꿈에 책 짓기를 요청받았다고 한다. 연명은 생전에 저술이 매우 풍부하였던 터인데, 오직 옛 친구에게 맑은 일을 부탁하였다는 것도 그것이 그가 마음을 쏟던 것이요, 또한 몸소 《다경》을 좇아서 영원히 전하여 나가게 되기를 바라서가 아니겠는가. 옛날에 공현(하남성)에서는 도자기로 홍점(육우)의 형상을 만들어, 차를 파는 사람들은 반드시 찻물을 붓고 제사를 지냈다고 한다.5)

나도 책의 시초에 연명의 초상을 그려서 그 책을 읽는 사람들에게 그의 풍채에 함께 절하기를 바라는 것이다.

고 적혀 있듯이, 허차서가 사는 곳도 차의 산지인 것이다.

4) 금사와 옥두의 두 샘물(金沙玉竇二泉) : 오대 모문석의 《다보》에 따르면, 호주(절강성 호주시) 장흥현의 북쪽 50리에 있는 탁목령의 금사천은 진상하는 차 만들기에 사용하였다. 그리고 당나라의 호주자사인 배청(裵淸)이 읊은 〈금사의 샘물을 올리는 표(進金沙泉表)〉에 따르면, 금사천의 샘물을 은병에 담아서 장안에 바치는 물 전하기(水遞)의 풍습이 있었다. 옥두천도 금사천과 이웃한 샘물로 생각된다.

5) 옛날에 공현에서는~제사를 지냈다고 한다(昔鞏氏~必祀而沃之) : 이 대목은 당나라 이조(李肇)의 《당국사보(唐國史補)》 권중(卷中)에 적혀 있다. '공현의 옹기 장수들은 흔히 옹기의 우상(偶像)을 만들어 육홍점이라고 이름하였다. 찻그릇 수십 낱을 사는 사람은 홍점의 우상 한 낱을 받게 된다. 그리고 장사꾼들이 차를 파는 데 이익이 없으면 번번이 육우의 우상에 찻물을 끼얹는다.'

만력 정미(1607) 봄날, 오흥의 우제 도소헌이 명월협의 안에서 적도다.

《다소》의 짧은 서문

우리 고을의 허연명은 문단에 명성을 들날린 지가 오래되었다. 병신년(1596), 나와 연명은 용홍6)에서 노닐었는데, 10일간 스님의 방을 머무는 집으로 빌려서 차를 품평하고 물을 맛보면서 손바닥을 부딪치며 옛일을 말하였다. 스님이 봄차를 주기에 죽로7)의 물 끓는 소리가 때마침 인기척도 없는 쓸쓸한 산속의 소나무잎 사이로 바람이 빗겨가는 물결 같은 소리와 서로 화답하여 즐기기에 충분한 분위기를 자아내고 있었다.

연명이 한숨을 쉬며 탄식하여 말하기를, "완사종(阮嗣宗)8)은 보병의 부엌에 3백 곡(斛, 10말)의 술이 저장되었다기에 보병교위가 될 것을 바랐다더니 나는 마땅히 머리를 깎고 용홍의 중이나 되어야겠군."이라고 하였다.

이 뒤를 이어 몇 해를 지나서, 연명은 지어낸 《다소》를 나에게 보여주었다. 내가 한번 눈을 거쳐 읽어보았더니, 이빨과 뺨에 향기가 나와서 마치 용홍에서 차를 품평하고 물을 맛보던 운치였다.

나는 연명에게 말하여 이르기를, "홍점(육우)의 《다경》이 나온 지

---

6) 용홍(龍泓) : 절강성 항주시의 서쪽에 있는 풍황령의 남쪽 기슭에 흐르는 용정의 옛 이름이다. 용정의 샘물과 용정차는 예로부터 유명하다.

7) 죽로(竹爐) : 명나라 도융의 《다전》에는 '고절군(상강의 대나무로 만든 풍로)'으로 등장하였던 풍로나 화로의 대나무 씌우개이다.

8) 완사종(阮嗣宗) : 완적(阮籍, 210~263)은 삼국시대, 위(魏)나라 사람으로 건안칠자(建安七子)의 한 사람인 완우(阮瑀)의 아들로 태어났는데, 자(字)는 사종(嗣宗)이었다. 죽림칠현(竹林七賢)의 한 사람으로 일컬어지는 그는 노장(老莊)의 학(學)과 술과 거문고를 즐긴 시인이었다.

쓸쓸하고 고요하게 천 년의 세월이 지났거늘, 이같은 품위라면 홍점의 유익한 벗으로서 능히 당하여 낼 수가 있겠네. 또 그대의 표현이 멋진 말은 한나라와 위나라 수준에 있으니, 홍점도 마땅히 제자가 될 것일세."라고 하였다.

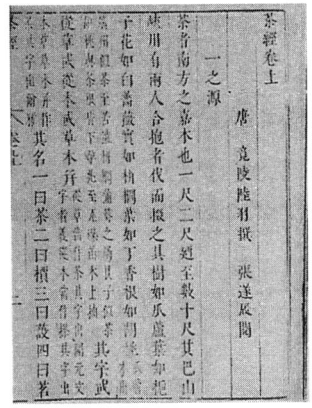

육우(陸羽)의 《다경(茶經)》 앞부분

그러자 연명이 이르기를, "무얼, 잠시 헌 딱지를 즐기는 버릇을 적었을 뿐일세. 차라리 홍점의 공교한 수제자가 되고 싶네."라고 하였다. 그로부터 10년이 지났는데, 연명은 저승의 수문랑(문인)이 되고 말았다.

나는 그의 저술이 없어지는 것을 슬퍼하여, 사람과 거문고가 모두 없어지는9) 느낌을 차마 견뎌낼 수가 없었다. 그런데 어느 날 밤, 꿈에서 연명이 나에게 말하여 이르기를, "《다소》를 나무에 새겨서 책으로 펴내는 일을 그대에게 부탁하고 싶네."라고 하는 것이었다.

나는 깜짝 놀라 깨어, 용홍에서 차를 품평하고 물을 맛보던 때를 생각하니, 마침내 천년의 세월이 지나갔고, 옛 생각이 나서10) 눈물이 주르르 흘러 베개와 자리를 적시었다.

대저 연명은 저술이 풍부하다. 《다소》는 그 구정(九鼎)11)에 있는

---

9) 사람과 거문고가 모두 없어지는(人琴俱亡) : 초서(草書)를 잘하여 서성(書聖)으로 일컬어지는 진나라 왕희지(王羲之, 321~379)에 얽힌 옛 이야기이다. 즉 그는 동생인 왕헌지(王獻之, 344~388)가 죽었을 때, 상복을 입지도 않고 곡(哭)도 하지 않고 오직 헌지가 쓰던 거문고를 손가락으로 타보았으나 연주가 안되자, "오호, 사람도 거문고도 모두 없어졌구나."라고 하였다는 것이다.

10) 옛 생각이 나서(山陽在念) : 산양(山陽)은 '산양적(山陽笛)'의 준말이다. 진나라의 상수(尙秀)가 산양의 옛집 앞을 지날 때 들려오는 피리소리에 옛 생각이 나서 〈사구부(思舊賦)〉를 지었다는 것이다.

11) 구정(九鼎) : 하(夏)나라의 우왕(禹王)이 전국(九州)에서 모은 구리로 주조한 솥

한 조각의 저민 고기일 따름이다. 어째서 다만 이 책 때문에 꿈에 보인다는 것일까? 그것은 연명이 평생 즐기던 버릇이어서 혼이 떨치어 일어나고, 또 나로서도 같은 또래였기 때문에 마침내 저승으로부터 부탁을 빌었던 것이 아니겠는가. 이로 말미암아 문서를 인쇄에 붙여줌으로써 연명에게 용서를 빌고자 하는 것이다.

연명이 지은 책에는 《소품실집》과 《탕즐재집(蕩櫛齋集)》도 있는데, 벗인 약정보 등의 여러 사람이 바야흐로 판각을 꾀하고 있는 것이다.

정미(1607) 여름날, 사제인 세기 허재보(許才甫)가 짓다.

차의 산지(産茶)

천하의 명산에는 반드시 영험한 풀이 나는데, 강남은 땅이 따뜻하여 오직 차에 알맞다. 큰 강12)의 이북에서는 육안차13)가 명성이 있다. 그러나 육안이라고 하는 것은 곧 그것이 고을 이름이지, 실제로는 곽산현의 대촉산에서 난 것이다.

이곳 차는 가장 많이 나고 명품 또한 들날리므로 하남이나 산서·섬서의 사람들은 모두 이 차를 쓰며, 남녘에서도 이곳 차가 능히 때와 기름을 없애며 쌓이어 막힌 것을 사라지게 한다면서 역시 한결같이 보배롭게 사랑한다. 생각컨대 저 산속의 것은 만드는 방법이 좋지

으로, 은(殷)과 주(周)대까지 보존되었다. 다산(茶山) 정약용(丁若鏞)의 《아언각비(雅言覺非)》에 따르면, 옛날에는 제왕들이 솥요리를 들었다고 한다.

12) 큰 강(大江) : 양자강을 가리키는 말이다.

13) 육안(六安)차 : 육안차의 산지인 육안주(六安州)는 지금의 안휘성 육안현이다. 《원순당필기(援鶉堂筆記)》에도 '육안차는 곽산에서 난다(陸安茶産霍山)'고 적혀 있다. 허준(許浚, 1569~1618)의 《동의보감(東醫寶鑑)》에 인용된 〈식물(食物)〉에 '육안차는 모두 맛 좋기로 이름났다'고 적혀 있다. 그리고 초의선사(艸衣禪師, 1786~1866)의 《동다송(東茶頌)》에도 '육안차는 맛차요, 몽산차는 약차이다'라고 적혀 있다. 또 선조대왕도 명나라 양호경리와의 대담에서 육안차의 품격을 높이 평가하였다.

가 않다. 밥솥에서 큰 섶나무 불에 쬐어 덖어내므로, 미처 솥에서 꺼
내기도 전에 잎이 벌써 그을리고 마르니 어찌 참고 쓸 수가 있겠는가.

아울러 대나무로 만든 커다란 통발에 뜨거운 기회를 타서 곧바로
저장하므로, 비록 녹지(綠枝, 초록빛 가지)·자순(자줏빛 죽순)14)이라
하더라도 문득 시들어 말라서 누렇게 되고 만다. 간신히 식사 뒤에
제공될 만하니, 어찌 차겨루기15)에 견딜 수가 있겠는가.

강남의 차에서 당나라 사람들이 으뜸으로 칭찬한 것은 양선차16)이
며, 송나라 사람들이 가장 소중하게 여긴 것은 건주차17)인데, 지금도
바치는 차라면 두 지방이 유별나게 많다. 그러나 양선은 간신히 그
이름만 전할 뿐이고, 건주차 또한 가장 으뜸가는 것은 아니다. 오직
무이18)의 우전차19)가 가장 뛰어났으며, 근자에 좋아하는 것은 장흥20)

---

14) 자순(紫筍) : 육우는 《다경》의 제1장 〈차의 근원〉조에서 찻잎의 등급을 자순과 녹
   아(綠芽)의 두 가지로 나누었다. 자순이란 차순이 죽순처럼 돌돌 말려서 펴지지
   않은 자줏빛 찻잎이다. 녹아는 찻잎이 펴진 초록빛 찻잎이다.

15) 차겨루기(品鬪) : 풍지(馮贄)의 《운선잡식(雲仙雜識)》에 차겨루기의 정의가 다음
   과 같이 적혀 있다. '건안(建安 : 지금의 복건성 건구현) 사람들은 투다(鬪茶)를
   명전(茗戰)이라고 한다. 교전(交戰) 때는 세 가지의 훌륭한 점을 서로 다투게 하
   는데 하나는 차, 다른 하나는 물, 또 다른 하나는 찻그릇으로, 서로 우월성을 밝
   혀 우수하면 승리한다.'

16) 양선차(陽羨茶) : 양선차가 나던 양선현은 지금의 강소성 의흥현에 있던 당나라
   때의 고을 이름(縣名)이다. 남송의 호자(胡仔)가 지은 《초계어은총화(茗溪漁隱叢
   話)》의 〈옥천자(玉川子)〉조에 인용된 '당나라 의흥현에서 중수한 차창고의 기록
   (唐義興縣重修茶舍記)'에 따르면 양선차는 《다경》을 지어서 중국 다도의 시조가
   된 육우의 천거에 의해서 진상되었다고 한다. 당나라 때의 공다원(貢茶院)은 양
   선산의 기슭에 있던 도교의 동령관(洞靈觀)에 두었다고 한다. 당나라 때의 양선
   차가 명나라 때에는 나개차로 되었다.

17) 건주차(建州茶) : 복건성 건구현의 북원 차밭 일대에서 나던 차.

18) 무이(武夷) : 무이산은 복건성 북부의 강서성과의 경계에 있는 해발 1,155m의 산
   이다.

19) 우전차(雨前茶) : 24절기의 여섯번째 절기인 곡우절(양력 4월 20~21일) 직전에

의 나개차[21]인데, 의심할 나위 없이 이것이 곧 옛사람들이 말하던 고
저의 자순차[22]인 것이다.

산속의 사이에 끼어 있는 것을 개(岕)라고 하는데, 나씨(羅氏)[23]가
숨어살았기에 나(羅)라고 이름한 것이다. 그런데 개차도 원래는 여러
군데가 있었으나, 지금은 다만 동산의 차[24]가 가장 좋다.

그리고 도백도(姚伯道)[25]가 이르기를, '고저산 명월의 골짜기에는
그 좋은 차가 있는데, 이것을 상승(上乘)이라고 이름한다. 요컨대 제
때 따고 법도대로 정성을 다하여 만든다면 좋지 않은 것이 없다. 그
운치는 맑고도 멀며, 자미(滋味)는 달고도 향기롭고, 허파를 맑게 하

따서 만든 차이다.

20) 장흥(長興) : 지금도 절강성에 장흥현이 이어지고 있다.

21) 나개차(羅岕茶) : 명나라 풍가빈(馮可賓)의 《개다전(岕茶箋)》에 따르면, 나개차는
장흥차에서 가장 좋은 것이다. 나개차의 우수한 이유에 대해서는 명나라 웅명우
(熊明遇)의 《나개다기(羅岕茶記)》에 '평지의 차는 흙기운을 많이 받아서 그 질
이 흐리지만, 높은 산에서 나는 나개차는 바람과 이슬의 청허한 기운 때문에 질
이 높다'고 적혀 있다. 그리고 나개차의 제조법에 대해서는 허차서가 지은 《다
소》의 〈골짜기에서의 만드는 법〉조에 개차는 덖지 않고 쪄서 불에 쬐어 말린다
고 하였다.

22) 고저의 자순차(顧渚紫筍) : 고저산은 오나라의 부개(夫槩)가 이곳의 '물가(渚)'를
'돌아보고(顧)' '둔덕의 습지를 평탄하게 넓히면 도읍지로 삼을 만하다'고 말한 데
에서 비롯된 이름이다. 고저산은 장흥현의 서북 47리에 있는 높이 180길(丈), 둘
레 12리의 산이다. 자순차는 찻잎이 죽순처럼 돌돌 말리고 자줏빛이 나는 상등품
의 차를 가리킨다.

23) 나씨(羅氏) : 오대(五代)의 나은(羅隱)을 가리킨다. 절강성 장흥현의 서북쪽에 있
는 호통산(互通山) 서쪽에 나해곡(羅巏谷)이 있는데, 나은이 숨어살던 곳이라고
한다.

24) 동산의 차(洞山) : 명나라 주고기(周高起)의 《동산개다기(洞山岕茶記)》에 따르면,
동산의 개차는 입하절 3일 뒤에 차를 따서 만든 차이다.

25) 도백도(姚伯道) : 도(姚)는 《다소》에 머리말을 붙인 도소헌(姚紹憲)을 가리킨다.
백(伯)은 일가(一家)를 이룬 사람이요, 도(道)란 다도(茶道)를 가리킨다. 그러므
로 도백도란 '다도로 일가를 이룬 도씨'라는 말이다.

며, 번민을 제거하니 선품(仙品)이라고 하기에 넉넉하다. 이것은 그 자체가 하나의 품종인 것으로, 고저에도 그와 같은 좋은 차가 있는 데에도 사람들은 다만 수구차(水口茶)라고 이름지어 개차와는 전혀 별개로 친다'고 하였다.

흡주26)의 송라차27) · 오현28)의 호구차29) · 전당30)의 용정차31)는 향기가 그윽하여, 모두 차례를 지어 날아가는 기러기처럼 조금씩 차이는 있어도 개차(岕茶)와 서로 우열을 다투는 것이다.

그 옛날 곽차보(郭次甫)는 자주 황산32)을 칭찬하였는데, 황산도 흡주 안에 있다. 그러나 송라로부터는 매우 멀다.

옛날의 선비들은 모두 천지차를 귀하게 여겼는데, 천지33)에서 난 차는 조금만 많이 마셔도 사람으로 하여금 배가 불룩하게 하여 나부터 비로소 그 품격을 내렸다. 이제까지 내 말을 비방하는 이가 많았으나, 근래 말귀를 알아듣는 사람들이 비로소 내 말을 믿게 되었다.

절강의 산물(産物)로는 천태의 안탕34) · 괄창의 대반35) · 동양의 금

---

26) 흡주(歙州) : 당나라 때의 흡주였는데, 지금의 안휘성 휘주의 흡현이다.

27) 송라차(松蘿茶) : 휘주 세령현의 동북쪽에 있는 송라산에서 나오는 차를 가리킨다. 송라산은 '소나무겨우살이(松蘿)'가 많이 나기 때문에 붙여진 이름이라고 한다.

28) 오현(吳縣) : 강소성 오현(소주시).

29) 호구차(虎丘茶) : 《죽창야화》에 호구산은 오현의 서북에 있고, 산 위에는 호구사가 있는데, 차와 물이 고루 유명하다고 적혀 있다. 장우신의 《전다수기》에는 호구사의 물이 등장한다.

30) 전당(錢塘) : 절강성의 항주시에 포함되어 있다.

31) 용정차(龍井茶) : 《초음잡화(蕉陰雜話)》에 '용정차는 항주 서천문 남쪽의 높은 봉우리에서 난다'고 적혀 있다.

32) 황산(黃山) : 안휘성 흡현의 서북에 있다.

33) 천지(天池) : 강소성 오현(소주시)의 서쪽에 있는 화산(華山)의 중턱에 있는 못이다.

34) 천태의 안탕(天台之雁蕩) : 천태는 절강성 천태현이며, 안탕은 산 이름이자 차 이름이다. 안탕산은 절강성 낙청현에 있으며, 안탕차는 안탕백운차라고도 한다.

35) 괄창의 대반(括蒼之大盤) : 괄창은 절강성 여수현의 옛 이름이며, 대반은 산 이름

화36)·소흥의 일주차37)가 일컬어지는데, 모두 무이와 서로 어금버금
하다. 그러나 제 아무리 이름난 차라고 할지라도 만들기와 저장하기
를 마땅히 환하게 알아야 한다. 만드는 것이 정묘하지 못하고, 저장하
는 데에 법도가 없이 한번 산에서 나오기만 하면 향기·맛·빛깔이
모두 줄어들고 만다.

전당의 여러 산에는 차가 나는 곳이 매우 많다. 남산의 것은 모두
좋지만 북산의 것은 약간 뒤떨어진다. 북산에서는 부지런히 거름을
주어서 차의 싹은 쉽게 트더라도 향기는 도리어 적어진다. 옛날에는
목주의 구갱38)·사명39)의 주계를 자못 칭찬하였는데, 지금은 모두 등
급에 들어가지 못한다.

복건에서는 무이 이외에 천주의 청원40)이 있다. 혹시 훌륭하여 마
음에 드는 사람에게 만들게 하면 이것도 무이와 필적할 만하게 되리
라. 그러나 안타깝게도 흔히 그을리고 말라서 사람으로 하여금 마음
이 다 없어지게 한다.

초(호남성) 지방의 산물로서는 보경41)이요, 전(운남성) 지방의 산
물로서는 오화42)가 있다. 이들은 모두 뛰어나게 드러난 유명한 것으

이자 차 이름이다.

36) 동양의 금화(東陽之金華) : 동양은 절강성 금화현 주변에 있었던 당·송시대의 고
    을 이름(郡名)이며, 금화는 산 이름이자 차 이름이다.

37) 소흥의 일주차(紹興之日鑄) : 소흥은 절강성 소흥현으로, 소흥주로도 이름이 높다.
    일주는 산 이름이자 차 이름이다. 일주산은 회계현의 동쪽 55리에 있다. 송나라
    구양수의 《귀전록(歸田錄)》에 '양절(兩浙)의 품질에서는 일주차를 첫째로 꼽는다'
    고 적혀 있다.

38) 목주의 구갱(睦之鳩坑) : 목주는 절강성 건덕현의 주변 지역이며, 구갱은 목주에
    소속된 순안현에 있다.

39) 사명(四明) : 절강성 요도현의 남쪽에 있는 산.

40) 천주의 청원(泉州之淸源) : 천주는 복건성 진강현의 주변 지역이며, 청원은 진강
    현의 북쪽에 있는 산으로 천산(泉山)이라고도 한다.

41) 보경(寶慶) : 호남성 소양현 주변 지역으로, 명나라 때의 고을 이름(府名).

로 마치 안탕차의 위에 있는 것과 같다. 그밖에 이름난 산에서 나는 것은 이것들에 그치지 않는다. 그러나 어떤 것은 내가 미처 모르거나 어떤 것은 이름이 드러나지 않은 것이므로 좋고 나쁜 것을 헤아릴 거리가 못된다.

옛날과 지금의 만드는 법(古今製法)

옛사람들은 차 만들기에서 향약을 섞은43) 용단과 봉병44)을 숭상하였다.

채군모45) 등의 여러 높은 벼슬아치들은 모두가 차의 이치에 밝고 자세하여, 항상 차겨루기를 하고 지내면서, 모두 위로 바치는 진기한 물품을 맷돌에 갈아서 쓰는 것이 고작이었으며, 새것을 만들었다는 이야기는 아직 듣지 못하였다.

전운사가 진상하는 제1강46)으로 북원 시신이라는 이름의 차 같은 것은 곧 작설47)의 수아(水芽)48)로 만든 것인데, 한덩이의 값이 40만 전이지만, 겨우 몇잔 마시는 데 제공될 뿐이니, 어찌 귀하지 않을손가.

또 수아는 먼저 물에 담가서 이미 참맛을 잃었는데, 그 위에 이름난 향기를 섞기 때문에 더욱 그 향기를 빼앗기게 되는 것이다. 이렇게 하니 어찌 좋게 되겠는지 알 수가 없는 노릇이다.

---

42) 오화(五華) : 운남성 곤명시의 성밖에 있는 산 이름.

43) 향약을 섞은(雜以香藥) : 채양이 지은 《다록》의 〈향기〉조를 참조할 것.

44) 용단과 봉병(龍團鳳餠) : 용단은 용무늬가 찍힌 덩어리차이며, 봉병은 봉황새 무늬가 찍힌 떡 모양의 덩어리차이다.

45) 채군모(蔡君謨) : 《다록》의 저자인 채양으로, 군모는 자(字)이다.

46) 제1강(第一綱) : 첫번째로 출하되는 진상차의 총칭이다.

47) 작설(雀舌) : 찻잎의 모양과 크기가 참새의 혀와 같다는 말이다.

48) 수아(水芽) : 참새 혀와 같은 찻잎을 물에 담가 중심의 한가닥만을 뽑은 것을 수아라고 한다. 상세한 것은 《선화북원공다록》과 《북원별록》의 〈차가리기〉조를 참조할 것.

〔옛날의 만드는 법은〕 요즈음의 만드는 법이 따는 대로 불에 쬐어 말리기 때문에 향기와 빛깔이 모두 온전하고, 더욱 참맛을 간직하고 있는 데에는 미치지 못한다.

가려 따기(採摘)

청명49)과 곡우50)는 차를 따는 절후이다. 청명은 너무 이르고, 입하51)는 너무 늦다. 곡우 전후면 그때가 알맞다.

만약 다시 하루 이틀 시기를 늦춰서 그 기력이 완전히 충족되기를 기다리면 맑은 향기는 더욱 증가하며, 저장도 쉽고, 장마 때에도 문드러지지 않는다. 찻잎이 조금 길고 커지더라도 원래 어린 가지의 부드러운 잎임에는 틀림이 없다.

항주의 풍속으로는 잔 속에 곧장 찻잎을 손가락으로 집어넣고 물붓기52)를 즐기므로, 매우 가는 차를 귀하게 여긴다. 차란 번민을 다스리고 막힌 것을 풀어주는 것이니, 당장에 나쁘다고만 하기에는 아직 불충분하다.

오송강53) 지방의 사람들은 나의 고향인 용정차를 매우 귀하게 여겨서 비싼 값을 수긍하고 가는 우전차54)를 사들인다. 이것은 옛 관계를 되풀이하여 익힐 뿐이지, 아직 묘한 이치를 깨닫지는 못하였다. 골짜기 속(절강성 장흥현)의 사람들은 입하절의 이전이 아니고서는 따

---

49) 청명(淸明) : 24절기의 다섯번째 절기로, 양력 4월 5, 6일 경에 해당.

50) 곡우(穀雨) : 24절기의 여섯번째 절기로, 양력 4월 20, 21일 경에 해당.

51) 입하(立夏) : 24절기의 일곱번째 절기로, 양력 5월 6, 7일 경에 해당.

52) 잔 속에~물붓기(盂中撮點) : 이것은 개배포법(蓋杯泡法)·충다법(沖茶法)이라고 하는 것이다. 근래는 티-백(Tea-bag)을 잔 속의 물에 담그는 소대다포법(小袋茶泡法)도 개발되었다.

53) 오송강(吳淞江) : 강소성의 태호(太湖)에서 황포강(黃浦江)과 합쳐 바다로 흘러 들어가는 강이다.

54) 우전차(雨前茶) : 곡우(穀雨) 직전에 따서 만든 차.

지를 않는다. 처음에 시험삼아 따는 것을 밭 열기(開園)라고 하며, 마침 입하부터 따는 것을 봄차(春茶)라고 한다.

그 지방은 약간 추워서 모름지기 입하를 기다리는 것이므로, 이것 또한 너무 늦다고 책망하는 것은 이치에 맞지 않는다.

옛날에는 가을날에 차를 따는 사람은 없었는데, 근래에는 이것이 있다. 가을의 7, 8월(음력)에 다시 한번 따는 것을 이른 봄(早春)이라고 하는데 그 품질이 매우 좋으며, 맛과 향기가 조금 적은 것은 불평할 것이 못된다.

다른 산에서는 이끗만 노리고 장마 때 따는 곳이 많지만, 매차(梅茶)55)는 떫고도 써서, 식사 뒤의 음료로 견디기에 그치며, 또한 가을 따기를 손상시키므로 좋은 차의 생산지에서는 이를 삼간다.

차덖기(炒茶)

처음 딴 날차(生茶)는 향기가 아직 새지를 않아서 반드시 불의 힘을 빌려 그 향기를 나타내어야만 한다.

그러나 차의 성미란 괴로움을 견디지 못하므로, 오래 덖는 것은 마땅치가 않다.

찻잎을 많이 들고 솥에 넣으면 덖는 손의 보람이 고르게 미치지를 못하여, 솥 안에 오래 있게 되니 지나치게 익어서 향기가 흩어진다. 심한 것은 마르거나 그을리기도 하니 어찌 달이기를 참아낼 수가 있겠는가.

차를 덖는 그릇은 새 쇠를 가장 싫어한다. 쇠 비린내가 한번 들어가면 다시는 향기가 회복되지 않는다.

더욱 꺼리는 것은 기름때로서 그 해로움은 쇠보다도 심하다. 모름

---

55) 매차(梅茶) : 망종(양력 6월 5일 경) 뒤의 임일(壬日)인 출매(出梅) 때에 따서 만든 차이다.

지기 마땅한 솥 하나를 골라 가지고, 오로지 밥을 짓는 데에만 쓰며 다른 용도에는 쓸 수 없도록 한다.

차를 덖는 섶나무는 약간의 나뭇가지는 좋지만, 줄기나 잎은 쓰지를 않는다. 줄기라면 불의 힘이 사납고 성하며, 잎이라면 쉽게 불이 붙었다가 쉽게 꺼지기 때문이다.

솥은 반드시 반짝반짝 빛나게 닦아둔다. 차는 따는 대로 덖는데 한 솥 안에는 겨우 네 냥(149.2그램)을 담는다. 먼저 약한 불에 덖어서 보들보들하게 하고, 이어서 강한 불로 재촉한다.

손에는 나무 손가락[56]을 끼고 재빠르게 손으로 움켜 올려서 뒤집는다. 절반 익은 것을 기준으로 삼아 조금 기다리면 향기가 발산된다. 이것이 덖이의 알맞은 상태이다. 그래서 얼른 작은 부채로 움켜 올려서 손잡이가 달린 대그릇에 놓고 바닥에는 큰 순면지[57]를 깔아둔다.

불에 쬐어 말린 차가 많이 쌓이면 식기를 기다렸다가 단지에 넣고 저장한다.

인력이 많을 것 같으면 여러 개의 솥과 여러 개의 손잡이가 달린 대그릇을 쓴다. 인력이 만약 적고 겨우 한 솥, 두 솥일 때에도 반드시 네댓개의 대그릇을 쓴다. 그것은 대저 덖이는 빨라도 불에 쬐어 말리기는 더디기 때문이며, 마른 것과 축축한 것을 섞어서는 안되기 때문이기도 한 것이다. 섞이면 향기의 힘이 크게 줄어드는 것이다.

그리고 한 잎이 약간 그을려도 한 솥 전체가 쓸 수 없게 된다.

그러기에 불도 사나운 것을 꺼리는 것이며, 솥이 식는 것은 더욱

---

56) 나무 손가락(木指) : 유물이나 전하는 그림도 없으나, 일본의 곰손(熊手)을 연상케 한다.

57) 큰 순면지(純綿大紙) : 닥나무 껍질의 섬유로 만들어서 표면이 솜과 같기 때문에 면지라고 한다. '순(純)'이라고 한 것은 다른 협잡물이 섞이지 않았다는 뜻을 강조한 말이다.

싫어한다. 식으면 가지와 잎이 부드럽지 못하게 된다. 영고성쇠(榮枯
盛衰)를 헤아려야 하니, 매우 어렵고도 어려운 일이다.

산골짜기의 제법(岕中製法)

산골짜기58)의 차는 솥에다 덖지 않고, 시루에 쪄서59) 익힌 다음 불
에 쬐어 말린다.

그것은 찻잎을 늦게 따므로 말미암아 가지와 잎이 조금 쇠어서, 덖
어도 연하게 할 수가 없고 헛되이 말라서 부스러질 뿐이기 때문이다.
또한 일종의 지극히 가는 잎을 덖은 개차(岕茶)도 있는데, 바꾸어 말
하면 이런 것은 다른 산에서 따온 찻잎을 덖어 말려서 신기하고도 좋
은 차로 속이는 것이다.

저 산속에서는 차를 매우 애석하게 여겨서, 어린 틈을 타고 가려
따서 나무의 뿌리와 줄기를 손상시키는 일은 결코 차마 하지를 못한
다.

그래서 나는 다른 산에서 난 차도 따는 때를 약간 늦추어 찻잎이
길게 커지기를 기다렸다가 산골짜기의 방법대로 찌면 같게 하지 못할
것이 없다고 생각한다. 다만 아직은 시험해서 맛본 일이 없기에 감히
함부로 만들지를 못하는 것이다.

저 장(收藏)

저장에는 사기로 된 독을 쓰는 것이 알맞는다. 크기는 10근(5,968.2
그램)에서 20근을 담는다. 사방은 얼룩 조릿대로 두껍게 둘러싸고 속

---

58) 산골짜기(岕) : 개(岕)에 대해서는 〈차의 산지(産茶)〉조를 참조할 것.
59) 시루에 쪄서(甑中蒸) : 찐차(蒸製茶)는 당・송대로부터 이어지는 전통적인 제법이
다. 찻잎을 찌거나 덖는 가열 처리는 찻잎에 담겨 있는 산화효소를 죽여서 발효
를 막기 위한 것으로서, 이것을 '살청(殺靑)'이라고 한다.

에 차를 저장한다. 지극히 건조하고 지극히 신선하여야 된다.

　독이란 오로지 이 일(차의 저장)에만 제공되면 오래될수록 더욱 좋아지므로, 해마다 바꿀 필요는 없다.

　차는 반드시 쟁여서 가득 차게 한다. 그 위에 두꺼운 얼룩 조릿대를 독의 아가리에 단단하게 채우고, 그 위에 다시 얼룩 조릿대를 첨가한 다음 진피지60)로 싸고 모시풀로 단단히 동여매고 크고 새로운 벽돌로 내리 눌러서 약하게 솔솔 부는 바람도 들어가지 못하게 한다. 이렇게 하면 이듬해의 햇차가 날 때까지 이을 수가 있다.

두는 곳(置頓)

　차는 습기를 두려워하고 건조한 것을 좋아한다. 차가운 것을 두려워하고 따뜻한 것을 좋아한다. 찌는 듯이 무덥고 답답한 것을 꺼리고 맑고 서늘한 것을 좋아한다. 그러므로 두는 곳은 반드시 때때로 앉았다 누웠다 하는 곳에 있어야 한다. 사람의 기운이 매우 가까이 닥치면 항상 따뜻하고 차갑지를 않기 때문이다. 그리고 차는 반드시 판자방(板房)에 자리하며, 토담방(土室)은 마땅치 않다. 판자방이라면 건조하지만 토담방이라면 무덥다. 또 통풍이 필요하므로 어두운 곳에 두어서는 안된다. 어두운 곳은 더욱 무덥고도 습기가 차기 쉬울 뿐만 아니라, 점검을 놓칠 염려가 있는 것이다.

　선반을 만드는 방법은 바닥에 여러 겹의 벽돌을 깔고 벽돌을 겹쳐 쌓아서 사방을 둘러싸, 마치 화로 모양처럼 만든다. 클수록 더 좋다. 그러나 돌담과 가깝게 해서는 안된다. 그 위에 독을 저장한다. 그리고 때때로 아궁이 바닥의 불재를 받아서 식기를 기다렸다가, 독 곁에 반자(尺)를 벗어날 만큼 모아 놓고, 그 위에 때때로 잿불을 받아서 모

---

60) 진피지(眞皮紙) : 질기기가 진짜 가죽과 같은 종이라는 말이다.

아 두어, 속에 있는 재가 항상 건조하게 한다.

하나는 바람을 피하는 것이요, 하나는 습기를 피하는 것이다. 그러나 불기가 독에 들어가는 것은 도리어 싫어한다. 만약에 들어갔다면 차는 누렇게 된다. 그런데 세상에서는 대그릇에 차를 저장하는 사람들이 많다.

거듭하여 얼룩 조릿대를 많이 사용해서 보호하였다 할지라도 이 얼룩 조릿대의 성미란 엄하고 굳세어, 굴복시켜 편안하게 하기란 참으로 어렵고, 속을 가득 채워서 스미는 빈틈이 없도록 하기란 매우 어렵거니와, 바람과 습기가 쉽게 침입하므로 일부러 많게 하여도 보람이 없는 것이다. 또한 땅을 파고 마련한 난로(地爐) 속에 놓을 수가 없으므로 절대로 옳지가 않다.

대그릇에 차를 담아서 손잡이가 달린 대그릇 속에 두는 사람도 있는데, 불을 사용하면 곧 누렇게 되고 불을 제거하면 젖기 때문에 두려워하고 경계할지어다.

덜어 쓰기(取用)

차가 싫어하는 것은 윗 조목에 갖추어진대로이다. 그렇다면 음산하게 비가 오는 날에는 어찌 능히 멋대로 〔찻단지를〕 열 수가 있겠는가.

만일 덜어서 쓰려고 할 것 같으면 반드시 날씨가 맑고도 밝으며 사이좋게 화합되어 높고 명랑한 날을 기다렸다가 단지를 열도록 한다. 그렇게 하면서 스며드는 바람이 없도록 제거한다.

먼저 축축한 물로 손을 씻고, 삼베 수건으로 닦아서 말린다. 단지 아가리 안의 얼룩 조릿대는 마른 곳에 따로 두고, 따로 작은 양병(甖)을 가지고 덜어낸 차를 저장한다.

하루에 얼마나 필요한가를 헤아려서 열흘치를 한도로 삼는다. 차를 덜어 없애고 약간 줄어들면 얼룩 조릿대로 보탠다.

이에 반드시 얼룩 조릿대를 잘게 끊어 둔다. 차는 날마다 점점 적어지고 얼룩 조릿대는 날마다 점점 많아진다. 이것이 그 맞는 정도인 것이다. 얼룩 조릿대는 불에 쬐어 말린 다음 다져서 가득 채우고, 전과 같이 싸서 구축하여 둔다.

싸서 꾸림(包裹)

차의 성미는 종이를 두려워한다. 종이란 물속에서 이룩되므로 물기를 많이 받는다. 종이에 싸서 하루 저녁을 두면 종이에 지닌 물기가 기력을 다 없어지게 하여 불속에서 말려내더라도 잠시 뒤에는 곧 젖는다.

안탕(雁蕩)의 여러 산에서는 이 흠이 으뜸을 차지하는 것으로, 해마다 종이로 붙여서 멀리 보내다 보니, 어찌 원래의 좋은 상태대로 회복될 수 있겠는가.

일용차의 두는 곳(日用頓置)

날마다 쓰이는 소요는 작은 양병에 저장하고, 얼룩 조릿대로 싸서 모시로 동여맨다.

이것 또한 바람을 쐬게 하여서는 안된다. 책상 위에 두는 것이 알맞다. 두건 상자나 책상자에 두지를 말지어다.

더욱이 식기와 같은 곳에 두어서도 안된다. 향약과 나란히 두면 향약의 냄새가 옮으며 해산물과 나란히 두면 해산물의 냄새가 옮는다.

그밖의 것도 이것으로 유추할 일이다. 차란 잘못 다루면 하루 저녁도 지나지 않아서 누렇게 되거나 변질되는 것이다.

물 가리기(擇水)

정묘한 차에 감추어진 향기는 물을 빌려서 드러나는 것이므로, 물

없이는 차를 왈가왈부할 수가 없다. 옛사람들은 물을 품평하여, 금산의 중령천61)을 첫째로 삼기도 하고, 혹은 여산의 강왕곡62)을 첫째로 삼기도 하였다.

나는 아직 여산에는 가본 일이 없지만, 금산 정수리의 우물도 어쩌면 중령의 옛날 샘이 아닐 것이다.63)

구릉이 계곡이 되고 계곡이 구릉이 되어, 옛 샘도 이미 흔적도 없이 사라져 버렸을 것이다. 그렇지 않으면 어찌하여 맛이 엷고도 담박하며 잔질하는데 견디지 못한단 말인가. 지금의 품평으로는 반드시 혜산천64)을 으뜸으로 삼는다. 달고도 깨끗하며 맛이 좋아서 귀하게 여기기에 넉넉한 샘이다.

지난날 황하를 건넜을 때 처음에는 그 물이 흐린 것을 걱정하였으나, 뱃사공이 법도로써 맑게 하고 건넜는데, 마셨더니 달아서 더욱 차 달이기에 알맞고 혜산천보다 못하지는 않았다. 황하의 물은 하늘에서 오는 것으로 흐린 것은 흙빛이다. 맑게 하면 이윽고 깨끗해져서 향기와 맛은 저절로 드러난다.

나는 일찍이 '이름난 산이 있으면 좋은 차가 있다'65)고 말하였는데, 이에 또 '이름난 산이 있으면 반드시 좋은 샘물이 있다'고 말하려다. 서로 도와서 말한 것이니, 아마도 억설은 아닐 것이다.

---

61) 금산의 중령천(金山中泠) : 금산은 강소성 진강시의 서쪽에 있으며, 중령천은 금산의 서쪽 기슭에 있다.

62) 여산의 강왕곡(廬山康王谷) : 여산은 강서성 구강시의 남쪽 20리 지점에 있다. 여산에 있는 강왕곡(초왕곡)에 쏟아지는 발물은 장우신의 《전다수기》에 첫번째 가는 물로 등장한다.

63) 금산 정수리의~옛날 샘이 아닐 것이다(金山頂上井 亦恐非中泠古泉) : 중령천은 금산의 서쪽 기슭에 있으며, 정수리에 있는 것이 아니다.

64) 혜산천(惠泉) : 강소성 무석시의 서쪽 5리에 있다.

65) 이름난 산이 있으면 좋은 차가 있다(有名山則有佳茶) : 《다소》의 〈차의 산지〉조에서 '천하의 명산에는 반드시 영험한 풀이 난다'고 한 말을 가리킨다.

내가 가본 일이 있는 곳은 우리 양절(兩浙)을 비롯하여 두 서울(북경·남경)·제로(산동성 지방)·초(호북·호남성 지방)·월(광동·광서성 지방)·예장(강서성)·전(운남성)·검(귀주성) 등으로서 모두 일찍이 그 산천을 조금씩 돌아다니면서 그 물과 샘의 맛을 보았는데, 물이 솟아나는 곳이 길고도 멀며, 깊은 물가의 맑디맑은 물은 영락없이 달고도 맛이 좋았다. 즉 강과 호수, 산골짜기에 흐르는 시냇물로서 맑은 물가와 큰 못을 만나면 맛은 모두 달고도 차갑다는 것이다. 다만 센 물결이나 급하게 흐르는 여울물, 폭포나 힘차게 솟아오르는 샘, 혹은 배의 왕래가 많은 곳의 물은 쓰고도 흐려서 마시기를 견디어 내지 못한다.

모두 상하고 지친 때문이며, 어찌 언제나 변하지 않는 성질이라 하겠는가. 대저 봄과 여름에 물이 벌창하면 맛이 줄고, 가을과 겨울에 물이 줄면 맛이 좋다.

물의 저장(貯水)

단샘은 긷는 대로 쓰면 좋지만, 집이 성안에 있다면 대저 어찌 쉽게 얻겠는가. 그러므로 이치로 보아서 많이 길어다가 큰 독 속에 저장하는 것이 마땅하다. 다만 새 그릇은 꺼린다. 그 불기가 아직도 물러나지를 않았기 때문에 물이 손상되기 쉽고, 또한 벌레가 나기 쉽기 때문이다. 오래 쓴 것이 좋고, 다른 용도에 쓰인 것을 가장 싫어한다.

물의 성미는 나무를 싫어한다. 소나무와 삼나무는 심하다. 나무통에 물을 저장하는 것은 그 해로움이 더욱 심하다. 손에 드는 작은 병(挈缾)이 좋을 따름이다.

물을 저장한 독의 아가리는 얼룩 조릿대로 두껍게 하고 진흙으로 굳힌 다음 쓸 때를 맞추어서 연다. 샘물을 얻기가 쉽지 않으면 매우(梅雨)의 물로 대신한다.

물 퍼내기(舀水)

물은 반드시 오지그릇의 사발을 써서 퍼낸다. 독에서 살살 꺼내어 냄비(銚) 속에 천천히 기울여 붓는다.

물이 독 안에 뚝뚝 떨어지게 하지 말지어다. 물맛을 손상시키기에 이르기 때문이니, 모두 마땅히 기억하여 두어야 한다.

물을 끓이는 그릇(煮水器)

쇠는 곧 물의 어머니이다.[66] 주석은 부드러움과 굳셈을 갖추어서 맛은 짜지도 떫지도 않은데, 냄비를 만들기에 가장 좋다.

냄비 속에는 반드시 그 심(원통형)을 뚫어서[67] 불기가 통하게 한다.

끓기가 빠르면 새롭고 어리며 바람처럼 빨리 달리지만, 끓기가 더디면 쇠하게 익어서 어둡고 둔하며 아울러 끓는 물 냄새가 난다. 삼가고 삼가야 한다. 차맛은 물에서 나며, 물은 그릇에 에워싸이고, 물은 불로 익어 끓는다. 이 네 것(四者)은 서로 필요로 하는 것이어서 하나만 빠져도 못쓰게 된다.

불길 살피기(火候)

불은 반드시 굳은 나무숯을 으뜸으로 삼는다. 그러나 나무의 성미가 아직 다 없어지지를 않아서 반드시 남은 연기가 난다.

연기가 끓는 물에 들어가면 끓는 물은 반드시 못쓰게 된다. 그러므로 먼저 빨갛게 되도록 태워서 연기나 불꽃을 제거하고 아울러 성질

---

66) 쇠는 곧 물의 어머니이다(金乃水母) : 오행상생설(五行相生說)에서는 '쇠를 지닌 흙에서 물이 난다(金生水)'고 하였다. 또 한나라의 위백양(魏伯陽)이 《역경(易經)》의 효상(爻象)을 빌려서 쇠 불리는 법을 적은 《참동계(參同契)》에도 '쇠는 물의 어머니'라고 적혀 있다.

67) 그 심을 뚫어서(穿其心) : 냄비의 복판에 굴뚝 같은 통을 붙여서 불기운을 고르게 순환시키라는 뜻이다. 우리나라의 신선로(神仙爐)와 같은 구조를 연상케 한다.

과 힘을 사납고 세게 하면 물은 곧 쉽게 끓는다.

이미 빨갛게 된 뒤에는 곧 물그릇을 없고 바로 급하게 부채질을 한다. 빠를수록 더욱 묘하므로 손을 멈추어서는 안된다. 멈추어서 시간이 지난 뒤의 물은 차라리 버리고 다시 끓인다.

붓고 달이기(烹點)

아직 일찍이 물을 긷기 전에 먼저 찻그릇을 갖추어 반드시 깨끗하고 건조하게 하고, 찻병의 주둥이를 열고 기다린다. 뚜껑은 우러러보게 놓거나 오지그릇의 바리(瓷盂)에 놓는다. 그러나 책상 위에 엎어 놓아서는 안된다. 옻냄새나 음식 냄새가 모두 능히 차를 손상시키기 때문이다.

먼저 손에 차를 쥐고 끓인 물을 찻병에 넣기를 기다렸다가, 곧 뒤를 이어서 끓인 물에 차를 떨구어 넣은 다음 뚜껑을 꼭 덮고 세 번 숨쉬는 시간을 기다린다.

다음은 바리에 가득 기울였다가 또다시 찻병으로 받아들인다. 이렇게 흔들어 씻음으로써 향기로운 운치를 돋구며 아울러 빛깔이 침체하지 않도록 하는 것이다.

다시 세 번쯤 숨쉬고서 가볍게 떠있는 찻잎을 안정시킨 다음 찻물을 찻잔에 쏟아붓고 손님에게 바친다.

이렇게 하면 그 주변은 젖 같은 액이 어리고 연약하며, 맑고 부드러우며, 그윽한 향기가 코끝에 풍겨서 병도 가히 고치게 하고, 피로한 것도 상쾌하게 하고, 시단(詩壇)에서는 뛰어난 생각이 떠오르며, 이야깃자리에서는 깊이 숨긴 마음을 씻는다.

수량 재기(秤量)

차따르개(茶注)는 작은 것이 알맞으며, 큰 것은 마땅치가 못하다.

작으면 향기가 싸여서 흩어지지를 않으나, 크면 흩어져 어수선하기가
쉽다.

대략 반되[68]까지가 적당하다. 혼자서 잔을 주고받는 것이라면 작을
수록 더욱 좋다. 물 반되들이에는 차 닷푼[69]이 알맞은 분량이다. 그
이외의 것도 이것을 대중으로 증감한다.

끓는 물 살피기(湯候)

일단 냄비에 넣은 물은 곧바로 급히 끓여야 마땅하다. 솔바람 소
리[70]가 나기를 기다렸다가 곧 뚜껑을 벗기고, 그 쇠하기(老, 지나치
게 익는 것)와 어리기(嫩, 덜 익는 것)를 조절한다.

게눈 뒤의 물은 어슴푸레 물결이 치는데, 이것을 알맞은 때로 삼는
다. 이어서 큰 물결이 일면서 솥에서 끓다가 소리 없기에 돌아오면
이것을 지나친 때로 삼는다.[71]

때가 지나면 끓는 물이 쇠어서 향기가 흩어지므로 결코 사용을 견

---

68) 반되(半升) : 명나라 때의 반되는 0.8518그램이다.

69) 닷푼(五分) : 한냥(37.3그램)의 100분의 5에 해당되는 1.8615그램.

70) 솔바람 소리(松聲) : 송나라의 소식(蘇軾)이 읊은 〈시원에서 차를 달이는 노래(試
院煎茶歌)〉에 탕관에서 솔바람 소리가 나는 단계가 잘 묘사되어 있다. 게눈·고
기눈은 기포이다. '게눈은 벌써 지나 고기눈이 생겨 우수수 솔바람 울림을 지으려
하네.'

71) 소리 없기에~지나친 때로 삼는다(旋至無聲 是爲過時) : 같은 명나라 사람인 장
원(張源)이 지은《다록(茶錄)》의〈쇤 물과 어린 물(湯用老嫩)〉조에는 '(잎차)
에 쓰일 끓는 물은 반드시 순숙(純熟)되어야만 원래의 신령스러운 기운이 비로소
일어난다. 그러므로 끓는 물이라면 반드시 다섯 단계를 끓여야만 차의 세 가지
기이함이 주효한다'고 적혀 있다. 또한〈끓는 물 분별하기(湯辨)〉에서는 '첫소리
(初聲)·굴림소리(轉聲)·떨림소리(振聲)·놀램소리(駭聲)와 같은 것은 모두 맹
탕(萌湯 : 덜 익은 물)으로 삼는다. 곧바로 소리 없기(無聲)에 이르면 바야흐로
이것이 결숙(結熟)이다'라고 말하였다. 또 청나라의 유원장(劉源長)도《다사(茶
史)》에서 장원의 오비순숙탕(五沸純熟湯)을 지지하고 있다.

디어 내지 못한다.

사발과 따르개(甌注)

찻사발이라면 옛날에는 건요(建窯)의 토끼털 무늬가 있는 꽃다운
것72)이 선택되었는데, 이것은 맷돌에 갈아낸 차 겨루기에 사용하는
데 알맞을 뿐이지, 오늘날에 있어서는 순수한 흰 빛깔을 좋은 것으로
삼는다.73) 아울러 작은 것을 귀하게 여기는데, 정요(定窯)74)의 것을
가장 귀하게 여기지만 쉽게 얻을 수가 없다.

선덕(宣德) · 성화(成化) · 가정(嘉靖)75) 연간에는 모두 이름난 가마
가 있었다. 근래 이것을 모방해서 만든 것이 있는데 틈틈이 쓸 수가
있다.

그 차등품은 진짜 회청(回靑)76)이다.

---

72) 건요의 토끼털 무늬가 있는 꽃다운 것(建窯兎毛花) : 건주요는 복건성 덕화현에
   있었다. 토끼털 무늬의 꽃다운 찻사발은 건잔(建盞)이라고 하는 것으로 신안 해
   저유물 중에도 건져 올린 것이 있다.

73) 순수한 흰 빛깔을 좋은 것으로 삼는다(純白爲佳) : 원래 다도란 오관(五官)이 동
   원되는 종합예술이므로 찻물의 빛깔과 찻잔의 빛깔도 시대별로 조화를 이루었다.
   즉 당과 오대에는 담황색의 찻물에 청자의 찻주발, 송 · 원대에는 유백색의 찻물
   에 청자 또는 흑유(黑釉)의 찻사발, 명대 이후로는 연두빛 찻물에 백자의 찻잔이
   사용되었다.

74) 정요(定窯) : 하북성 진정부(정정현)에 있었던 정주요(定州窯)를 가리킨다. 정주요
   에서 구워진 찻사발은 흰 빛깔이었다. 고려시대 이규보(李奎報, 1168~1235)의
   시에도 '정주의 오지사발로 차를 맛보았네(嘗茘定州瓷)'라는 시구가 보인다.

75) 선덕 · 성화 · 가정(宣成嘉靖) : 선덕은 명나라 선종의 연호(1426~1449)이며, 성
   화는 헌종의 연호(1465~1487)이고, 가정은 세종의 연호(1522~1566)이다. 청나
   라 주담(朱琰)이 지은 《도설(陶說)》의 권3에도 선덕요 · 성화요 · 가정요에 관한
   기록이 보인다.

76) 회청(回靑) : 회교(回敎)를 믿는 지방에서 나는 청색 안료(顏料)로 도자기를 만드
   는 데 쓰인다. 주담이 지은 《도설》의 권3에 따르면 회청은 정덕 연간(1506~
   1521)에 대당(大璫, 궁중의 환관)이 운남을 지킬 때 외국에서 얻었는데, 가요(嘉

찻사발은 반드시 둥글고 가지런한 것을 가려 뽑는다. 힘이 약하고 재주가 뒤떨어지는 것은 쓰지 말아야 한다.

차따르개는 다른 냄새가 배지 않은 것을 좋은 것으로 삼는다. 그러므로 은이 첫째요 주석이 버금간다.

상등품의 진짜 주석은 효력이 커서 등급이 낮지가 않다. 흑연을 섞어서는 안된다. 물을 맑게 할 수는 있을지라도 도리어 맛을 빼앗기 때문이다. 그 다음으로는 호외에 있는 유약을 바른 사기 찻병(油瓷壺)이 또한 좋다. 반드시 자요(柴窯)[77]·여요(汝窯)[78]·선덕요(宣德窯)·성화요(成化窯) 따위와 같은 것이어야만 좋은 것으로 삼는다. 그러나 끓는 물을 왈칵 따르면 옛날 사기그릇은 깨지기 쉬우므로 안타까운 노릇이다.

요사이 요주[79]에서 만든 것은 지극히 사용을 견디어 내지 못한다. 옛날에는 공춘[80]의 찻병을, 요즈음은 시대빈[81]이 만든 것을 당시 사

窯)의 어기(御器)에 사용하였으나 그 뒤에는 이어 나갈 수가 없었다고 한다. 또 회청을 분쇄해서 주사반점(硃砂斑)이 있는 것을 상청(上靑)이라고 하며, 은성이 있는 것을 중청(中靑)이라고 한다. 그리고 회청 한냥에 석청(石靑) 한돈을 섞어서 상청이라 하고 4, 6분을 섞으면 중청이라고 한다. 한편 《조선왕조실록》의 세조 9년 계미 5월조에는 '전라도 경차관(敬差官)인 구치후(丘致峋)가 강진에서 회회청(回回靑)을 얻어서 바쳤다'고 적혀 있기도 하다.

77) 자요(柴窯) : 오대(五代) 후주(後周)의 세종(世宗)시대의 도기(陶器)를 가리킨다. 세종의 성(姓)이 자(柴)씨였기에 붙여진 이름이다. 청나라 주담의 《도설》에 따르면 자요의 제품은 '푸르기가 하늘과 같고, 밝기가 거울과 같고, 얇기가 종이와 같고, 소리는 경쇠(磬 : 옥·돌로 만든 악기)와 같다'고 하였다.

78) 여요(汝窯) : 송나라 때의 여주(하남성 임여현)의 가마에서 구워낸 도자기를 가리킨다.

79) 요주(饒州) : 강서성 요주 부량현에 소속된 창남진에 있던 가마로서 요주요(饒州窯)라고 하였다. 그뒤 송나라 진종의 경덕(景德) 연호(1004~1007)를 따서 경덕진요(景德鎭窯)라고 개칭되었다. 청나라의 남포(藍浦)가 지은 《경덕진도록(景德鎭陶錄)》 10권이 전한다.

80) 공춘(龔春) : 중국 다도계에서는 '물은 차의 어머니요, 찻병(다관)은 차의 아버지

람들이 크게 소중히 하였다. 대저 이러한 것은 모두 거칠은 모래로 만들어졌는데, 모래를 치우치지 않게 받아들여서 흙냄새가 안나기 때문이다. 닥치는 대로 만들어지긴 했어도 두루 지극히 정교하게 만들어진 것이다.

생각컨대 구울 때 반드시 화력을 있는 대로 충족시켜서 알맞게 구워내야 하리라. 그러나 불의 상태가 약간 지나치면 찻병은 또한 부서지고 파괴되는 것이 많아진다. 그래서 더욱 귀중함이 증가된다.

화력이 닿지 않은 것은 날모래로 물을 붓는 것과 같아서 흙냄새가 코에 진동하여 쓰기에 알맞지 않다. 그러나 공춘이나 시대빈이라도 주석그릇과 견주면 오히려 3할쯤 등급이 낮다.[82] 모래의 성미가 어렴

이다'라는 속담이 있을 정도로 다관을 중하게 여겼기 때문에 역대로 이름난 도공(陶工)도 많았다. 공춘은 의흥호예사(宜興壺藝史)의 초창기(1506~1521)에 속하는 개산조(開山祖)인 김사승(金沙僧)의 제자이다. 오건(吳騫)의 《양선명도록(陽羨名陶錄)》에 따르면, 공춘(龔春 / 供春)은 제학부사(提學副使)·사천참정(四川參政)인 오사(吳仕 : 자는 극학이요, 호는 신산이다)의 집종(家僮)으로서, 오사가 금사사(金沙寺 : 강소성 의흥현)에 가서 독서를 할 때 가끔 따라가 틈이 나는 대로 늙은 스님이 도자기를 만드는 것을 훔쳐보고 흉내내어 마침내 이름난 도공이 되었다는 것이다. 그가 만든 찻병은 밤색으로 해묵은 쇠와 같다. 오늘날까지 전하는 '육판원낭호(六瓣圓囊壺)'에는 '공공춘관(龔供春款)'이라는 음각한 글자와 '대명정덕 팔년 명(大明正德八年銘)'이라는 명문(銘文)이 새겨져 있다.

81) 시대빈(時大彬) : 시대빈은 의흥 찻병을 만든 초창기에 공춘을 잇는 네 사람의 이름난 도공의 한 사람인 시붕(時朋 / 時鵬)의 아들이다. 그는 의흥호예사의 제1기인 '근문형기(筋紋型期 : 1522~1644)'의 첫번째를 차지하는 도공이다. 그의 작품 경향을 살펴보면, 처음에는 공춘의 제법을 모방하여 큰 찻병을 만들었으나, 진미공(陳眉公)의 차의 품평론을 읽고서는 작은 찻병을 만들게 되었다. 오늘날 전하는 시대빈의 '규화호(葵花壺)'에는 '만력 정유 춘(萬曆丁酉春)'이라는 음각한 글씨(款)와 '시대빈 제(時大彬製)'라는 명문이 새겨져 있다. 청나라 진정혜(陳貞慧)의 《추원잡패(秋園雜佩)》에 따르면 시대빈의 제자는 이중방(李仲芳)이었다.

82) 주석그릇과~등급이 낮다(較之錫器 尙減三分) : 명나라의 문진형(文震亨)은 《장물지(長物志, 권12)》에서 '찻병은 모래로 만든 것을 으뜸으로 삼는다. 대저 향기를 빼앗지 않고 익은 물의 냄새가 없다'고 하면서 주석의 찻병을 차등품으로 삼

풋이 스며나오고, 또 유약을 쓰지 않은 것이라 향기가 배어들고 들어나지를 않아 식기 쉽고 쉬기(변한 맛) 쉽기 때문이다. 겨우 애완품으로 제공되는 것을 견디어 낼 따름이다.

그밖의 가는 모래로 만든 것과 다른 장인의 손으로 만들어진 것은 품질이 나쁘고 모양도 뒤떨어져서 더욱 흙냄새가 나고, 절대로 맛을 손상시키므로 결코 써서는 안된다.

흔들어 씻기(盪滌)

물 끓이는 냄비(湯銚)·찻사발(甌)·차따르개(注)는 건조하고도 청결한 것이 가장 알맞는다. 날마다 새벽에 일어나면 반드시 끓인 물로 흔들어 씻고, 매우 길든 누른 삼베 행주로 속을 향하여 닦아내고 훔쳐서 말리며 대나무로 결은 시렁에 엎어서 마른 곳에 올려놓고 달일 때 생각대로 가지고 쓴다. 찻일의 거행이 이미 끝났거든 물을 끓이는 냄비는 남은 찌꺼기를 닦아내고 제자리에 엎어 둔다.

차따르개는 차를 따라서 비로소 그릇이 빌 때마다 대젓가락으로 남은 찻잎을 비워 내고 다음번 사용을 기다린다.

찻사발 속에 남은 즙은 반드시 쏟아내서 두번째 따르는 것을 기다린다. 혹시 이것이 남아 있을 것 같으면 향기를 빼앗기고 맛이 손상된다.

찻사발은 사람마다 반드시 한잔을 갖추고, 전하여 주고받는 데 힘들이지 않도록 하며, 두번째 잔을 돌린 뒤에 맑은 물로 씻는 것이 좋다.

차마시기(飮啜)

한 병의 차는 다만 두번째 잔 돌리기를 견디어 낸다.

있다. 그리고 명나라의 풍가빈(馮可賓)의 《개다전(岕茶牋)》에도 '찻병은 오지그릇을 으뜸으로 삼으며 주석이 버금간다'고 적혀 있다.

첫번째 돌린 잔은 싱싱하며 맛좋고, 두번째 돌린 잔은 달고도 순박하나, 세번째 돌린 잔은 마실 의욕이 없어진다.

나는 일찍이 풍개지(馮開之)[83]와 더불어 차의 상태를 장난삼아서 말하기를, 첫번째 돌린 잔은 '용모가 아름답고 몸매의 가냘프기가 열세살 남짓하다'[84] 하였고, 두번째 돌린 잔은 '열여섯 나이의 벽옥 아가씨'[85]라 하였고, 세번째 돌린 잔부터는 '푸른 잎은 그늘을 이룬다'[86]고 하였다. 개지는 크게 동의하였다.

차따르개(茶注)는 작은 것을 좋아하는데, 작으면 두번째 잔 돌리기만으로 끝나며, 차라리 여유있는 향기를 반드시 찻잎 속에 머무르게 해서 향기롭게 남겨 두면 오히려 식사 뒤에 마시거나 양치질용으로

---

83) 풍개지(馮開之) : 명나라 때의 수수(秀水 : 절강성 가흥현) 태생으로 이름은 몽정(夢禎)이요, 개지는 자(字)였다. 그는 벼슬이 남경국자좨주(南京國子祭酒)까지 올랐다.

84) 용모가~남짓하다(婷婷嫋嫋十三餘) : 당나라의 시인인 두목(杜牧, 803~852)이 〈증별시(贈別詩)〉에서 '아름다운 모양과 한들거리며 나아가는 모양이 열세살 남짓한데, 2월 초 육두구의 우듬지 같네'라고 읊은 시구를 윤색 인용한 것이다. 열대 식물이자 약재인 육두구라는 콩의 꽃봉오리를 아리따운 열세살 소녀에 비유한 시구로 이것을 첫번째 돌린 잔의 차맛에 비유한 것이다. 한편 두목이 호주자사(湖州刺史)로 있을 때 읊은 〈의흥의 다산을 적는다(題宜興茶山)〉라는 시도 있다.

85) 열여섯 나이의 벽옥 아가씨(碧玉破瓜年) : 진나라의 손작(孫綽)이 읊은 〈벽옥의 노래(碧玉歌)〉에서 '벽옥이 열여섯살일 때, 사나이는 정을 느껴 충심으로 사모하고 그리워한다네'라는 시구를 윤색 인용한 것이다. 이것을 두번째 돌린 잔의 차맛에 비유한 것이다. 원문 중의 '파과(破瓜)'에서 과(瓜)를 파자(破字)하면 팔(八)이 두개로써, 이팔(二八)은 십륙(十六)이 되므로 여자 나이 16세를 이른다.

86) 푸른 잎은 그늘을 이룬다(綠葉成陰) : 당나라의 시인인 두목이 읊은 〈탄화시(歎花詩)〉에서 '푸른 잎은 그늘을 이루고 자식들은 가지에 가득하네'라는 시구를 인용한 것이다. 즉 두목은 젊었을 때 어떤 소녀에게 눈독을 들였으나 나이가 어려서 10년 뒤에 맞이하러 오마고 기약하였다. 그러나 약속된 해보다 4년 늦게 맞이하러 갔더니, 그 여자는 이미 다른 데로 시집가서 두 팔에 어린애를 주렁주렁 안고 있었다. 그래서 이것을 탄식하여 읊은 것이 〈꽃을 탄식하는 시(歎花詩)〉인 것이다. 결국 세번째 돌린 잔의 차맛은 때를 놓친 것이라는 뜻이다.

제공되는 것을 견디어 내므로 버리지 않아도 되기 때문이다.

큰 그릇으로 여러번 돌리거나, 가득히 쏟아 붓고 마시거나, 머물러 기다려서 온도를 줄이거나, 혹은 진하고 쓰게 하는 것은 농부나 장인이 다만 물방울의 공급을 돕는 것과 무엇이 다르겠는가. 이래서야 어찌 두루 맛본 것을 왈가왈부할 것이며, 어찌 풍미를 알 것인가.

손님의 관장(論客)

찾아오는 손님이 많아서 붐빌 때는 술잔과 벌주 산가지가 오고가는 데 그친다. 데면데면하게 사귀는 사람과 갑자기 만났을 때는 약간의 보통 찻물을 주고받는 데 그친다.

오직 소박한 마음을 찬성하여 행동을 같이하고, 서로 유쾌하고 즐거우며, 맑은 이야기를 조리가 있고 힘차게 거침없이 말하며, 세상의 형세에서 벗어난 벗과 만났을 때 비로소 아이를 불러서 모닥불을 피우고, 물을 길어서 끓는 물을 따르는 것이 옳다. 손님의 많고 적은 것을 헤아려서 찻그릇을 바쁘거나 한가롭게 부린다. 세 사람 이하면 화로 하나에 불을 사르는 데 그친다. 5, 6명 같으면 곧바로 두개의 솥과 화로를 쓰는 것이 마땅하다.

끓인 물을 내놓는 일은 한 아이가 어울리고 알맞다. 만약 도리어 둘이서 하면 차질이 있을까 두렵다.

손님이 많으면 잠시 불을 물리치기도 하며, 안방으로부터 내온 차나 과일을 넣어도 무방하다.

차일을 처리하는 곳(茶所)[87]

작은 방 이외에 따로 찻집(茶寮)을 세운다. 높고도 건조하며 밝고

---

87) 차일을 처리하는 곳(茶所) : 차일을 다루는 찻집을 따로 둔 예는 명나라 하교원 (何喬遠)의《민서(閩書)》에 다음과 같이 적혀 있다. 즉 송나라의 어용 차밭인 북

도 상쾌하여야 하나 막히게 하여서는 안된다. 벽가에 화로 두개를 줄
지어 놓는데, 화로는 작은 씌우개로 덮어서 한면만 열어 둔다. 재와
티끌이 솟아나는 것을 없애기 위해서이다.

집 앞에 궤 하나를 놓고, 차따르개와 차바리를 갖추어 차를 달일
때의 연장으로 제공한다. 또 하나의 궤를 따로 놓고 다른 그릇들을
갖추며, 곁에는 시렁 하나를 나란히 놓고 그릇 닦는 행주를 걸어둔다.

보고 쓸 때 찻그릇은 방안에 두며, 찻잔을 주고받은 뒤에는 뚜껑을
도로 닫아서 티끌이나 때가 묻지 않도록 하며, 물의 효험을 손상시키
지 않도록 한다.

숯은 멀리 두는 것이 알맞고 화로에 접근시켜서는 안된다. 많이 갖
추고 미리 말리면 불을 피우기가 쉬워지므로 더욱 좋다. 화로는 벽에
서 약간 물리치며, 재는 자주 제거하는 것이 좋다. 요컨대 불을 삼가
고 불사르기를 대비하는 것이 가장 급한 일이다.

차씻기(洗茶)[88]

개차(岕茶)는 산기슭으로부터 따는데, 산에 많이 떠 있는 모래가
비를 거느리고 때마다 내려오면 곧 찻잎 속에 묻으니, 달일 때 모래
와 흙을 씻어버리지 않으면 차를 손상시킨다.

반드시 먼저 대야에서 손을 깨끗하게 한 다음 절반 끓은 물을 사용
하는데,[89] 부채질로 불이 세차게 타오르게 하여 약간 부드럽게 해서

원에는 전운사의 관청과 찻집(茶堂)인 성휘관(星輝館)이 있었고, 전운사로 있던
정위(丁謂)도 찻집을 지었다고 한다. 그러나 찻집에 대한 구체적인 기록은 아마
도 도융의《고반여사》의 〈산재전〉에 있는 다료(茶寮)가 처음인 것 같다. 그리고
그림으로는 명나라의 문징명(文徵明)이 그린《품다도(品茶圖)》가 있다. 한편 고
려시대의 다소(茶所)는 차를 바치던 공다소(貢茶所)라는 지방제도였다.

88) 차씻기(洗茶) : 차를 씻는 기구인 차씻개(茶洗)는 도융이 지은《다전》의 침구(沈
垢)와 같다.

차를 씻는다.

물이 끓지 않으면 물냄새가 없어지지를 않아서 도리어 차를 손상시킨다. 그러나 지나치게 씻어서 그 효력이 손상되어서는 안된다. 모래와 흙이 제거되면 얼른 손 안에서 짜가지고 바싹 마르게 하고 따로 주둥이가 깊은 사기그릇의 합(盒)에 저장하여 떨어 흔들어 흩어지게 해서 사용을 기다린다.

차씻기는 반드시 친히 몸소 행하며, 대신 잡게 해서는 안된다. 끓인 물의 차갑기와 뜨겁기, 차의 건조와 습기, 손놀림의 느리기와 빠르기에 대한 알맞는 정도, 물건을 갖추어 두는 알맞는 장소 등은 마음 속에 영고성쇠(榮枯盛衰)가 있으니, 다른 사람들은 반드시 미처 일을 깨닫지 못하였기 때문이다.

어린 사내아이(童子)

차달이기와 향사르기는 모두 이것이 맑은 일이기 때문에, 몸소 스스로 일을 맡아보는 것도 무방하지만, 그러나 손님을 대하여 익살을 부리면서야 어찌 손수 담당할 수가 있겠는가. 그래서 두 어린아이를 가르쳐서[90] 맡기는 것이 좋다.

그릇은 반드시 새벽에 씻고, 손은 때때로 씻게 하며, 손톱은 깨끗이 깎는다.

---

89) 절반 끓은 물을 사용하는데(用半沸水) : 전춘년의 《제다신보》에는 뜨거운 물(熱湯)로 차를 씻는다고 하였으며, 문진형의 《장물지(長物志, 권12)》에는 끓인 물을 약간 식혀서 씻는다고 하였다.

90) 두 어린아이를 가르쳐서(教兩童) : 소위 다동(茶童) 교육을 하라는 뜻이다. 한반도의 사찰에서는 사미승으로 하여금 다각(茶角)의 직분을 맡겼다. 그리고 조선의 이덕무(李德懋, 1741~1793)가 지은 《사소절(士小節)》의 〈동규(童規)〉조에도 다동 교육이 강조되어 있다. '어버이를 섬기는 사람은 약을 달이고 차를 달이며, 물과 불을 살필 줄 알아야 한다.'

불씨는 항상 묻어두는 것이 좋고, 마실 때를 헤아려서 불의 상태를 높이는 것이 좋다. 또 마땅히 주인에게 먼저 여쭌 뒤에 찻일을 행한다. 찻잔의 주고받기가 몇번 지나가면 약간 그치는 것도 좋다.

중간에 나무 열매의 먹이[91]를 제공할 때는 따로 짙은 즙을 올리도록 한다. 중등품으로 갖추는 것도 무방하다. 대저 나무 열매의 먹이를 먹는 것과 차를 마시는 것은 서로 필요로 하는 것으로서 한쪽만 행하여서는 안된다. 달고 진한 것만 모두 베푼다면 누가 능히 감상할 수 있겠는가. 그리고 술을 들고 잔에 명령을 내릴 때는 하던 찻일은 중도에서 폐지하는 것이 이치에 맞는다.

혹 콧속에서 단내가 나고, 귀 뒤에서 바람이 나면 역시 감로차를 마시는 것이 좋다. 이러할 때는 각각 큰 바리를 가지고 곡우 직전에 따서 만든 가늘고 옥 같은 차를 손가락으로 집어넣고 물을 부어 달이면 참으로 속되지 않다.

마시는 때(飮時)
마음과 손이 한적할 때
책 읽기와 시 읊기에 지쳤을 때
기분이 어수선할 때
가곡을 들을 때
노래가 파하고 가락이 끝났을 때
문을 닫고 바깥일을 피할 때
북 치고 거문고를 타며 그림을 볼 때

---

91) 나무 열매의 먹이(果餌) : 요사이 대만에서 먹고 있는 다식(茶食)은 땅콩·수박씨·잣 등의 건과류(乾果類), 계화설편(桂花雪片)·화생당(花生糖)·저유고(猪油糕)·지마교편(芝麻交片) 등의 첨식류(甛食類), 우육건(牛肉乾)·우어사(魷魚絲) 등의 육류 등이다.

깊은 밤에 함께 이야기할 때
밝은 창가의 깨끗한 책상을 대할 때
깊숙한 방이나 아름다운 누각에 있을 때
손님과 주인이 정성스럽고 친할 때
아름다운 손님과 작은댁92)과 있을 때
벗을 방문하고 갓 돌아왔을 때
날씨가 맑고 바람이 온화할 때
가볍게 흐리고 가랑비가 내릴 때
작은 다리에 그림배를 대었을 때
무성한 숲과 긴 대숲을 바라볼 때93)
꽃을 가꾸고 새를 보살필 때
연못가 정자에서 더위를 피할 때
작은 집에서 향을 사를 때
술잔치가 끝나고 손님이 갔을 때
어린이들의 글방을 들여다볼 때
맑고 조용한 절이나 도관을 찾았을 때
명천괴석에 다다를 때

그치기에 알맞은 때(宜輟)
일을 할 때
연극을 볼 때
편지를 쓸 때

---

92) 작은댁(小姬) : 첩(妾)을 가리킨다.
93) 무성한~바라볼 때(茂林修竹) : 이 대목은 동진(東晉)의 서예가인 왕희지(王羲之, 307?~365?)의 명문인 《난정서(蘭亭敍)》에서 '이 땅에 숭산준령(崇山峻嶺)과 무림수죽(茂林修竹)이 있네'라는 대목에서 인용한 것이다.

큰 비나 눈이 올 때

큰 잔치 때

책을 펄럭이며 볼 때

인사에 몰리어 몹시 바쁠 때

그리고 위의 마시기에 마땅한 때와 서로 반대될 때

쓰기에 마땅치 않은 것(不宜用)

나쁜 물

깨진 그릇

구리숟가락

구리냄비

나무통

섶나무

밀기울 같은 숯

거칠은 어린아이

나쁜 여자종

깨끗하지 못한 행주

각종 과실과 향약

가까이하기에 마땅치 않은 것(不宜近)

그늘진 방

부엌

시가의 떠들썩한 곳

우는 아이

거칠고 촌스러운 사람

어린 종끼리의 싸움

무더운 서재

좋은 벗(良友)

맑은 바람과 밝은 달
종이 휘장과 닥종이 이불
대나무 평상과 돌베개
이름난 꽃과 옥같이 아름다운 나무

나가 놀기(出遊)

선비가 산에 오르거나 물에 임할 때는 반드시 술병과 술잔을 지니
는 것이 규칙이지만, 찻주발과 향로는 버려두거나 묻지도 않는다. 이
것은 헛되이 호협하게 노닐 뿐이지 옛 교제에 맡기는 것은 아니다.

나로서는 놀이 행장을 특별히 만들어서 여러 기구를 갖추고자 한
다. 교묘한 차와 이름난 향은 다른 칸에 담아서 함께 가지고 간다.

차양병(茶罋) 하나 · 따르개 둘 · 냄비 하나 · 작은 사발 넷 · 차썻개
하나 · 사기합(瓷盒) 하나 · 구리 화로 하나 · 얼굴 썻개(面洗, 세수대
야?) 하나에 행주 하나를 곁들인다. 그리고 향 궤짝 · 작은 화로 · 향
주머니 · 숟가락 · 젓가락을 덧붙인다.

이상의 것을 반짐으로 하고, 물 30근을 담은 얇은 독을 반짐으로
하면 짊어질 때 균형이 잡히기에 족하다.

임기응변의 방편(權宜)

먼 곳으로 놀러 나갈 때는 차가 적어서는 안된다. 그 지방에서 난
것이 좋지 않거나, 호사가도 드물 염려가 있으므로, 하는 수 없이 손
수 몸에 지니고 가는 것이다. 그러나 질그릇은 어려움이 겹치므로,
또 하는 수 없이 작은 대그물에 저장하도록 맡긴다. 그리하여 차를

처음으로 독에서 꺼내면 불에 쬐어 말리고, 대그릇은 햇볕에 쬐어 말리며, 속을 얼룩 조릿대로써 두껍게 달라붙게 하고 그 속에 차를 가득 채운다.

목적지에 도착하면 맨 먼저 새롭고도 훌륭하여 마음에 드는 질그릇 병(瓦缾)을 구해서 불에 쬐어 말린 다음 차를 꺼내어 불에 쬐어 말리고 건조시켜서 찻단지 속에 저장한다.

이렇게 하면 풍미는 약간 감소되는 점이 없지 않으나, 냄새와 맛은 아직 존재한다.

배로 항해하여 출입하거나 수레와 말로 길을 가는 것이 아닐 것 같으면 질그릇 단지를 쓴다.

휴대하기에 가벼워서 편리하다는 이유만으로, 영험한 품질에 손상을 끼치지 않도록 하여야 한다.

호림94)의 물(虎林水)

항주에 있는 양쪽(남북) 산의 물에서는 호포천95)을 으뜸으로 삼는다. 향기롭고도 맑으며 달고도 미끄러워서 지극히 귀중하다. 좋은 것은 곧 절간의 부엌96) 안에 있는 흙샘으로 그러기에 흙냄새가 나지만 사람이 분별하지는 못한다.

그   다음으로   용정(龍井)97)·진주(珍珠)·석장(錫丈)·도광(韜

---

94) 호림(虎林) : 절강성의 항주시를 가리킨다.

95) 호포천(虎跑泉) : 항주 대자산 남쪽의 대정혜사 안에 있는 샘물이다. 호포천이라는 이름의 유래에 대해서는 다음과 같은 전설이 있다. 즉 당나라 헌종의 원화 연간(806~820)에 이 절에 있던 성공(性空) 스님이 물이 없어서 딱하던 차에 두 마리의 호랑이가 나타나서 발톱으로 땅을 긁어 파자(跑) 샘물이 솟아났다는 것이다. 그래서 대정혜사를 호포라고도 한다.

96) 절간의 부엌(香積廚) : 향적(香積)이라면 절간에 있는 스님의 부엌(寺院之僧廚)을 뜻하기도 하고, 절의 이름(寺名)을 가리키기도 한다.

97) 용정(龍井) : 절강성 항주시의 서남쪽에 자리한 풍황령의 남쪽 기슭에 있는 우물

光)98)·유종(幽淙)·영봉(靈峰)99) 같은 데에는 모두 좋은 샘이 있는데, 길어다가 차를 달이는 데 제공되는 것을 견디어 낸다.

항주와 여러 산의 산골짜기에 흐르는 시냇물의 맑은 흐름도 아울러서 잔을 서로 주고받을 수가 있다. 그러나 홀로 수락 한 골100)의 물은 제멋대로 흐르다 보니, 지나치게 지쳐서 맛이 마침내 엷어지고 말았다.

옥천101)이라면 옛날에는 자못 좋았으나, 요즈음은 종이 공장 때문에 무너졌다.

알맞은 정도(宜節)

차는 늘 마시기에 알맞는 것이지만 많이 마시기102)에는 마땅치가 않다. 늘 마시면 심장과 폐장이 맑고 시원하며, 번민이나 언짢은 기분도 멈추고 풀린다. 그러나 많이 마시면 비장과 신장이 어렴풋이 손상

(井)처럼 깊은 샘물이다.

98) 도광(韜光) : 당나라의 도광스님이 있었던 곳이라 하여 붙여진 이름이라고 한다. 도광샘의 위치는 항주의 서남쪽에 자리한 북고봉 남쪽에 있는 도광암의 산등성이 뒤에 있다.

99) 영봉(靈峰) : 항주 도원령과 진정산 사이에 있다.

100) 수락 한 골(水樂一洞) : 수락골(水樂洞)은 항주시의 서남쪽에 자리한 남고봉 서쪽에 있는 연하령의 밑에 있다.

101) 옥천(玉泉) : 선고산 북쪽의 청연사 안에 있는 샘물.

102) 많이 마시기(多飮) : 차를 많이 마신 본보기가 북송의 전이(錢易)가 지은《남부신서(南部新書)》의 권신(卷辛)에 다음과 같이 적혀 있다. '대중 3년(849) 동도(東都)에 나이가 120세인 한 스님이 올라갔다. 선종이 묻기를, "무슨 약을 들어서 이렇게 오래 사셨소?"라고 하였더니, 스님이 대답하여 아뢰기를, "신(臣)은 어렸을 때 천박하여 본디 약성(藥性)을 모르옵고, 다만 본성이 차를 좋아하여 가는 곳마다 오로지 차를 구하였더니, 혹은 하루에 백여 잔도 만나웁고, 보통 날에도 4, 50잔 이하는 되지 않았사옵니다."라고 하였다. 이로 말미암아 차 50근이 하사되고, 보수사에 살도록 분부하고 차 마시는 곳을 찻집(茶寮)이라고 이름하였다.'

되어 설사를 하거나 몸이 식는 증세가 생긴다.

대저 비장은 흙이라 원래가 물기요, 신장은 또한 물의 고장이라[103] 건조한 데 알맞고 따뜻한 데 알맞는 것이니, 물을 많이 마시는 것은 이로움이 아닐지도 모른다.

옛날 사람들은 물도 마시고 끓인 물도 마셨다. 후세 사람들이 비로소 이것들을 차로 바꾸었는데, 그것은 곧 끓인 물을 마시는 것과 같은 뜻으로서, 다만 빛깔·향기·맛을 갖추게 한 데 지나지 않는다.

정취는 이미 홀로 이르렀거늘, 어찌 너무 많이 마셔서 도리어 맑고 차가움을 잃을 필요가 있겠는가. 또한 찻잎이 너무 많은 것도 비장과 신장을 손상시키므로, 지나치게 마신 것과 똑같은 손해를 입힌다.

풍류를 모르는 사람은 많이 마시는 것을 삼가는 것은 알아도, 찻잎을 많이 쓰는 것을 삼가는 것은 모른다. 나는 따라서 삼가는 사리를 밝혀두는 바이다.

잘못 바로잡기(辯訛)

옛사람들이 차를 말할 때는 반드시 몽정[104]을 으뜸으로 삼았다. 몽정산[105]은 촉(사천성)의 아주에 있는 산이다. 옛날에는 늘 차가 생산되었으나 지금은 다시 또 나지를 않는다. 만약 있었다고 하더라도 그

---

103) 대저~고장이라(蓋脾土原潤 腎又水鄉) : 음양오행설에서 오장 중에서 간은 나무, 심장은 불, 비장은 흙, 폐는 쇠, 신장은 물에 해당된다. 송나라 유학을 마치고 차씨를 가지고 돌아간 일본의 에이사이 선사(榮西禪師, 1141~1215)가 《끽다양생기(喫茶養生記)》에서 역설한 오장화합설(五臟和合說)도 오행설에 바탕을 둔 것이다.

104) 몽정(蒙頂) : 사천성의 아안현·명산현·노산현의 경계선에 자리한 몽산(蒙山)의 정수리(頂)라는 뜻이다.

105) 몽정산(蒙頂山) : 다섯 정수리로 이름난 몽산을 가리키며, 정(頂)은 연자(衍字)이다.

곳 오랑캐들이 독차지하여 다시는 산 밖으로 나오지를 않는다.

촉 지방의 안에서조차 오히려 얻을 수 없는 것이 어찌 중원이나 강남에 도달할 수가 있겠는가.

지금 사람들이 주머니에 담는 석이버섯(石耳)[106]과 같은 것은 산동으로부터 오는 것으로 바꾸어 말하면 몽음산의 돌이끼(石苔)인데, 차 냄새라고는 전혀 없고 다만 어렴풋이 달 뿐이다. 망령되이 몽산차라고 하지만, 차란 반드시 나무에서 나는 것인데 물이끼(石衣)를 차라고 하겠는가.

근본 밝히기(考本)

차는 원래 옮기지 못한다. 심은 것은 반드시 씨앗에서 태어난다. 옛사람들이 결혼할 때 반드시 차로써 예를 삼은 것은, 옮기지 말고 자식을 두라는 뜻을 받아들인 것이다. 지금 사람도 역시 그 예를 '차내리기(下茶)'라고 이름한다.

남녘 오랑캐들의 혼인 정하기에는 반드시 차가 없어서는 안된다. 다만 많고 적음이 있을 뿐이다. '예를 잃고 변두리에서 구한다'더니, 지금은 이것을 오랑캐에게서 구하는구나.

서재에 있으면서 할 일도 없는 나에게는 자못 홍점(육우)의 버릇이 있는데, 또 상저옹(육우)이 이르는 곳에는 반드시 손수 붓걸이와 차 부뚜막을 지니고 갔다.

그리하여 우인 중에는 동호인이 있는데, 여러번 내가 이론을 세운 저술을 하여 일가견을 갖추어 호사가에게 전하는 것이 있어야 마땅하다고 말하는 것이었다.

---

106) 석이버섯(石耳) : 바위에서 나는 일종의 이끼인데, 맛과 향기가 좋다. 청나라 유원장(劉源長)의 《다사(茶史)》에 따르면, 연주(兗州, 산동성)의 몽산에서 돌 위에 결성되는 태의(苔衣)를 몽산차라고 하였다.

그러므로 차례를 세워서 편찬하여 의견을 서술하게 된 것이다. 혹시 마음이 같아서 반드시 나의 허물에 대하여 경계의 뜻을 펴는 글로 이것을 고치고 증정(增訂)하여, 책을 완성시켜서 공식적으로 발표하여 주는 이가 있기를 진실로 바라는 바이다.

차서는 거듭 적는다.

茶　疏

明　許次紓

題然明茶疏敍

陸羽品茶　以吾鄕顧渚所産爲冠　而明月峽元　其所最佳者也　余闢小
園其中　歲取茶租自判　童而白首　始得臻其玄詣　武林許公然明　余石交
也　亦有嗜茶之癖　每茶期　必命駕造余齋頭汲金沙玉竇二泉　細啜而探
討品隲之　余罄生平習試自秘之訣　悉以相授　故然明得茶理最精　歸而
著茶疏一帙　余未之知也　然明化三年所矣　余每持茗椀　不能無期牙之
感　丁未春　許才甫携　然明茶疏見示　且徵於夢　然明存日　著述甚富　獨
以淸事托之故人　豈其神情所注　亦欲自附於茶經不朽與　昔犖氏陶瓷
肖鴻漸像　沽茗者必祀而沃之　余亦欲貌然明於篇端　俾讀其書者　幷挹
其丰神可也

　　　　　　萬曆丁未春日　吳興友弟　姚紹憲識於明月峽中

茶疏小引

吾邑許然明　擅聲詞場舊矣　丙申之歲　余與然明遊龍泓　假宿僧舍者
浹旬日　品茶嘗水　抵掌道古　僧人以春茗相佐　竹爐沸聲　時與空山松濤
響答　致足樂也　然明喟然曰　阮嗣宗以步兵廚貯酒三百斛　求爲步兵校
尉　余當削髮爲龍泓僧人矣　嗣此經年　然明以所著茶疏眎余　余讀一過
香生齒頰　宛然龍泓品茶嘗水之致也　余謂然明曰　鴻漸茶經　寥寥千古
此流堪爲鴻漸益友　吾文詞則在漢魏間　鴻漸當北面矣　然明曰　聊以志
吾嗜痂之癖　寧欲爲鴻漸功匠也　越十年　而然明修文地下　余慨其著述

零落 不勝人琴俱亡之感 一夕夢然明謂余曰 欲以茶疏災木 業以累子
余遽然覺而思龍泓品茶嘗水時遂絶千古　山陽在念　淚淫淫濕枕席也
夫然明著述富矣 茶疏其九鼎一臠耳 何獨以此見夢 豈然明生平所癖
精爽成厲 又以余爲臭味也 遂從九京相托耶 因授剞劂以謝然明 其所
撰有小品室集篠櫛齋集 友人若貞父諸君方謀鋟之

丁未夏日　社弟　許世奇才甫撰

産茶

天下名山 必産靈草 江南之煖 故獨宜茶 大江以北 則稱六安 然六
安乃其郡名 其實産霍山縣之大蜀山也 茶生最多 名品亦振 河南山陝
人皆用之 南方謂其能消垢膩 去積滯 亦共寶愛 顧彼山中不善製法 就
於食鐺大薪焙炒 未及出釜 葉已焦枯 詎堪用哉 兼以竹造巨筍乘熱便
貯 雖有綠枝紫筍 輒就萎黃 僅供下食 奚堪品鬪 江南之茶 唐人首稱
陽羨 宋人最重建州 于今貢茶 兩地獨多 陽羨僅有其名 建茶亦非最上
惟有武夷雨前最勝 近日所尙者 爲長興之羅岕 疑卽古人顧渚紫筍也
介於山中謂之岕 羅氏隱焉 故名羅 然岕故有數處 今惟洞山最佳 姚伯
道云 明月之峽 厥有佳茗 是名上乘 要之採之以時 製之盡法 無不佳
者 其韻致淸遠 滋味甘香 淸肺除煩 足稱仙品 此自一種也 若在顧渚
亦有佳者 人但以水口茶名之 全與岕別矣 若歙之松蘿 吳之虎丘 錢唐
之龍井 香氣穠郁 並可雁行 與岕頡頏 往郭次甫亟稱黃山 黃山亦在歙
中 然去松蘿遠甚 往時士人皆貴天池 天池産者飮之略多 令人脹滿 自
余始下其品向多非之 近來賞音者 始信余言矣 浙之産 又曰天台之雁
蕩 括蒼之大盤 東陽之金華 紹興之日鑄 皆與武夷相爲伯仲 然雖有名
茶 當曉藏製 製造不精 收藏無法 一行出山 香 味 色俱減 錢塘諸山
産茶甚多 南山盡佳 北山稍劣 北山勤於用糞 茶雖易苗 氣韻反薄 往
時頗稱睦之鳩坑 四明之朱溪 今皆不得入品 武夷之外 有泉州之淸源

倘以好手製之 亦武夷亞匹 惜多焦枯 令人意盡 楚之産曰寶慶 滇之産
曰五華 此皆表表有名 猶在雁茶之上 其他名山所産 當不止此 或余未
知 或名未著 故不及論

古今製法

古人製茶 尙龍團鳳餅 雜以香藥 蔡君謨諸公 皆精於茶理 居恒鬪茶
亦僅取上方珍品碾之 未聞新製 若漕司所進第一綱 名北苑試新者 乃
雀舌水芽所造 一銙之値 至四十萬錢 僅供數盂之啜 何其貴也 然水芽
先以水浸已失眞味 又和以名香 益奪其氣 不知何以能佳 不若近時製
法 旋摘旋焙 香色俱全 尤蘊眞味

採摘

淸明穀雨 摘茶之候也 淸明太早 立夏太遲 穀雨前後 其時適中 若
肯再遲一二日期 待其氣力完足 香洌尤倍 易於收藏 梅時不蒸 雖稍長
大 故是嫩枝柔葉也 杭俗喜于盂中撮點 故貴極細 理煩散鬱 未可遽非
吳淞人極貴吾鄕龍井 肯以重價購雨前細者 狃於故常 未解妙理 岕中
之人 非夏前不摘 初試摘者 謂之開園 采自正夏 謂之春茶 其地稍寒
故須待夏 此又不當以太遲病之 往日無有於秋日摘茶者 近乃有之 秋
七八月 重摘一番 謂之早春 其品甚佳 不嫌稍薄 他山射利 多摘梅茶
梅茶澀苦 止堪作下食 且傷秋摘 佳産戒之

炒茶

生茶初摘 香氣未透 必借火力以發其香 然性不耐勞 炒不宜久 多取
入鐺 則手力不勻 久於鐺中 過熟而香散矣 甚且枯焦 何堪烹點 炒茶
之器 最嫌新鐵 鐵腥 一入不復有香 尤忌脂膩 害甚於鐵 須豫取一鐺
專用炊飯 無得別用 炒茶之薪 僅可樹枝 不用幹葉 幹則火力猛熾 葉
則易燄易滅 鐺必磨瑩 旋摘旋炒 一鐺之內 僅容四兩 先用文火焙軟
次用武火催之 手加木指 急急炒轉 以半熟爲度 微俟香發 是其候矣
急用小扇 鈔置被籠 純綿大紙襯底燥焙 積多候冷 入缾收藏 人力若多

數鎗數籠 人力卽少 僅一鎗二鎗 亦須四五竹籠 蓋炒速而焙遲 燥濕不
可相混 混則大減香力 一葉稍焦 全鎗無用 然火雖忌猛 尤嫌鎗冷 則
枝葉不柔 以意消息 最難最難

岕中製法

岕之茶不炒 甑中蒸熟 然後烘焙 緣其摘遲 枝葉微老 炒亦不能使軟
徒枯碎耳 亦有一種極細炒岕 乃采之他山炒焙以欺好奇者 彼中甚愛
惜茶 決不忍乘嫩摘採 以傷樹本 余意他山所産 亦稍遲採之 待其長大
如岕中之法 蒸之 似無不可 但未試嘗 不敢漫作

收藏

收藏宜用磁甕 大容一二十斤 四圍厚箬 中則貯茶 須極燥極新 專供
此事 久乃愈佳 不必歲易 茶須築實 仍用厚箬填緊甕口 再加以箬 以
眞皮紙包之 以苧麻緊扎 壓以大新磚 勿令微風得入 可以接新

置頓

茶惡濕而喜燥 畏寒而喜溫 忌蒸鬱而喜淸涼 置頓之所 須在時時坐
臥之處 逼近人氣 則常溫不寒 必在板房 不宜土室 板房則燥 土室則
蒸 又要透風 勿置幽隱 幽隱之處 尤易蒸濕 兼恐有失點檢 其閣庋之
方 宜磚底數層 四圍磚砌 形若火爐 愈大愈善 勿近土牆 頓甕其上 隨
時取竈下火灰候冷 簇於甕傍半尺以外 仍隨時取灰火簇之 令裹灰常
燥 一以避風 一以避濕 却忌火氣入甕 則能黃茶 世人多用竹器貯茶
雖復多用箬護 然箬性峭勁 不甚伏帖 最難緊實 能無滲罅 風濕易侵
多故無益也 且不堪地爐中頓 萬萬不可 人有以竹器盛茶置被籠中 用
火焙黃 除火卽潤 忌之忌之

取用

茶之所忌 上條備矣 然則陰雨之日 豈能擅開 如欲取用 必候天氣晴
明 融和高朗 然後開缶 庶無風侵 先用濕水濯手 麻帨拭燥 缶口內箬
別置燥處 另取小甖貯所取茶 量日幾何 以十日爲限 去茶盈寸 則以寸

箬補之 仍須碎剪 茶日漸少 箬日漸多 此其節也 焙燥築實 包扎如前

包裹

茶性畏紙 紙於水中成 受水氣多也 紙裹一夕 隨紙作氣盡矣 雖火中焙出 少頃卽潤 雁蕩諸山 首坐此病 每以紙帖寄遠 安得復佳

日用頓置

日用所需 貯小甖中 箬包苧扎 亦勿見風 宜卽置之案頭 勿頓巾箱書簏 尤忌與食器同處 並香藥則染香藥 海味則染海味 其他以類而推 不過一夕 黃矣變矣

擇水

精茗蘊香 借水而發 無水不可與論茶也 古人品水 以金山中冷爲第一泉 第二或曰廬山康王谷第一 廬山余未之到 金山頂上井 亦恐非中冷古泉 陵谷變遷 已當湮沒 不然 何其漓薄不堪酌也 今時品水 必首惠泉 甘鮮膏腴 至足貴也 往日渡黃河 始憂其濁 舟人以法澄過 飮而甘之 尤宜煮茶 不下惠泉 黃河之水 來自天上 濁者土色也 澄之旣淨 香味自發 余嘗言 有名山則有佳茶 玆又言有名山必有佳泉 相提而論 恐非臆說 余所經行 吾兩浙兩都齊魯楚粵豫章滇黔 皆嘗稍涉其山川 味其水泉 發源長遠 而潭沚澄澈者 水必甘美 卽江湖溪澗之水 遇澄潭大澤 味咸甘冽 唯波濤湍急瀑布飛泉 或舟楫多處 則苦濁不堪 蓋云傷勞 豈其恒性 凡春夏水漲則減 秋冬水落則美

貯水

甘泉旋汲用之則良 丙舍在城 夫豈易得 理宜多汲 貯大甕中 但忌新器爲其火氣未退 易於敗水 亦易生蟲 久用則善 最嫌他用 水性忌木松杉爲甚 木桶貯水 其害滋甚 挈缾爲佳耳 貯水甕口 厚箬泥固 用時旋開 泉水不易 以梅雨水代之

舀水

舀水必用瓷甌 輕輕出甕 緩傾銚中 勿令淋漓甕內 致敗水味 切須

記之

煮水器

金乃水母 錫備柔剛 味不鹹澁 作銚最良 銚中必穿其心 令透火氣
沸速則鮮嫩風逸 沸遲則老熟昏鈍 兼有湯氣 愼之愼之 茶滋于水 水藉
乎器 湯成于火 四者相須 缺一則廢

火候

火必以堅木炭爲上 然木性未盡 尙有餘烟 烟氣入湯 湯必無用 故先
燒令紅 去其烟焰 兼取性力猛熾 水乃易沸 旣紅之後 乃授水器 仍急
扇之 愈速愈妙 毋令停手 停過之後 寧棄而再烹

烹點

未曾汲水 先備茶具 必潔必燥 開口以待 蓋或仰放 或置瓷盂 勿竟
覆之案上 漆氣食氣 皆能敗茶 先握茶手中 俟湯旣入壺 隨手投茶湯
以蓋覆定 三呼吸時 次滿傾盂內 重投壺內 用以動盪香韻 兼色不沉滯
更三呼吸頃 以定其浮薄 然後瀉以供客 則乳嫩淸滑 馥郁鼻端 病可令
起 疲可令爽 吟壇發其逸思 談席滌其玄衿

秤量

茶注宜小 不宜甚大 小則香氣氤氳 大則易於散漫 大約及半升 是爲
適可 獨自斟酌 愈小愈佳 容水半升者 量茶五分 其餘以是增減

湯候

水一入銚 便須急煮 候有松聲 卽去蓋 以消息其老嫩 蟹眼之後 水
有微濤 是爲當時 大濤鼎沸 旋至無聲 是爲過時 過則湯老而香散 決
不堪用

甌注

茶甌古取建窯兎毛花者 亦鬪碾茶用之宜耳 其在今日 純白爲佳 兼
貴於小 定窯最貴 不易得矣 宣成嘉靖 俱有名窯 近日倣造 間亦可用
次用眞正回靑 必揀圓整 勿用觕窳 茶注以不受他氣者爲良 故首銀次

錫 上品眞錫 力大不減 愼勿雜以黑鉛 雖可淸水 却能奪味 其次戶外
有油瓷壺亦可 必知如柴汝宣成之類 然後爲佳 然滾水驟澆 舊瓷易裂
可惜也 近日饒州所造 極不堪用 往時龔春茶壺 近日時大彬所製 大爲
時人寶惜 蓋皆以粗砂製之 正取砂無土氣耳 隨手造作 頗極精工 顧燒
時必須火力極足 方可出窯 然火候少過 壺又多碎壞者 以是益加貴重
火力不到者 如以生砂注水 土氣滿鼻 不中用也 較之錫器 尙減三分
砂性微滲 又不用油 香不竄發 易冷易餿 僅堪供玩耳 其餘細砂 及造
自他匠手者 質惡製劣 尤有土氣 絶能敗味 勿用勿用

盪滌

湯銚甌注 最宜燥潔 每日晨興 必以沸湯盪滌 用極熟黃麻巾帨向內
拭乾 以竹編架 覆而庋之燥處 烹時隨意取用 修事旣畢 湯銚拭去餘瀝
仍覆原處 每注茶甫盡 隨以竹筋盡去殘葉 以需次用 甌中殘瀋 必傾去
之 以俟再斟 如或存之 奪香敗味 人必一盃 毋勞傳遞 再巡之後 淸水
滌之爲佳

飮啜

一壺之茶 只堪再巡 初巡鮮美 再則甘醇 三巡意欲盡矣 余嘗與馮
開之戲論茶候 以初巡爲婷婷嫋嫋十三餘 再巡爲碧玉破瓜年 三巡以
來 綠葉成陰矣 開之大以爲然 所以茶注欲小 小則再巡已終 寧使餘
芬剩馥 尙留葉中 猶堪飯後供啜嗽之用 未遽棄之可也 若巨器屢巡
滿中瀉飮 待停少溫 或求濃苦 何異農匠作勞 但需涓滴 何論品賞 何
知風味乎

論客

賓朋雜沓 止堪交鐘觥籌 乍會泛交 僅須常品酬酢 惟素心同調 彼此
暢適 淸言雄辯 脫略形骸 始可呼童篝火 汲水點湯 量客多少 爲役之
煩簡 三人以下 止熱一爐 如五六人 便當兩鼎爐 一童 湯方調適若還
兼作 恐有參差 客多 姑且罷火 不妨中茶投果 出自內局

茶所

小齋之外 別置茶寮 高燥明爽 勿令閉塞 壁邊列置兩爐 爐以小雪洞
覆之 止開一面 用省灰塵騰散 寮前置一几 以頓茶注茶盂 爲臨時供具
別置一几 以頓他器 旁列一架 巾帨懸之 見用之時 卽置房中 斟酌之
後 旋加以蓋 毋受塵汚 使損水力 炭宜遠置 勿令近爐 尤宜多瓣宿乾
易熾 爐少去壁 灰宜頻掃 總之以愼火防蓺 此爲最急

洗茶

岕茶摘自山麓 山多浮沙 隨雨輒下 卽着於葉中 烹時不洗去沙土 最
能敗茶 必先盥手令潔 次用半沸水 扇揚稍和 洗之 水不沸 則水氣不
盡 反能敗茶 毋得過勞以損其力 沙土旣去 急於手中擠令極乾 另以深
口瓷盒貯之 抖散待用 洗必躬親 非可攝代 凡湯之冷熱 茶之燥濕 緩
急之節 頓置之宜 以意消息 他人未必解事

童子

煎茶燒香 總是淸事 不妨躬自執勞 然對客談諧 豈能親蒞 宜敎兩童
司之 器必晨滌 手令時盥 爪可淨剔 火宜常宿 量宜飮之時 爲擧火之
候 又當先白主人 然後修事 酌過數行 亦宜少輟 果餌間供 別進濃瀋
不妨中品充之 蓋食飮相須 不可偏廢 甘醲雜陳 又誰能鑒賞也 擧酒命
觴 理宜停罷 或鼻中出火 耳後生風亦宜以甘露澆之 各取大盂 撮點雨
前細玉 正自不俗

飮時

心手閒適	披咏疲倦	意緖棼亂
聽歌拍曲	歌罷曲終	杜門避事
鼓琴看畫	夜深共語	明牕淨几
洞房阿閣	賓主欵狎	佳客小姬
訪友初歸	風日晴和	輕陰微雨
小橋畫舫	茂林修竹	課花責鳥

荷亭避暑　小院焚香　酒闌人散
兒輩齋館　清幽寺觀　名泉怪石
　　宜輟
作事　　　觀劇　　　發書柬
大雨雪　　長筵大席　繙閱卷帙
人事忙迫　及與上宜飲時相反事
　　不宜用
惡水　　　敝器　　　銅匙
銅銚　　　木桶　　　柴薪
麩炭　　　粗童　　　惡婢
不潔巾帨　各色果實香藥
　　不宜近
陰室　　　廚房　　　市喧
小兒啼　　野性人　　童奴相鬨
酷熱齋舍
　　良友
清風明月　紙帳楮衾　竹牀石枕　名花琪樹
　　出遊
士人登山臨水　必命壺觴　乃茗椀薰爐　置而不問　是徒游於豪擧未託
素交也　余欲特製游裝　備諸器具　精茗名香　同行異室　茶罌一　注二　銚
一　小甌四　洗一　瓷盒一　銅爐一　小面洗一　巾副之附以香奩　小爐　香
囊　匕筯以爲半肩　薄甕貯水三十斤　爲半肩足矣
　　權宜
出遊遠地　茶不可少　恐地產不佳　而人鮮好事　不得不隨身自將　瓦
器重難　又不得不寄貯竹箸　茶甫出甕焙之　竹器曬乾　以箬厚貼　實茶
其中　所到之處　卽先焙新好瓦缾　出茶焙燥　貯之缾中　雖風味不無少

減 而氣與味尙存 若舟航出入 及非車馬修途 仍用瓦缶 毋得但利輕
齎 致損靈質

虎林水

杭兩山之水 以虎跑泉爲上 芳冽甘腴 極可貴重 佳者乃在香積廚中
土泉 故其土氣人不能辨 其次若龍井珍珠錫丈韜光幽淙靈峰 皆有佳
泉 堪供汲煮 及諸山溪澗澄流 倂可甚酌 獨水樂一洞 跌蕩過勞 味遂
漓薄 玉泉往時頗佳 近以紙局壞之矣

宜節

茶宜常飮 不宜多飮 常飮則心肺淸涼 煩鬱頓釋 多飮則微傷脾腎 或
泄或寒 蓋脾土原潤 腎又水鄉 宜燥宜溫 多或非利也 古人飮水飮湯
後人始易以茶 卽飮湯之意 但令色香味備 意已獨至 何必過多 反失淸
冽乎 且茶葉過多 亦損脾腎 與過飮同病 俗人知戒多飮 而不知愼多費
余故備論之

辯訛

古人論茶 必首蒙頂 蒙頂山 蜀雅州山也 往常産 今不復有 卽有 亦
彼中夷人專之 不復出山 蜀中尙不得 何能至中原江南也 今人囊盛如
石耳來自山東者 乃蒙陰山石苔 全無茶氣 但微岾耳 妄謂蒙山茶 茶必
木生 石衣得爲茶乎

考本

茶不移本 植必子生 古人結昏 必以茶爲禮 取其不移置子之意也 今
人猶名其禮曰下茶 南中夷人定親 必不可無 但有多寡 禮失而求諸野
今求之夷矣

余齋居無事 頗有鴻漸之癖 又桑苧翁所至 必以筆牀茶竈自隨 而友
人有同好者 數謂余宜有論著 以備一家 貼之好事 故次而論之 倘有同
心 尙箴余之闕 葺而補之 用告成書 甚所望也

次紓再識

해 제(解題)

《전다수기(煎茶水記)》

저자인 장우신(張又新)은 당나라의 공부시랑(工部侍郎, 차관급)인 장천(張薦)의 아들로 육택(陸澤)에서 태어났는데, 자(字)는 공소(孔昭)였다.

그는 헌종의 원화 9년(814)에 과거의 진사과(進士科)에 장원급제한 수재로, 벼슬은 상서성(尙書省)의 좌사랑중(左司郎中, 좌사의 국장급으로 종5품 상)까지 올랐다. 재주가 뛰어났던 그는 성품이 교활하여 이른바 팔관십륙자(八關十六子)의 한 사람이 되고 말았다.

육우의 《다경》보다 10여년 뒤에 나온 이 책을 처음에는 《수경(水經)》이라고 하였으나, 북위(北魏)의 역도원(酈道元)이 지은 《수경주(水經注)》와 헷갈릴 염려가 있어서 《전다수기(煎茶水記)》라고 고쳤다고 전한다.

장우신은 《전다수기》에서 유백추가 매긴 일곱 등급의 물에 대하여 찬성은 하면서도, 이계경이 육우가 불러주는 것을 받아 적게 하였다는 스무 등급의 물을 내세우고 있다. 그런데 육우가 양자강의 남령수를 분간하는 일화는 당나라의 재상인 이덕유(李德裕, 787~849)와 얽힌 '석두성 밑의 거짓(石頭城下之僞)'이라는 일화와 닮은 데가 있다.

아무튼 장우신의 《전다수기》는 후세에 적지 않은 영향을 끼쳤다.

이를테면 당나라 온정균(溫庭筠)의 《채다록(採茶錄, 860년 안팎)》
에도 장우신이 《전다수기》에서 육우가 남령수와 임안수(臨岸水)를 분
간하는 일화가 수록되어 있는 것이다.

그리고 송나라의   섭청신(葉清臣)은 《술자다소품서(述煮茶小品
序)》에서 '나는 어려서 온씨가 지은 다설(茶說)을 얻어서, 일찍이 샘
물의 조목에 스무 가지가 있다는 것을 알게 되었다'고까지 말하였던
것이다.

또 육우의 《다경》과 친구인 석교연(釋皎然)의 《다결(茶訣)》에 이
어서 《품다(品茶)》를 지은 당나라의 육구몽(陸龜蒙)은 장우신의 수설
(水說)을 품별하여 일곱 가지로 묶었다.

또한 당나라의 풍속사가 담긴 봉연(封演)의 《봉씨문견기(封氏聞見
記, 8세기 말)》에도 이계경과 육우에 얽힌 일화가 보이므로, 육우가
남령수를 분간하였다는 일화도 그 무렵부터 맴돌던 것이 아니었던가
여겨진다.

그런데 《전다수기》에는 이계경이 호주자사(湖州刺史)로 등장하지
만, 윤주(潤州)에는 태종의 영태(765) 이후에 관찰사를 두었기 때문
에 그는 윤주자사였을 것으로 추정된다. 그리고 《전다수기》에 열거된
스무 등급의 물도 회수를 제외한다면 모두가 강남 지방의 물이니, 차
마시기의 풍습이 성행되던 중심 지역도 강남 지방이었음을 짐작하게
해준다.

저자인 장우신은 《전다수기》 이외에도 〈곡렴의 샘물을 부쳐준 산의
스님에게 사례하다(謝山僧寄谷簾泉)〉라는 찻시도 남겼다.

한편 이승소(李承召, 1422~1484)가 읊은 〈가엽암(迦葉庵)〉에 '맑
고 단맛이 강왕곡의 샘물보다 훨씬 낫네'라는 시구가 보이므로, 고려
시대에도 장우신의 《전다수기》가 읽혀졌음을 알 수가 있다.

《대명수기(大明水記)》・《부차산수기(浮槎山水記)》・《용다록후서(龍茶錄後序)》

저자인 북송의 구양수(歐陽脩, 1007~1072)는 정치가이자 당송팔대가(唐宋八大家)로 꼽히는 인물이다.

그는 강서(江西)의 노릉(盧陵) 태생으로, 호(號)는 취옹(醉翁)・육일거사(六一居士)요, 시호(諡號)는 문충(文忠)이다.

네살 때 아버지를 여읜 그는 어머니로부터 글을 배웠는데, 살림이 가난해서 붓과 종이 대신에 물억새(荻)로 땅에 글씨를 쓰면서 공부를 하였다. 진사에 급제한 뒤에 임명된 서경추관(西京推官)으로부터 출발하여 관문전학사(觀文殿學士)・태자소사(太子少師)・저주태수(滁州太守) 등을 역임하였다.

관직에 있으면서 인종・영종・신종을 섬겼는데, 신종 때는 왕안석(王安石, 1021~1086)이 부국책으로 제정한 청묘법(靑苗法) 등의 신법에 대하여 소식(蘇軾, 1036~1101)・사마광(司馬光, 1018~1086)・부필(富弼)과 함께 그 시행을 반대하였다. 마침내 저주태수로 좌천된 그는 스스로 아호를 취옹이라고 하였다.

그는 작문의 비결로 삼다(三多)와 삼상(三上)을 역설하였다. 즉 그의 삼다란 '많이 보고, 많이 짓고, 많이 헤아리는 것'이니, 고금의 책을 많이 읽고, 작문에 숙달하며, 넓고 깊게 생각하는 것이다.

또 삼상이란 '말 위(馬上), 베개 위(枕上), 뒷간 위(廁上)'로서, 이러한 곳이 문장을 떠올리기에 알맞은 곳이라는 것이다.

일찍부터 옛글의 묘미를 깨달은 그는《신당서(新唐書)》・《신오대사(新五代史)》・《집고록(集古錄)》・《모시본의(毛詩本義)》 등을 편찬하고, '후생의 웃음을 두려워'해서 자구(字句)의 조탁(彫琢)에 부심

(腐心)하였다. 그러나 그가 엮은 《신당서》 중의 오류는 고려 사람인 이제현(李齊賢, 1287~1367)의 지적을 모면한 수가 없었다.

그는 《대명수기》에서 육우가 《다경》에서 물에 대하여 주장한 이론을 옹호하는 한편, 장우신의 《전다수기》에 담겨 있는 물의 등급이 육우의 《다경》에 비추어서 모순되는 점을 매섭게 비판하였다. 그리고 《대명수기》의 '대명수'란 장우신의 《전다수기》에 적혀 있는 20등급의 물 중에서 12등급인 양주 대명사의 물을 가리키는 것이다.

한편 구양수는 《부차산수기》에서도 《전다수기》에 적혀 있는 장우신의 견해를 부정하고, 《다경》에 있는 육우의 이론에 동의하는 입장을 취하였다.

이밖에도 구양수는 차에 관한 다음과 같은 기록을 남겼다.

- **신당서**(新唐書) : 육지전(陸贄傳) · 육우전(陸羽傳) · 육구몽전(陸龜蒙傳)
- **집고록**(集合錄) : 육문학전(陸文學傳)
- **쌍정차**(雙井茶) : 〈허도인에게 용차를 보내다(送龍茶與許道人)〉 · 〈차를 맛본 매공의에 화답하다(和梅公儀嘗茶)〉 · 〈맛본 햇차를 성유에게 드리다(嘗新茶呈聖兪)〉 등의 찻시(茶詩)
- **귀전록**(歸田錄) : 권 1~2

《탕품(湯品)》

《탕품》의 저자인 소이(蘇廙)의 생애와 저작 연대에 대해서는 전하는 것이 없다. 다만 《탕품》이 수록된 송나라 도곡(陶穀)이 지은 《청이록(淸異錄)》 권4의 〈명천부(茗荈部)〉에 따르면, 《탕품》은 원래 소이가 지은 《선아전(仙芽傳)》의 제9권에 들어 있는 〈끓는 물을 만드는 열여섯 가지의 방법(作湯十六法)〉이었다.

이 책은 저자 자신이 서두에서 밝히고 있듯이 물끓이기, 따르기, 찻
그릇, 땔감 등이 포함된 16종이 망라되어 일명《십륙탕품(十六湯
品)》이라고도 한다.

물·불·바람·차를 다루는 원리가 익살스럽게 설명되어 있는《탕
품》은 다도의 요체를 귀납적(歸納的)으로 이해하는 데 도움이 되는
문헌이다.

이 책에는 물끓이기의 가감(加減)에 따르는 것이 세 가지(득일
탕·어린탕·백수탕), 끓인 물을 말차로 달일 때에 해당되는 완급의
차이가 세 가지(중탕·단맥탕·대장탕), 물을 끓이는 그릇의 차이가
다섯 가지(부귀탕·수벽탕·압일탕·전구탕·감가탕), 물을 끓이는
연료의 차이가 다섯 가지(법률탕·일면탕·소인탕·적탕·대마탕)가
적혀 있다.

《다보(茶譜)》

《다보》의 저자인 모문석(毛文錫)의 자(字)는 평규(平珪)다.

당나라 말기에 진사가 된 그는 오대십국촉(五代十國蜀) 때는 고조
를 섬기어 문사전대학사(文思殿大學士)를 지냈으며, 훗날에는 무주
(茂州)의 사마(司馬)로 좌천되었다.

모문석이 지은《다보》의 존재에 대해서는《송사(宋史)》예문지
(藝文志), 북송의 웅번(熊蕃)이 지은《선화북원공다록(宣和北苑貢茶
錄)》, 남송의 조공무(晁公武)가 지은《군재독서지(郡齋讀書志)》, 남
송의 진진손(陳振孫)이 지은《직재서록해제(直齋書錄解題)》등에 적
혀 있다.

935년 안팎에 지어진 것으로 추정되는《다보》는 전질(全帙)로
전하는 것이 없고, 북송의 악사(樂史)가 지은《태평환우기(太平寰宇

記)》와 오숙(吳淑)의 《사류부(事類賦)》, 명나라 전춘년(錢椿年)의 《제
다신보(製茶新譜)》, 청나라 왕호(王灝)의 《광군방보(廣羣芳譜)》, 유
원장(劉源長)의 《다사(茶史)》,《연감류함(淵鑑類函)》 등에 조각글로
전하고 있다.

그런데 독일의 식물학자인 브레트쉬나이데르(Bretschneider)는 모
문석의 《다보》에 수나라의 문제가 차를 마시고 두통을 고쳤다는 이야
기를 했는데, 이것이 차 마시기의 기원에 관한 고증자료라고 말하였
다. 〔Botaniconsinicum에 인용되어 있다〕

그리고 《다보》의 마지막 조목인 당나라 육구몽(陸龜蒙)의 차 이야
기는 당나라 온정균(溫庭筠)의 《채다록(採茶錄)》에서 옮겨 실은 것
으로 보인다.

그리고 육구몽의 차 얘기는 송나라의 구양수가 지은 《신당서》의 육
구몽전에도 인용되어 있다.

모문석이 남긴 《다보》가 다도계에 끼친 공헌은 대략 다음과 같다.

● **산차**(散茶)

《다보》에 보이는 미주의 제다법은 당나라 육우의 《다경》과 원나라
마단림(馬端臨)의 《문헌통고(文獻通考)》에 나오는 산차와 편차(片茶)
의 수수께끼를 풀어주는 자료이다.

● **차의 산지와 이름**

당나라 이조(李肇)의 《당국사보(唐國史補)》에 보이는 차의 산지와
차 이름에 대한 의문을 풀어준다.

● **다양한 제다법**

임공(臨邛)의 번병차(燔餅茶), 노주(瀘州)의 노차(瀘茶), 장사(長
沙)의 석남차(石楠茶), 몽산(蒙山)의 뇌명차(雷鳴茶), 호주(湖州) 금
사천(金沙泉)의 샘물로 만드는 양선차(陽羨茶) · 오화차(五花茶), 의
흥(義興)의 함고차(含膏茶), 몽산의 압고(壓膏) · 불압고(不壓膏)의

노아차(露芽茶)·형주(衡州)와 봉주(封州)의 연고차(硏膏茶), 용안
(龍安)의 기화차(騎火茶) 등은 특이한 제다법이다.

● **함고차**(含膏茶)

《다보》에 보이는 옹호의 함고차가 만들어진 역사는 오래되었다. 즉
육우는 《다경》의 제3장 〈차만들기〉에서 '차의 표면에 진이 나타난 놈
은 빛나고 진을 머금은 놈은 주름이 잡혔다(出膏者光 含膏者皺)'고
하였다. 또 이조의 《당국사보》(하권)에도, '악주에는 옹호의 함고차가
있다(岳州有瀲湖之含膏)'고 적혀 있기 때문이다.

● **연고차**(硏膏茶)

당나라 때의 떡차(餅茶)보다도 품질이 우수한 연고차는 송나라 때
에 성행되었다. 그러나 모문석의 《다보》에는 형주의 형산, 봉주의 서
향·호주의 몽산에서 연고차가 난다고 적혀 있다. 또한 송나라 조공
무의 《군재독서지》(권12)에 인용된 정위(丁謂)의 〈건안다록(建安茶
錄)〉조에도 '건주의 연고차는 남당(南唐)에서 일어났다'고 적혀 있는
것이다. 그러므로 연고차는 오대부터 만들어졌음을 알 수가 있다.

그러나 연고차의 역사는 당나라의 시어사(侍御史)인 이영(李郢)이
다산공배가(茶山貢焙歌)에서 '연고의 선반은 움직여 요란하기가 천둥
과 같다(硏膏架動轟如雷)'고 읊은 것으로 거슬러 올라간다.

● **석남차**(石楠茶)

《다보》에 보이는 석남차와 조선 홍석모(洪錫謨)의 《동국세시기(東
國歲時記)》에 보이는 석남증편과의 관련성에 대해서는 하나의 연구
대상이 될 것이다.

● **노아차**(露芽茶)

《다보》에 보이는 몽산의 노아차는 고려의 이숭인(李崇仁, 1347~
1392)의 《도은집(陶隱集)》에 보이는 노아차의 유래를 유추케 하는
자료이다.

한편, 고려의 이색(李穡, 1328~1396)이 읊은 〈영험한 샘(靈泉)〉에 의해서 고려에서도 모문석의 《다보》가 읽혀졌다는 것을 알 수 있다.

평생 맑은 일을 즐기니(平生愛淸事)
다보를 이을 뜻이 있네(有意續茶譜)

맑은 일이란 차달이기(煎茶)와 향사르기(燒香)를 가리키는 것이다.

《천명록(荈茗錄)》

● 책의 유래

《천명록》은 북송 사람인 도곡(陶穀, 903~970)의 《청이록(淸異錄)》 4권중(권중)의 제2권중(권중)에서 당나라 소이(蘇廙)의 《탕품(湯品)》(《십륙탕품》)을 떼어낸 것이다.

결국 도곡이 지은 《청이록》에서 〈명천문(茗荈門)〉의 전반부였던 《십륙탕품(十六湯品)》은 떨어져나가 독립되고, 후반부였던 《천명록》도 독립된 것이다.

그런데 원래 《천명록》은 《청이록》의 〈명천문〉에 있었기 때문에 《명천록(茗荈錄)》이라고도 한다.(阮浩耕·沈冬梅·于良子, 《中國古代茶葉全書》 杭州 : 浙江攝影出版社, 1999. 50~54면)

《천명록》의 원본인 《청이록》에는 천문·지리·초목 등의 37문에 수나라·당나라·오대의 수필이 수록되어 있으며 《천명록》은 〈명천문〉 중에 수록되어 있다.

그리고 책 이름인 '천명(荈茗)'에 관해서는 당나라 육우(陸羽, 733~803)의 《다경(茶經)》(졸저, 《한국의 다서》 서울 : 탐구당, 1983)에 다음과 같이 적혀 있다.

그 이름은 첫째로 차(茶, Cha)라 하고, 둘째로 가(檟, Jia)라 하며, 셋째로 설(蔎, Shè)이라 하며, 넷째로 명(茗, Ming)이라 하며, 다섯째로 천(荈, Chuǎn)이라 한다……곽홍농이 말하기를, "일찍 딴 것을 차라 하고, 늦게 딴 것을 명이라 하며, 또는 온통 천이라 할 따름이다."라고 말하였다.

따라서 처음에는 늦게 딴 차를 명이나 천이라고 하다가 훗날에는 차의 별칭으로 된 것이다.

그러므로 《천명록》이라고는 하지만, 송나라 채양(蔡襄, 1012~1067)의 《다록(茶錄)》이나, 명나라 장원(張源)의 《다록》이라는 뜻으로 해석할 수도 있겠다.

● 도곡의 약력

도곡의 약력은 《송사(宋史)》 권269의 〈열전(列傳)〉에 수록되어 있다.

도곡의 자(字)는 수실(秀實)이며, 북송의 개보 3년(970)에 죽었는데 나이는 68세라고 하였다.

도씨(陶氏)는 원래 당씨(唐氏)였으나, 후진(後晉)의 고조(高祖)인 석경당(石敬塘)의 휘자(諱, 죽은 사람의 생전 이름) 때문에 도씨로 성을 바꾸었다.

도씨는 북조인 북제(北齊) 이래의 이름 있는 가문으로, 도곡의 할아버지는 유명한 시인(詩人)인 녹문(鹿門)선생 당언겸(唐彦謙)이다.

도곡은 10여세부터 글을 짓고, 오대의 후진(後晉)·후한(後漢)·후주(後周)의 대관(大官)을 역임하고, 북송의 태조를 섬기고 벼슬이 예부·형부·호부상서에 이르렀다.

《청이록》에 《천명록》을 지은이는 '도곡청신저(陶穀清臣著)'라고 되어 있으니, 수실이라는 자(字)와는 맞지가 않는다. 그의 생몰연대

(903~970)로 보아서 《천명록》의 내용은 오대십국시대와 북송 초기의 차풍습을 전하는 귀중한 자료라고 판단된다.

우리나라에서는 빙허각(憑虛閣) 이씨부인(李氏夫人, 1759~1824)의 《규합총서(閨閤叢書)》(정양완 역, 서울 : 보진재, 1975. 45면)에 '다백희(茶百戲)'가 한글로 번역되어 있다.

그리고 그 글의 끝에 '옥선고(玉蟬膏)', '만감후(晩甘侯)', '냉면초(冷面草)', '고구사(苦口師)'라는 차이름만 적혀 있다.

또한 전다박사(煎茶博士)인 초의선사(艸衣禪師, 1786~1866)의 《동다송(東茶頌)》(졸저, 《한국의 다서》서울 : 탐구당, 1983. 66~68면, 74~77면)에도 《천명록》의 '성사화(聖賜花)'와 '만감후'가 약간 왜곡된 채 인용되어 있다.

● 참고문헌

《천명록》의 번역에 참고한 문헌은 다음과 같다.

周履靖, 《夷門廣牘》(1597)

陳祖槼・朱自振, 《中國茶葉歷史資料選輯》(北京 : 農業出版社, 1981)

陳椽, 《茶業通史》(北京 : 農業出版社, 1984)

ANON, 中國烹飪古籍叢刊《淸異錄 飮食部分》(北京 : 中國商業出版社, 1985)

布目潮渢, 《中國茶書全集》上卷(東京 : 汲古書院, 1987)

許賢瑤, 《中國茶書提要》(臺北 : 博遠出版有限公司, 1990)

阮浩耕・沈冬梅・于良子, 《中國古代茶葉全書》(杭州 : 浙江攝影出版社, 1999)

陳繼儒, 《寶顔堂秘笈彙亟》

喩政, 《茶書全集》

《唐宋叢書》, 《惜陰軒叢書》, 《說郛》

《다록(茶錄)》

《다록》의 저자인 채양은 1012년 흥화(興化)의 선유(仙遊, 복건성 선유현)에서 태어났다.

그는 수재여서 19세 때 진사에 합격된 이래, 인종 치하에서는 장주판관(漳州判官)·서경유수(西京留守)·저작좌랑(著作佐郎)·비서승지간원겸동수기거주(秘書丞知諫院兼同修起居注)·천주지부(泉州知府)·복건로전운사(福建路轉運使)·한림학사(翰林學士) 등을 지냈고, 영종 치하에서는 단명전학사(端明殿學士)와 예부시랑(禮部侍郎) 등을 지냈다. 특히 그가 천주지부로 있을 때인 1059년에는 낙양강에 다리를 놓았다.

그가 1067년에 56세로 사망하자 충혜(忠惠)라는 시호(諡號)가 내려졌다. 그래서 그의 문집을 《채충혜집(蔡忠惠集)》이라고 한다. 또한 그는 인종의 총애로 군모(君謨)라는 자(字)도 하사받았다.

그의 묘지명(墓誌銘)을 쓴 구양수와 《품다도(品茶圖)》로 유명한 명나라의 문징명(文徵明)은 채양의 《다록》을 《용다록(龍茶錄)》이라고 하였다. 그리고 송나라의 조공무(晁公武)는 《군재독서지(郡齋讀書志)》에서 《시다록(試茶錄)》이라 하였다. 또 송나라 심안노인(審安老人)의 《다구도찬(茶具圖贊)》에 붙은 주존리(朱存理)의 〈제발(題跋)〉에는 '채군모 지음 다보(蔡君謨著茶譜)'라고 적혀 있다.

채양이 《다록》을 짓게 된 동기에 대해서는 《다록》의 〈전서(前序)〉와 〈후서(後序)〉에 명기되어 있다. 즉 그는 〈전서〉에서 육우는 《다경》에서 건안차의 우수성을 언급하지 않았고, 정위는 《차 그림》에서 차를 따서 만드는 방법만 언급하였으니, 달이기와 시험하기 등을 망라하는 종합적이고 간결한 찻책이 필요하다고 강조하였다. 또한 그

는 〈후서〉에서 그가 황우 연간(1049~1053)에 우정언(右正言)·동수
기거주의 내직으로 돌아온 뒤로 인종으로부터 건안차에 대한 하문(下
問)을 받게 되어 책으로 엮어서 진상하였다는 것이다.

이와 같은 배경으로 탄생된 채양의 《다록》이 중국 다도사에서 차지
하는 비중은 매우 높다. 즉 육우의 《다경》 뒤에 나온 찻책들은 대개
차나 물에 편중된 것이었다.

차에 대한 것으로는 당나라 배문(裴汶)의 《다술(茶述)》, 오대 전촉
의 모문석(毛文錫)이 지은 《다보(茶譜)》, 송나라 주강(周絳)의 《보다
경(補茶經)》 등이 있었다.

그리고 물에 대한 책이라면 당나라 장우신(張又新)의 《전다수기(煎
茶水記)》, 소이(蘇廙)의 《십륙탕품(十六湯品)》, 송나라 섭청신(葉清
臣)의 《술자다소품서(述煮茶小品序)》 등이었다. 물론 이밖에도 차의
옛일을 담은 당나라 온정균(溫庭筠)의 《채다록(採茶錄)》과 송나라
도곡(陶穀)의 《청이록(清異錄)》 등도 있었다.

또 채양의 《다록》 이전에도 송나라 진종의 함평 연간(998~1003)
에 정위(丁謂)가 지은 《건안다록(建安茶錄)》 3권, 인종의 경력 연간
(1041~1048)에 유이(劉異)가 지은 《북원습유(北苑拾遺)》 1권 등이
나왔다지만, 지금은 전하지 않으므로 그 내용을 알 길이 없게 되었다.
그러므로 채양의 《다록》은 비록 분량은 적지만 다도 전반이 망라된
종합적인 찻책이라는 점에서 육우의 《다경》을 정통으로 잇는 다전(茶
典)이다.

또 《다록》은 송나라 초기의 차 다루기(茶事)를 전해 주는 유일한
책이다. 그리고 채양은 소동파(蘇東坡)·황정견(黃庭堅)·미불(米芾)
과 어깨를 나란히 하는 4대 서예가(四大書藝家) 중의 한 사람이다.

그런데 채양은 청탁으로 《다록》을 여러번 붓으로 썼던 모양이어서,
남송의 유극장(劉克莊)은 채양이 쓴 《다록》을 여러 가지 보았다고 하

였다. 또 원나라의 황진(黃溍)도 소흥(紹興)의 환장각(煥章閣)에서 여러 종류의 《다록》을 목격하였다고 한다. 채양의 친필로 된 《다록》은 《고향재첩(古香齋帖)》·《식고당서화휘고(式古堂書畵彙考)》·《청하서화방(淸河書畵舫)》 등에 수록되어 있다.

오늘날 대만에 전하는 '채충혜공진적(蔡忠惠公眞蹟)'의 《다록》은 황천작(黃天爵)씨가 편집한 《복건문헌(福建文獻)》(季刊四卷三四期)에 수록된 것이다.(《味茶小集》 2號) 명나라의 문징명도 친구인 왕경지(王敬止)가 소장한 진적의 《다록》을 보았다고 하였다.

이러한 채양 친필의 《다록》에 대하여 구양수는 서가(書家)로서 바른 소해(小楷)는 가장 어렵다면서 그의 경실단엄(勁實端嚴)한 서풍(書風)을 왕희지(王羲之, 307?~365?)의 악의론(樂毅論)이나 구양순(歐陽詢, 557~641)의 온언박비(溫彦博碑)와 견주어 칭송하였다.

그리고 일본의 모로오카(諸岡 存) 박사는 소식(蘇軾)의 제발이 적힌 채양 친필의 〈북원십영(北苑十咏)〉을 소장하고 있었다.

그러나 남송의 비곤(費袞)이 지은 《양곡만지(梁谷漫志)》에는 진동(陳東)이 《다록》의 발문(跋文)을 쓰고 '채양이 처음에 복건로전운사가 되었을 때 밀운(密雲, 촘촘한 구름무늬, 밀운룡차의 선구)의 작은 덩어리(小團) 차를 만들어서 바쳤다. 부필(富弼)이 그것을 알고, "이것은 종이나 첩이 그 주인을 사랑하는 짓이다. 군모까지 이런 짓을 하리라고는 미처 몰랐다."고 하였다'는 내용이 적혀 있다.

채양의 제다법은 육우가 주장한 것처럼 차 본연의 향기를 존중하는 정신에 바탕을 두고 있다. 그가 창제하여 인종에게 진상한 상품(고급) 용차에 대해서는 구양수가 《귀전록(歸田錄)》에서 다음과 같이 말하였다.

'차의 품수는 용봉이 더할 수 없이 귀한데 덩어리차라고 일컫는다. 대개 떡차 8개의 무게가 한근(596.80그램)이다. 경력 연간(1041~

1048)에 채양이 복건로전운사가 되더니 처음으로 작은 조각의 용차를 만들어 진상했다. 그 품격이 아주 아름다운 작은 덩어리차라 일컬었는데, 대개 떡차 20개의 무게가 한근으로 그 값어치는 금 두냥이었다. 그러나 돈이 있다고 해도 차를 얻을 수는 없었다.'

한편 채양에게는 소재옹(蘇才翁)과 얽힌 다음과 같은 일화도 있다.

'소재옹이 일찍이 채군모와 차 겨루기(鬪茶)를 하였을 때, 채의 차는 아름다워서 혜산의 샘물을 쓰고, 소의 차는 조금 열세하여 다시 죽역수(竹瀝水)로 달여서 마침내 승리를 얻을 수가 있었다.'(北宋·江休復《嘉祐雜志》)

고려에 전승된《다록》에 대해서는 이숭인(李崇仁, 1347~1392)이 읊은〈실주주사에게 차를 드리다〉에서 찾아볼 수가 있다. 즉 이 시의 끝에 '《다보》에는 빛깔·향기·맛의 세 글자가 있다'고 적혀 있다. 이것을 채양의《다보》로 보는 것은 빛깔·향기·맛의 나열 순서도 맞고, 송나라 심안노인의《다구도찬》에 붙은 주존리의〈제발〉에 '채군모가 지은《다보》'라고 적혀 있기 때문이다. 그리고 동국대학교 도서관에는 조선시대 후기 것으로 보이는《다록》의 필사본 한권이 소장되어 있기도 하다.

《대관다론(大觀茶論)》

《대관다론》의 '대관(大觀)'이란 북송의 제8대 황제인 휘종황제(徽宗皇帝)의 연호(1107~1110)이며, 이 대관 초년에 지은 '다론(茶論, 웅번의《선화북원공다록》에서)'이라 해서《대관다론》이라고 이름한 것이다.

그리고 중국인들은《대관다론》을 휘종황제의 저서라 해서《성송다론(聖宋茶論, 송나라 조공무의《군재독서지》에서)》이라 하며, 휘종황제를 '다제(茶帝, 郁愚의 《茶事春秋》에서)'라고 한다. 휘종황제는 원풍 5년(1082) 10월에 신종인 조욱(趙頊)의 열한번째 아들로 태어났으며, 휘(諱)를 길(佶)이라고 하였다.

1101년에 황제로 즉위한 휘종은 정치를 개혁한다는 명분으로 토목공사를 일으키는 동시에, 백성의 재물을 강제로 빼앗아들이며 미술을 장려하는 한편, 자신도 주색을 즐기는 사치스러운 생활에 빠지고, 도교의 보호에 열중하여 막대한 국비를 탕진함으로써 백성들의 원망을 사게 되었다. 그러다가 마침내 정강 2년(1127)에는 금나라 군사의 침략으로 서울인 변경(汴京, 開封)이 함락되고, 휘종상황과 흠종황제를 비롯한 3천여 명의 신하가 납치되어 금나라의 오국성(五國城)으로 연행되었다.

금나라로 잡혀간 휘종은 포로생활 9년 만인 남송의 소흥 5년(1135)에 54세를 일기로 세상을 떠났다.

서화(書畵)를 즐겨서 손수 산수화나 화조화도 그린 휘종은 화원(畵院)을 설치하여 예술가를 우대하고, 스스로 《전고도(傳古圖)》를 짓는 한편, 칙명으로 모진(毛晉)의 《선화서보(宣和書譜)》와 《선화화보(宣和畵譜)》를 편찬케 하였다.

우리나라에 전하는 '선화전 묵초 천자(宣和殿墨草千字)'도 휘종황제의 친필 휘호인 것이다.

그리하여 《송사(宋史, 徽宗紀贊)》에는 '예로부터 인군(임금)이 쓸데없는 물건을 가지고 노는 데 마음이 팔리면 본심을 잃고(玩物喪志), 욕심내키는 대로 하여 법도가 무너지면 망하지 않는 사람이 없다. 휘종이 심하여 특히 드러내어 경계할 일로 삼는다'고 적혀 있기도 하다.

일찍이 일본의 모로오카(諸岡 存) 박사는 《다경평석(茶經評釋, 1941)》에서 '송나라의 휘종황제는 《대관다론》을 지어서 다도의 호화를 다하였고 고려에까지 널리 전하여졌다'고 말한 바가 있었다. 그런데 고

려의 예종(睿宗, 재위 1106~1122)도 휘종황제처럼 도교를 믿는 풍류
의 임금이었다.

특히 예종 홍서(薨逝)의 조문사절로 왔던 송나라의 서긍(徐兢,
1091~1153)이 지은《선화봉사고려도경(宣和奉使高麗圖經)》은 휘종
황제가 어람(御覽)한 책으로, 차에 관한 기록도 있다.

모두 20편으로 구성된《대관다론》의 특징은 육우의《다경》이나 채
양의《다록》등 종전의 찻책에서는 볼 수 없었던 새로운 사실을 찾아
볼 수가 있을 것 같다.

● 차따기

일창일기(一槍一旗)나 일창이기의 차를 새벽에 손톱으로 끊어서
따는데, 백합(白合)과 오체(烏蔕)는 제거한다.

● 제다법

모문석의《다보》에 보였던 연고차의 제조법이 약술되어 있다.

● 다연(茶碾)

다연의 제작법이 약술되어 있다.

● 찻솔(茶筅)

찻가루와 끓인 물을 융합하기 위하여 휘젓는 기구는 시대별로 변천
되었다.

북위(北魏)의 가사협(賈思勰, 532~544)이 지은《제민요술(齊民要
術)》에는 '대비(竹掃)'가 등장한다.

당나라 육우의《다경》에는 '대젓가락(竹筴)'이 등장하고, 백거이(白
居易, 772~846)의 찻시에는 '약을 뜨는 숟가락(刀圭)'이 등장한다.
송나라 채양(蔡襄, 1012~1067)의《다록(茶錄)》에는 '찻숟가락(茶匙)'
이 등장한다.

그러므로 찻솔은《대관다론》에 처음으로 등장하는 것이다. 찻솔의
모양은 남송의 함순 5년(1269)에 펴낸 심안노인(審安老人)의《다구

도찬(茶具圖贊)》에 보이는 '축부수(竺副帥)'를 짐작케 한다.

● **점다법**(點茶法)

채양의 《다록》에서는 찻술을 휘젓는 격불법(擊拂法)에 대한 상세한 설명이 없었다. 그러므로 《대관다론》에 보이는 세 가지의 점다법은 전무후무한 것이다.

한편 《대관다론》의 저자에 대한 구구한 억측이 있으나 완전한 해명은 어려운 실정이다. 그러므로 웅번이 《선화북원공다록》에서 말한 대로 휘종황제의 저서로 믿는 수밖에는 없다.

《선화북원공다록(宣和北苑貢茶錄)》

책의 이름부터 풀어본다면, '선화(宣和)'란 송나라 휘종황제의 연호(1119~1125)요, '북원(北苑)'이란 궁중의 차 수요를 공급하는 차밭의 이름으로 복건성 건구현에 있는 봉황산의 기슭에 있었다. 그리고 '공다'란 궁중에 진상하는 차 바치기요, '록'이란 기록이라는 뜻이다. 이것을 모두 합하면 '선화 연간에 북원에서 차를 바치는 기록'이라는 뜻이 된다.

저자인 웅번(熊蕃)은 북원의 차밭(복건성 건구현)과 가까운 건양(建陽, 복건성 건양현) 태생으로 자(字)는 무숙(茂叔)이었다.

웅번은 시문(詩文)에 뛰어났으며, 지어 놓은 집을 독선(獨善)이라고 이름하여 학자로서의 호를 독선선생이라고 하였다.

이 책에는 웅번이 적은 북원 차밭의 내력, 찻잎의 종류와 등급, 진상차(進上茶)의 종류·규격·제조 개시의 연도·차를 바치는 시기·차 따는 노래와, 그의 아들인 웅극이 보완한 글과 진상차의 그림이 수록되어 있다.

그리고 《선화북원공다록》은 《북원별록》과 함께 《대관다론》에서 모자랐던 부분을 보완하는 구실을 하는 것이다.

《북원별록(北苑別錄)》

저자인 조여려(趙汝礪)에 대해서는 《북원별록》의 〈발문〉에 의하여 그가 복건로전운사(福建路轉運使)의 주관장사(主管帳司)를 지냈다는 것만을 알 수 있을 뿐이다.

이 책은 저자 자신이 발문에서 밝히고 있듯이 《선화북원공다록》의 미비점을 보완하기 위해서 만들어진 것이어서, 책의 이름조차도 '부록'이라는 뜻을 지닌 '별록'이라고 한 것이다. 또한 발문에 나타난 보완 내용은 이 책의 특징이기도 하다.

《다구도찬(茶具圖贊)》

● 성립 연대

현존하는 최고본(最古本)인 명대(明代)의 심진(沈津)이 편찬한 《흔상편(欣賞編)》에 수록된 《다구도찬》에는 '함순 기사 오월 하지후 오일 심안노인 서(咸淳 己巳 五月 夏至後 五日 審安老人 書)'라고 적혀 있다.

따라서 《다구도찬》은 남송 도종(度宗)의 함순(咸淳) 5년(1269)에 심안노인이 지었다는 것을 알 수 있다.

● 저 자

《다구도찬》의 저자인 심안노인의 실명(實名)이나 약력은 아직도 유추해석의 테두리를 벗어나지 못하고 있다.

《중국다서전집》상·하권(동경 : 급고서원, 1987)을 역자에게 기증

한 고(故) 누노메(布目潮渢, 1919~2001) 박사는 《다구도찬》의 저자에 관하여 다음과 같이 추정하였다.

심안노인이란 누구인가? 원나라 파양(江西省 鄱陽縣)의 동진경(董眞卿)의 서재(書齋)를 심안서실(審安書室)이라고 한다.(陳乃乾, 《室名別號索引》280면)

동진경은 동정(董鼎)의 아들로 자(字)는 수진(秀眞)이며, 호일계(胡一桂)의 제자인데 《주역회통(周易會通)》을 지었다.

정(鼎)의 자(字)는 수형(秀亨)이며, 동몽정(董夢程)의 족제(族弟)로서 몽정은 개희연간(開禧年間, 1205~1207)의 진사(進士)라고 한다.(《中國人名大辭典》上海:商務印書館, 1317면)

따라서 동진경이 함순 5년(1269)에 《다구도찬》을 지었다고 하여도 연대적(年代的)으로는 모순되지 않는다.

●《다구도찬》의 구성

《다구도찬》은 열두 가지 다구에 가칭(假稱)의 벼슬 이름(官名)과 자호(字號)를 붙이고 그림을 그려서 칭찬한 것이다.

찬사(贊辭)는 희문(戱文)과 의고문(擬古文)으로 적혀 있다.

● 금법조와 석전운

금법조(金法曹)는 연고차(研膏茶)를 가루내는 것이고, 석전운(石轉運)은 초차(草茶)를 가루내는 것이다.

숙제로 남은 것은 고려시대의 유물이나 문헌에서 금법조를 찾는 일이다.

송대(宋代) 점다법(點茶法) 순행도(順行圖)

(廖寶秀, 『茶器·茶事·茶畵』臺北 國立故宮博物院, 2002 所收)

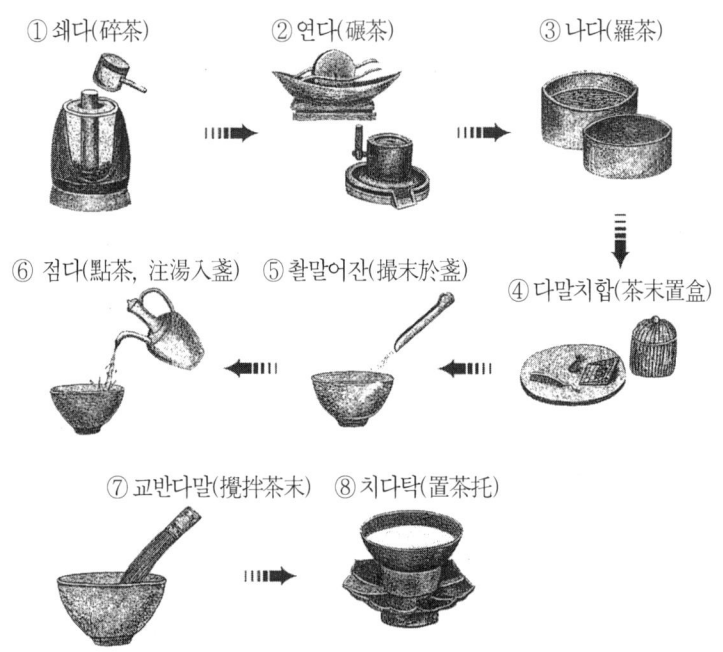

① 쇄다(碎茶)　② 연다(碾茶)　③ 나다(羅茶)

⑥ 점다(點茶, 注湯入盞)　⑤ 찰말어잔(撮末於盞)　④ 다말치합(茶末置盒)

⑦ 교반다말(攪拌茶末)　⑧ 치다탁(置茶托)

● 참고문헌

《다구도찬》의 번역에 참고한 문헌은 다음과 같다.

鄭熄校, 《茶經》

胡文煥, 《格致叢書全集》

喩政, 《茶書全集》

陸廷燦, 《續茶經》

婁子匡, 《民俗叢書專號》(臺北 : 中國民俗學會, 1974)

楊家駱, 《飮饌譜錄》(臺北 : 世界書局, 1976)

陳夢雷, 《古今圖書集成》(臺北 : 鼎文出版社, 1977)

陳祖槼, 朱自振, 《中國茶葉歷史資料選輯》(北京 : 農業出版社, 1981)

布目潮渢, 《中國茶書全集》 (東京 : 汲古書院, 1987)

廖寶秀, 《宋代喫茶法與茶器之研究》 (臺北 : 國立故宮博物院, 1996)

阮浩耕・沈冬梅・于良子, 《中國古代茶葉全書》 (杭州 : 浙江攝影出版社, 1999)

《제다신보(製茶新譜)》

예전에는 《제다신보》가 명나라 고원경(顧元慶)의 《다보(茶譜)》인 것처럼 알려져 왔다.

그런데 아오키(靑木正兒)는 《중화다서(中華茶書)》에서 중화민국 2년(1913)에 나온 《고금문예총서(古今文藝叢書)》의 제6집인 《제다신보》의 권수(卷首)에 '80 늙은이, 우란 전춘년집(八十翁 友蘭 錢椿年集)'이라는 글이 있으니, 《다보》의 원명은 《제다신보》로서 그 지은이는 전춘년이요, 고원경은 책을 엮어낼 때 저자의 이름을 빠뜨린 것이라고 하였다.

그러나 필자가 조사한 바에 따르면 《고금문예총서》보다 38년이나 먼저 나오고 저자의 이름까지 뚜렷이 적혀 있는 판본이 있음을 발견하였다.

製茶新譜 錢椿年 海上書局 淸光緒一年(1875년, 인용자 주) 石印 16×10cm, 19面

《제다신보》의 성립 연대는 고원경이 《다보(재쇄, 重梓)》에 붙인 〈서문(序)〉에 '가정 20년(1541) 봄'이라는 기록과, 《제다신보》에 붙인 '다구 육사 분봉(茶具六事分封)'에 있는 성옹(盛顒)의 〈서문〉에 '홍치 13년(1500) 봄'이라고 적힌 연대로 보아 그 사이에 지어진 것으로 판단된다.

《제다신보》에는 이조의 《당국사보》, 육우의 《다경》, 온정균의 《채다록》, 모문석의 《다보》, 채양의 《다록》, 소식의 《동파잡기》, 조희곡의《조섭류편》등에서 인용한 글이 많다.

저자가 잎차와 찻가루의 찻일을 분간하지 못한 흠은 있으나,《전다
사요》등에는 특유한 내용이 적혀 있는 것이다.

《자천소품(煮泉小品)》

저자인 전예형은 복건제학부사(福建提學副使)인 전여성(田汝成)의
아들로 전당(錢塘, 절강성 항주시)에서 태어났으며, 자(字)는 자예
(字藝)였다.

글재간에 뛰어난 그는 일도세공생(一度歲貢生, 지방 학생 중에서 뽑
히어 주어지는 벼슬)으로 뽑혀서 휘주학부(徽州學府)의 훈도(訓導)를
지냈다. 관직에서 물러난 그는 한때 산에 들어가 살면서 담석옹(淡石翁)
이라고 자칭하기도 하였다. 또한 그는 꽃 피고 버들가지가 나부끼는 서
호에서 붉은 옷을 입고 흰머리를 날리면서 양쪽에 여자 종을 거느린 채
신선처럼 앉아서 찾아오는 손님에게 차와 술을 대접하면서 환담하였다.

성격이 호탕한 그는 술도 좋아하여,《소주령(小酒令)》·《취향률령
(醉鄕律令)》등의 술에 관한 책과《전자예집(田子藝集)》등을 저술
하였다.

《자천소품》에는 차를 달이기에 알맞은 물을 가리는 방법과 차에 대
한 내용이 곁들여져 있는 것이 특색이다.

이것이 명나라의 서헌충(徐獻忠)이 지은《수품전질(水品全秩)》과
다른 점이다.

《고반여사(考槃餘事)》

저자인 도융은 절강성 운현 태생으로, 자(字)는 장경(長卿)·위진(緯

眞)·적수(赤水)·도광거사(弢光居士)요, 호(號)는 동해인(東海人)이
다. 그는 만력 5년(1577)에 진사가 되어 안휘성 영상현의 지사를 비롯
해서 강소성 청포현의 현령을 거쳐서 예부의 의제주사까지 올랐으나,
만력 12년(1584)에 참소를 받고 벼슬길에서 물러나 고향으로 돌아간
뒤로는 글을 팔아서 생활하다가, 만력 32년 경에 사망한 것으로 전한다.

그의 전기(傳記)는《명사(明史)》〈문원전(文苑傳)〉의 서위전(徐渭
傳)을 비롯한 8종류의 책에 적혀 있는데, 그 중에서도《열조시집(列
朝詩集)》에 수록된 전기가 잘 정리된 것이다.

역자가《중국의 다도》에 초역한《다전》·《산재전(다료)》·《유구전
(제로)》은 도융의《고반여사》에서 가려낸 것이다.

《고반여사》의 '고반(考槃)'이란《시경》국풍의 고반장에 보이는 '쟁
반을 두드리면서 산골짜기에 있으니, 큰 덕이 있는 사람의 너그러움
이여(考槃在澗 碩人之寬)'에서 인용한 글이다. 이것은 임천(林泉, 산
수)에 은둔처를 잡고 유유자적하는 일을 말하는 것이다.

그런데《고반여사》는 명나라 고렴(高濂)의《준생팔전(遵生八牋)》
과 조소(曹昭)의《격고요론(格古要論)》등에 있는 글을 인용하여 엮
은 것이다.

마찬가지로《다전》에는《준생팔전》에서 인용된 글이 태반이고, 이
밖에도   소이의《탕품》·《만구지》·《신당서》,   기무민의《대다음서》,
조희곡의《조섭류편》·《동파선생전집》, 모우건의《지전록》, 도본준
의《명급》, 전예형의《자천소품》, 동원의《시다록》등의 글이 인용되
어 있다.

그런데 고렴의《준생팔전》에 도융의 서문이 붙어 있는 것으로 본다
면 두 사람은 서로 도가다운 취향에 뜻을 같이하고 있었던 것 같다.

그리고《산재전》의〈다료(茶寮)〉는 허차서의《다소》에 있는〈다소
(茶所)〉와의 비교 자료로서 첨가하였다. 또한《유구전》의〈제로〉는

육우가 《다경》의 제9장인 〈차의 생략〉에서 역설한 야외 다법에 속하므로 추가하였다.

그런데 《산재전》의 다료는 조선의 서유구(徐有榘, 1764~1845)가 지은 《임원십륙지(林園十六志)》의 〈이운지(怡雲志)〉와 그리고 《유구전》의 제로는 《임원십륙지》의 〈이운지〉에서 각각 볼 수 있는데, 그것은 《준생팔전》에서 인용된 것이다.

또 조선의 최한기(崔漢綺, 1803~1879)가 지은 《농정회요(農政會要)》의 〈차탕(茶湯)〉조는 《준생팔전》에서 인용한 글이므로 《다전》과도 중복되는 내용이 많다.

한편 도융은 《백유집(白楡集)》·《유권집(由拳集)》 등의 문집을 비롯한 많은 저서를 남겼다. 특히 《사라관청언(娑羅館淸言)》에는 그가 읊은 두수의 찻시도 있다.

《다소(茶疏)》

《다소》란 '차에 통하기'라는 뜻이다. 저자인 허차서는 전당(절강성 항주시) 태생으로, 자(字)는 연명(然明)이었다. 그의 행장에 대해서는 《다소》에 붙인 도소헌과 허세기의 〈서문〉에 나타난 것밖에는 모르는 것이 안타깝다. 다만 도소헌의 서문에 따르면 허차서는 만력 35년(1607)의 3년 전 쯤에 사망한 것 같다.

이 책의 성립 연대에 대해서도 허세기의 서문에 만력 24년(1596)의 몇년 뒤라고 하였으므로, 만력 30년(1602) 안팎이 될 것 같다.

이 책의 특징은 촬점법(撮點法), 평지의 차는 덖고, 산골짜기의 차는 찐다는 것, 덖는 기구로서의 나무 손가락(木指), 호흡법으로 측정하는 우려내는 시간, 끓는 물 살피기, 찻병의 질적 소요, 차 마시기의 절제, 다동(茶童) 교육, 다실, 야외 다법의 제정 등이라 하겠다.

찾아보기

ㄴ

ㅣㅇㅣ

ᄌ

ㅊ

● 譯著者 紹介

專攻：韓國茶道史・英學史
經歷：崇義女子大學 出講, 成均館大學校 生活科學大學院
　　　生活禮節・茶道專攻學課 出講
現在：韓國茶學會 顧問

| 著 書 Works |

金明培, "茶道文化叢話", 鄭相九(編), 「茶道思想과 茶史」下卷, 서울：韓國文化
　　　社, 1982.
「東亞原色世界大百科事典」第8卷 茶具, 茶禮, 茶道, 第26卷 茶, 茶樹, 서울：東
　　　亞出版社. 1982~3.
「韓國の茶道文化」東京：ぺりかん社, 1983.
「韓國的茶道文化」亞洲民俗・社會生活專刊 第111號, 臺北：東方文化書局, 1983.
「茶道學」서울：學文社, 1984.
金明培, "茶道", 藝書苑(編), 「禮」第5卷, 서울：藝書苑, 1984.
金明培, "韓半島の茶道史", 第一アートセンター(編), 「茶道聚錦」第1卷, 東京：
　　　小學館 1984.
「韓國人의 茶와 茶道」서울：麒麟苑, 1988.
金明培, "茶", 準備委員會(編), 「韓國飲食五千年」서울：裕林文化社, 1988.
「茶道學論攷」(Ⅰ) 서울：大光文化社, 1996.
「韓國茶文化史」海南：草衣文化祭執行委員會, 1999.
「茶道學論攷」(Ⅱ) 서울：大光文化社, 2001.
「開化期의 英語譚」서울：國際英語大學院大學校出版部, 2006.

| 譯 書 Translations |

모파상, 「短篇集」서울：精硏社, 1955.
그린, 「第三의 男子」서울：正信社, 1958.
陸羽, 「茶經」서울：太平洋博物館, 1982.
「韓國의 茶書」서울：探求堂, 1983. 〔第三回 今日之冊賞 受賞〕
「中國의 茶道」서울：明文堂, 1985.
「日本의 茶道」서울：保林社, 1987.

「韓國의 茶詩鑑賞」서울：大光文化社, 1988.

諸岡 存, 家入一雄,「朝鮮의 茶와 禪」서울：保林社, 1991.

「草衣全集」第1輯〈茶論〉海南：草衣文化祭執行委員會, 1992.

張謙德, "瓶花譜", 金明培 譯「茶의 世界」2006年 1-10月號, 103面 以後.

┃論 文 Theses ┃

"開化期의 英語",「月刊英語」第131號~148號, 서울：月刊英語社, 1979~1980.

"Early Stages of English Studies in Korea", Korea Journal, Vol.20, No.5, May, 1980.

"韓國茶道文化の研究",「月刊韓國文化」第2卷 5號, 東京：自由社, 1980.

"佐翁 尹致昊博士의 英學",「錦浪文化論叢」서울：韓國民衆博物館協會, 1981.

"韓國における英語教育百年史",「英語教育」第30卷 8號~10號, 東京：大修館書店, 1981.

"麗末鮮初における茶の奇俗―茶時と茗戰―",「茶湯」第18號, 京都：思文閣出版, 1982.

"韓國の茶話",「淡交」第36卷 第1號~12號, 京都：淡交社, 1982.

"韓國に於ける茶の歷史",「茶の文化と効能 國際シンポジウム論文集」靜岡：ISTeCH 組織委員會, 1996.

"韓國の茶と文化",「月刊 韓國文化」通卷 第223號, 東京：企劃室アートプランニング, 1998.

"韓國煎茶の系譜と日本との關係",「煎茶の起源と發展シンポジウム發表 論文集」(金谷：同組織委員會, 2000年 10月 1日), 19~45面.

┃書 評 Book Review ┃

盛田祐子, "評判の本, 金明培 著, 韓國の茶道文化",「月刊韓國文化」1984年 2月號.

전형대 교수, "韓國의 茶詩鑑賞"을 읽고,「茶心」誌 所收

ANON, "煎茶の起源, 文化探る, 中國, 韓國での變遷紹介, 金谷シンポに國內外から350人",「靜岡新聞」(2000년 10월 14일 토요일), 26面.

金明培 原著,「개화기의 영어 이야기」유석재 기자, "상투 튼 '잉글리시 티쳐'를 아십니까?"「朝鮮日報」(2007년 5월 12~13일자), D1面.

박광희 기자, "My country, I very glad" 들뜬 김옥균 영어 한마디… "아차 실수" 영어 천재 김대건 신부·윤치호 등 영어 초창기 일화 흥미,「韓國日報」(2007년 5월 12일 토요일), 30판.

中國의 茶道

초 판 발행 – 1985년 12월 20일
개정판 1쇄 발행 – 2007년 7월 20일
개정판 2쇄 발행 – 2016년 5월 4일

역저자 – 金 明 培
발행인 – 金 東 求
발행처 – 명 문 당(창립 1923년 10월 1일)
　　　　서울특별시 종로구 안국동 윤보선길 61
　　　　우체국 010579-01-000682
　　　　전 화 (02) 733-3039, 734-4798
　　　　FAX (02) 734-9209
　　　　Homepage　www.myungmundang.net
　　　　E-mail　mmdbook1@hanmail.net
　　　　등록 1977.11.19. 제1-148호

■

新選明文東洋古典大系

明文堂은 傳統과 創意와 誠實을 바탕으로
여러분의 곁에 있습니다.

- **개정증보판 中國 古代의 歌舞戲**
  金學主 著 신국판 양장 값 17,000원

- **중국고전희곡선 元雜劇選**
  金學主 編譯 신국판 양장 값 20,000원

- **漢代의 文學과 賦**
  金學主 著 신국판 양장 값 15,000원

- **修訂新版 漢代의 文人과 詩**
  金學主 著 신국판 양장 값 15,000원

- **修訂增補 樂府詩選** 金學主 著 신국판 양장 값 15,000원

- **改訂增補 新譯 陶淵明** 金學主 譯 신국판 양장 값 12,000원

- **修訂增補 墨子, 그 생애 · 사상과 墨家**
  金學主 著 신국판 양장 값 20,000원

- **중국의 희곡과 민간연예**
  金學主 著 신국판 양장 값 20,000원

- **新譯 唐詩選** 金學主 譯著 신국판 양장 값 25,000원

- **新譯 宋詩選** 金學主 譯著 신국판 양장 값 25,000원

- **新譯 詩經選** 金學主 譯著 신국판 양장 값 20,000원

- **중국의 경전과 유학**
  金學主 著 신국판 양장 값 20,000원

- **中國古代文學史**
  金學主 著 신국판 양장 값 20,000원

- **新完譯 近思錄**
  朱熹 · 呂祖謙 編著 金學主 譯 신국판 양장 값 25,000원

- **고문진보** (전집 · 후집)
  黃堅 編纂 金學主 譯著 신국판 양장 값 25,000원, 30,000원

- **明代詩選** 金學主 譯 신국판 양장 값 20,000원

- **淸代詩選** 金學主 譯 신국판 양장 값 20,000원

- **중국 고대시에대한 담론**
  金學主 譯 신국판 양장 값 20,000원

- **雷川 金富軾과 그의 詩文**
  金智勇 著 신국판 양장 값 20,000원

- **經世濟民의 혼신 茶山의 詩文** (上 · 下)
  金智勇 著 신국판 양장 값 각 25,000원

- **소래 김중건 선생 전기**
  金智勇 編著 신국판 양장 값 20,000원

- **한국역대 여류한시문선** (上 · 下)
  金智勇 譯著 신국판 양장 값 각 25,000원

- **연암 박지원의 이상과 문학**
  金智勇 編著 신국판 양장 값 30,000원

- **중국명시감상** 이동향 외 신국판 값 20,000원

- **完譯 杜甫律詩** (杜律分韻)
  이영주 · 강성위 · 홍상훈 譯解 신국판 양장 값 35,000원

- **書墨寶鑑** 전규호 편역 대국전판 양장 값 35,000원

- **增補 草書完成** 전규호 편저 신국판 양장 값 15,000원

- **十八史略講義** 張基槿 著 신국판 값 25,000원

- **三皇五帝의 德治** 張基槿 著 신국판 값 12,000원

- **21세기 손자병법 경영학**
  安吉煥 編著 신국판 값 10,000원

- **유교사상과 도덕정치**
  張基槿 著 신국판 값 12,000원

- **당대전기소설의 여인상**
  장기근 편역 신국판 값 12,000원

- **고사성어대사전** 張基槿 監修 신국판 양장 값 30,000원

- **이야기 고사성어** 張基槿 監修 신국판 값 28,000원

- **사자성어대사전(대)**
  張基槿 監修 신국판 양장 값 25,000원

- **사자성어대사전(소)**
  張基槿 監修 46판 양장 값 20,000원

- **속삼국지(1-5)** 무외자 저, 이원섭 역 신국판 값 각 9,500원

- **石北詩集 · 紫霞詩集**
  申光洙 · 申緯 譯 申石艸 譯 신국판 양장 값 35,000원

- **退溪集** 張基槿 譯著 신국판 양장 값 35,000원

- **徐花潭文集** 金學主 譯 신국판 양장 값 25,000원

- **국역 사례편람** (四禮便覽)
  李縡 著 4×6배판 양장 값 20,000원

- **西遊見聞** 兪吉濬 著 蔡壎 譯註 신국판 양장 값 30,000원

- **고대중국의 인간상**
  張基槿 著 신국판 값 15,000원

- **고대중국의 제왕학** 張基槿 著 46판 값 10,000원

- **당대 여인의 사랑** 張基槿 著 46판 값 10,000원

- **이태백방랑기** 李龍濟 著 46판 값 10,000원

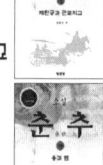

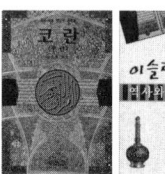